解码基层治理

<small>解码</small>

李文兵◎著

中国社会出版社

国家一级出版社·全国百佳图书出版单位

图书在版编目（CIP）数据

解码基层治理 / 李文兵著 . -- 北京 ：中国社会出

版社 ，2023.9（2024.9重印）

ISBN 978-7-5087-6937-0

Ⅰ . ①解... Ⅱ . ①李... Ⅲ . ①社区管理—研究—中国

Ⅳ . ①D669.3

中国国家版本馆 CIP 数据核字（2023）第 170387 号

解码基层治理

出 版 人：程 伟
终 审 人：李新涛
责任编辑：张耀文
装帧设计：尹 帅
出版发行：中国社会出版社
　　　　　（北京市西城区二龙路甲 33 号 邮编 100032）
印刷装订：河北鑫兆源印刷有限公司
版 　 次：2023 年 9 月第 1 版
印 　 次：2024 年 9 月第 3 次印刷
开 　 本：170mm×240mm 1/16
字 　 数：390 千字
印 　 张：24.75
定 　 价：95.00 元

让治理更科学

基层治理是国家治理的重要组成部分。加强和创新基层治理,是推进国家治理体系和治理能力现代化的重要支撑。

社区治理是基层治理的重要内容。我从 2005 年从事专业社会工作研究开始,就坚信社区治理一定会走上专业化发展的道路,由此也坚定了从事基层治理研究与探索的决心。

经过近二十年的观察、实践与思考,在推进基层治理体系和治理能力现代化的当下,我坚信,专业化、标准化和数字化是基层治理现代化的必然趋势。我想,这也是让治理更科学的必然选择。

我创办北京惠民社会治理研究院以来,始终秉持大道立仁、资政惠民、脚步为亲、守正出新的办院理念,坚持把研究成果书写在祖国大地上,以伙伴计划和丈量计划为基础,以知识管理和循证治理为核心,以人才培育和品牌培育为重点,全力推动实务型研究与研究型实务融合发展的"两型"智库建设,以期为推进基层治理现代化贡献智库的协同力量。

"两型"智库以具有实务型研究与研究型实务相互转化能力为特征,既围绕基层治理实际需要开展研究,又将研究成果直接服务于基层治理实践。或者说,既能把问题转化为方案,又能协助方案落地实施,同时,还能将实践成果总结提升。简言之,就是针对问题制订方案,把方案转化为实践,把实践转化为经验。"两型"智库具有基层性和基础性的鲜明特点,不仅强调"坐而论道",更强调"起而行之"。

因此,我们以推进基层治理体系和治理能力现代化为己任,全力探索让治理更科学的方法路径。

让治理更科学,是我们不懈努力的目标。所以,我们在北京城市副中心通州区与杨庄街道合作,建设党建引领社区治理创新实验室,凝聚专业力量,搭建赋能平台,让社区治理有"智"可依。作为街道、社区的"智囊团""参谋部",聚焦基层治理问题,回应基层发展和群众关切的问题,在60多场座谈会、调度会、研讨会中,提出180多条专业意见和建议,协助研究《杨庄街道高质量党建引领高质量发展五年行动计划》,发挥行动路线图对各项工作的支撑作用。

让治理更科学,需要广大基层干部掌握科学的治理方法。所以,我们推动建设社区治理知识库,搭建汇聚全国各地社区治理智慧的知识生产与共享平台。依托现代信息技术、社区、专家等优势资源,让全国各地社区的资讯与知识,通过收集、整合、加工、创造、分享、记录、存取、更新、创新等方法实现组织化积累与扩散,建立起秩序化、规范化、系统化的社区知识世界,形成不间断累积个人与组织知识的社区智慧循环体系,在社区建设、服务和治理中成为应用的智慧资本,为推进社区治理现代化提供支撑。

让治理更科学,需要基于证据的治理。所以,我们全力以赴探索循证治理,通过社区体检诊断的方式,摸底数、摸民情、摸资源,找标杆、找问题、找差距、找答案。让治理像看病一样,望闻问切治。通过把脉问诊、对症开方、陪伴指导、绩效评估,形成基层治理螺旋式上升的成长闭环。

让治理更科学,我们启动伙伴计划和丈量计划。用科学的方法,研究基层治理的规律、方法,以及现代化的建设路径。同时,我们以自身行动和专业之力,带动、陪伴社区工作者用脚步丈量社区,用服务亲近居民,让社区工作更有温度。同时,我们希望采取研究一个课题、形成一个方案、破解一个难题、培育一个品牌、开设一门课程等方式,让社区和社区工作者共成长、同进步。

让治理更科学,我们全情投入,配合北京市朝阳区委社会工委区民政局开展社区工作标准研究,把重复性、程序性的工作以标准的形式固化,为提高社区工作的专业化、标准化水平提供支撑。我们积极参与北京"城市码"研究,为朝阳区左家庄街道"一码共治"经验的形成提供了智力支持,以期提升利用数字化手段提高基层智治水平的服务能力。

专业化、标准化、数字化,是基层治理现代化的基础支撑,也是让治理更科学的重要保障。在北京市各级党委、政府的支持下,我会带领北京惠民社会治理研究院踔厉奋发,笃行不怠,赓续前行,持续探索以循证治理为特征的基层治理现代化之路,以先进的理念、科学的方法、有效的路径、创新的成果、显著的成效为基层治理中国式现代化贡献智库的微薄之力。

李文兵

2023 年 2 月 16 日

目录
Contents

第一篇　迈向基层治理现代化新征程

第二篇 基层治理螺旋式上升之道

第三篇 品牌推动基层治理经验推广

第四篇　建言献策服务基层治理现代化

第五篇　基层治理新型智库的创新发展

第一篇　迈向基层治理现代化新征程

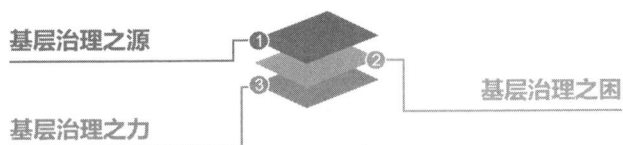

基层治理之源 —❶

❷— 基层治理之困

基层治理之力 —❸

第一章　基层治理之源

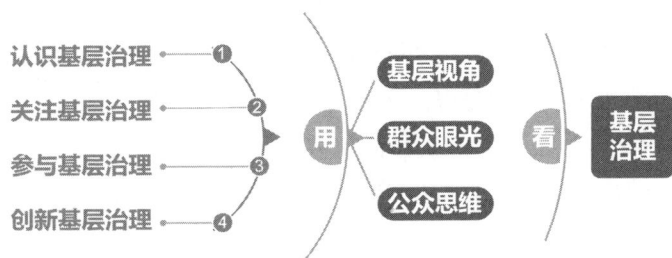

认识基层治理　━●　①

关注基层治理　━●　②

参与基层治理　━●　③

创新基层治理　━●　④

用

基层视角

群众眼光

公众思维

看

基层治理

第一节　认识基层治理

基层治,则天下安。

基层治理是近年来的高频热词。特别是 2021 年 4 月 28 日,中共中央、国务院发布《关于加强基层治理体系和治理能力现代化建设的意见》之后,基层治理更是受到各方高度关注。

从中央文件可以看出,基层治理的重点是乡镇(街道)和城乡社区治理。

什么是基层治理? 基层治理可以理解为乡镇(街道)和城乡社区在处理日常公共事务过程中,在党组织的领导下,政府、社会组织、个人等主体以协同合作的方式有效处理公共事务、实现公共利益最大化的过程。

治理是一种方式,也是一个过程。这种方式,就是多方参与,或者说是多主体参与;这个过程,就是多主体相互协作共同解决问题的过程。

基层治理,治什么? 理什么? 说到底,治的是难题,是公共事务,是群众的操心事、烦心事、揪心事;理的是各方关系,是体制机制,是资源的优化和共享。

具体来说,基层治理的内涵应该包括三个方面:一是多元化治理。从管理转向治理,其核心就是多方主体参与。也就是说,除了党委领导、政府负责之外,还有社区、社会组织、社会单位、城乡居民等主体,这些主体都可以参与公共事务的管理和调节,形成各种力量共商共治、共建共享的局面。二是互动性治理。传统的基层管理是自上而下的,以行政命令作为基本的运转逻辑,党委、政府是主体,社会是客体,是被管理对象。而互动性治理,强调的是双向互动,基层治理的权力运行是基于共同目标,在党委、政府领导下利益相关方互动的过程。三是网络化治理。提高乡镇(街道)行政区域和城乡社区的组织化程度,或者说,以乡镇(街道)行政区域和城乡社区为单位建立居民自治网络、共商共治网络,是当前基层治理的一项重要任务。这个网络的形成,也是社会资本的积累过程。基于信任、人际关系共同参与社区管理,形成以社区为单位的自治组织管理网络,是基层治理的应有之义。

要完整、全面、准确认识基层治理,需要对标中央要求,对照基层实践,深刻把握基层治理的内涵和要求。

多元化治理	互动性治理	网络化治理
1	2	3

　　该意见在指导思想部分提出，基层治理要以习近平新时代中国特色社会主义思想为指导，坚持和加强党的全面领导，坚持以人民为中心，以增进人民福祉为出发点和落脚点，以加强基层党组织建设、增强基层党组织政治功能和组织力为关键，以加强基层政权建设和健全基层群众自治制度为重点，以改革创新和制度建设、能力建设为抓手，建立健全基层治理体制机制，推动政府治理同社会调节、居民自治良性互动，提高基层治理的社会化、法治化、智能化、专业化水平。

　　从这一指导思想中可以看出，以习近平新时代中国特色社会主义思想为指导，是基层治理的根本方向；坚持和加强党的全面领导，是基层治理的根本要求；坚持以人民为中心，是基层治理的根本价值；以增进人民福祉为出发点和落脚点，是基层治理的根本宗旨；加强基层党组织建设、增强基层党组织政治功能和组织力，是基层治理的根本保障；加强基层政权建设和健全基层群众自治制度，是基层治理的根本路径；改革创新、制度建设、能力建设、体制机制建设，是基层治理的根本方法；推动政府治理同社会调节、居民自治良性互动，提高基层治理的社会化、法治化、智能化、专业化水平，是基层治理的根本目标。

　　从基层实践看，很多社区治理问题是系统性问题，需要全面遵循基层治理的指导思想，既要把党的领导贯穿基层治理全过程、各方面，又要坚持全周期管理理念，按照系统治理、依法治理、综合治理、源头治理的办法去解决问题，还要因地制宜，分类指导、分层推进、分步实施。

　　作为北京市朝阳区社区成长伙伴计划专家组组长，笔者全程参与了望京街道南湖西里小区由"乱"到"治"的全过程，这个过程恰恰全面体现了基层治理的指导思想和工作原则。

　　南湖西里小区始建于 1985 年，区域内共有住宅楼 23 栋，居民 1560 户。

2018年11月,北京广播电视台《问北京》栏目报道了南湖西里小区物业管理不作为、小区环境差等问题。时任区委书记王灏同志先后两次批示、三次"四不两直"(不发通知、不打招呼、不听汇报、不用陪同接待,直奔基层、直插现场),多次就南湖西里小区治理问题专门作了指示,要求望京街道工委"重点解决社区治理塌陷问题"。

在朝阳区委、区政府的坚强领导下,在区委社工委具体指导下,望京街道和社区围绕"解决社区治理塌陷问题"用心思、下功夫,打翻身仗,在实践中通过"上下同心、立破同步、内外同修、标本同治、诉难同解"的"五同聚焦",以及"坚定信心、解决烦心、拢住诚心、展示决心、涵养耐心"的"五心同治"工作思路,有计划、有步骤地打底气、消怨气、聚人气、通血气、顺心气,有效实现"五气联通",社区综合治理能力得到全面提升,实现了旧貌换新颜。

社区的治理源于居民的诉求,但是治理过程体现了区委、街道党工委、社区党委的全面领导,切实做到了把党的领导贯穿社区治理的全过程、各方面。同时,街道办事处作为执行主体,一方面,统筹各方面资源,尤其是资金资源,推动违建拆除、道路改造、景观建设、架空线入地等工程;另一方面,注重发挥居民自治的基础作用和社会组织的协同作用,在各方的共同努力下实施了社区治理的提档升级。

一个小区虽小,但它连着千家万户;一个个小区,连接起来就构成了一个个社区、一个个乡镇(街道)、一个个城市乡村。

所以,基层治理是国家治理的基石,是实现国家治理体系和治理能力现代化的基础工程。

基层治理最重要的切入点是群众,了解群众需求,理解群众情感,解决群众困难,满足群众对美好生活的需要。

所以,基层治理的本质是群众工作。

从"乡村中国"到"单位中国",再到"社区中国",中国的每一次发展变迁,都是一种社会关系的重建。凝聚起来才有力量,组织起来才有方向。不同阶段的社会,不同阶段的群众,需要用不同的方式组织起来。当前,基层治理的关键就是提高群众的组织化程度,重建信任以及互助关系。相信群众,依靠群众,组织群众,动员群众,是基层治理的重中之重。

所以,基层治理的关键是重建关系。

治理与管理,只有一字之差,但其思想理念、具体要求和方式方法有着本质的区别。基层治理直接关系群众的切实利益,需要利益相关方的共同协商、共同治理。大家的事,大家商量着办。

所以,基层治理的重点是多方参与。

2018年4月26日,习近平总书记在武汉青和居社区考察时指出,"社区是基层基础,只有基础坚固,国家大厦才能稳固";2016年7月29日,习近平总书记在河北唐山市调研考察时强调,"社区是党和政府联系、服务居民群众的'最后一公里'"。中国的长治久安,必须要保证基层的和谐稳定。基层党委、政府和城乡社区的治理能力和水平,直接关系到党的执政基础。

所以,基层治理的核心是执政基础。

基层政权建设是基层治理的根基,基层治理是国家治理的基础和重要组成部分。基层稳,则国家稳。实践表明,重视抓基层、打基础,任何时候、任何情况下都不能放松。在新形势下,基层治理面临社会情绪日益政治化、个体事件容易发展为群体事件、法律事件容易发展为针对公共组织的事件、网络社会影响现实社会运行等诸多新的问题,需要从国家和社会发展战略的高度加快推进基层治理现代化。全面加强基层党组织和基层政权建设,着力推进基层治理体系与治理能力现代化,是确保我国长治久安之本,是支撑基层治理全面转型升级之核,是激发基层治理体制机制新优势的生机活力之源。在探索中国式现代化的伟大征程中,积极探索推进基层治理现代化的实践正是立足时代、放眼未来,以再谋新篇的战略之举与关键一招,对中国经济社会的未来发展与长远发展具有决定性意义。

第二节　关注基层治理

基层治理与每个人的生活、工作息息相关。

无论是居民、社区,还是党委、政府,都需要关注基层治理。

对居民来说,关注基层治理,就是关心我们自己。因为,基层治理问题直接影响着居民的生活品质。

对党委、政府和社区来说，关注基层治理，就是关注本职工作，关注民生福祉，关注基层治理体系和治理能力现代化。

基层治理既有与城乡居民生活密切相关的物业服务管理、环境秩序、公共服务设施等问题，也有影响基层治理的组织建设、体制机制、治理能力等问题。

从城乡居民角度来看，每个人都生活在社区，社区问题的解决程度直接关系到每个人的生活质量。

2020年，北京惠民社会治理研究院开始参与朝阳区"12345"市民热线大数据分析，通过近三年200多万条市民诉求分析发现，与我们生活密切相关的诉求主要有三大类。

第一大类是日常管理类问题。一是物业管理不规范，主要包括小区内或楼道内堆放杂物、卫生保洁不到位、公共区域环境秩序等相关问题。二是垃圾桶站管理问题，主要包括垃圾桶站摆放位置纠纷、垃圾分类不到位和垃圾清运不及时等问题。三是机动车管理，主要包括小区停车难、小区外违章停车、小区内乱停乱放，以及车辆占用消防通道等问题。四是非法出租房屋。五是消防安全问题。六是噪声污染问题。七是房屋修缮相关问题。

第二大类是硬件和配套类问题。一是电动自行车管理，主要包括充电桩管理不到位和电动车进楼问题。二是小区楼体硬件问题，包括房屋滴漏、楼体与管道老化等问题。三是电梯等设施的管理维护。四是其他公共设施配套和管理不足，主要包括无障碍设施、公共绿地、地下空间、地锁、健身器材、公共照明、监控等问题。五是基础生活保障，主要包括供暖不足问题和停水停电问题。

日常管理类问题	硬件和配套类问题	矛盾纠纷类问题

第三大类是矛盾纠纷类问题。一是扰民问题，主要包括工地施工扰民、

邻里扰民、店铺与游商扰民，等等。二是拆除违建问题，包括新址新建和历史遗留违建。三是拆迁相关问题，包括拆迁补偿纠纷、对拆迁政策不认可、举报强制拆迁、超期未回迁等问题。四是违纪举报问题，主要包括形式主义问题以及因其他矛盾引起的违纪举报。

这三类问题，是我们身边每天都在发生的"小事"，但它却是关系到群众生活品质的"大事"。这些琐碎事务数量众多，仅 2022 年一年，朝阳区"12345"市民服务热线受理的城乡居民诉求就高达 130 多万个。这些诉求多种多样，甚至千奇百怪，涉及生活的方方面面，直接关系到城乡居民的生活品质，决定着居民的获得感、幸福感和安全感。

在这些诉求中，物业类诉求格外突出。

物业类诉求是当前各地影响社区治理的重要因素，事关广大城乡居民的切身利益。

无论是党委、政府，还是社区和居民，都需要高度关注物业服务管理问题。这既是一个重要的民生问题，更是一个重要的治理问题。

无论是商品房社区、老旧社区（福利分房社区、政策房社区等），还是农村社区（回迁社区等），在不同程度上都存在物业服务管理问题。

从商品房的物业服务管理来看，通过建立契约关系引入专业物业企业提供物业服务，是商品房社区的通行做法，但在实际生活中，物业服务管理也遇到一些难题。一是服务标准与收费标准"双低"问题突出。主要是质、价相符的物业服务标准化程度低，服务合同中缺失细化服务内容、服务质量和评价标准的条款，业主难以"明明白白"消费；加上物业服务大多限于清扫保洁、安保等简单服务，"收费"和"服务"认知差异容易成为企业和业主矛盾的焦点。另外，缺乏调价机制，物业收费调价难，物业企业运营成本不断提高，导致物业企业运营难。二是缺乏专业人才。多数物业服务专业化程度不高，缺乏专业人才，难以培养懂法律、善沟通、会管理的物业管理"通才"；尤其微利特征导致企业劳动力价格偏低，招工难、人才引进难；工作强度大、待遇偏低导致人员流动性大，企业多元发展往往受限于工资待遇低、招不到人。三是物业服务工作不够规范。有的物业企业擅自增设收费项目，提高收费标准，从而引发与业主的矛盾。《物业管理条例》明确规定，物业企业不得擅自占用、改变社区共用部位、共用设施设备进行经营。由于监管不严，物业企业擅自占用、改变社区共用部位进行经营的现象时有发生。

从老旧小区的物业服务管理来看，"三供一业"分离移交，逐步剥离单位办社会职能和解决历史遗留问题，是大势所趋。但在实际运行中，也存在一些问题。一是单位负担较重。单位房改房物业管理多数由原单位承担，这些小区居民不交物业费，物业管理完全靠原单位保障，一些老国企有的已经破产倒闭，有的已经转制，对小区的物业管理无论是人力支持，还是资金保障都有困难，许多小区出现需要原单位解决的问题，往往要靠居民或社区居委会同志多次找上门，有的原产权单位也叫苦不迭，常常为小区物业管理资金发愁。二是服务内容单一。从调研情况看，目前物业单位管理模式普遍存在服务内容单一的问题，大多只保障楼内主体部分项目维修，有的只配合水电气暖等服务，而对于居民小区的环境卫生、楼道堆物堆料、小广告、门禁、小区安全等基本不管，特别是对于涉及小区居民楼大修的问题更是不管不问，居民意见很大，形象地称其为"僵尸物业"。三是公共区域管理存在"真空"。由于过去多是由几家单位联合建房，但是物业各管各的，形成了一个小区，甚至一栋楼有多个物业的情况，有的小区十几栋楼竟然有 20 多个物业，他们要么弃管，要么只扫门前雪，对小区公共部分不闻不问，使小区管理出现了"真空"地带，明显表现是小区公共绿地无人维护，小区生活垃圾无人清运，小区公共安全无人管理，都甩给了乡镇（街道）和社区。

从农村社区来说，由于大多是村民回迁上楼，有的给予拆迁农民优厚待遇，允许 5 年之内甚至更长时间不交物业费，但是部分居民到期仍然不交物业费，致使物业企业服务标准下降，有的物业公司不堪重负，致使社区物业弃管失管。

当然，社区的类型远不止这些，但是，面临的物业问题大多类似。

除此之外，还有业委会的组建、运行及作用发挥问题，社区、业委会、物业服务企业的关系问题，等等，不一而足。

总体来说，基层治理能力和水平直接关系城乡居民的生活质量，基层党委、政府和社区任重而道远。

第三节　参与基层治理

基层治理需要多方参与。

既要强调多元主体的共同参与,以建设人人有责、人人尽责、人人享有的治理共同体,也要强调坚持党委领导、政府负责。

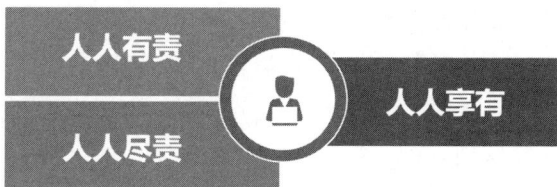

从党委领导、政府负责的角度来看,既包括乡镇(街道)体制机制改革、基层治理格局构建、城乡社区治理效能提升、城市街居治理结构和治理方式转变、基层治理队伍建设等,也包括基层治理难题破解、群众参与基层治理、精准化精细化服务等。

在基层治理中,基层党组织要发挥总揽统筹、协调各方的作用,确保基层治理的正确方向和各方有序协同,有效提升基层治理效能。具体来说,重点是要健全党组织领导的自治、法治、德治相结合的城乡基层治理体系,健全社区管理和服务机制,推行网格化管理和服务,发挥群团组织、社会组织作用,发挥行业协会商会自律功能,实现政府治理和社会调节、居民自治良性互动,夯实基层社会治理基础。

在基层治理过程中,特别是在解决基层治理难题中,党委领导、政府负责、社会协同、公众参与的有机融合,是基层治理是否有效的重要基础。

朝阳区建外街道在推进永安里旧城改建项目中,正是充分发挥了党委领导、政府负责、社区支撑、居民参与作用,提前实现了签约目标,为加快推进旧城改建奠定了坚实基础。

永安里旧城区改建项目毗邻长安街沿线,位于建国路南侧,占地4.8公顷,建筑面积约7.6万平方米,涉及永安东里、永安西里两个小区,共有17栋居民楼和1处平房院,共计942户居民。其中,永安东里小区始建于20世纪

50 年代,共居住居民 648 户,是为人民大会堂和北京火车站建设而搬迁安置的居民。该小区所有住房为临时性安置建筑,房屋面积狭小,年久失修,没有供暖设施。长期以来,永安东里小区居民对基础设施、环境、安全等状况表示不满,各类矛盾纠纷多发。

为使百姓安居乐业,朝阳区委、区政府从 2013 年起研究制订改建方案,当年 9 月列入北京市中心城区棚户区改造和环境整治项目册,当年 12 月完成居民改建意愿征询工作;2014 年 3 月,朝阳区政府将其列为征收《北京市朝阳区人民政府关于同意将永安里旧城区改建项目确认为房屋征收项目的批复》(朝政批〔2014〕4 号)项目;从同年 4 月起,先后开展了调查评估、入户登记等工作;2015 年 10 月,开始房屋征收补偿方案意见征询,经多次意见征求和居民听证会后,征收补偿方案予以张榜公布;2016 年 10 月 26 日,开始进行预签约,征收工作进入关键实施阶段。由于房价暴涨,居民利益诉求多元,有的居民期望值过高,给地区改建带来了前所未有的难度,为高标准完成居民签约工作,建外街道工委、办事处充分发挥组织统筹作用,比预期提前 4 个月实现预签户数超过该项目生效比例 85% 的目标,标志着该项目正式进入房屋征收阶段。

在朝阳区委、区政府的坚强领导下,建外街道工委、办事处认真研究谋划,精心组织实施,强化街道工委统领、社区党委引领、居民支部带领"三领协同",着力发挥基层党组织战斗堡垒和党员先锋模范作用,攻坚克难,不辱使命,确保旧城区改建项目平稳、安全、有序进行。

首先,强化街道工委统领,抓好三项保障。一是组织保障指挥有力。成立由工委书记、办事处主任为"双组长"的征收工作领导小组,下设综合协调、群众工作、安全维稳等 7 个工作组,明确任务,责任到人。先后入户走访慰问了 127 名残疾人、26 名低保户、9 户鳏寡孤独老人,切实把党和政府的关怀送到居民手中。街道班子成员带领机关和社区全体干部连续值守 8 天 8 夜,保障排队签约群众安全有序。被抽调出的 20 余名精兵强将在两个月时间里不分昼夜,吃住在社区,奋战在征收一线。二是制度保障责任到位。征收工作领导小组实行"一日一会商、一日一部署"的工作制度,听取各工作小组、相关部门的汇报,现场统筹调度各方力量,实现当日问题当日解决。同时,对第二天的态势和可能出现的问题进行深入的分析研判,坚持"下先手棋、打主动仗"。三是应急保障措施得当。认真制定工作预案,成立由 50 人组成的应急队伍,对重点部位、小区出入口实施 24 小时值班盯守。约谈重点人员,对可能出现苗头性、倾向性问题的人员采取相应措施,依法打击所谓"维权"律师。组织党员志愿者、小区议事代表等走家串户化解矛盾、调解纠纷。先后处理突发事件 6 起,调解各类纠纷 59 起。

其次,强化社区党委引领,创新三项机制。一是建立重大事务共商机制,社区党委牵头,组织居委会、党支部、居民代表等共同商讨小区重大事务,充分发扬民主精神,集思广益。经过集体决策,为居民区增加 6 个变压器进行电力增容,室内用电全面改造,确保冬季采暖用电安全。先后两次召开居民代表大会,集体协商用电补贴方案,648 户煤改电补贴一次性发放到位。二是创建小区文化共享机制,深入挖掘小区的历史文化背景,通过走访老住户,记录老故事,查阅老资料,设立"印象·永安"东里小区历史记录与传承项目,先后举办了小区老照片展、老物件展、老故事会等活动,为搬迁居民拍摄"全家福"。不断上演的一幕幕暖心画面,是通过文化构筑居民精神家园的生动体现,让征收变得更有温度、更具质感。三是构建平安环境共治机制,广泛发动小区党员、居民志愿者、楼门长等参与小区自治,激发居民的主人翁责任意识。积极发挥六小门店安全自律协会作用,做好门前"三包",管好店内安全。春节期间,东里 13 号楼楼门长田淑珍联合其他楼门长,向全体居民发出"少放烟花保平安"的倡议,希望永安里永远平安。

最后,强化居民支部带领,发挥三项作用。一是桥梁纽带作用。东里小区第一支部的党员,与街道、社区干部一起分片包户,围绕征收开展"三包三清三好",即包宣传走户、包安全稳控、包困难解决;清楚每户情况、清楚每户诉求、清楚矛盾隐患;宣传好征收政策、解答好居民疑惑、计算好征收账单。在此基础上先后建立了残疾人、困难户等 7 类台账,并及时收集意见、反映情况,党员搭建的"民意连心桥"为征收工作打下了坚实的基础。二是民主协商作用。在永安东里小区建成"棚改区里的议事厅",成立"议事厅里的党支部",由 13 名党员、楼门长和居民代表组成的议事委员会开展经常性的"民情议事"活动,积极化解邻里矛盾,通过各种渠道广泛宣传征收政策,拆迁区居民从被动的"旁观者"转变成主动的"参与者"。三是示范带动作用。党支部书记韩春静积极组织党员协助街道、社区做好居民思想工作,发动 28 名骨干党员联合发出倡议签约,示范带动身边 189 户主动签约,其中不乏主动搁置家庭矛盾率先签约的居民。还有很多征收区域以外的居民党员积极帮助开展工作,党员先锋模范作用在征收过程中得到充分体现。

这个案例充分体现了党委的统筹作用、政府的主导作用、社区的支撑作用和居民的参与作用。

基层治理需要党委、政府、社区、居民以及社会单位等各类主体的共同参与,因此,要立足本地实际强化治理主体作用。

在发挥党委领导作用方面,要进一步强化党的核心领导作用,把发挥驻区单位的属地责任作为制度设计和政策制定的出发点,引导各级党组织把区域化党建作为统筹区域治理的重要抓手;把社区(村)党建、驻区单位党建、非公有制经济组织和社会组织党建统揽起来,统筹推进;把党的建设贯穿于基层治理的各方面和全过程,切实通过党组织提高社会的组织化程度,充分发挥党组织在联系群众、发动群众、组织群众依法参与基层治理中的核心领导作用,实现党领导基层治理、依靠群众加强基层治理。同时,充分发挥政府的主导作用、基层群众性自治组织的基础作用和社会力量的协同作用。

在发挥政府的主导作用方面,需要从两个方面着手:一是进一步完善属地统筹的体制机制,赋予街乡区域统筹职权,实现"条专块统、以块为主"。二是进一步加大"放管服"工作力度,营造良好的基层治理环境。

在发挥基层群众性自治组织的基础作用方面,需要加强三个方面的工作:一是推动居民自治单元向居民小组、居民小区和门栋楼院延伸,依靠居民小组长、楼门院长等骨干力量和居民参与,维护居住小区、楼院门栋环境卫生和秩序安全。二是探索在有集体所有权的村民小组或自然村组建村民理事会,对本集体组织范围内的公共事务实行民主管理和监督。三是推动居(村)民自治与城市网格化服务管理机制相衔接。

在发挥社会力量的协同作用方面,主要从三个方面入手:一是积极支持社会组织参与城乡社区治理,大力培育社区社会组织,制定完善社会组织参与城乡社区治理的资金支持、孵化培育等优惠政策,进一步完善社区、社工、社会组织、社区志愿者、社会慈善资源协同的"五社联动"机制。二是建立机关企事业单位履行社会责任的评价体系,把机关企事业单位履行社会责任情况列入有关部门开展机关企事业单位评比表彰和精神文明创建的评价标准。三是围绕"人、事、地、物"等基层治理要素，充分发挥社会组织、社会公众、企业等社会资本的特有优势，将适合由社会力量提供的公共服务和解决的事项，交由社会力量承担，真正实现治理主体的多元参与，做到与政府机构同心互动、优势互补。

基层治理的本质就是多方参与。因此，无论什么时候，党委、政府都要充分发挥"从群众中来、到群众中去"的优势传统，在做好群众工作中，引导群众参与。

第四节 创新基层治理

创新出活力，创新解难题。

为什么要创新基层治理？因为基层出现的新情况、新问题，需要用新理念去认知，用新思路去应对，用新办法去解决。

习近平总书记在党的二十大报告中强调："我们要增强问题意识，聚焦实践遇到的新问题、改革发展稳定存在的深层次问题、人民群众急难愁盼问题、国际变局中的重大问题、党的建设面临的突出问题，不断提出真正解决问题的新理念新思路新办法。"

当前，基层治理面临不少深层次矛盾绕不过、躲不开，特别是满足城乡居民对美好生活的需要面临不少痼疾顽症和新发问题，以及一些多发性、高发性问题，基层治理进入战略机遇和风险挑战并存、不确定性因素增多的时期。

党建引领基层治理现代化，需要推动基层治理创新。

基层治理创新是顺应经济社会发展要求，尊重基层运行规律，融合新理论、新经验、新技术，推进基层治理的理念、体制机制、方式方法和路径变革，促进由传统基层管理向现代基层治理转变，从而实现激发社会活力、提升治理效能、促进社会良性发展的过程。

推进基层治理体系和治理能力现代化，对基层是一个重大机遇，也是一个难得优势，关键是要在"八个字""五个到位"上下功夫、求实效。

八个字：对表、聚焦、发力、破局。对表，对照中央、市、区精神，坚持问题和需求导向,在事关发展、事关百姓、事关民生等方面做好谋划。聚焦,聚焦城市管理、社区服务、社会动员、区域化党建等重点工作,加强基层治理,促进地区经济社会全面发展。发力,"天下大事必作于细",基层治理就是要针对问题精准发力,着力解决基层服务管理中遇到的难题。破局,就是要敢于打破阻碍基层服务管理的体制机制,进一步厘清政府与社会的关系,调动各方面积极性,真正解决问题。

对 表	聚 焦	发 力	破 局

五个到位:一是理念措施到位。切实树立多元参与的现代治理理念,建立系统治理、依法治理、综合治理和源头治理的基层治理架构和模式。二是职能转变到位。把不该管的、应该由市场和社会解决的事情逐步交给市场和社会。三是多元参与落实到位。以居民自治为基础,实现政府行政治理和社会调节的有序衔接和良性互动。四是社会服务体系建设到位。稳步推进社会服务专业化、规范化和便捷化。五是协同配合到位。充分调动政府、社会、居民等方方面面积极性,同频共振,共同做好基层治理的各项工作。

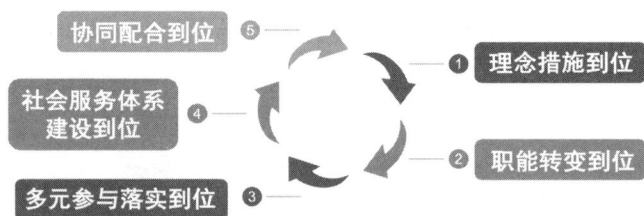

协同配合到位 ⑤	理念措施到位 ①
社会服务体系建设到位 ④	职能转变到位 ②
多元参与落实到位 ③	

基层治理创新要紧盯基层服务管理"痛点",坚持把难题变课题、把难点变亮点,积极作为,勇于担当,创造性地开展工作,治理居民楼开墙打洞、清理地下空间、拆除小区停车地锁、推进小区微循环、开展辖区边界提升、老旧小区物业管理转型升级等,采取切实有效的措施解决老百姓的操心事、烦心事、揪心事。

通常来说,创新应该具有三个特点。一是创新性强。切实针对基层治理难题,探索了新机制、新做法。比如,通过乡镇(街道)机关党组织与社区党组织手拉手,建立常态化的问题联解机制,解决乡镇(街道)机关党建与社区党建脱节问题等。二是可复制性强。创新具有示范性和推广性的基层治理模式,一个重要的逻辑是透过现象看本质,即切实把握破解普遍难题的本质规律,让其他地方可学、可看、可复制。三是持续性强。创新不是标新立异,更不是哗众取宠,而是针对基层治理难题,建立可持续的解决机制,做到理念先进、方法科学、内生动力、发展持续。不能为创新而创新,而要为解决问题、满足需求创新。

近几年,北京市朝阳区主动创新理念,创新体制机制,先后创造性地开展了党政群共商共治、居民提案大赛(社区创享计划)、社区成长伙伴计划等基层治理创新,陆续被民政部确认为全国基层治理创新典型案例。

党政群共商共治,其核心是发挥基层党组织的统筹引领作用,整合政府各部门和社会各界的有利资源,调动广大干部群众的积极性和参与热情,形成党组织、政府、群众共同协商、共同参与、共同治理的工作模式,逐步实现由"政府单向决策、居民被动接受"转变为"政府和居民双向互动、共同决策",推动实现公共事务的共商共治。同时,将把这一模式固化下来,作为为居民百姓办实事的一个长效机制和模式,长期开展下去,让实事干什么、怎么干,由党和政府与老百姓共同商量着来办,在大众的监督下实现共商共治、阳光运行。

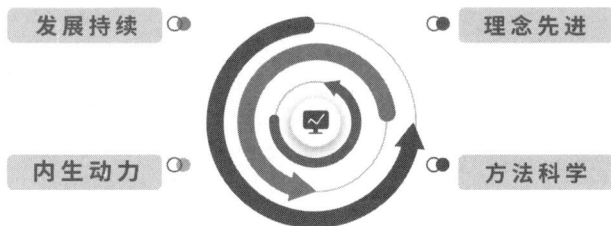

发展持续　　　　理念先进

内生动力　　　　方法科学

居民提案大赛,是由社区党组织领导、居委会统筹,指导居民组成自治管理团队,针对社区服务管理难题,以提案的形式,由居民自我提出、自我组织、自我解决,激发社区治理内在活力,实现共治共享。

社区成长伙伴计划,是以社区治理相关理论专家、实务人员、社区协调员、社会组织为基础组建伙伴团队,为社区提供"一对一""多对一"的把脉问诊,通过对症开方以及专业化、系统化、陪伴式指导,帮助社区诊断破解治理难题。

综观北京朝阳及全国基层治理创新实践,可以看出,基层治理创新的关键是要抓住四个要素。

一是理念先进。创新实践应该是代表了基层治理的发展方向,符合基层治理的发展规律,抓住了基层治理本质特征。

二是方法科学。采用了包括社会动员、社会工作、群众工作、计算科学、数据分析等科学方法,理论与实践相结合、定性与定量相结合、工具与操作相结合。

三是内生动力。充分激发了基层群众性自治活力,调动了社会主体协同的积极性,形成良性循环的自运转机制。

四是发展持续。创新应该经得起实践检验,不能昙花一现,只能当盆景,不能形成连片风景。可持续发展的创新才是健康的创新。不能经验总结完了,宣传过了,名声起来了,创新就结束了。

要立足研究真问题、真研究问题、真解决问题进行基层治理创新,要切实在解决问题的实招上、常态长效的机制上创新,不能为创新而创新。取个新名字,用个新说法,在破解基层治理难题的理念、方法、机制上没有任何突破,只是玩文字游戏,最终的结果是"露多大脸、现多大眼"。

第二章　基层治理之困

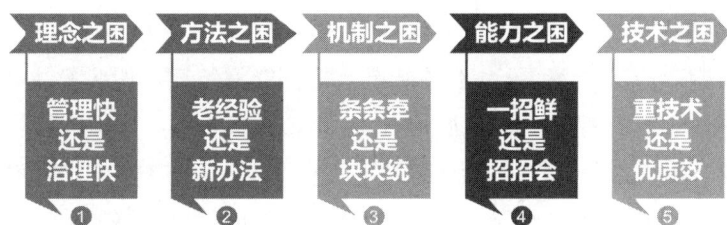

理念之困	方法之困	机制之困	能力之困	技术之困
管理快还是治理快	老经验还是新办法	条条牵还是块块统	一招鲜还是招招会	重技术还是优质效
①	②	③	④	⑤

第一节　理念之困：管理快还是治理快

理念是行动的先导。

管理还是治理？对很多基层党员、干部来说，这是个问题。

在很多人看来，不管什么问题，采取自上而下的行政手段去解决，行动快、效率高，不用协商，直截了当。认为治理"太磨叽"，需要动员群众、组织群众，深入做群众工作，要引导群众达成共识、共同行动，这样做进度太慢，有的甚至不了了之，时间成本太高。

但在实际工作当中，行政手段并非万能，很多问题还需要多方力量共同参与，仅靠党委、政府的力量难以较好解决。比如，物业管理问题、垃圾分类问题、楼道堆物堆料问题、楼门文化建设问题等，不一而足。事实证明，不是所有的问题政府都能解决，也不是所有问题都能靠行政手段去解决。

管理快还是治理快？在基层治理中，很多时候的"慢"实际是为了"快"，很多情况下的"快"，最终带来的结果是"慢"，欲速则不达。因此，要辩证地看待快和慢的问题。当然，关键还是要解决认知问题、理念问题。

理念是认知的结果，或者说是看法、思想、思维活动的结果。一定的治理实践都是由一定的治理理念来引领的。

基层治理现代化的首要任务，是要解决党员干部治理理念现代化的问题。从某种意义上说，没有治理理念的现代化，就没有治理实践的现代化。在基层治理实践中，即使有一些创新实践，如果没有先进的、科学的理念支撑，最终的结果也是碎片化的、零散化的，具有偶发性、零碎性的特点，而不是系统化的、持续性的创新。最终的结果只是一个"盆景"，而不是一片风景。

换句话说，没有透过现象看本质的科学理念，它的指导性就不可能很强，就难以形成具有示范性的实践成果。

一、治理理念

2015 年 10 月，习近平总书记在党的十八届五中全会上提出了创新、协调、绿色、开放、共享的新发展理念。

通过新发展理念,我们可以看出,理念一般具有以下特征。

一是概括性。理念是基于对发展规律的认识提出来的,具有高度概括性,同时,通过对理念的描述揭示发展的内在规律。

二是针对性。新发展理念是针对发展中的突出矛盾和问题提出来的,具有非常强的针对性。某一领域提出某个理念,往往是针对该领域存在的突出矛盾和问题提出来的。而提出新的理念,就是基于规律性的认识,要解决相应的矛盾和问题。

三是客观性。新发展理念是基于对发展本质和特征的整体性诠释,客观地反映了发展的内在要求。

四是深刻性。新发展理念是对发展内涵的深度加工,去粗取精,由表及里,突出了发展的本质,以及整体与内外的联系。

五是逻辑性。新发展理念是对发展的理论认识,遵循发展的内在规律,并按照递进的方法展开,在实践中也可按照这一方法由浅入深逐步推进。

六是引领性。先进的理念代表发展的趋势,对发展思路、发展方向、发展着力点具有导向性的影响,具有引领性的作用。

在一定意义上可以说,理念是管全局、管根本、管长远的导向。

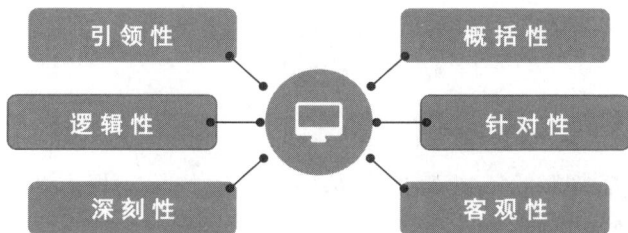

引领性　　概括性
逻辑性　　针对性
深刻性　　客观性

再回过头来看基层治理过程中应遵循的理念。中共中央、国务院《关于加强基层治理体系和治理能力现代化建设的意见》提出,坚持全周期管理理念,强化系统治理、依法治理、综合治理、源头治理。

全周期管理,又称为全生命周期管理。这一理念诞生于管理学领域,意在把管理对象视作生命体,有着自身的生命周期与规律,要按照生命体的特性进行管理。

2020 年 3 月 10 日,习近平总书记在赴湖北省武汉市考察新冠肺炎疫情防控时指出,"要着力完善城市治理体系,树立'全周期管理'意识,努力探索超大城市现代化治理新路子"。

从理念的角度来看,全周期管理理念具有概括性、针对性、客观性、深刻性、逻辑性和引领性的特征。

具体到基层治理实践来说,坚持全周期管理理念,强调的是系统治理、依法治理、综合治理、源头治理。这里的管理,强调的是党政力量要以人民为中心,把基层看成一个有机的生命体,把基层治理视为一项系统工程,遵循基层发展规律和基层治理逻辑,从整体性和周期性把握每个环节和每个阶段工作,并采取与全局相一致又具有针对性的措施,从而做到基层治理的稳定和持续,最终实现基层治理现代化的目标。

"全周期管理"理念,是新时代基层治理现代化的根本遵循,具有管全局、管长远、管根本的导向作用。

从基层实践看,很多工作就是因为没有遵循"全周期管理"理念,没有按照系统治理、依法治理、综合治理、源头治理的办法去解决问题,在解决问题的过程中形成了新的问题,最终导致陷入"解决—反复—再解决—再反复"的怪圈。

二、系统治理

系统治理是整体性治理。

基于基层治理实践,可从治理主体和治理方式两个维度来理解。

一是从治理主体维度理解。系统治理强调的是治理主体要从政府大包大揽向政府主导、多主体参与共同治理转变。一方面，强调鼓励和支持社会各方面参与，实现政府治理和社会自我调节、居民自治良性互动；另一方面，强调加强党委领导，发挥政府主导作用，注重多个部门齐抓共管，多个方面相互配合，多个层级共同保障。

二是从治理方式维度理解。在基层治理中，要防止片面性、简单性、孤立性和狭隘性，要将各类基层治理问题纳入系统思维的整体中去思考，让相关的每个方面的力量汇聚成治理的整体合力。因此，系统治理强调的是把基层视为相互作用、相互依赖的有机体，要从基层的总体和全局上、从要素的联系与结合上研究基层的运行与发展，找出规律，制定有针对性的措施，实现基层治理的系统性优化。同时，运用定性、定量、定位、定策等综合方法，研究基层治理问题，实现基层治理的整体提升和持续优化。

三、依法治理

依法治理是基层治理的根本保障。

法治具有系统性、规范性、稳定性的特点，是实现善治的前提和基础。要建设法治国家、法治政府、法治社会，就必须把学法、尊法、守法、用法作为全社会的目标，弘扬法治文化、培育法治精神，营造尊重法律、崇尚法治的良好氛围。要从根本上杜绝"人民内部矛盾用人民币解决""大闹大解决、小闹小解决、不闹不解决"的问题，就必须坚持依法治理。

从根本上说，依法治理就是要以法律为准绳，做到有法必依、执法必严、违法必究；要把以人为本、公平正义作为基层治理的灵魂，紧紧抓住影响基层治理和依法行政的关键环节，推动实现从管控规制向法治保障转变。

依法治理明确了基层治理的根本依据和手段，强调了基层治理必须要有法律根据、法律支撑和法律保障。无论是党委、政府，还是社区、企事业单位、社会组织等其他主体，其行为必须符合法治的规范和要求。

应该说，依法施治、良法善治是基层治理现代化的必由之路。

四、综合治理

综合治理强调的是治理手段的多样化。

综合治理,是指除法律手段外,还需要采取行政手段、经济手段、道德手段、自治手段等其他手段,并形成基层治理的综合手段体系,这些手段是推进基层治理现代化的重要依托。

行政手段是通过行政命令、检查、监督、审批、行政许可等行政措施管理公共事务和解决基层治理问题。行政手段是以行政权力为基础,通过行政系统及相关职能部门来实施的,具有自上而下的强制性特点。

经济手段是运用货币价格和价值规律引导社会主体行为,达到加强治理的目的。如为了解决外来车辆抢占小区停车位资源问题,采取内外有别的收费标准予以调节。

道德手段和自治手段是基层治理中的"软治理"手段,是非强制性的社会规范。比如,北京市朝阳区麦子店街道农展南里社区制定的二号楼院微信群群规,提出了宗旨:团结居民,广开言路;集思广益,凝聚共识;和谐楼院,自发自治;传递能量,共建文明。明确了群规:畅所欲言,不潜水;不同意见,不吵架;小道消息,不传递;宗教迷信,不转发;自娱自乐,不低俗;健康向上,要鼓励;居民为本,要尊重;楼院为重,靠大家。这个"五不两要一靠"的群规,正是道德手段和自治手段的集中体现。

当然,利用标准加强基层治理,是基层治理现代化的重要基础。标准具有"软法"的特点,标准化手段也是综合治理中的一个重要手段。推动建立基层治理标准化体系,让标准嵌入基层治理的各个领域和各个环节,对于提高基层治理的科学化、精细化和智能化水平具有重要意义。

说到底,综合治理就是要实现基层治理手段从单一手段向多种手段转变。

五、源头治理

源头治理是将治理环节从事后处置向源头治理前移。或者说,就是从源头上防止基层治理问题的发生。

源头治理强调的是标本兼治,重在治本。

从基层治理的视角来看源头治理,治本之策在于改善民生、公共服务均等化以及制度安排的公平正义。

源头治理明确了基层治理方式的次序,强调了不同基层治理方式的优先次序、轻重缓急和标本关系。

源头治理是成本最低的治理,也是基层治理现代化的本质要求。

源头治理强调的是在做事之初,就要考虑后续可能出现的治理问题,超前谋划,系统布局,最大限度减少和避免日后基层治理问题的出现。

系统治理注重的是解决基层治理的整体性、协调性问题,依法治理注重的是解决基层治理的原则性、规范性问题,综合治理注重的是解决基层治理手段多样性、针对性的问题,源头治理注重的是解决基层治理制度性、公平性的问题。由此可见,强调坚持"四个治理"是关系我国基层治理全局的一场深刻变革。

总体来说,理念问题是基层治理现代化建设要解决的首要问题。坚持全周期管理理念,强化系统治理、依法治理、综合治理、源头治理,是基层治理中国式现代化的必然选择和必然要求。

第二节　方法之困:老经验还是新办法

方法是客观认识基层治理和开展基层治理应该遵循的方式、途径和程序的总和,是敏捷治理、有效治理应遵循的基本条理和路径。

在基层治理过程中,需要运用多种工作方法。比如,问卷调查法、实地调研法、座谈走访法、数据分析方法、专家论证法、群众工作法……这些方法是提高效能的重要基础。

在基层实践中,乡镇(街道)、社区和广大党员、干部积累了不少方法和经验。但是,不少老经验难以解决新问题,导致出现"老办法不管用、新办法不会用、硬办法不敢用、软办法不顶用"的现象。

我国基层治理大致经历了三个比较鲜明的发展阶段:从"以阶级斗争为纲"转变到"以经济建设为中心",再转变到现在的"以民生建设为重点"。随着经济制度的转轨、社会结构的转型,从中央到地方,各级党委、政府在基层治理上下了很大力气,通过建设城乡网格化服务管理体系、推进农村社区管理、实施老旧社区微更新、大力培育发展社会组织、建设乡镇(街道)社会工作服务站、探索"五社联动"等举措,基层治理取得了明显成效。但从基层经济社会的结构性变化和城市发展速度来看,基层治理体制机制改革还相对滞后,基层治理体系和治理能力还不能完全适应经济社会发展"时空压缩"的要求,在规划、建设和管理方面,还有不尽如人意的地方,推进基层治理现代化的任务十分艰巨。

基层治理具有基础性、普遍性、全面性的特点,要实现有效治理、敏捷治理,就必须要根据基层治理发展变化,采取有针对性的方法和措施,扎实破解难题、满足需求,夯实经济社会协调发展的基层基础。

随着经济社会的快速发展,城市的"单位制社区"转变成"社会化社区",尤其是大城市,人口流动性大,隐私保护意识强,居民服务要求高,社区管理难题多。面对新的形势,如何把居民有效地组织起来?如何强化党建引领?如何更好地服务居民?这些都是当前城乡基层治理面临的重大挑战。

如果还沿用"单位制社区"的老办法、老经验,显然是解决不了新难题的。因此,要与时俱进,坚持问题导向、需求导向、价值导向,探索符合基层治理现代化发展需要的新方法、新路径。

在众多基层治理方法中,加强党建引领应摆在首位。这是推进基层治理现代化建设的根本要求。

说到党建引领,大家马上想到政治引领、组织引领、能力引领、机制引领等。但在基层治理实践中,到底应该如何做才能实现党建引领呢?

北京惠民社会治理研究院通过实践探索,初步形成了强组织、搭平台、建机制、解民忧、讲故事、优动员"党建引领六件套"的基本思路,可供乡镇(街道)、城乡社区在基层治理中予以参考。

如果说这个"党建引领六件套"成立的话,那么,在某种程度上可以说,做好了这六件事,党建引领的功能就基本实现了。

一、强组织

建强组织,是提高乡镇(街道)、社区组织化程度的重要举措,也是将组织优势转化为治理优势的重要措施。一是要加强党组织建设。在乡镇(街道)层面,除了加强机关党组织建设外,还要加强新经济组织、新社会组织、新就业群体的党的组织建设,切实把党员组织起来,把作用发挥出来。在社区层面,按照"把支部建在网格上"的思路,在加强网格党支部建设的同时,还要将"下沉"党员、"双报到"党员组织起来,根据他们的优势分别组建社区"智囊团"或"参事会",充分发挥他们在基层治理中的骨干作用。二是加强自治组织建设,进一步强化居民委员会下属委员会的功能作用,健全以楼门、楼栋、楼院、小区、社区为单位的门楼院社自治体系,引导居民骨干在自我管理、自我服务、自我教育、自我监督等方面发挥作用。三是加强业委会(物业管理委员会)建设,将业委会(物业管理委员会)纳入社区治理体系,使之成为社区治理的重要力量。四是加强群团组织建设,把工会、共青团、妇联、残联、侨联等各类群团组织有效地组织起来,并纳入社区治理体系。五是加强社会组织建设,以居民需求为导向,坚持党建引领、完善支持措施、加强品牌建设、注重作用发挥,大力培育在城乡社区开展为民服务、公益慈善、邻里互助、志愿服务、文体娱乐和农村生产技术服务等活动社会组织,不断优化社区社会组织发展环境,促进其健康有序发展,在打造共建共治共享的社区治理格局中发挥独特作用。

二、搭平台

要充分发挥党建引领作用,必须立足搭建党建网络平台,通过构建跨组织、跨层级、跨领域的协同机制,引导各类主体参与基层治理。在乡镇(街道)层面搭建区域化党建平台,采取党政群共商共治的方式,通过问题共商、难题共解、服务共做、文明共创,推动各方协同参与基层治理。同时,还可以根据需要搭建物业服务联盟等平台,将辖区物业服务企业组织起来,把与物业有关的问题交由物业联盟出面协调解决。在城乡社区层面,依托党建工作协调委员会将辖区单位组织起来,还可根据需要设立平安建设、经济发展、文化文明、社会民生、城市治理等领域专委会,通过议事协商、项目认领、门前"三包"等多种形式参与基层治理。

三、建机制

在织密党建组织网络、自治网络、社会组织网络和建强协同平台的基础上,建立健全共商共治、共建共享的相关机制。比如,建立健全联席会议机制,党建工作协调委员会定期组织召开联席会议,针对区域性公共事务、公共难题进行共商共治;建立健全动员参与机制,引导辖区单位参与垃圾分类、文明实践、公益慈善、文化活动等服务;建立健全激励表彰机制,对于履行社会责任好、示范作用强的单位,在政策允许范围内给予相应的表彰激励,也可以采取向相关单位或其上级单位发送感谢信等多种形式予以激励。紧扣基层治理需求,根据实际需要建立健全相应的协同机制,凝聚多方参与合力。

四、解民忧

检验党建引领成效的核心指标就是解民忧、办实事的情况,是不是真的解决了老百姓的问题,是不是真的为老百姓办了实事、好事。说到底,要让群众对党建引领有感知,最根本的一条就是要让他们看得见、摸得着、可参与、有收获。

五、讲故事

要扩大党建引领的影响,进一步增强号召力和辐射力,就需要讲好党建引领的故事。包括但不限于党员的故事、党组织的故事、互助的故事、服务的故事,用群众身边的小故事、鲜活的案例打动人心。

六、优动员

依靠群众、组织群众、服务群众,是党的重要工作。在强化党建引领功能的过程中,就是要构建常态动员＋应急动员＋对社会动员＋由社会动员相结合的"四位一体"的社会动员体系,引导更多居民、社会单位、社会组织参与基层治理。

千招万招,共商共治就是好招。

基层治理方法千千万,但万变不离其宗——大家的事,大家商量着办、合力办、共同办。

第三节　机制之困：条条牵还是块块统

体制机制是推动基层治理体系和治理能力现代化建设的重要基础,也是影响基层治理水平的关键因素。

2023 年全国"两会"期间,习近平总书记在参加江苏代表团审议时强调,基层治理和民生保障事关人民群众切身利益,是促进共同富裕、打造高品质生活的基础性工程。

这对作为基层治理现代化前沿阵地的乡镇(街道)、城乡社区来说,提出了更高的要求。要落实这一要求,必须着力完善基层治理体制机制、夯实基层基础、积极探索推进基层治理现代化的路径,不断提升基层治理效能,扎实推动人人有责、人人尽责、人人享有的社会治理共同体建设。

一、条块体制

与基层治理相关的体制机制中,给人印象最深的当数"条块"体制。

所谓"条块"体制,是指以层级制和职能制相结合为基础,按上下对口和"合并同类项"原则建立起来的从中央到地方各个层级的政府大体上"同构"的政府组织和管理模式。

在基层治理实践中,"条条"主要指省(自治区、直辖市)、市(区、县)各委办局,"块块"主要指乡镇(街道)。

乡镇(街道)作为国家治理的神经末梢,"条块"关系直接影响基层治理效能。在基层治理实践中,"条块"分治的情况屡见不鲜,"条块"关系往往是此消彼长。

根据规定,"条条"主要负责行业管理或者说是行政业务工作,并对"块块"进行监督和指导。"块块"则承担地方经济社会发展和公共服务职能。"条条"上的工作,往往需要"块块"配合落实;"块块"的工作,通常需要"条条"支持。

北京曾提出"条专块统"。也就是"条条"主要负责专业行业工作,"块块"主要负责统筹。但在实际工作中,"块块"统筹力度有限,或者说,难以统筹"条条"。因为都是平级单位,协调起来比较困难。而且,在"条块"体制下,人、财、物等各类资源基本上是自上而下配置,这也是难以协调的一个重要原因。协调得好,"条块"协同联动,治理效能会得到有效提升。如果协调得不好,那么就形成了各自为政的局面,致使治理资源无法最大化利用,治理效能也难以有效提升。

二、吹哨报到

2016 年 5 月 14 日,北京市平谷区金海湖镇发生重大金矿盗采案件,造成严重安全事故。由于"联合执法难""调查取证难""固定证据难"等问题,案件久拖不决。为了有效解决这一难题,平谷区针对"条块"中责权不匹配、联动机制不健全、联合执法机制不完善、监督考核力度不够等问题,探索形成了"街乡吹哨、部门报到"机制。历时 117 天,彻底根除了肆虐平谷 10 余年的盗采盗挖黑恶势力。

平谷区通过机制创新,有效地整合了人力资源、权力资源,推动了"条块"高效协同,破解了基层治理难题。

由此可见,"条块"协同的本质是资源的有效整合,主要目的是增强对基层治理问题的回应性。

"看得见的管不了,管得了的看不见。"往往就是没有建立常态化的"条块"协同机制而形成的。

在推进基层治理体系和治理能力现代化建设的新征程中,到底是"条条牵"还是"块块统",这是各地基层政府、乡镇(街道)面临的普遍性难题。

在"条块"分割体制下,要增强基层政府、乡镇(街道)的回应性,提高"条块"资源的配置和使用效率,实现敏捷治理,一个重要的路径就是要因地制宜地进行机制创新。

平谷区 10 余年的盗采盗挖黑恶势力能在 100 多天的时间就得以根除,主要得益"街乡吹哨、部门报到"机制的建立。街乡作为属地履行"吹哨"责任,各相关部门对照权力清单,落实责任清单,通过重点督查形成绩效清单,最终督促各部门高效完成本单位职责,保障了任务完成。

北京市在总结"街乡吹哨、部门报到"经验的基础上,于 2020 年 1 月 1 日正式实施《北京市街道办事处条例》,坚持赋权、减负、增效,把"吹哨报到"机制写入条例,明确了街道对相关委办局的统筹调度权、监督考核评价权、重大规划编制参与权等权力,有效破解了"条块"联动难题。

这是将"条块"关系由机制创新上升为体制改革的一个创新实践。

实践证明,到底是"条条牵"还是"块块统",关键还是要看是否有利于"条块"的有效协同。

三、机制创新

机制创新的核心,就是在既有的人事结构、治理结构和资源条件下,以增强"条块"合力为目标,重新塑造一套基层治理的运行体系和对乡镇(街道)及广大基层干部的激励体系,使人与事、人财物尽可能进行再组织和再优化,从而达到较好的配置状态,为提高治理效能提供动力。

机制创新最终的效果应该是增强基层治理体制的适应性,提高基层政府对基层治理问题的回应性,增加基层干部的能动性。

实践表明,在"条强块弱"的情况下,基层治理成效往往较弱;在"条弱块强"的情况下,基层治理活力将得到更大程度的激发和释放。换句话说,要提高基层治理体制对基层治理工作的适应性和有效破解难题的回应性、及时性,就需要对"块"进行赋权,强化"块"的统筹作用,发挥"块"的执行作用。

状态	效果
条强块弱	治理成效较弱
条弱块强	治理活力更大激发和释放

机制创新的根本目标应该是"四个有利于"。即有利于增强机制的弹性和韧性,有利于激发"条块"协同的潜能和活力,有利于将制度优势转化为治理效能,有利于解决基层问题取得实效。

因此,各地要因地制宜地根据本地区基层治理的实际需要,稳妥推进机制创新。一方面,机制创新要保证实现"条条"的目标;另一方面,也要保证完成"块块"的任务。只有保证了这个基本前提,才能最大限度地增强"条块"合力。否则,机制创新将失去其内在动力。

重要的是,一定要避免因为"条条"的官僚主义,导致出现"块块"的形式主义,最终形成用形式主义应付官僚主义的"条块"生态。这样就会大大制约基层治理能力的提升,这是对基层治理生态的极大破坏。

在现有"条块"管理体制下,要聚焦基层治理体系和治理能力现代化建设,积极推动机制创新。

说到底,无论是"条条牵"还是"块块统",关键是要有利于基层问题的较好解决、治理效能的有效提升。

就机制创新本身来说,既有临时性机制创新,又有常态化机制创新。

临时性机制创新,主要是解决某个专项问题或临时性的任务而形成的,其目的是整合"条块"资源,共同推动专项问题或临时性问题的解决,任务结束后相关组织即行解散。比如,基于某个老旧社区的改造建立的领导小组或联席会议机制,在改造任务结束后,该机制就不再发挥作用。

常态化的机制创新,这类机制创新往往是对人、财、物等资源进行重新组合,以应对常态化的工作。同时,逐步采取制度化的方式对创新的机制予以固化。比如,为了充分发挥属地统筹作用,特别是在应对重大突发事件或完成重大任务中的统筹作用,北京市推动建设的党建工作协调委员会,主要通过发挥党委高位统筹作用,以政治权力整合辖区各类主体,形成跨体制、跨层级、跨部门的协调机制,共同推动区域性治理问题的解决或重大任务的完成。

总体来说,要在确保完成"条条"任务的基础上,充分调动"块块"属地政府机制创新的积极性,有效激发基层治理活力,切实将制度优势转化为治理效能。

第四节　能力之困:一招鲜还是招招会

基层治理能力是基层治理现代化的基础支撑、关键所在。可以说,没有治理能力的现代化,就没有基层治理的现代化。

中共中央、国务院《关于加强基层治理体系和治理能力现代化建设的意见》针对行政执行能力缺位、基层为民服务意识薄弱、乡镇(街道)协商议事环节不健全、应急管理机制不完善、基层平安建设氛围未形成等问题,提出了要增强乡镇(街道)行政执行能力、为民服务能力、议事协商能力、应急管理能力、平安建设能力,为加强基层政权治理能力建设指出了具体途径。

从该意见要求来看,基层治理能力不仅要一招鲜,还要招招会。既要有符合本地实际的实招、妙招,达到"一招鲜""一招灵"的效果,还要有针对多元化、复杂化诉求的各类"招",做到分类出"招"、因事施"招",对症下药。

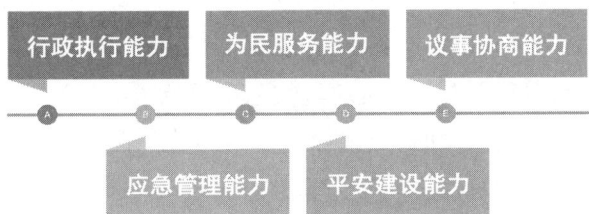

一、行政执行能力

在增强乡镇(街道)行政执行能力方面,进一步强化了要加强乡镇(街道)党(工)委对基层政权建设的领导。特别是依法赋予了乡镇(街道)"六权",即综合管理权、统筹协调权、应急处置权,涉及本区域重大决策、重大规划、重大项目的参与权,建议权以及行政执法权。这些权力赋予乡镇(街道),大大地提高了乡镇(街道)的行政能力,尤其是增强了协调"条条"的能力。同时,明确了行政执法"双随机、一公开"监管模式,还对乡镇(街道)管理幅度(行政区划设置)提出了基本要求,确保管理服务有效覆盖常住人口。

二、为民服务能力

在增强乡镇(街道)为民服务能力方面,明确要求市、县级政府要规范乡镇(街道)政务服务、公共服务、公共安全等事项之外,还要求将直接面向群众、乡镇(街道)能够承接的服务事项依法下放。同时,根据乡镇(街道)不同的特点,明确了不同的任务。对于乡镇,要求要围绕全面推进乡村振兴、巩固拓展脱贫攻坚成果等任务,做好农业产业发展、人居环境建设及留守儿童、留守妇女、留守老人关爱服务等工作。对于街道,要求要做好市政市容管理、物业管理、流动人口服务管理、社会组织培育引导等工作。在此基础上,要求加强基层医疗卫生机构和乡村卫生健康人才队伍建设。还特别就政务服务进行了明确,要求全面推进"一窗式受理、一站式办理",加快推行市域通办,逐步推行跨区域办理。

三、议事协商能力

在增强乡镇(街道)议事协商能力方面,除了提出完善基层民主协商制度的要求之外,还提出了具体要求。也就是要由县级党委和政府围绕涉及群众切身利益的事项确定乡镇(街道)协商重点,由乡镇(街道)党(工)委主导开展议事协商,着重提出要完善座谈会、听证会等协商方式,注重发挥人大代表、政协委员作用。同时,提出探索建立社会公众列席乡镇(街道)有关会议制度。北京市朝阳区麦子店街道探索的党政群共商共治工程,就是街道层面议事协商的典型范例。议事协商能力,说到底,就是主动倾听群众心声,善于引导群众学会议事,确保实现大家的事由大家商量着办。

四、应急管理能力

在增强乡镇(街道)应急管理能力方面,提出要强化乡镇(街道)属地责任和相应职权,构建多方参与的社会动员响应体系。实践证明,当发生突发应急事件的时候,能够最快发挥作用的往往是属地。无论是汶川地震,还是新冠肺炎疫情防控,都充分说明了强化属地责任和职权的重要性。提高基层应急管理能力,其基础是健全完善基层应急管理组织体系,以及风险研判、预警及应对工作。增强应急能力,一方面要有一支拉得出、打得赢的应急管理队伍;另一方面,还要加强应急物资储备保障。对乡镇(街道)来说,很重要的一件事就是要与辖区规范较大的超市,以及相关应急物资供应单位建立起社会化的应急物资储备机制,既保证在应急状态下有相应物资供应,还不至于增加过多的财政支出。这也是构建多方参与的社会动员体系的应有之义。

五、平安建设能力

在增强乡镇(街道)平安建设能力方面,提出要坚持和发展新时代"枫桥经验",做好矛盾纠纷的调处工作,努力做到"小事不出村(社区)、大事不出镇(街)、矛盾不上交、就地能化解"。对于乡镇(街道)综治中心,进一步强化了规范化建设的要求,更重要的是要发挥其整合社会治理资源、创新社会治理方式的平台作用。平安建设,是提高群众安全感的重要基础。既要完善基层社会治安防控体系,预防和减少治安案件的发生,还要健全防范涉黑涉恶长效机制,确保一个地区的长治久安。没有平安和谐的社会环境,就难以形成经济社会协调发展、高质量发展的格局。

《意见》对乡镇(街道)在基层治理能力方面提出了明确的要求,以及相应实现的路径。那么,城乡社区在治理过程中,应该增强哪些能力呢?

从实践要求看,城乡社区应该具有较强的群众工作能力、社会动员能力、为民服务能力、沟通协调能力以及组织培育能力等。

做好群众工作是一门领导艺术。城乡社区承担着组织群众、发动群众、服务群众的重任,要走好新时代的群众路线,就必须立足国情、社情和民情,找好切入点,找准突破点,做到从群众中来、到群众中去,在服务群众中引导群众参与城乡社区治理。

做好社会动员工作是城乡社区治理的一项基本功。多方参与社区治理的本质要求,这个多方,就需要社会动员。对于城乡社区来说,一方面,要学会依托党组织、自治组织、社会单位、社会组织等主体进行动员;另一方面,还要善于运用微信、微博、抖音、小红书等新媒体手段,畅通社会动员渠道,让党和政府以及社区的声音能够及时传进千家万户。

城乡社区工作的本质就是为民服务。在网络购物高度发达、智慧政务不断发展的新形势下,城乡社区如何提高为民服务能力,是当前的一个重要挑战。在实际工作中,我们通常看到社区提供的是居民不想要的服务,而居民想要的服务社区提供不了。如何解决社区服务供需失衡问题,构建公共服务、公益服务、便民服务、自治服务和特色服务融合发展的社区服务体系,需要各地城乡社区进行深入探索。

沟通协调能力是广大城乡社区工作者的基本功,也是新时代做好城乡社区工作的基本要求。城乡社区作为群众性自治组织,没有行政权力,也没有行政级别,要想做好社区治理工作,就必须会协调、善沟通。物业矛盾纠纷需要沟通,产权单位不履职需要协调,引导业委会参与社区治理也需要沟通协调……可以说,社区工作无时无处不需要沟通协调。

对于纷繁复杂的基层治理,乡镇(街道)和城乡社区治理能力既要有"一招鲜"治理秘籍,又要有"招招会"的应对之策。

无论是组织还是个人,提高治理能力,关键是要根据基层治理实际需要,练内功、夯基础,聚合力、强协同,在破解难题中强筋壮骨、锤炼能力、提升质效。

第五节　技术之困：重技术还是优质效

运用现代技术提升基层治理效能,实现科学治理,是基层治理体系和治理能力现代化的重要支撑。

在基层治理中要应用的现代技术主要包括数字技术和社会技术。

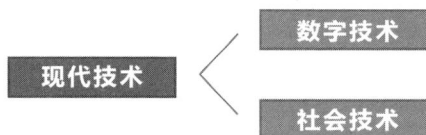

```
                              ┌─── 数字技术
现代技术 ──────<
                              └─── 社会技术
```

数字技术主要包括大数据、云计算、物联网、区块链、人工智能等技术。推动基层治理数字化转型,关键就是要运用数字技术,围绕居民信息数字化、办公数字化、为民服务数字化、工作过程数字化等重点要素及关键环节,构建基层治理数字化生态,推动基层治理智能化、精准化。

党的二十大报告指出,要"完善网格化管理、精细化服务、信息化支撑的基层治理平台",这为进一步加强基层治理数字化转型指明了方向。

社会技术对大家来说相对陌生。

从基层治理角度来看,社会技术主要是指通过运用干预社会的实践性的技术方法,达到调整人与人、人与社会的关系以及解决社会矛盾和问题的目的。

马克思认为,人类一切有目的性的行为均能被视为技术活动。从社会技术的视角看,城乡基层治理体系中的各方主体在相互协同的基础上有序完成各自目标的流程或方法,达到基层治理目标,都可视为社会技术。比如,社会工作技术,坚持助人自助的宗旨,综合运用专业知识、技能和个案、小组、社区社会工作等方法,帮助有需要的个人、家庭、群体、组织和社区,整合社会资源,协调社会关系,预防和解决社会问题,恢复和发展社会功能,促进社会和谐。一方面,社会工作有通用过程模式等基本流程的要求;另一方面,也有个案、小组、社区社会工作等方法。

运用技术的目的,就是要提高工作效率。在基层治理过程中,要充分运用技术,但不能唯技术是从。毕竟复杂的社会生活,除了技术之外,更需要的是人文关怀和及时的帮助。

当前,基层治理在工作理念、运行机制、实操流程等方面还存在短板和瓶颈,主要表现为"七重七轻":一是功能定位上,重管理轻赋能;二是管理空间上,重街面轻社区;三是运行机制上,重发现轻处置;四是处置环节上,重专业分工轻协同指挥;五是工作方法上,重主动巡查轻分析研判;六是系统建设上,重开发轻应用;七是考核评估上,重表象轻内涵。

这些短板和瓶颈问题的解决,既需要引入数字技术,也需要引入社会技术。

从数字技术来说,可以通过建立跨部门、跨层级的基层治理基础信息库,切实改变条块分割、各自为政、上下信息不对称、交流不活跃、同一信息重复录入、综合利用效率不高等现象,以数据、信息的共享推动基层治理主体之间的无缝衔接和高效协同。

近些年,全国各地各级党委、政府在数字化技术应用方面做了大量的工作,建设了包括城市大脑在内的各类系统。这些平台、系统对于减轻基层负担、提升基层治理效能发挥了重要作用。但不容忽视的是,也有一些地方为了建平台而建平台、建系统而建系统,导致出现了资金投入很大、基层意见很大的问题。

技术要为业务服务。先有业务设计,后有技术设计。基于业务发展需要,运用数字化技术实现减负增效。而不是因为某项技术比较先进,简单地把技术与业务进行结合,所带来的负面作用就是为了使用技术而增加工作负担,最终被实际使用者所排斥和放弃,这也是很多信息化系统上线即被淘汰的根本原因。

基层治理数字化转型要遵循需求导向、服务优先、数字驱动、敏捷治理的基本原则,要基于业务使用合适的技术,而非最先进的技术。

日常工作中,乡镇(街道)和村(社区)层面行政性事务多、负担重、压力大,新冠肺炎疫情防控期间,基层疫情监测分析系统滞后、信息传导机制不畅,社区人手不足,仍然采用人海战术,社区智慧治理硬件堆砌、配套智控软件短缺等矛盾突出。因此,我们要总结疫情防控期间积累的经验。一方面要做好社区减负增效提质工作,借助数字化实现减负。提升社区治理能力和治理水平离不开数字技术的运用,特别是在遇到突发公共卫生事件时,社区内人员排查和筛选工作会异常繁重和必要,可以通过数字信息技术,更加有效地实现社区常住居民、流动人口和重点人群的分类管理和动态管控,保证社区在应对突发情况时做到可溯、可防、可治和可控,从而把有限的人力资源从纷繁复杂的事务性工作中解脱出来,切实减轻或降低基层和社区的压力负担。另一方面,要运用数字技术提质增效。数字技术不仅是劳动力和生产力,也是执行力和战斗力,更是智治力和善治力。日常工作实践中,要充分发挥数字技术在社区治理中的服务提升作用,通过数字化转型,进一步延伸社区治理之眼力,拉长社区治理之臂力,拓展社区治理之脑力,让社会治理插上智慧的翅膀,不断打造社区治理从"微治"到"精治"再到"善治"的升级版,从而提升基层治理体系和治理能力现代化水平。

基层治理数字化转型有其内在规律,其基本路径可概括为:数据融合是基础,智能发现是前提,主动服务是关键,协同处置是核心,数据分析是抓手,绩效评估是目标。

推动基层治理数字化转型,重点是依托数据分析的精准导向和问题导向,形成"物联、数联、智联"的精细化治理模式,提升治理能级,展现直观高效的治理结果或治理过程的预期效果。同时,实现基层治理数字化转型,最终要依靠"人数协同"来推动及时的发现、高效的协同、优化的服务、科学的决策,增强居民获得感、安全感和幸福感。

通过科技赋能、技术减负,推动基层治理和服务从经验判断型向数据分析型、被动应付型向主动推送型转变,从管人向管数转变,从粗放服务向精准服务转变。

从应用社会技术的角度来说,同样是要以提高治理的规范化、科学化水平为出发点和落脚点。

江苏省太仓市是"政社互动""三社联动"基层治理范式的发源地之一。为加快推进基层治理体系和治理能力现代化建设,大力引进专业社会工作人才,系统开展专业社会工作服务。一方面,将低保边缘、困境儿童和空巢独居老人等民政服务对象纳入服务范畴；另一方面，将精神残障、司法矫正、社区戒毒等对象纳入服务范畴，形成了16类服务对象的网络架构。同时，探索建立了16类特殊服务人群个案服务指引和小组服务指引。

社工面向服务对象多样化的服务需求，有针对性地制订了发展性、预防性、支持性及补救性的分层服务计划。在支持系统上，建立个人、家庭、社区、社会全链条的支持网络，建设社会动员系统和资源中心，走向全方位、多角度介入，建立"事前—事中—事后"相衔接，适宜、适配、可持续的社会支持综合服务系统。如针对困境儿童的社会工作服务和终身发展，探索建立了立体式的多元、协同、复合的社会综合支持系统。

同时，强化服务绩效和满意度评价的定性考量，在绩效考核评价上更加注重发展性评价，把服务对象的社会融入、能力提升和未来发展水平作为权重指标去考察。

无论是数字技术、社会技术还是其他技术的应用，其核心目的是提高服务治理的科学化、专业化水平，最大限度地实现提质增效。

在基层治理实践中，检验技术应用成功与否的标志主要看四个方面：一是科学好用，二是基层爱用，三是务实管用，四是群众受用。

第三章　基层治理之力

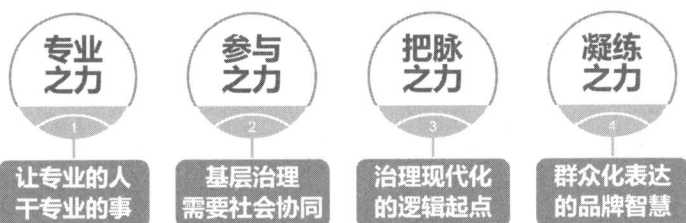

专业之力	参与之力	把脉之力	凝练之力
1	2	3	4
让专业的人干专业的事	基层治理需要社会协同	治理现代化的逻辑起点	群众化表达的品牌智慧

第一节　专业之力：让专业的人干专业的事

专业化、标准化、数字化是基层治理现代化的三大支柱。其中，专业化是标准化的基础，标准化是数字化的前提。

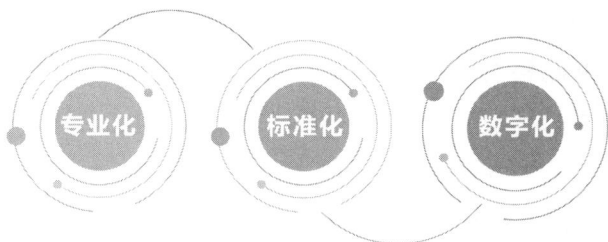

基层治理点多、线长、面广，很多事情看似"小事"，但要做好也绝非易事。主要原因有二：一是利益关系复杂，难以协调；二是涉及各方面的专业知识、专业方法和专业技能，需要多方主体共同协作。

闻道有先后，术业有专攻。让专业的人干专业的事，减少或降低治理成本和试错成本，提高基层治理水平和效能，是大势所趋。

华为技术有限公司（以下简称华为）之所以强大，是因为让专业的人干专业的事。比如，在财务管理、客户管理、述职制度、职业生涯与薪酬体系、流程管理、集成产品管理及精密生产等诸多方面，都是借助专业团队为华为引进专业理念、专业方法和专业技能，协助华为完善管理，提高效能。

一、专业能力

对智库机构来说，专业之力是安身立命之本。

什么是专业之力？简单地说，就是专业服务能力。具体到基层治理当中来说，专业之力就是专注于基层治理领域，对基层治理知识和技能进行深入全面的学习，并掌握其基本特点与内在规律，形成专业理念、专业方法和专业技能，能够为基层治理提供专业支撑的能力。

无论是组织还是个人，要练就这些基层治理的专业能力，需要从四个方面下功夫,尤其是智库机构。

一是练就扎实的基本功。要对基层治理有全面、深入的了解,具有针对基层治理的逻辑思考能力、把脉诊断的能力、对标的能力以及价值输出的能力。善于从基层治理理论和实践中学习,善于观察基层治理问题、洞察基层治理本质,善于客观认识基层治理的真相。

二是体系化的基层治理知识。根据基层治理体系和治理能力现代化建设的需要,构建基层治理知识体系,掌握基本理论知识,掌握典型实践案例,了解发展格局和趋势,清楚标杆在哪里,知道基层治理过程中遇到的普遍性问题和重点难点问题,并且知道这些问题需要用什么办法去解决,或者说,需要用哪些知识去解决。

三是解决基层治理问题的能力。针对基层治理问题,能够提供切实可行的解决方案,协助基层解决治理难题。可以说,解决问题的能力,是衡量专业能力的重要标志。研究真问题,真研究问题,解决真问题,是专业之力的重中之重。

四是持续提升、持续突破的能力。基层治理问题层出不穷,要有效解决这些问题,必须持续学习、持续提升、持续突破。只有这样,才能把问题变成方案,把方案变成经验,把经验变成品牌。

二、专业需求

从基层治理的需求来看,迫切需要专业人才、专业机构以专业之力提供专业支撑。

铁打的营盘,流水的兵。从事基层治理的党员干部以及社区工作者,因为岗位调整、工作调动等多方面原因,经常会被选派、调整到不同的岗位工作,很多工作都超出了原有的工作范围,做起来困难重重。尤其是一些专业问题,更是力不从心。

隔行如隔山。专业人士之所以专业,是因为对基层治理有深入的研究,掌握了基层治理的特点与规律,能够站在一定高度来审视基层治理的现状与未来发展趋势,可以站在明天看今天。因此,也能够很好地把握区域基层治理的现状与发展态势,并根据需要提出专业的意见建议。

基层治理工作纷繁复杂,涉及社会生活的方方面面。因此,对基层治理工作人员要求极高。在实际工作中,基层治理工作人员既要做专家,又要做杂家,有时候需要做专家中的杂家,有时候又需要做杂家中的专家。

但是,人的时间精力是有限的,不可能面面俱到,也不可能在极短时间内达到专业水准;或者说,既要达到上级要求,又要满足群众需求。尤其是对时间碎片化的基层治理工作人员来说,更是难上加难。

另外,还有一个很常见的问题,就是跨专业、跨领域任用干部,出现了人岗不匹配的现象。因为有的部门工作的专业性比较强,面对纷繁复杂的基层治理考验,最后出现了外行指挥内行、以形式主义应付官僚主义等问题。

客观地说,基层治理中涉及的专业问题不少。既有人才培养方面的教育培训问题,也有针对基层治理中难点问题的课题研究,还有规划编制、项目管理、组织培育、议事协商、社会工作、物业管理、数据分析、标准制定、评估评价等问题。既有宏观的要求、中观的研究,也有微观的操作。政府不可能把所需要的各类专业人才都招进体制内。在这种情况下,与专业团队合作成为重要选择。

在基层治理实践中,从乡镇(街道)、城乡社区需要的专业支撑能力来看,主要包括但不限于研究能力、规划编制(方案设计或顶层设计)能力、项目管理能力、组织培育能力、标准制定能力、评估评价能力等。

研究什么问题?怎么研究问题?研究成果如何转化?这些都需要有专业力量的参与。

三、专业合作

那么,如何与专业人才、专业机构合作?需要站在推进基层治理现代化建设的高度来谋划、来推动。

乡镇(街道)、城乡社区作为基层治理的"第一战场",面对复杂多变的基层治理问题,要坚持"让专业的人干专业的事"的理念,搭建专业平台、整合专业资源、创新合作机制,通过课题研究、项目合作、品牌培育、人才培养等方式,与专业机构合作,共同推进基层治理体系和治理能力现代化建设。

搭建专业平台。紧扣基层治理体系和治理能力现代化建设任务要求,搭建专业服务治理平台,突破地域思维,在本地找问题,在全国找答案;在全国找标杆,在本地找试点。以培育标杆性项目、示范性品牌和领军性人物为抓手,把试点、示范作为搭建专业服务平台的"磁力场",把本地区打造成为基层治理的排头兵和先锋队。比如,在乡镇(街道)层面搭建社会工作服务站平台,引入专业社会工作服务机构开展社会工作服务。同时,也可根据基层治理需要,引入具有专业实力的专业机构,共同参与基层治理党员干部、社区工作者的教育培训,包括需求调研、课程设计、组织实施以及培训成果转化等。

整合专业资源。坚持用治理的逻辑、专业的力量干事,根据本地基层治理需要,面向全国整合优秀的专家资源、专业服务机构资源,采用"党委领导、政府负责、社会协同"模式,强化党建引领功能,激发社会参与活力,推动基层治理优化升级。立足把难题变课题、把难点变亮点,积极探索实验基地+专家合作模式,主动与高水平专家、智库机构和社会组织合作,借势借力招引优质项目和高端人才参与本地基层治理。比如,朝阳区在实施社区成长伙伴计划过程中,根据社会领域党建、社区治理、社会组织培育、物业管理等实际工作需要,由北京惠民社会治理研究院牵头,邀请包括中国社会科学院、北京市社会科学院、北京国际城市发展研究院等相关领域的专家共同参与社区成长伙伴计划,赋能基层治理。

创新合作机制。紧盯基层治理发展形势,借助行业组织力量,加强专业人才、专业机构的引入力度。探索合作创办智库机构、社会服务机构等形式,补齐基层治理服务短板。采取项目合作、课题合作等形式,聚焦重点难点问题,创造性地攻坚克难,夯实基层治理基础。采取以专引专(专家引荐专家)、以社引社(以社会组织引荐社会组织)等形式,探索多位专家、多家机构就某一领域、某一区域的治理问题进行集成合作,联合攻坚,实现"引进一个带来一串"的效果。

引进专业人才,用好专业机构,进一步完善基层治理体系,最大限度实现"人岗"适配,最大限度提高治理能力,最大限度降低试错成本,最大限度提高治理效能,最大限度提高党和政府在群众中的威信,有效夯实党在基层的执政基础,这就是"让专业的人干专业的事"的根本价值之所在。

第二节 参与之力:基层治理需要社会协同

多方参与,是基层治理的应有之义,也是本质要求。

《中共中央关于坚持和完善中国特色社会主义制度 推进国家治理体系和治理能力现代化若干重大问题的决定》指出:"必须加强和创新社会治理,完善党委领导、政府负责、民主协商、社会协同、公众参与、法治保障、科技支撑的社会治理体系,建设人人有责、人人尽责、人人享有的社会治理共同体,确保人民安居乐业、社会安定有序,建设更高水平的平安中国。"

由此可见,社会协同、公众参与,是基层治理的基本要求。这也是智库机构、社会组织参与基层治理的重要依据。

智库作为"思想库""智囊团",是基层治理现代化不可或缺的参与力量。

要充分发挥智库机构在基层治理中的参与作用,调查研究、规划编制、难题破解是重中之重。

参与调查研究　参与规划编制

参与难题破解

一、参与调查研究

调查研究,是智库机构的基本功,也是智库机构参与基层治理的重要方式。在基层治理实践中,智库机构可从调查研究的角度参与,重点要做好四个研究。

一是选题研究。研究什么问题,为什么要研究这个问题,是选题研究首先要考虑的问题。有时候提出问题本身比答案还重要。能够提出问题,说明知道在哪里还存在问题,"知道自己不知道",正所谓"知不足而后进,望远山而力行"。不能提出问题,往往还不知道哪里存在问题,或者需要研究什么问题,"不知道自己不知道"。

二是规律研究。智库机构需要综合掌握所研究领域的系统知识和整体情况，长期进行跟踪，全方位了解业内专家的研究情况，具有透过现象看本质的本领，善于研究规律、总结规律、把握规律。比如，在推进新型农村社区建设过程中，有的专家总结出了"三个集中"：土地向合作社集中，产业向园区集中，村民向社区集中。这"三个集中"是对新农村社区建设的内在规律进行的高度概括和凝练，具有较强的指导意义。

三是战略研究。战略研究最大的特点就是要有前瞻性，需要站在明天看今天，站在未来看今天。战略研究最大的价值就是按照事物的发展趋势，站在未来、站在高处认真谋划今天的应对之策。就基层治理来说，最重要的是根据人口结构的变化、当前的重大挑战、经济社会发展的要求以及未来可能出现的问题等，作出综合研判，超前谋划，打主动仗，下先手棋，提出有针对性的解决建议，最大限度地增强工作主动性。

四是成果研究。缺乏对成果的梳理和研究，是基层面临的一个普遍性难题。一方面，事务性工作较多，时间碎片化问题比较突出；另一方面，不善于总结提升和成果梳理。从基层治理实践看，基层治理成果一般包括制度成果、实践成果和理论成果。在开展政策创制、形成制度成果方面，智库机构在基础调研、体制机制研究及可行性论证等方面具有优势。在实践成果方面，需要具备较强的总结提炼能力；在理论成果方面，则需要基于基层治理实践形成理论研究成果。

二、参与规划编制

参与规划编制是判断智库机构综合研究能力和专业服务能力的一项重要指标。

本文所说的规划编制主要是指五年规划的编制。比如，某某市"十四五"时期基层治理规划，指的是2021—2025年的工作规划。

基层治理规划编制是对基层治理体制机制、治理方式、治理任务、治理要求以及治理体系和治理能力建设等与基层治理相关的工作进行统一的安排和控制，是加强和创新基层治理的发展蓝图，是推进基层治理现代化的行动纲领。

在基层治理规划编制过程中，首先要研究的就是基础现状，重点是吃透上情,摸清下情,掌握实情,了解市(区、县)情。一方面,要对标对表,全面准确领会中央、市、区战略意图,吃透上位专项规划和本级综合规划的战略定位、指导思想、发展思路、基本原则和重点任务;另一方面,要客观、全面掌握本地区基层治理取得的成效,同时,也要看到短板和不足。短板和不足往往就是要在规划任务中重点解决的。问题找得准不准,直接关系到规划编制的质量。

研究发展形势,是基层治理规划编制中的一项重要工作。规划编制强调的是前瞻性、预见性和针对性。因此,要把基层治理放在本地区经济社会发展全局中去定位、去思考、去分析。准确把握本地区的阶段性特征和未来发展面临的形势,是超前谋划、科学谋划的重要基础,也是下先手棋、打主动仗的重要支撑。研究发展形势的关键,就在于看大势、谋全局、明方向。看大势,就是要看清整体发展趋势;谋全局,就是要站在本地区经济社会发展的大局来编制规划;明方向,就是要明确具体的努力方向,有清晰的目标。

通过前期研究,明确规划任务,是规划编制的核心内容。通常来说,各项规划都要明确党建引领的重点任务。以此为基础,要坚持问题导向、需求导向和目标导向,在充分对接上位规划和本级综合规划任务的基础上,特别是要针对本地区、本领域存在的短板弱项,拿出有针对性的任务措施,确保在规划期内基层治理工作取得新进展、迈上新台阶、创造新业绩。

除此之外,还要研究规划任务落实的保障措施,有的还需要对规划任务进行分解,落实到具体单位或部门,等等。

三、参与难题破解

能不能破解难题是检验智库机构或社会组织综合能力的基本标准。特别是以服务基层治理为重点的智库机构,要具备把实践转化为理论、把理论转化为实践的能力。基层治理是一项实务性、操作性要求极高的工作,没有丰富的理论知识和实践经验,一般难以参与基层治理难题的破解。

应该说,智库机构要赢得党委、政府信任,参与破解基层治理难题是一个非常好的突破口。

老旧小区管理是城乡社区治理的难点,由于老旧小区普遍存在基础设施薄弱、物业管理不善等问题,影响了居民的生活环境和生活质量。特别是随着住房制度改革,老旧小区产权逐步多元化,小区维护和管理的资金来源不足,管理水平降低,管理功能退化,与新建小区形成强烈的反差,成为城市建设管理的落后地带。

为解决这一难题,朝阳区自 2009 年开始着手研究和探索老旧小区准物业管理机制和模式。笔者带领工作团队先后参与编写了《朝阳区老旧小区准物业管理工作指导手册》《朝阳区老旧小区自管会选举手册》《朝阳区老旧小区准物业管理评价标准》等文件,为老旧小区的运行管理提供了理论支撑、路径支撑和方法支撑。同时,还承担 181 个老旧小区的运行指导、年度评估任务,并形成年度工作报告。

参与专业社会工作服务、参与社会组织培育、参与项目设计、参与教育培训、参与评估评价、参与议事协商、参与基层治理标准研制……智库机构、社会组织参与基层治理的切入点较多,关键是要练就过硬的本领,以专业能力赢得参与机会。

第三节 把脉之力:治理现代化的逻辑起点

把脉是一个中医概念。说的是医生用手指轻轻按压病人的动脉,根据动脉搏动显现的情况,来把握疾病内在变化的诊断方法。

中医医师采用"望闻问切"等方法,通过脉象来寻病因,找病灶,研病理,从而对症下药。

在基层治理领域,借用把脉这一概念,主要目的就是要通过对基层治理中涉及的人、地、事、物、组织等要素,采取走访观察、座谈访谈、专家调查、问卷调查、数据分析等方法,通过对党的建设、环境卫生、垃圾分类、物业管理、停车秩序、楼门文化、社情民意、居民自治、满意度等多个方面体检,发现优势,查找不足,提出对策。其核心目的就是借助把脉的方法,找准"病灶",深研"病理",开单"祛病",促进基层治理体系完善和治理能力提升。

在基层治理中,智库机构要有把脉之力,强调的是要站在专业角度,在全面、客观、准确掌握基层治理情况的基础上,组织开展会诊,通过对把脉结果进行交叉验证和多维分析,就基层治理资源优势识别、治理困境剖析、核心制约要素挖掘等进行综合诊断,锁定基层治理"靶点",对症开出"药方",

为提高基层治理水平提供支撑。

把脉的能力形成于长期的观察、思考和研究。既要有丰富的理论知识，掌握科学的研究方法，还要对基层治理的体制机制、治理方式、治理手段、治理体系、治理能力、治理生态等方面，有深刻的认识和了解。同时，还要有对照基层治理社会化、法治化、智能化、专业化的要求，分析问题，查找原因，提出对策建议的能力。

在某个行政区域内开展把脉诊断，就需要采取科学的方法，全面了解基层治理中面临的现实挑战、主要矛盾、风险隐患，通过诊断分析，针对面临的主要矛盾和主要问题，提出系统性、整体性的解决方案。

把脉的最终目的是要找准问题，提出切实可行的操作方案，推动问题的有效解决。但在实践中，经常会出现"问题找不准，方案不落地"的问题。

怎么找准问题？如何让方案落地？这是检验把脉之力的关键问题。

要找准问题，重点是要科学把脉。通过把脉，透过现象看本质，在找准问题、把握规律的基础上，提出务实可行的解决方案。

望	闻	问	切	治
1	2	3	4	5

一、把脉问诊

基层治理把脉就像看病一样，望、闻、问、切、治。北京惠民社会治理研究院在服务基层党委、政府和城乡社区过程中，经过探索实践，初步形成了"四维把脉"法。

第一，在走访观察中把脉。把脉问诊既可以在乡镇（街道）开展，也可以在社区开展。其中，走访观察是进行有效把脉的第一步。通过走访观察，了解基层治理现状，察看居民自治、公共设施匹配、物业管理、停车秩序、环境卫生等情况，站在居民的视角观察、体验城乡社区宜居质量。在观察的同时，走访社区居民，了解他们对基层治理的真实看法、愿望期待以及遇到的问题。基层治理得好不好，社区居民最有发言权。走访观察，是研究真问题、真研究问题、真解决问题的第一步,也是把脉问诊中的基础环节。

第二,在座谈访谈中把脉。座谈、访谈是开展把脉问诊的基本方法。一方面,通过座谈广泛听取社区党员、居民骨干、物业服务企业、驻社区单位的意见建议,从多个维度了解乡镇(街道)、城乡社区的组织建设、人口结构、主要特点、资源状况、面临挑战以及广大党员、干部、群众的所思所想所盼;另一方面,通过与乡镇(街道)主管领导、社区党组织负责人、党员、居民代表、社区社会组织负责人、物业服务企业负责人、业委会(物业管理委员会)等关键人物的访谈,了解基层党组织、自治组织、社区社会组织、群团组织等相关主体的建设情况及作用发挥情况,乡镇(街道)、城乡社区履职情况,基层治理面临的问题,以及相关的意见建议。

第三,在数据分析中把脉。用数据分析基层治理问题,是把脉诊断的一个重要方法。随着数字化技术的深入应用,未来会越来越多地采取数据分析的办法来分析基层治理问题。就北京来说,"12345"市民服务热线的诉求数据就是分析基层治理问题的非常好的办法。全市共有343个乡镇(街道),每个乡镇(街道)、城乡社区每个月都会收到上个月市民服务热线的诉求分析数据。其中,既有诉求数量、诉求类型、诉求办理情况(响应率、解决率、满意度等),还有各乡镇(街道)在全市的排名情况。那么,从乡镇(街道)的角度来说,可以充分利用这一数据来分析本辖区、社区的治理问题。既可以通过一年的数据分析本地区诉求的主要类型、基本特点、区域分布,还可以分析周期性、规律性、季节性问题。通过数据分析,在深度刻画问题的基础上,提出解决问题的对策思路以及具体解决方案。

第四,在对标对表中把脉。所谓对标对表,就是要对照中央、省(自治区、直辖市)、市(县、区)要求,认真分析在加强基层党组织建设、增强基层党组织政治功能和组织力等方面面临的挑战和问题,以及在行政执行能力、为民服务能力、议事协商能力、应急管理能力和平安建设能力等方面存在的薄弱环节。通过对标对表,找到不足之处,并以此为基础,提出相应的对策措施。

二、提出对策

通过把脉找准问题,提出对策,落实到工作层面就是要形成解决方案,或者说是工作方案。

制订工作方案之后，最为关键的环节就是要让解决方案落地。只有方案切实可行，能够落地，才能有效推动基层治理问题的解决和治理水平的提升。

要让方案落地，重点是要从五个方面下力。

一是简单易懂。方案要让基层党员干部看得懂，不能为了体现专业性，用大量的让非专业人士看不懂的专业词语。判断一个方案质量高低的一个重要标准，就是要用通俗易懂的语言把问题讲清楚，条分缕析把任务安排讲得明明白白，让执行者好理解、易接受、可执行。

二是目标清晰。通过把脉诊断之后提出的基层治理问题解决方案，一个重要的原则就是要坚持目标导向，要非常清楚地让大家知道这个方案主要解决的是什么问题。

三是任务具体。要有明确的工作任务、工作标准和工作时限要求，让相应任务执行人一看就明白，知道应该干什么、怎么干、干到什么标准。

四是责任明确。要根据乡镇（街道）、城乡社区工作职责分工，具体工作任务可以分解落实到具体的责任单位和责任人身上，确保任务的有效落实，正所谓"千斤重担万人挑，人人身上有指标"。

五是措施有效。这里的措施主要是指落实任务的保障措施，要立足方案制订单位的全局，调动相应的组织资源、资金资源以及相关资源，明确相应的奖惩措施，确保"时间到、任务完"。

对基层治理进行把脉诊断，找到基层治理体系和治理能力建设的短板弱项，坚持问题导向、目标导向和价值导向，加强和改进基层治理，这是基层治理现代化的逻辑起点。

把脉之力是智库机构参与基层治理过程中需要具备的关键能力。也是基层党委、政府判断智库机构是否能够在基层治理中有效发挥作用的重要基础。

第四节　凝练之力：群众化表达的品牌智慧

在与基层党委、政府和城乡社区合作过程中，我们常听到的一句话就是："我们会干不会说，能不能帮我们提炼总结一下工作经验？""能不能帮我们打造一个品牌？"

在某种程度上说，乡镇（街道）、城乡社区与智库合作，帮助梳理总结、归纳提升是合作的必备内容，无论是否包含在项目之内，最后都会有总结提升的需求。

总结提升为什么需求这么大？或者说，为什么这么难？说到底它需要的是凝练能力，也就是高度总结概括的能力。

这种凝练能力主要表现在对碎片化的实践或纷繁复杂的琐碎工作中，能够透过现象看本质，用一句话或者一个关键词，把基层治理的实践总结概括出来，让受众一听就明白。同时，还能引起共鸣。很多时候还会很惊讶地说："我怎么就没想到呢？我也是这么干的呀，就是没有总结出来。"

为什么会有这样的感慨，关键是没有这样的凝练能力，没有把实践经验总结提炼出来。这种凝练，是基于工作实践，在高度逻辑重构的基础上凝练出的品牌概念，它揭示了实践经验的价值内核，代表了先进的理念，对实践工作进行了纵深展示和立体呈现。

高度逻辑重构	实践价值内核	加工凝练升华	群众口语表达
1	2	3	4

这种凝练出来的关键词，往往是一种群众口语表达，朗朗上口，易于传播，方便记忆。因此，我们说凝练之力就是群众化表达的品牌智慧。

这种凝练不是简单的"造词"，也不是牵强附会的"谐音梗"，而是把基层治理实践进行提炼、加工之后，凝练出一个简单的关键词。这个关键词能够让人联想到实践的价值内涵。

比如,"一刻钟生活服务圈"。一看到这个概念,大家马上就会想到在一刻钟之内,就能找到相应的生活服务资源,满足基本生活服务需求。这个一刻钟的时间概念,其本质就是要表达方便快捷的内涵。让大家一听就明白两件事,第一是方便快捷,第二是生活服务。这个概念是 2008 年在朝阳区朝外街道探索新型社区服务的时候提出来的。基本背景是在 2008 年北京举办奥运会之时,朝外街道相关领导提出来,奥运会是提高社区服务水平的一个重要契机,我们如何让社区居民就近就能享受到更好的社区服务?我们能不能把社区周边的小便利店、小理发店、小餐饮、小食品店等与居民生活密切相关的便利店组织起来,为社区居民提供更好的服务。同时,按照"缺什么,补什么"的思路,引进相应的服务商到辖区内提供服务。正是基于这样的考虑,北京惠民社会治理研究院在经过充分调研和反复研讨的基础上,提出了"一刻钟生活服务圈"的概念。以此为基础,全面梳理朝外街道相关的服务商资源,并与相关服务商达成共识,制作了"一刻钟生活服务圈"服务手册,面向居民发放了"一刻钟生活服务圈"会员卡。2009 年,北京市从市级层面发文,全面推广"一刻钟生活服务圈"工作。

2021 年,我们有幸参与了回天地区治理经验的总结工作。在对回龙观、天通苑地区"六街一镇""回天有我三年行动计划"实施情况进行全面调研的基础上,总结形成了"短期抓硬件、中期抓软件、长期抓党建"的工作经验。短期抓硬件,主要是指要在短期内获得群众认可,需要重点解决硬件设施问题和硬骨头难题,让群众看得见、摸得着、能参与、有收获。中期抓软件,就是在解决了硬件问题和硬骨头难题之后,再进一步健全完善体制机制,立规矩,提要求,确保硬件或硬骨头难题解决之后,有效提高治理能力,实现常态长效。长期抓党建,也就是无论解决硬件、硬骨头难题还是推进软件建设,都要把党建引领贯穿始终和全过程。

总结提炼的结果看似简单,其实背后的价值内涵不简单。简单背后的不简单,考验的就是凝练能力。要提高凝练能力,要具备三个条件。

一是要有丰富的社会经验和知识储备。一个好的经验总结,或者说一个好的品牌,会引发人的深层次思考。要对基层治理实践进行总结提升,从具体实践中抽象出一个引领趋势的理念、方法或机制,并且反映基层治理的内在规律,这是比较有挑战性的一件事,也是基层治理中广大党员、干部感到力不从心的一件事。这个难就是门槛,这个门槛提出的问题就是:如果没有丰富的社会经验和大量的知识储备,是很难把实践的表象升华为深层的理念、方法或机制的,并引发人进行深层次的思考。对基层治理领域来说,尤其如此。一方面,要善于洞察社会心态或社会的心理需要;另一方面,要善于观察思考,把理论与实践有机结合起来,立足实践看本质,跳出实践看价值,即发现实践价值,挖掘实践价值,放大实践价值,进而转化实践价值。通过对实践的提升总结,转化形成理论成果。这种转化能力需要丰富的社会经验和理论知识储备作支撑。

二是要有缜密的逻辑思考能力。是什么,为什么,怎么办,是我们思考问题的一般逻辑。就基层治理来说,我们要思考什么是基层治理? 为什么要加强基层治理? 如何加强基层治理? 这就是层层递进、环环相扣的基本逻辑。在总结提升实践经验的过程中,需要的是对实践进行观察、比较、分析、综合、抽象、概括、判断和推理,最后形成一个相对容易叫得响、立得住、推得开的经验。比如,被评为"2015 年度中国社区治理十大创新成果"的朝阳区"居民提案"激活社区自治细胞案例,刚开始这个案例是以"社区创享计划"的名义开展的,基本的思路是引导居民发现问题、提出问题,进而提出解决方案,并且自建团队,共同解决问题。但在最后梳理总结、申报案例的时候,为了更好地体现背后的运行逻辑以及回应党的十九大的要求,将"社区创享计划"总结提升为"居民提案"。其背后的逻辑是通过居民提案的方式,由居民提出需求,由政府配置相应资源,共同解决社区治理问题,形成了自下而上的项目形成机制和自上而下的资源配置机制,较好地实现了党的十九大提出的"政府治理和社会调节、居民自治良性互动"要求。

三是要有较强的概括能力。把实践经验总结为一个朗朗上口的关键词,是大家普遍认可的一种做法。那么,如何把具体的基层治理实践形成高度浓缩的概念,并以口语化的形式进行表达。要把丰富的实践,甚至是碎片化的工作行为,用一个关键词表达,就需要非常强的概括能力。这种能力,既是一种抽象能力,也是一种穿透能力。一句话,要具备这种能力,必须要站得高、望得远、看得深、看得透。站得高,要上升两级看问题,下沉两级想落实,既要与中央、省、市精神对标对表,看到上级要求,又要看到基层治理的内在要求和发展大势。望得远,一个好的经验或好的品牌,一定要有可持续性,能持续发展,能够将单个的"盆景"变为普遍的"风景",一个不可复制、不可推广、不可持续的经验不是好经验。看得深,就是要深入思考,这个经验所传递出的价值理念是否先进,能否代表未来的发展方向,解决了什么深层次问题或普遍性难题,具体有哪些实招和抓手,按照这个办法去做能带来哪些实效? 这个经验能给同行带来什么启发或借鉴? 看得透,就是要直指要害本质,能抓住问题的根本。

凝练之力是一种综合能力,看似简单的概括,实则体现的是一种品牌智慧。这需要日积月累的学习和训练。

第二篇　基层治理螺旋式上升之道

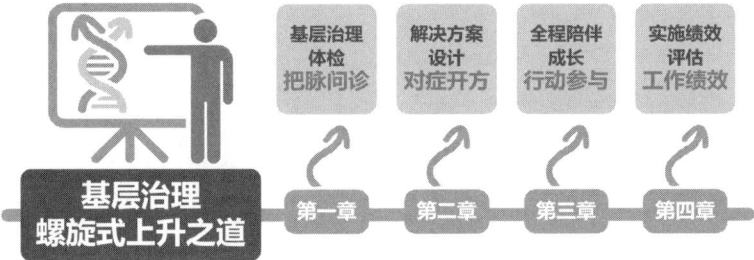

第一章　基层治理体检——把脉问诊

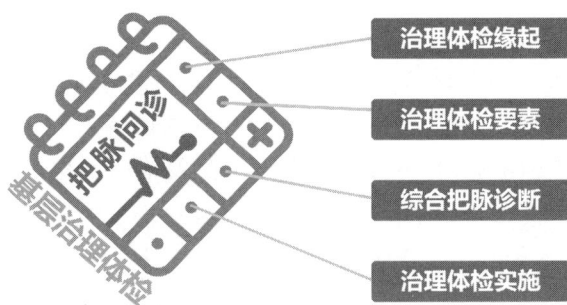

治理体检缘起

治理体检要素

综合把脉诊断

治理体检实施

第一节 治理体检缘起

体检一般是指对人体形态结构和机能发展水平进行检测和计量,并通过单一或多个指标数据反映人体健康状态、相关症状或疾病及相关因素的诊察过程。其核心的理念是"人体是一个有机整体"。对于结果,体检对象期待更多的是"身体没有任何问题"。

具体到基层或基层治理,机构间、组织间、机制间等存在紧密的联系,相辅相成、相互作用,突出系统性、整体性、协调性。党的十九届四中全会提出,要完善党委领导、政府负责、民主协商、社会协同、公众参与、法治保障、科技支撑的社会治理体系,这充分反映了基层治理或基层社会治理的"有机且整体"的特点。

当然,具体到"基层治理体检",其核心的目标是通过实地考察、现场观察、问卷调查、查阅档案、数据分析等方式,发现基层治理问题及问题产生的影响因素,以寻求精准施策、靶向治理,从而实现基层治理的良性健康可持续发展。实际上,这是基层治理问题导向、目标导向的具体体现。即寻求问题源头并最大限度推动源头治理、综合治理、系统治理、依法治理。

说到这里,问题或具体到基层治理问题逐步"亮相现身"。身体的体检是通过具体指标值或相关指标值间与"正常值"对照而产生"有问题"或"无问题"或"具体有何问题"的初步结论,以此为基础推动基层治理稳步前进,而这正是治理体检的缘起。

问题类别　找准问题　标本兼治　治理体检缘起

一、问题类别

从实践情况看,基层治理问题通常有三类。第一种是设定类问题,一般反映的是"实际与自我期待的差异或差距",即综合考虑当前和未来发展因素,立足实际,基层自我设定的治理方面的目标能否达到的问题;第二种是发现类问题,一般反映的是"实际与上级或服务对象要求的差异或差距",即通过基层治理相关实际指标与本级或上级相关工作目标指标相比较,从而鉴定形成的具体问题或综合问题,如社区工作者人员配置不足;第三种是发生类问题,一般反映的是"实际与基本常态的差距或差异",即实际已发生且已产生一些负面影响,如社区的"跑冒滴漏"问题。

通过对三类问题的分析,基本可以明确,发现类问题是基层治理体检的重点,也是体现基层智库参与的落脚点和着力点。近几年,北京市大抓基层治理,构建起"七有""五性"监测评价指标体系,一定程度上反映了"一刻钟便民生活圈""完整社区"等建设标准,甚至相较这些更为全面、系统。北京市依托"12345"市民服务热线数据,定期发布基层"七有""五性"体检报告,指导基层查找问题、补齐短板。

同时,北京市大力推动党建引领接诉即办改革,并逐步推动基层主动治理,整体推动基层治理现代化。从一定程度上说,北京市接诉即办工作是居民需求转化为治理要求的生动实践,以"一个个诉求工单"更直接有效地推动基层精准治理。

二、找准问题

在党建机制引领基层治理工作的过程中,如何把握基层治理的主要矛盾,摸清问题、查明原因,一个主要方面是要找准问题、有针对性地采取行动,找准问题的过程也是确定基线的过程。而确定基线的目的,其一是要摸清我们现在是什么水平;其二是为了我们未来检验工作成效做一个标识。

发现类问题的核心就是如何解决差距造成的难题,也就是辖区内老百姓有需求了,这些难题可能是物业管理不规范、垃圾桶站管理、机动车管理等日常管理问题;也可能是工地施工游商等扰民、拆除违建等矛盾纠纷类问题。

怎么把难点变亮点？把难题变课题？难题破解关键的一个出发点是要定位老百姓的真正需求，而非管理者角色的"我擅长什么""我能做什么""我有什么"。要以群众的真正需求为中心，首先就要有空杯心态，一个只想着自己是管理者的领导是听不见老百姓的声音的，只盯着自己的政绩，患得患失，会离老百姓越来越远。只有放下原有的成绩，"走出去、请进来"，多听听群众的真实需求、多看看基层的具体情况，才能够真正找到基层治理问题的根源。

问题是基层治理的"指挥棒"，在区域发展规划的指导下，迅速摸清基层治理问题、基层治理资源、基层环境发展现状等，进一步对影响因素进行分析，是制订基层治理方案的前提，是提升基层治理水平和能力的基础。

这就需要在治理体检时紧紧抓住一个核心目的，就是解决问题，解决群众的真实需求问题。如果说诊断出发现类问题是建立在全面了解辖区情况的基础上，那么所采取的应对行动就是破解难题。

三、标本兼治

伴随社会治理和服务重心下移的大势，无论是政策要求、治理需求，还是居民需求，对基层治理水平和质量提出了更高的要求，"举一反三""标本兼治""兼顾当前和长远"等工作理念亟须在基层落细落实。

我们把基层治理问题划分为设定类问题、发现类问题、发生类问题，但这三类问题并非独立存在，彼此间有一定的关联性。设定类问题是基层党委、政府综合考虑当前和未来发展因素，通过自检、自查所设定的立足实际和自我设定的治理方面的问题，它一方面是基于区域需要进行的解决问题的过程，另一方面也是为了保持区域持续发展的推动力，为了全面分析、深刻把握基层治理问题，通过打造品牌、保持优势，切实发挥示范带动作用。

基层治理水平和能力提升要立足两个方面开展工作：一是研究真问题、真需求；二是真研究、真解决问题。以此为基础，推动基层治理创新。而创新应该从实践出发，经得起实践检验。笔者认为，可持续发展的创新才是健康的创新。北京惠民社会治理研究院在实践中深刻理解创新的含义，拒绝脱离实际问题的"创意"，一切从属地实际出发，抓真实需求、溯源病根、同类案例比较、整合本地资源、紧扣关键事项，为基层治理迭代升级、品质提升、打造品牌寻找本源的区域持续发展推动力。

抓真实需求,就是从众多问题中厘清各利益群体真正的诉求;溯源病根,就是对问题从政治、经济、社会、环境等方面进行宏观、微观分析;同类案例比较,就是要在同类案例中寻求对本区域发展有启示作用的方法;整合本地资源,就是要看手中有多少能本土化落地的"牌";紧扣关键事项,就是要把事务分出轻重缓急,做好优选事务排序,最终实现"靶向"治理。

创新不是创造,既要站在"巨人"的肩膀上吸收经验,又要脚踏实地地结合本地实际,具体问题具体分析,达到青出于蓝的效果,这样才能在本土化创新的基础上实现长效化、常态化。

基层治理体检是基层治理现代化的逻辑起点。因此,基层治理体检成为破解难题,推动基层治理体系和治理能力现代化建设的"基础工作"尤为重要,且非常必要。

第二节　治理体检要素

循证治理是让治理更科学的基础。要建立基于证据的治理体系,就要通过基层治理体检诊断,摸底数、摸民情、摸资源,找标杆、找问题、找差距、找答案。让治理像看病一样,望闻问切治。而摸清什么,是怎么治、谁来治的前提。因此,北京惠民社会治理研究院通过"两型"智库建设工作,将治理体检要素总结归纳为人、地、事、物、组织五个要素。

一、人口要素

第一个要素——人。人这个要素有三个层面的含义,即人口结构、社区工作者团队、居民骨干/志愿者。

首先,人口结构。在基层治理诊断过程中,某种意义上说人口结构决定了社区的需求。第一,关注人口结构就是要关注性别、年龄结构。以年龄划分人口,大致上可以分为成长型、稳固型、衰老型。区域人口老龄化带来的直接影响,就是造成劳动力的缺乏,由此就会引起一系列的社会问题。诸如,养老服务、养老保险、老年人的医疗、社会负担等。而性别则是另外一个比较重要的因素。第七次人口普查显示,我国男性人口为72334万,占51.24%;女性人口为68844万,占48.76%。总人口性别比(以女性为100,男性对女性的比例)为105.07,人口性别结构持续改善。但值得注意的是,在65岁及以上人口中,女性人口要多于男性,老龄化造成一定年龄层人口比例失调,此外,还存在因区域经济发展不平衡造成外来就业人口的性别不平衡现象。第二,关注人口结构就是要关注阶层结构、民族结构、文化结构、语言结构、宗教结构、婚姻结构、家庭结构、职业结构、部门结构等。不同的阶层、民族、文化、宗教、婚姻、家庭、职业和部门,其出生率、死亡率和自然增长率不同,平均寿命也有相应的差异。区域社会经济发展以及社会生产方式决定区域人口社会结构及其变动,人口社会结构反作用于区域社会经济发展。第三,关注人口结构就是要关注自然地理结构和行政区域结构。人口地域结构也是形成人口出生率、死亡率、平均寿命地区差异的重要原因,合理的人口地域结构有利于开发和利用自然资源,促进城乡经济的发展和区域均衡发展。

人口结构是社会、经济、文化发展和人类自身发展的历史产物。在人口与社会、经济发展相互作用下,人口的年龄结构、城乡结构、产业结构、职业结构以及文化结构等,形成了自身的特点和变动的规律性。了解区域人口结构变动的趋势,对于制订基层治理发展规划,制定相应的基层治理政策等有着重要的意义。

其次,社区工作者团队。中共中央、国务院《关于加强基层治理体系和治理能力现代化建设的意见》提出,坚持全周期管理理念,强化系统治理、依法治理、综合治理、源头治理。对社区提出的新要求,使社区工作者团队角色定位转向资源整合者、社区生态构建者、多元协同的主导者、利益相关方的协调者、公共产品的规划设计者角色。

社区工作者团队需要转变理念,具备大局观,需要领导能力、动员能力、执行能力,需要整合能力、规划能力,需要洞察能力、协调能力等。因此,要摸清社区工作者团队成员的基本情况,社区有多少工作人员,是否满足覆盖居民事务需要,受教育的程度、专业水平怎么样,是否胜任社区治理需要,团队建设怎么样,是否能够心往一处想、劲往一处使,这些决定了社区团队能否在社区生态构建、多元协调中发挥好主导者的作用。

最后,居民骨干/志愿者。居民对社区事务关注程度,决定了居民是否愿意参与社区建设的程度。居民中的骨干、志愿者是社区开展基层治理的重要的用户群。2018 年朝阳区麦子店街道在实施"头雁"工程中,重点开展了"五个一"系列活动,从培训、实践、交流、考察、展示五个方面培养居民骨干,这个过程中一个重要的工作就是摸清居民骨干、志愿者的底数、意愿、诉求,之后才能行之有效地干预,使这部分"人"为我所用,为基层治理所有。

二、地域要素

第二个要素——地。谈到地,要从经济特点、文化特征、地域特点、资源禀赋等方面去综合地看地域性禀赋的相关问题。如某街道位于朝阳区中西部,辖区面积 2.9 平方千米,大型商务楼宇 19 座,驻区企业 4000 余家,常住人口约 6 万。通过治理体检摸清环境脏、乱、差的成因,厘清复杂的利益关系,征询多方意见,探明整治问题和需求;对某街道"三高三大"区域的具体情况进行深入的摸排,从区域内"国际化程度高、社会影响大,人流密度高、安全风险大,时尚品位高、需求差异大"的"三高三大"特色中寻求资源,按照市区基层党建工作会要求,某街道工委以区域集中治理为突破口,坚持以党建为统领,健全工作体系、完善工作机制、夯实工作保障,着力提升城市治理的精治、共治、法治水平。

其中,文化特征是每个行政区域在可持续发展规划中的一个重要抓手。通过区域文化特征,可以有效突出行政区域的地方 IP。而文化 IP 的打造可能是来源于历史传承,可能是依据人群特征的深度挖掘,也可能是根据区域经济发展的创新……当然，无论是哪一种情况都离不开文化深入人心这一关键因素。比如，某乡在打造"六元一体"机制时，深刻体会到某区域作为有着悠久农耕文化历史的地区，传统的农耕文化深深印刻在居民心中，是邻里关系的重要纽带，是社区发展和建设的精神资源，利用"农耕文化"的整合、导向、维持秩序、传续的功能，发挥出其有效推进社会治理的重要作用。

地域特点也是影响区域发展的另一个因素。随着城市经济的发展和城市不断向乡村的拓展，"城中有村、村中有城，城外现代化、村内脏乱差"的现象成为基层治理的一个刻不容缓的问题，究其原因各有不同，但都离不开地域特点的因素。比如，某地是城乡结合部，城区部分有一所很好的学校，而一些较远乡镇的学生父母选择在靠近学校的村里租房陪读，越来越多的外来人口、越来越多的违建，造成区域秩序混乱、治安混乱。

资源禀赋则是从地方资源的角度来进行分析的，靠近中轴线，紧邻天坛的金鱼池社区，坐落在龙须沟遗址上。因此，它天然地具备了民俗文化的资源禀赋，天然地与老舍文化有了不可分割的联系，而区域内的"老舍纪念馆"分馆也就不可避免地成了区域文化特征的资源。

因此，摸清经济特点、文化特征、地域特色、资源禀赋这些"地"的事，在分析问题、整合资源上会使基础治理事半功倍。

三、事项要素

第三个要素——事。说到基层治理的事，就是三个核心的事，老百姓关心的事、社区做的事、围绕中心任务做的事。

物业管理问题是当前社区治理中的一个突出问题，我们经常说"得物业者得社区"。把物业搞好了，我们的社区治理有50%的工作就做好了。垃圾分类的问题也是如此，桶前值守、党员双报到、清扫等，很多地方采取的是"头痛医头，脚痛医脚"的办法，事情做了不少，但效果不明显。要从根本上解决问题，还是要从思想上去引导，从机制上去鼓励，从行动上去落实，从源头上去治理。建设国际一流的和谐宜居之都，是北京中长期发展的总体目标，而抓好"两个关键小事"至关重要。

所以，社区治理的运行机制至关重要。要切实建设起社区、物业联席会议机制，定期会商、通报信息，共同解决社区面临的物业服务管理难题。物业公司工作突出的,应该予以表彰激励。比如,朝阳区小关街道惠新东街社区每年年底给物业服务企业及其上级单位写一封感谢信,感谢他们对社区建设和治理工作给予的大力支持。同样,对社区的志愿者,也应有一个良好的机制。比如,朝阳区麦子店街道农展南里社区,该社区的志愿者不是终身制,78 岁以上的志愿者是可以退出志愿队伍的。这些志愿者为社区建设和治理作出了贡献,因此,每当志愿者因年龄原因退出的时候,社区都会对这些服务多年的志愿者举办隆重的荣退仪式。这个荣退仪式不仅是对志愿者的肯定,更是要让社区全体居民都看到志愿者的成绩、志愿者的奉献、志愿者的荣耀,让社区的所有人都羡慕、爱戴并想成为其中的一分子。

四、设施要素

第四个要素——物。这里说的"物",实际上就是乡镇(街道)行政区域内以及社区中的配套设施、卫生服务站、养老驿站、幼儿园、体育场所等满足居民基本生活的设施。

基础配套设施是否完善,是判断一个社区是否宜居的重要因素。因此,在体检诊断过程中,首先要看基础设施配套是否达标。那么,如何判断其是否达标? 一方面,可以对照基础设施的规划指标及相关要求进行比对,看是否达到规划要求的配套指标。比如,社区居委会办公用房、物业管理用房是否达到标准,卫生服务站、养老驿站、幼儿园、体育活动场所等配置情况,社区及周边商场、医院、超市、绿地等配套情况。另一方面,要了解居民对公共服务设施的配置情况是否满意,或者说,从居民生活角度来看,是否能够满足居民的生活需求、是否便利。也就是说,对基础配套设施的体检,既要看指标完成情况,也要看居民需求满足情况。有的规划指标相对滞后,可能难以满足居民的生活需要。因此,要同时掌握设定的客观指标完成情况和实际需求满足的主观感知指标。

除了居民一般生活配套设施之外,居民的出行便利情况也需要考察。比如,公交线路、地铁站接驳等,道路畅通情况、停车位情况,都需要全面了解。

五、组织要素

第五个要素——组织。基层治理要素中的组织,特指活跃在社区治理一线的基层党组织、社区志愿者队伍、社区社会组织、社区自治组织以及服务于社区的社会组织等组织资源。

党建引领是社区治理中的核心要素。基层党组织是社区治理中最重要的治理主体，社区中的党组织情况是组织要素中的重要部分，社区党支部建设情况，社区党建工作协调委员会机制建设情况，自管党员、"双报到"党员，新经济组织、新社会组织和新就业群体等"三新"党组织建设情况，等等，都需要进行全面梳理。了解社区中的各类党组织发展情况，以及社区治理中党组织作用发挥情况，全面掌握党建引领工作。

门楼院社（楼门、楼栋、楼院、社区）自治组织是社区治理的重要力量。门楼院社自治体系的建设是居民自治的重要支撑，根植于社区治理一线的门楼院社自治组织已逐步形成层长、门长、楼门长、院长、居民小组长的"五长"体系，成为各地社区治理的一支有生力量。

而另一股活跃的社区自治的力量，则是多以兴趣而聚集、以爱好而发展的社区社会组织，他们是从自益到互益，进而达到人人为公益的社区治理队伍。民政部发布《培育发展社区社会组织专项行动方案（2021—2023 年）》之后，各地纷纷出台政策，引导广大社区社会组织在邻里守望、纠纷调解、平安社区、文化铸魂等方面参与社区治理。应该说，这些政策的出台，为社区社会组织的快速发展营造了良好的氛围。

基层治理体检围绕人、地、事、物、组织五个要素开展全面的治理诊断，从社区中的人口结构、社区工作者队伍、志愿者情况，到地域特点、文化特征、资源禀赋的分析，探寻老百姓关心的事、社区该做的事、中心任务明确的事，以及厘清规划中的事、上级指派的事，以治理诊断为契机进行系统梳理，找出影响社区治理的主要问题，找准切入点和突破口，推动基层精准治理、靶向治理。力争在基层治理实践中，做到既满足上级要求，又满足百姓需求。

第三节　综合把脉诊断

基层治理诊断是提升基层治理能力和水平的一个重要前置环节。诊断可分为综合治理诊断与专项治理诊断。综合治理诊断需要从基层治理的各个方面，着眼于系统治理、综合治理去进行全方位的治理诊断，而专项诊断则仅限于在基层治理的某一个方面,开展有针对性、单一化的个性诊断。要为基层治理提供良好的支持性服务,首先应该有完整、科学的基层治理诊断,全面掌握基层治理的整体情况,包括区域特点、社区党组织情况、社区工作者队伍情况、人口结构、家庭结构、居民的参与意识、工作优势与不足、重点难点问题、区域资源、资源利用情况等,通过这些情况找出影响社区治理的主要矛盾,为制订可行的综合性服务方案打好基础。

在综合把脉诊断的过程中,借鉴中国传统医学理念,通过"望闻问切"来实现基层治理的综合诊断。

一是以"望"察实情。"望",具体来说就是通过入户走访和网格巡查,收集社情民意,掌握一手资料。以"五化"精细管理实地观察,做到分工细化。明确具体的勘查内容与分工。指标量化。通过走访、巡查对关键要素的相关指标进行量化。过程流程化。明确走访、巡查的流程,做到统一规范。记录模板化。统一观察内容记录模板和观察要求,避免缺失观察内容。结果实证化。以事实为依据,在基层治理走访、巡查中不唯上、不唯亲,一视同仁,要听得进、分得清、理得顺,用证据说话。总体来说,就是要做到表格精细、记录详细、观察客观、过程清晰、结果真实,为综合诊断获取最有力的第一手材料。

二是以"闻"听心声。畅通线上线下沟通渠道,与居民面对面、"指尖对指尖"交流,倾听居民心声,了解居民需求。可以采用"小板凳谈心"布局形式,随时随地和居民进行交流,在最自然的状态下向受访者征询问题、诉求;可以"敲门听民意",就近、就受访者时间上门听取民意;也可以"空中连心桥",以微信、电话等形式,在不方便会面的情况下,不放弃任何一个居民、受访对象的意见和建议;还可以"喝茶拉家常",以轻松、愉快的形式,与相同意愿的群众进行交流。通过不同的形式、不同的媒介,充分听取群众的需求,让居民把问题说出来、说清楚,把需求提出来。

三是以"问"汇民智。采取"走出去"和"请进来"的方式,邀请专家、物业企业、社区党员和居民骨干,问需于民、问计于民、问策于民,就社区问题及时梳理,商讨对策。

北京惠民社会治理研究院在服务朝阳区东坝乡东泽园社区的过程中,针对保障房社区硬软件存在的缺项空白和遗留问题,按照"七有""五性"要求,结合两限房、公租房、廉租房及经济适用房等不同小区的现状进行会诊,找问题、找短板、找不足。经过会诊,对公共设施配套不到位、居民组织化程度不高两个方面的突出问题进行了深度剖析,为后续制订相应的解决方案掌握第一手材料。

四是以"切"找病灶。坚持问题导向和求解导向,努力构建"体检诊断—康体治疗—居民评价"的闭环治理链条,查"病因",找"病灶",明确目标,确保"治疗"的精准性、靶向性。

在朝阳区东坝乡东泽园社区案例中,综合各方意见,瞄准社区存在的突出问题,北京惠民社会治理研究院开具了补齐短板、提升基础治理能效的"药方",针对保障房社区硬软件存在的缺项空白和遗留问题,按照追根溯源、正本清源、整合资源、固本培元的方法路径,聚焦精准精细,积极探索"四源"靶向治理模式,有效破解了社区服务管理难题。新冠肺炎疫情防控期间,市委领导以"四不两直"的形式对社区进行考察,对社区治理工作给予了充分肯定。

第四节　治理体检实施

基层治理体检工作是依据治理理论,运用调查和分析方法,对体检区域存在或潜在的治理问题、整体发展水平及影响因素所作出的分析和判断,这是提升治理能力和水平的重要方法。没有体检诊断,不掌握治理面临的难点、痛点,就匆忙采取行动,往往难以达到目标,更谈不上创新。要降低治理成本和创新成本,提高治理效率和效果,必须要以体检诊断为先导。只有把握住了这个关键环节,才能探索出方向明、路径清、可操作的基层治理体制机制及重点任务,更好地服务基层治理体系和治理能力现代化建设。

如何做好基层治理体检的实施?有其服务全局的系统性,必然有其实施的系统,这样的治理体检实施系统与今后的方案规划、提升实践、成效评估成为一个整体,实现一个完整的闭环。

在基层治理体检诊断实践中,我们探索"六个坚持"的工作原则。通过三个层级、一条主线的多元治理主体团队去推动基层治理诊断工作,为基层治理的螺旋式上升打好基础。

一是坚持政府主导的原则。基层治理诊断工作作为推进基层治理体系和治理能力建设的基础性项目,需要政策支持、区域统筹、多方协同、环境营造、机制建设等多方面条件的保障。只有坚持以政府为主导,将基层治理诊断真正纳入基层治理的全局和治理现代化建设规划中,才能确保治理体检实施的计划安排、投入与组织等综合要素协调到位。作为基层治理体检诊断工作的主导者,市(区、县)政府统一组织部署,集中统筹,提供支持保障和监控督导,开展广泛的社区动员,为开展基层治理诊断营造环境、做好动员、建立机制、做好保障。

二是坚持专业运作的原则。就是把基层治理体检诊断作为推进政社分开、转变政府职能的实践,采取"政府委托、项目管理、社会运作"的方式委托第三方专业机构运作,既保证基层治理诊断的独立性和客观性,又保证其专业性和创造性。由第三方专业机构进行统一设计,并提供技术指导、汇总分析、规划制定及以社区治理大数据为基础的系统性、综合性服务。政府与第三方专业机构建立战略合作伙伴关系,以保证社区治理体系和治理能力建设的可持续性。在具体实施前,需要进行科学安排、周密设计,制订实施方案,确定资料收集、整理与统计分析的方法以及时间进度,并进行充分的组织和物资准备。

三是坚持科学完整的原则。基层治理体检诊断在原则上以城市的区(县、市)为单位开展,以街道社区为范围具体实施,其内容、方法、程序和标准要坚持科学、规范的原则,以求取得全面、完整的资料和客观、可靠的结果。

四是坚持适宜可行的原则。基层治理体检诊断的标准与规范要根据诊断内容,结合基层实际,注重诊断程序与方法的可行性、适宜性和实用性,使资料易于取得、统计分析方法简易并且结果被广泛接受,能以最低成本发挥最大效益。

五是坚持求实创新的原则。基层治理体检诊断要实事求是,反映基层治理的真实情况,具有针对性、创新性,能显示被诊断区域的基本特点,依据诊断分析,提出基层治理的明确目标和策略措施及规划,能够推进基层治理体系和治理能力建设,真正达到体检诊断的目的。

六是坚持周期渐进的原则。全面的基层治理诊断是对社区在某一时间段的调查研究,其结果与结论具有明显的时段性。随着经济社会的发展和基层治理工作的深入推进,基层治理能力、居民需求和社区环境都在发生动态变化,因此要适应社区需求持续改进。基层治理体检诊断应是一项循序渐进、周而复始的基础工作,要有持续性和周期性,要根据本地实际3~5年进行一次。

七是在"六个坚持"原则的指导下,基层治理体检的实施方可以有效动员多元实施主体的能动性,协调各方资源,协同各方进度,有效搭建专注、专业的组织架构,制订完善的体检诊断计划,进而实现有效、高效的体检诊断。

基层治理体检诊断实施的组织架构分为三个层级、两条主线,这样的组织架构有利于充分发挥整体性治理的核心观念,即整合性和协同性。

首先是从统筹角度设立区(县、市)级的基层治理体检诊断工作领导小组,将基层治理体检诊断工作纳入年度工作计划,保证经费投入,进行协调组织。基层治理体检诊断是服务于基层治理全局的基础工程,综合体检要从战略牵引、统筹布局上出发,以区(县、市)级主管领导牵头组成基层治理诊断工作领导小组,这样可以更好地从顶层构建基层治理体系,依据大形势、新局面,把握治理源头与方向,从有力的组织指挥、完善的责任制度、得当的应急保障三个方面抓好基层治理诊断的保障工作。

其次是从诊断实施的落实角度由乡镇人民政府、街道办事处成立专项工作组,发挥政府的主导作用,以乡镇(街道)统筹区域基层治理体检诊断工作,实现"条专块统、以块为主"。一是协调从区(县、市)级到乡镇(街道)的基层治理主体及资源,形成区(县、市)级到乡镇(街道)、社区三级基层治理体检诊断实施的专项团队,形成三级联动条线,使职责规范化、系统化、条块化,构成基层治理诊断工作的垂直管理体系,起到从上到下"凝心"、从下往上"聚力"的作用,推动基层治理体检诊断工作得到更好统筹协调。二是以乡镇(街道)为主,结合区域基层治理体检诊断工作实际进行管理,在区(县、市)基层治理体检诊断工作领导小组的指导下,实行按乡镇(街道)主责的统管,对乡镇(街道)所辖区域的具体基层治理诊断工作,按体检诊断工作分工进行管理,协调各方治理主体等,形成系统、科学的治理体系,为实现"基层治理体系的现代化"营造良好的基层治理环境。具体到工作中就是由乡镇

（街道）审核计划安排和实施方案,统一部署,负责牵头组织、协调、动员。

最后是社区层面落实专项工作专员,居委会参与现场调查,动员社区居民与相关单位广泛参与。社区是基层治理的"神经末梢",是基层治理现代化的基础和力量之源。在区、街道、社区三个层级进行统筹、协调的基层治理体系下,打通区域协同治理路径。从源头、基层治理的一线站稳群众立场,及时听取群众心声、准确把握群众需求,发挥社区联系群众的桥梁作用,深挖社区中的各种治理难题,营造"上面千条线,下面一根针"的有序状态,充分动员社区中各方治理主体的参与,宣传基层治理的相关政策,调动社区内生资源,摸清基层治理需求,既为综合治理体检诊断的实施保驾护航,也为后续实施基层治理提升打好组织基础,释放基层治理的强大效能。

两条主线中,其中的一条是形成区(县、市)级、乡镇(街道)、社区基层治理诊断实施的三级联动责任条线,规范化、系统化、条块化各级职责,构成基层治理诊断工作的垂直管理体系;而另一条主线就是专业条线,由第三方专业机构在统筹安排下,负责制订技术方案,以基层治理专家为主组建基层治理体检诊断现场工作队伍,即诊断组。以专业顾问、专业调研、诊断、专业督导的身份在全流程、全过程贯穿基层治理诊断。

如何进行诊断计划制订与实施范围的确定,是一个具体的执行问题。从基层治理诊断与提升的系统性、整体性的原则出发,北京惠民社会治理研究院在实践中与各地政府部门达成一个共识,总结来说就是长期进行规划、3年一周期、因地订计划、量力划范围。

区(县、市)人民政府结合本辖区的基层治理体检诊断工作作出统一计划安排,选择合适的时间集中开展基层治理体检诊断工作,在开展诊断过程中结合基层治理培训、指导和分工协作,发挥媒体宣传作用,进行广泛动员。在资源足够的情况下,辖区内全部社区同时进行,如果财力、人力或技术条件等方面存在困难,可因地制宜,确定诊断工作实施的社区范围及计划开展社区治理评估与诊断工作的比例和社区个数。体检诊断的服务机构在政府计划安排下,进行全区(县、市)统一安排,将本辖区的街道、社区参照经济水平和居民人群特点等进行分层分类,有代表性地选择开展基层治理诊断的街道社区。

诊断是基层治理螺旋式上升的开始。综合体检诊断要站在区域基层治理的长远规划上布局,通过反复研讨、凝聚共识的过程,将诊断分析落实到前瞻引领、综合研判上,为谋划区域基层治理的中长期发展,为辖区内的各级行政区域的综合治理打好基础。因此,综合治理体检从实施之始就要落实到战略牵引、统筹布局上。简单来说,就是一句话:治理体检要落实到战略牵引、统筹布局上,诊断分析要落实到前瞻引领、综合研判上。

第二章　解决方案设计——对症开方

DESIGN
解决方案设计
对症开方

- 方案设计常识
- 方案设计方法
- 方案设计重点
- 方案设计实施

第一节　方案设计常识

将问题转化为课题,将课题转化为方案,这是开展课题研究的重要任务。或者说,将课题转化为具体解决方案,是判断一个课题应用价值的重要指标。当然,在基层治理体检诊断过程中,将体检诊断中发现的经验、难点转化为综合解决方案,是开展基层治理体检诊断的重要任务。

把体检诊断中发现的经验做法机制化、长效化、常态化,把体检诊断中发现的问题进行系统治理、依法治理、源头治理、综合治理,要达到这样的目的,必须要有整体性、综合性的解决方案。

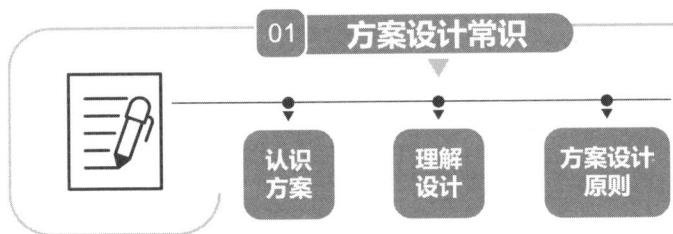

01　方案设计常识

认识方案　理解设计　方案设计原则

一、认识方案

那么,什么是方案?

方案是对工作或项目的背景、目标、任务、进度、保障等进行的有逻辑的计划安排。基层治理中,较多涉及工作方案、实施方案、项目方案。

具体而言,方案是对基层治理体检诊断问题的回应方式之一。其更多是针对需要顶层谋划推动,甚至需要多种力量、资源、项目等要素集成,需要整体谋划和系统推进。

或者说,方案是"标本兼治、治标为本"目标实现的关键步骤,正如"大兴调查研究之风"工作中所要求的"把情况摸清、把问题找准、把对策提实",一定程度上"方案就是对策"。

好的方案是在充分调查研究的基础上设计出来的。

二、理解设计

那么,什么是设计?

从方案设计的角度来说,设计就是对某种构思、构想的具体表达与科学呈现的过程。

实际上,在基层治理中,不同治理参与者对"设计"的认识与认知存在着明显差异。从党委、政府的角度来看,纵向层级与横向部门间略显差异,通常情况是层级越高越重视设计,社区建设与城市建设领域相对重视设计。整体来说,在问题导向、目标导向及项目化运作管理制度推动下,基层治理中的设计越来越多、越来越丰富,也越来越难。尤其是在大抓基层治理的大背景下,解决问题项目化、公共服务项目化等已成为基层工作的抓手。

方案设计是有规律可循的。

我们通常把这种规律称作原理。而原理往往在自然科学、理工学科、经济社会领域等应用较多,具体是指具有一般意义、普遍意义的基本规律,是基于自然科学实验、社会科学实践的理论概括,所以突出可复制性。

基层治理中,虽然对于原理的直接表达较少,但确实存在原理且发挥着一定作用。只是系统梳理总结不足、推广应用不足,更多时候以"经验"的形式存在。当然,具体在基层治理方案设计实践中,原理成为"常识"或"共识"仍有很长的路要走,甚至经常会出现"被遗忘""被忽视"的情形。

三、方案设计原则

问题导向、目标导向、结果导向是方案设计的基本原则,尤其是在社会治理和服务重心不断下移的趋势下,对问题导向、目标导向有了更高的要求。当然,在整体财政资金精益使用的现实环境下,结果导向也更加强烈。

实际上,方案设计一般遵从"问题—需求—目标—任务—进度—保障"的原则。或者说,方案设计一般要包含这些关键要素。这也是方案设计的一般要求和规律。

从问题导向来说,高质量的方案一定是解决问题的方案。

问题可以描述为现实状态与理想状态的差异、差距。在基层治理中,按领域划分,一般可以分为社区建设领域问题、民生保障领域问题、城市管理领域问题、平安建设领域问题等,在分析问题或者针对这些问题提出对应的措施时,应最大限度与基层政府内设部门(科室)一致。按类型一般分为个性问题、共性问题、历史遗留问题等,最大限度突出影响范围与存续时间的特点;按来源一般分为内部问题、外部问题。当然还有其他分类方法,这里不再赘述。

实际上,问题的特性、特点较大程度上决定了方案设计,如整体性方案与专项性方案、综合性方案与具体性方案。

从需求导向来说,满足需求是实现治理目标的重要任务。

从个体层面看,需求分为生理需求、安全需求、社交(归属与爱)需求、尊重需求、自我实现需求;从来源层面看,需求分为表达性需求、感受性需求、比较性需求、规范性需求。但是,方案设计中的需求更多的是与问题对应的需求,特别强调表达性需求、规范性需求,表达性需求更多的是通过问卷调查、座谈、访谈、入户走访等方式获知,规范性需求更多的是通过文件分析、规约分析等方式获知。这里特别说明,与问题相关的需求很多,但并不意味着所有的需求都要在方案设计中有所回应与供给。

从确定目标来说,目标要切实可行。

目标指向未来,具有不确定性。所以在方案设计中,目标往往要突出五大特点,即具体的、可衡量的、可达到的、相联系的、明确时限的。这五个方面在项目实施方案中较为关键,往往成为预算编制、成效评价的重要参考。因此,在方案设计中可以通过"总体目标"与"具体目标"或"阶段性目标"进行阐释,否则容易产生"好高骛远"抑或"无的放矢"等情形。

实际上,无论是基层治理的总体性方案,还是专项性方案,很多方案的目标未能如期完成抑或未能高质量完成。这与基层的职责任务、工作特点等有紧密的联系。客观地说,只有通过更多的实践才能逐步找准目标平衡点,更加科学地制定目标并以目标引领工作实践、考核评价工作成效。所以,在方案设计中,一定要明确总体目标、具体目标,最大限度以具体目标回应总体目标,最大限度做到"实事求是"。

治理实践中,群众工作基础对治理目标或方案目标的实现影响越来越大且越来越直接。当然,数字化、信息化为目标设定提供了重要支撑,不过这对数据规模、数据质量提出了更高的要求,不然容易陷入"治理盲区"。

从任务设定来说,这是方案设计中的重中之重。

没有无目标的任务,也没有无任务的目标,每一项或多项任务都要对照一个具体目标,这就是方案设计中的微原理。同时,任务的表达既可以是"主要任务""具体任务",也可以是"工作内容""服务内容",核心指向"做什么"。

基层治理中,一般面临两种任务:一种来自上级,如每月开展一场垃圾分类活动并上报活动信息,属于"必答题";一种来自本级,开展市级垃圾分类示范小区创建活动,属于"自选题"。实际上,最理想的状态是促进上级任务与本级任务融合且创新,特别要避免任务分裂、脱节。

明确工作进度,是实施方案目标的重要基础。

进度是对各项任务的有序安排,既要保证任务如期完成,也要保证任务有效衔接。特别是实施方案中对进度要求更高,所以需要经常做好进度控制。

实际运用中,对进度的表述有几种常见情形,如第一阶段、第二阶段……还有筹备期、启动期、实施期、总结期抑或试点阶段、推广阶段、总结阶段,也有以具体时间段或时间点进行描述的情形。基层治理实践中,"先快后慢"的现象较为普遍。

在方案设计中,实施保障是一项重要的内容。通常是放在方案最后。

保障一般是对目标、进度的基础支持与支撑,较大程度上影响着工作成效。

基层治理中,保障一般分为政策保障、机制保障、人力保障、资金保障、宣传保障。政策的稳定性、连续性对总体目标可持续发展影响较大;机制的协同性、有效性直接关系工作推进的力度和成效,特别是其内含的考核评价机制、奖惩机制对工作质量影响更为关键。

总之,方案设计没有统一定式,核心结构为问题—目标—行动,这也是"方案设计原理"的一般表达。

第二节　方案设计方法

基层治理方案一般突出中短期目标导向,重在指导和引领具体工作。

在工作实践中,很多基层政府或部门都会参照国家、市区五年经济社会发展规划,如"十四五"国民经济社会发展规划,编制相应的五年规划或行动计划,把上位规划明确的工作任务进一步细化,并提出相应落实举措。

其实,基层治理方案设计方法没有统一的定式,也很难形成统一的定式,但是随着实践的丰富,会有一些规律性的方法形成。方案设计本就是谋划的具体过程,不同的方案有不同的设计方法,"依据什么、谋划什么、实现什么"成为需要回应的关键问题。

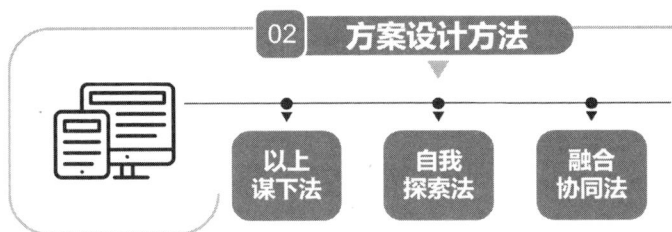

02 方案设计方法

以上谋下法　自我探索法　融合协同法

一、以上谋下法

基于基层在治理中的特点与工作背景,第一种方案设计方法概括为"以上谋下法",即按照上级方案设计本级方案。

这种方法较多用于实施时间相对较长的方案或目标特别明确的方案,如上文所提到的三年或五年行动计划。

实际上,这种方案也较为常见,如专项工作方案或实施方案,特别要融合上级相关考核目标任务,以此来保障各项任务落到实处。

在具体实践中,这种方案设计要遵循以下原则:一是目标任务要统一,就是要把上级方案中的目标"因地制宜"全面落实;二是要明确责任主体,就是要把任务落到具体牵头部门、责任部门,甚至是责任人;三是要明确任务时限,就是要把完成任务的最后时间点明确抑或明确为"持续推进"。

所以,可以将这种方案形象地描述为"照猫画虎"。实际上,在一些普遍问题的解决过程中,特别需要这种方案,不需要过多创新,更多地需要脚踏实地,因为这些方案设计旨在解决的是基础性问题或具体问题。

但在实际工作中,这种方案设计经常被带有偏见地忽视或排斥,较大程度成为基层治理之"痛",甚至是在反对"一刀切"的制度环境、舆论环境下,很容易走向"自觉排斥"的极端方向。因此,未来须不断加强此类方案设计,这样有利于基层系统治理,有利于基层治理体系和治理能力现代化建设。

鉴于此,此种方案设计的关键在于准确地理解上级方案的目标和任务,并能有效地融合自身实际进行实践创新。不同层级的上级方案目标和任务的有效分析、有效融合,也成为基层治理方案设计的"难点""着力点"。

二、自我探索法

第二种方案设计方法可以概括为"自我探索法",即基于自身问题、特点及优势的方案设计,既包含原始创新的方案设计,也包含深化原始创新的方案设计。

这种方案设计实际比较少,如特色或品牌工作方案或实施方案。之所以少见,与各方对基层治理特色或品牌的认识有一定关系,如所谓特色或品牌更多的只是文字提炼而已。同时,与各类基层检查考核也有一定的关系,如需要重复地向各级检查考核部门解释"为什么干"的问题,且常常形成评价不一的结果。当然,最重要的是与基层政府或部门决策的关系最为直接。

实际上,这种方案设计要遵循以下原则:一是方案背景要突出特色,要把具体的背景或特点特色、问题交代清楚;二是目标制定要立足实际,要把基础、优势融入具体目标;三是任务要具体且可操作,要抓住工作重点;四是保障措施要到位,要切实有效。

因此,这种方案设计要突出引领作用,以优势视角推动基层治理问题解决,自我探索创新实践路径,并持续深化形成系统性、整体性成果和辐射带动的效果。

鉴于此,此种方案设计的关键在于对自身基础优势的准确分析,并以此为基础进行可持续实践,整体按照试点—总结—推广—再总结的实施逻辑,着眼持续提升、聚焦问题、确立任务,不断深化实践创新。严格地说,这种方案的独特价值在于坚持与深化,这样有助于形成累积性成果、长效性成果。

三、融合协同法

第三种方案设计方法可以概括为"融合协同法",即促进上级方案目标任务与本级自我探索方案目标任务的融合,并最大限度以部分自我探索方案目标任务回应上级方案目标任务。

这种方法较多应用于基层治理方案设计,有助于平衡上下级关系,有助于体现"因地制宜"原则,更有助于争取或整合更多政策资源、经费保障以及其他资源。所以,在具体方案设计时,要遵循以下原则:一是目标任务设计中既要突出对上级目标任务的回应,也要突出自身探索创新实践目标任务,一般要"超额"制定目标任务;二是时间进度把控上要突出"紧锣密鼓",一般要"提前"完成;三是保障措施中要更加全面、严格,一般要"超量"支持。

所以,这种方案设计突出表态与示范作用,以高目标、高投入引导关注、带动投入,期待作为示范、样板进行展示交流,促进自我治理效能提升。

鉴于此,此种方案设计的关键在于全面理解上级目标任务,并最大限度将自身优势融入具体实践创新,既能充分体现领悟力,也能充分体现执行力。

诚然,基层治理中仍有其他方案设计方法,且不同的视角、不同的背景下有不同的方法、技术,在这里简要介绍以上三种方法,供大家参考。

第三节　方案设计重点

不同的方案在设计时有不同的重点,差异性较大,如三年或五年行动计划设计时重点在于整体谋划、系统布局,是整体性设计,而专项工作方案或实施方案重点在于具体落地执行,是具体性设计。

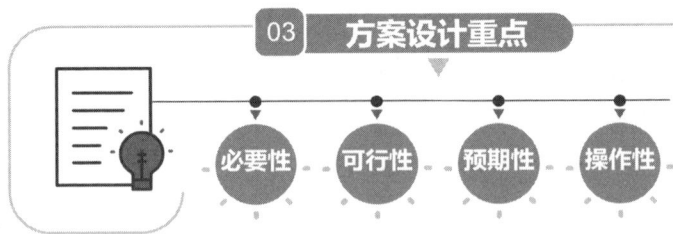

03　方案设计重点

必要性　可行性　预期性　操作性

其实,方案设计重点要回应"必要性""可行性""预期性""操作性"等问题,这些问题呈现强逻辑关系,方案整体呈现系统性、协同性。从较大限度上说,方案设计整体要融合项目化思维,基本解决"为什么干""能不能干""要干什么""干到什么程度"等问题,最大限度促进设计与基层工作机制结合、设计与基层治理基础结合、设计与问题解决目标结合。

一、必要性

基层治理方案设计中第一个重点是回答"为什么"的问题。在设计中属于第一部分,如工作背景、实施背景、上一阶段工作情况等,导向是"必干"。具体方案设计中,"必要性"的一般操作化为"重要性"与"迫切性"。"重要性"是指方案指向问题对系统整体影响较大,如"基层治理是国家治理的基石",这充分表达了基层治理的重要地位、重要作用。

所以,在方案设计中凸显"必要性""重要性"有以下五种方式:第一种方式为直接引用党和国家领导人的有关论述;第二种方式为直接引用国家层面或上级文件有关表述;第三种方式为直接引用学术界已有研究成果;第四种方式为直接进行实践定位;第五种方式为对已有实践成果直接进行客观评价。以上五种方式是基于参与基层治理实践形成的浅显认识,不够系统,内在逻辑性也不强,有待实践进一步检验和优化。

"迫切性"是指相关现象已升级为问题,对整体工作实际负向影响较大,且不解决此问题会对其他相关工作也产生较大负向影响,如部分基层党组织涣散、战斗堡垒作用不强,严重影响基层治理效能。

实际上,在方案设计中,凸显"迫切性"有以下四种方式:第一种方式是直接描述问题及其实际影响;第二种方式是直接呈现问题影响对象的负面评价或反馈(既包含主动收集的结果,也包含对现有群众诉求事项分析的结果);第三种方式为直接描述问题已对系统产生的负向影响;第四种方式为呈现社会负面舆论情况。

在基层治理方案设计中,往往都会把以上四种方式进行组合,以此强调问题亟待解决。

综合地说,"必要性"可以直接表达为"政策或上级要求"与"基层治理实际需要",在这个维度下,基层治理方案设计的重点之一就是要把习近平总书记关于基层治理的论述、党中央国务院及其他上级党委政府关于基层治理工作最新的部署要求梳理清楚,直接引用最权威、最直接、最新的表述。

同时,要把基层自身面临的难点、重点问题梳理清楚,直接用最新数据、最严重问题点、最大群众呼声等进行表达,整体将重要性、迫切性清晰表述,最大限度赢得理解甚至达到"感同身受"。

二、可行性

基层治理方案设计中第二个重点是要回答"能不能干"的问题,导向是"能干"。"可行性"一般操作化为"基础扎实程度""方法科学水平"。

实际上,在基层治理方案设计中,较多情况对"可行性"不作过多描述,但并不意味着不进行可行性论证,只是更多以方案直接说明可行的结果。但是,这个环节不可少,即使在基层主要领导力推的情况下,也要做好可行性分析。当然,这不是对主要领导力推的否定,因为在一些方案设计中,尤其是需多部门协调推进的工作方案设计,主要领导力推是非常重要且必要的。

在具体工作实践中,方案设计凸显"可行性"有以下五种方式:第一种方式是已有一定实践基础且取得一定成效;第二种方式是整体设计与行动方法已得到相应检验与验证;第三种方式是外力或外脑支持与服务保障作用突出、技术成熟;第四种方式是政策支持甚至是未来趋势;第五种方式是领导与协调机制畅通。

客观地说,无论是方案设计前还是方案设计中,这五种方式都需要重点考虑,这也是保障设计最大限度转化为行动的基础。

三、预期性

在基层治理方案设计中第三个重点是要解决好"干到什么程度"的问题。其实这个问题较难回应,所以在基层治理方案中一般存在定性描述的目标较多、定量描述的目标较少的现象,即使有定量描述,更多的是"按上级要求列明"或"降低预期值"。

"预期性"是方案设计与实施主体期望的发展目标实现的程度,是基于实际情况的科学设定,导向是"干成"。

在具体工作实践中,方案设计凸显"预期性"有以下四种方式:第一种方式是科学分析历史目标实现程度的情况下科学地设定目标;第二种方式是结合实际并在上级要求的基础上提高一些的目标;第三种方式是基于"竞赛情境"下设定比竞争对象相对高一些的目标;第四种方式是自我主动探索确立的目标。

实际上,基层治理方案目标的设定与资金配置、评估考核等有紧密的联系。所以,基层中"依需定费"与"依费定需"的情况同时存在,甚至衍生出目标不减、经费大减的情况。

四、操作性

在基层治理方案设计中第四个重点是回应"干什么"的问题。从相对科学的角度分析,这个问题是最难回应的,因为差异性大、个性化强。但是,在基层治理方案设计实践中,这个问题又是最容易的,因为大多采取的是"重复式"或"倒序式",甚至是"粘贴式"(将部门上报的工作计划直接放置方案中)进行表达。

"操作性"是指将目标转化为具体任务或工作的过程,导向"实施"。

在具体工作实践中,方案设计凸显"操作性"有以下四种方式:第一种方式是把目标拆分并形成相关任务导图;第二种方式是参照上级或同行相关方案列出相关任务;第三种方式是在研究相关文献的基础上明确相关问题的解决策略并转化为相关任务;第四种方式是在广泛调研的基础上明确短板与不足并转化为相关任务。

实际上,基础治理方案的主要任务或主要内容设计并非单一目标所有内容的罗列,而是要抓住目标实现的主要方面,选取易于操作、对标上级的任务进行设计。

诚然,基层治理方案设计重点还有组织架构、工作保障等,但相较于以上四个方面,这两个部分较为一般且常规,所以在此不再赘述。

第四节　方案设计实施

在基层治理方案设计原理—方法—重点的结构基础上,到具体方案设计的实施,逐步从思想认识转变为实际操作。

从基层治理相关方案设计的角度来说,一般按照方案设计的五个阶段具体阐释实施过程:第一阶段为调研阶段,第二阶段为分析阶段,第三阶段为方案初稿设计阶段,第四阶段为论证优化阶段,第五阶段为审议定稿阶段。特别是在长期行动计划、整体性工作方案设计中,这五个阶段通常是必须要经历的,或者说需要按照这五个步骤去实施。这个也可以理解为方案设计的通用过程模式。

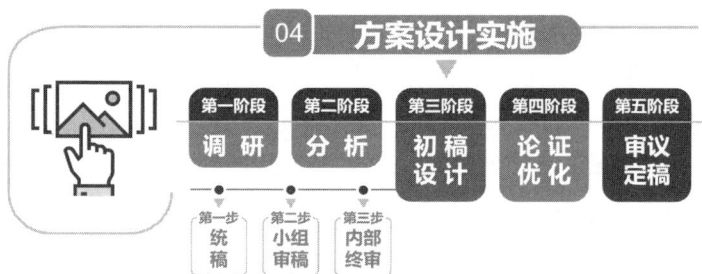

一、调研

前文已对社区体检诊断进行了系统介绍,但这部分的调研也不可或缺。社区体检诊断重点了解的是全面存在的问题,问题涉及面较广,针对性相对弱一些;而这一阶段的调研重点了解存在的具体问题,主题较为鲜明,针对性较强,且重点指向问题解决。

所以,这一阶段的调研目的性较强,资料收集的方式较为明确,涉及相关利益主体或责任部门一般都会成为调查对象,且都要深度参与其中。

实际上,在基层治理方案设计具体调研中,以下三种方式一般必不可少。

文献资料收集。第一种方式就是文献收集,这里的文献更多指的是文件资料。具体包含三类:第一类为国家层面、省(自治区、直辖市)级层面、市级层面、区(县)层面的规划性文件及专项工作文件,尤为重要的是收集整理专项性规划文件及区(县)专项工作文件。一方面,要获知预期性或约束性治理目标;另一方面,要获知重点工作内容,尤其是战略性任务或工程。在此基础上,整体建立分层文件库,并形成文件目录及文件精要。

实践资料收集。第二种方式就是通过与相关人访谈或座谈收集。这种方式尤为重要且关键,有利于强化共识、统一目标。这种方式要重点收集以下三个方面的资料:第一个方面的资料是已有实践基础及当前存在的问题,获取的一般渠道是"工作总结＋关键人或部门座谈";第二个方面的资料是预期目标,获取的一般渠道是主管领导、主要领导访谈,以此来初步明确重点目标;第三个方面的资料是工作计划,获取的一般渠道是向相关部门征集,以此初步形成主要任务。

"他山之石"类资料收集。第三种方式就是"他山之石"与工作标准收集,严格意义上可以归为第一种方式,但考虑到这种方式易于被忽视且经常被忽视的情况,所以单独进行说明。近几年,如北京市老旧小区综合整治、老旧小区加装电梯、生活垃圾分类、社区议事厅建设等工作都相应发布了工作指引或工作规范,这些为基层治理规范化、标准化提供了科学支撑。同时,在党中央、国务院大抓基层治理的背景下,很多城市在基层治理中进行了大量探索实践且部分已取得较好成效。甚至按照超大城市、特大城市、工业城市等进行分类探索实践,如北京市探索的诉求驱动超大城市基层治理的实践已融入很多城市政府回应工作方案设计之中。这些是基层治理方案设计的"富矿",要大力开发利用。

以上三个方面资料收集得越全面越好、越详细越好,有助于客观认识工作基础,有助于准确把握各部门实际职责与协作关系,有助于科学设计目标与任务。

二、分析

这个阶段是聚焦问题、明确目标、把握重点的工作过程,是从调研走向设计核心阶段的必经之路。面对丰富的调研资料,"核心提炼""抽丝剥茧""握纲提领"等环节必不可少,也需要不断"精益求精"。

实际上,基层治理方案设计中的分析需要把握一些重点内容。

分析问题。第一点是分析问题的主要方面,重点围绕访谈或座谈收集的资料进行分析,并整体与社区体检诊断结果进行比对分析,科学综合研判影响问题的因素,如设施因素、机制因素、资源因素等,以此来找准短板与不足,找准"靶向问题"。

具体方案设计实施中,各个方面的因素都会涉及,但找准并瞄准各个因素内的主要因素相对较难,需要多种资料结合、多领域团队研讨,以此不断逼近问题的根源与本质。

　　分析资源。第二点是分析可用的或可开发的资源,重点分析已有的实践、工作机制及取得的成果。具体来说,可以将资源分为以下三种:第一是政治资源,即主要领导推动问题解决的意愿与意志的强烈程度,从某种意义上说,这是基层治理方案设计实施最重要的资源;第二是实践资源,即在实践过程中已建立的工作信心、已取得的阶段成果、已建立的工作机制、已获得的工作评价与认可,要重点分析哪些需要继续深化、哪些需要补充、哪些需要调整;第三是特色资源,即特色品牌、特色服务、特色空间、特色区位等,要重点分析哪些特色可以融入方案设计。

　　资源的科学分析,较大程度上在方案设计中能够充分表达"本地性""接地气"等工作要求,也能够促进各项工作融合,这一点在基层体现得较为明显,"你中有我"与"我中有你"情况相对较多。

　　分析目标与任务。第三点是目标及与目标相对应的任务的分析,重点分析的是目标设定的合理性与恰当性、任务的具体性与明确性。

　　在目标分析中,一般采用分层法进行。第一层是就本身的问题解决来分析目标,第二层是就问题解决后带来的新变化来分析目标,第三层是问题解决后就基层治理体系和治理能力现代化水平提升来分析目标,这便逐步形成了总体目标与具体目标。

　　具体到任务分析,可以概括为组织机制建设任务分析、工作机制建设任务分析、运行机制建设任务分析、保障机制建设任务分析等类型。整体回应具体目标,但是目标值的设定一般选择模糊处理,因为未能形成相对科学统一的设定方法,且即使投入较大精力成本、经济成本也难以取得广泛认可的结果。

　　综合以上内容,可以对分析的重点有一个基本了解,当然这也是基于"设计—实施"的结构导向下的粗浅判断。

三、初稿设计

　　从分析走向具体设计,标志着方案设计实施已步入关键阶段、核心阶段,以模块化方式进行组合,以形成方案初稿。在具体操作过程中,一般有以下三个步骤。

　　第一步:统稿。

　　方案设计实施阶段,在充分调研、科学分析的基础上,"统稿"相对容易。

当然,不同的统稿者有不同的写作习惯,有的是先搭整体框架,再逐步丰富完善;有的是逐一部分撰写,再整体完善;有的是分工协作,整体组合成文再完善。

在反思已有实践的基础上,初步形成以下统稿方法:首先整体搭建方案框架,其次以关键词列明每个框架部分包含的主要内容,再者是对框架内容逻辑性、代表性进行内部交流讨论,最后是整体完善成文。

实际上,无论是作为基层政府工作人员还是基层治理智库,日常学习训练是必修课。养成资料积累习惯,将最新文件、最新创新实践案例、最新学术研究成果等逐步纳入知识库,可为快速统稿、高质量统稿提供基础保障。

第二步:小组审稿。

这是保障统稿质量的基础。内部小组审稿也尤为关键。

在实际工作中,小组审稿也有关注重点,结合智库参与,简要梳理以下几点:第一是内容上下一致,一方面是指标题与文中内容一致,另一方面是指关键词语上下使用一致,如基层治理、基层社会治理,无论使用哪种提法,但在同一方案中应基本保持一致;第二是意思表达清晰,原则上"一句一具体内容"或"一句号一具体内容",用语简明扼要,以短句为主,且内容间避免交叉;第三是行文搭配准确,一般指谓语与宾语搭配要准确,如夯实……基础、巩固……成果、完善……制度等;第四是整体文字正确,这属于最基本问题,但易于带来整体性否定的结果。

实践检验与证实,小组审稿重要且非常必要,特别是在短时间整体成稿的情况下,这是避免基础性、常识性问题发生的"关键一招"。

第三步:内部终审。

作为基层干部,要承担方案设计任务的话,也应由本单位相关领导或工作人员进行内部终审。当然,如果作为基层治理智库参与的话,更是如此。实践表明,提供优质的决策咨询服务是"主责主业"和"应尽之责",核心做法就是提交内部评价最高、内部意见最少的设计成果。

根据方案设计需要或基层要求,一般内部终审有以下两种方式:第一种方式是征询内部专家意见,最大限度将前沿实践研究融入方案设计,提升方案引领作用;第二种方式是征询机构负责人意见,最大限度保障方案设计交付质量。

四、论证优化

实践中,经过内部终审的方案会面临两轮论证优化过程,第一轮是牵头部门或主管部门论证,第二轮是领导班子论证。有时根据需要,第一轮论证会进行多次,第二轮论证也会邀请专家列席指导。

在此,特别对第一轮论证、第二轮论证的重点进行简要说明。第一轮论证的重点是对具体目标、具体任务的论证,主要考虑是否能够有效完成、落实,甚至会对沟通协调、考核评价机制提出具体要求,以此为方案实施"赋能""赋权"。第二轮论证的重点是整体方案的战略作用、重点任务,以此统一目标、统一行动。

实际上,为提升论证工作成效,需要整体编制《关于……方案设计的说明》,有助于引导参与论证人员整体了解方案设计工作的基本背景、主要思路、基本考虑、重点任务等,也有助于明确具体重点或特点。

五、审议定稿

在基层治理实践中,审定工作也是分层级的,以街道为例,有科室(部门)审定、主任办公会审定、工委会审定,最高层级为工委会审定,最为理想的结果是以组织形式、法定程序形成"红头文件"。

实际上,经过审议定稿,标志着方案设计实施工作整体完成,也标志着智库服务第二阶段或全部阶段任务已顺利完成。之所以说"第二阶段"是基于社区体检诊断第一阶段的实践,之所以说"全部阶段"是指整体智库支持服务就此基本结束。

当然,这是从智库服务角度来说的。如果从基层政府内部来说,方案"过会"并形成正式文件下发,也标志着这项工作基本告一段落,接下来就进入了实施阶段。对智库来说,具体服务也就进入了陪伴成长阶段。

第三章　全程陪伴成长——行动参与

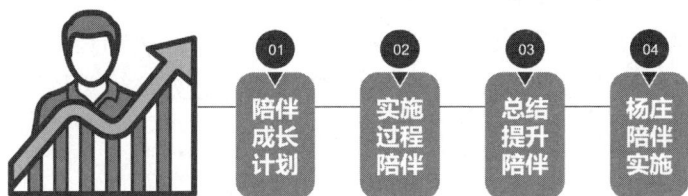

01 陪伴成长计划

02 实施过程陪伴

03 总结提升陪伴

04 杨庄陪伴实施

第一节　陪伴成长计划

蓝图已绘就,关键在于行动。作为基层智库,如何陪伴基层将蓝图转变为施工图、行动路线图,较大程度反映着顾问的咨询能力与水平。

一、"陪伴成长"需求

分析基层治理实践发现,对于新时代基层治理,更加需要深度支持服务,以此提升基层系统治理、综合治理、依法治理、源头治理水平,切实推动基层治理现代化。

实际上,也正是源于基层对智库服务的认可或给予的新希望,逐步开启成长陪伴计划,即围绕基层治理问题解决的"全过程",提供"全周期"陪伴服务,协同基层从问题诊断、方案设计、创新实践、成果梳理等方面进行大胆探索,有效提升基层治理效能。

客观地说,提出成长陪伴计划,实则也是对智库参与基层治理实践的"反思"。

智库服务一般有点式服务、整体服务之分,在政府加大购买服务的背景下,点式服务购买越来越多,服务效果较大程度决定于基层统筹管理能力。实际上,政府购买项目因服务分散易于造成服务低效,甚至衍生出新的问题。

特别需要注意的是,近几年北京市大抓基层治理,全面开启了诉求驱动超大城市基层治理"新模式",也开启了基层治理"创新竞赛",在统一规则"无差别"考评下进行政府回应的创新实践。同时,基层党建、两个"关键小事"(物业管理和垃圾分类)、新业态就业群体服务等工作不断"加码",再叠加其他精细化治理,基层迫切需要"陪伴成长"。

二、"陪伴成长"理念

新时代基层治理有很多新思想、新思路、新理念,如共商共建共享、全过程人民民主等,都需要在实践中去贯彻落实。

基层治理"陪伴成长"实则蕴含着丰富的治理理念,如何认识具体理念并探索理念引领下的基层治理创新实践路径尤为重要。

结合基层治理实践参与,简要梳理以下服务理念。

第一个是系统理念,即基层是一个有机整体,问题是源于构成基层这个有机体的各系统间运行不协调,要在系统视角下认识和解决问题,特别要加强治理基础建设。因此,在陪伴成长过程中,要善于运用系统视角去认识、分析和解决问题。

第二个是全周期理念,即问题的产生、发现、解决是全流程的,解决过程是全周期的。既要认识工作的全周期管理,也要认识相关治理人才的全周期服务,特别是后者对前者有重大影响作用。

第三个是扎根理念,即智库要基于深入了解基层、深度参与基层治理实践的基础优势,并因地制宜、因时制宜、因人制宜、因事制宜地发挥专业优势,最大限度保障服务精准化供给。

第四个是协同理念,即智库参与是与基层合作解决具体问题,以此相互促进、相互提升,既是强化解决问题的过程,也是基层成长的过程,抑或解决问题重在对基层进行精准"赋能",既要发挥好协同基层政府(部门)、社区治理实践,也要发挥好协同物业、业委会(物管会)、居民等主体参与实践,甚至是在某些具体问题解决中指导其发挥主导作用。

第五个是共享理念,即方案共商、难题共解、成果共享,最大限度实现各参与主体在基层治理实践中都有较强的参与感、获得感。

三、"陪伴成长"计划

"陪伴成长"计划就是对陪伴什么、怎么陪伴、怎么评价成长等一系列问题科学回应的过程。

是否有成长、成长的程度如何,这些问题实则较难回答,但也不得不回答。

成长是基于"基层是有机体"视角下的表达,实则基层治理是各种机制协调运行的过程,基层治理问题是机制间运行不协调的结果。

之所以是"陪伴"成长,主要有以下几个方面原因。

第一,基层是主体,有较强的主动性、能动性、创造性;

第二,智库参与提供替代性或独立性服务,需要与基层治理相关主体合作;

第三,基层治理问题个性化、多样化特点突出,一般单一主体难以有效解决,需要多方共商共建共享;

第四,基层治理问题解决过程本身也是基层政府(部门)、社区、智库等自我增能、自我成长的过程。

生活中,人们常用"计划赶不上变化"来表达变化之快。其实,在基层治理中,情况也瞬息万变。治理基础、关键人参与等对治理方法、路径选择有较大影响,甚至对治理结果产生直接影响。如在社区议事协商会中,负能量的关键人很容易影响协商方向甚至是结果。所以,智库在陪伴过程中,要提前与社区沟通可能出现的风险点与应对措施,避免产生群体压力。这也反映出,参与基层治理要不断提升计划能力,以此来适应基层治理情境变化,"越变化越要计划""计划要从文案转变为工作习惯"。

客观地说,陪伴成长的对象要具体且正在经历或即将经历重点工作、重大项目落地,抑或面对着迫切需要解决的难题,抑或已有一些实践且将持续进行创新实践,抑或正经历治理开局与破局之事(如新街道、新社区),等等。概括来说,成长对象迫切需要陪伴以恢复良性协调运行能力。

鉴于这些背景,初步将"陪伴成长"计划主要内容概括如下。

一是组建团队。根据陪伴对象要求与工作目标,邀请社区治理领域的理论专家、实践专家等共同组成服务团队,制订具体服务计划,明确职责分工与进度安排,深度开展专业研究与实务,常态加强服务联系联动,保障服务水平与质量。

二是扎根联系。结合具体工作任务,协同基层(部门)、社区做好全面分析地区资源、地区项目及工作推进中的重点难点问题等,积极参与基层有关任务落实的工作协调会、专题调度会、难题破解推进会等,现场提供专业意见或建议。

三是精准诊断。结合陪伴对象实际,按照基础要素、环境要素、资源要素、需求要素、实践要素等,分别形成诊断指标,并以指标为目标,分别研发访谈记录表、现场观察记录表等工作工具,实现诊断指标与专业工具相统一,最大限度保证效果。特别是通过与重点工作人员、相关主体代表(如物业经理、业委会主任、居民代表等)面对面交谈收集基础资料;通过深入重点区域、街区、街巷、小区、楼道等空间,收集相关环境与秩序资料;通过统一设计的问卷向重点区域工作人员、居民等了解情况或征询意见,收集相关需求与评价资料。整体对访谈情况、现场观察情况、问卷调查情况进行汇总、分析,按照基础情况、调研情况、问题分析、建议措施等框架,编写诊断报告。

四是精准指导。按照重点工作任务、治理重点,面向重点工作团队与成员,分别开展分析性培训、治理经验交流性培训、实践路径探讨性培训、陪伴成长性培训等,系统提升重点业务能力、实践能力,有效保证工作任务科学实施。

五是实践梳理。结合整体工作推进情况、重点实践基础、其他点式实践,剖析治理实践机制与机理,全面分析与梳理主要做法,全面开展成长评估评价,科学描述实践经验与教训,认真反思未来治理实践逻辑与路径,形成以基本情况、主要做法、工作成效、实践启示等为主要内容的案例成果。

六是成果推广。举办实践总结与成果展示会,通过视频展示的方式生动介绍实践过程,通过成果手册、展架展示的方式全面介绍治理"实践"与"成效",以此全面推广经验成果,并通过相关媒体报道,进一步扩大实践影响力、传播力。

实际上,陪伴服务较为丰富,尤其是在各级大抓基层治理的背景下,新任务、新要求激增,更加需要及时、有效的陪伴服务,且更加凸显"陪伴就是治理力"的作用。

第二节 实施过程陪伴

基层治理实践中,各种突发情况时有发生,陪伴需求不断丰富,但是在智库服务项目化的制度框架下,如何提供更精准的陪伴服务尤为关键。实则这也是对智库参与基层治理的重大挑战。

实施过程陪伴具体是指在基层治理方案实施过程中提供陪伴服务,或者直接是成长陪伴计划的具体实施过程。结合已有实践,陪伴服务一般有以下几种。

第一是陪伴认识问题,如建立完善问题清单、资源清单、项目清单;

第二是陪伴提升能力,如通过集中培训、小组培训提升解决问题本领;

第三是陪伴具体问题解决,如通过列席社区议事协商会并以"中间人"身份引导各方利益主体换位思考、回归理性平和;

第四是陪伴工具研发,如围绕普遍性问题编制工作指引;

第五是陪伴自我评价,如支持开展居民满意度调查,以此客观反映工作成效;

第六是陪伴梳理成果,推动具体实践经验生成、转化、应用。

综合这些服务内容,考虑到第三部分对"总结提升陪伴"进行专题介绍,整体融合其他内容,重点梳理形成实施过程陪伴三个方面内容。

一、咨询服务

结合基层治理方案工作目标任务,协同基层政府(部门)、社区全面做好地区资源分析、项目整合、重点难点问题梳理等工作,积极主动研究地区特色、优势及潜在创新点,积极参与基层工作协调会、专题调度会、难题破解推进会、工作联席会、议事协商会等,现场提供专业咨询服务,或者会后提供书面咨询意见,特别是及时通过微信、邮件等提供直接答疑解惑服务。

在陪伴过程中,作为基层智库,一方面发挥"类专家"作用,提供具体问题解决建议或意见,指导基层治理具体实践,并对治理实践风险与举措进行科学评估;另一方面,要切实发挥"第三方"作用,作为中间人,提供中立的治理观点与意见及路径建议,现场促进多元主体协调、协商及矛盾调处。

特别是以更高站位、更实举措促进各方"实事求是"地解决问题、维护利益、保障权利,最大限度实现制度框架内的利益关系平衡。实践过程中,作为智库对"第三方"这种"常有但常被忽视"的独特作用体会较深,尤其是各方利益主体在协商会上激烈争吵时,作用更加明显。

二、精准督导

越微观、越具体,督导服务难度越大。所以,在具体服务实施过程中,提前了解并掌握督导需求,并充分做好准备工作非常重要。

从形式上分,督导分为个别督导、团体督导;从督导作用上分,督导分为行政性督导、教育性督导、支持性督导。督导实践中,既要解决"为什么"的问题,也要解决"怎么办"的问题,具体到"办"既要考虑规范性问题,也要考虑灵活性问题,特别是在相关难点诉求工单办理的督导实践中,个性化极强,做到"精准"难上加难。

结合具体实践,做到精准督导需要做好以下几点。

一是要充分"预演预估"。在面对具体任务前,一方面要充分了解具体背景、问题发展过程等;另一方面要广泛收集梳理相关问题解决方案,整理建库,不断强化学习、理解、掌握,并不断进行自我预演,设想各种可能的情境与问题。如面对老旧小区停车位紧缺且矛盾集中的问题,一般思路是"强增量、增总量",既可以盘活小区消极空间增设停车设施、增加小区周边道路停车、整合小区周边单位资源探索"共享车位""错时停车",也可以优化出行路线探索"微循环"、优化车位分配方案控制总量、升级智能系统提升使用效率,甚至也可以推行轮流使用或抽签使用,等等。实际上,这些具体方案的选定决定于小区实际情况,也决定于民意导向,实际服务中也遇到过因小区公共空间有限小区未施划停车位,广大业主同意通过临时停车高额收费限制小区内停车,以保障居民活动空间。

二是要充分"身临其境"。要知其然,也要知其所以然;"理解"与"被理解"是主动建立关系的基础。作为智库,既要看到具体问题,也要看到"可能性",更要看到"新希望",实地察看、实地调研、实地分析等环节必不可少。躬身入局、身体力行,更有助于赢得信任、获得支持。实际上,智库参与基层治理,特别需要主动突破"高高在上搞理论研究"的认识偏见,常常会被问及

"干什么""能干什么""干成了什么"等一系列问题,以实际行动直接回答这些问题更有力度、更有信度。

三是要充分"感同身受"。身临其境、感同身受往往用来表达关系,如身临其境才能感同身受,但感同身受可能更直接、更有效。如在新冠肺炎疫情防控中,广大基层党员干部、社区工作者冲在一线、干在一线,甚至生活在单位,疲惫作战、连续作战是常态,这时支持性督导要立即跟上,一方面促进基层工作人员交流特别经历、释放负面情绪;另一方面提升压力管理、情绪管理能力,甚至是在条件允许的情况下与基层工作人员一起干。

三、资源整合

基层的需求较为丰富,但术业有专攻,智库无法全面或全领域供给,即使仅提供"咨询服务",涉及领域也较为广泛。当前,北京市基层对物业服务管理领域咨询服务、城市更新领域咨询服务、政府回应(如"12345"市民诉求热线)领域咨询服务等需求较为突出。所以,作为参与基层治理的智库,资源整合作用不可或缺。在实施过程中,重点整合以下两种资源。

第一种是专家资源。围绕基层治理需要,广泛整合理论专家、实践专家等人才资源,重点整合社区治理、城市更新、物业管理、诉求办理等领域理论专家资源,重点整合市区甚至全国优秀社区书记、社会组织带头人等实践专家资源,整体形成智力支撑。

第二种是社会资源。随着政府购买社会组织服务改革,涌现出较多优质社会组织,服务领域越来越细化,服务专业性、深度越来越强,在社区社会组织培育、社区议事协商、矛盾调处、特殊群体服务等方面发挥较好作用,是基层重要的社会资源。另外,城市更新领域优质的设计资源,辖区单位的特色服务资源等也是基层治理的重要社会资源。

总之,实施过程陪伴较为丰富,且随着实践将越来越丰富,尤其是在专业化、标准化、数字化发展的背景下,智库陪伴服务也将越来越细、越来越专,成为基层治理现代化的重要内容。

第三节 总结提升陪伴

"若没有上级要求,基层尤其是社区很少有'总结提升陪伴'需求"。虽然这样的表达较为主观,但是这确实反映了基层工作中的一种现象,难以准确概括清楚,但确实存在。

当然了,产生这种现象的原因难以分析清楚,但至少存在一种情绪,即基层对"总结提升"存在误解,如形象地说"干得好不如说得好"。实际上,理想的状态是"干得好,说得也好",这里的说也包括用文字表述,最为核心的是通过"说"反映或表达出了"干"的方法甚至本质。

产生于基层实践并指导基层治理的"枫桥经验""军门社区工作法"等基层治理经验是"干出来"的,实则也是"总结提升出来的",反映的是实践上升为理论并指导实践的过程。所以说,总结提升是在丰富、生动的实践基础上的总结提升。

诚然,不是所有的实践都能上升为理论,但基层治理需大量的"总结提升",以此来不断逼近基层治理规律甚至上升为理论,推动同类问题迎刃而解甚至转化为基层治理知识,助力基层这个有机体"健康茁壮成长"。

如何将个人经验转化为团队能力、将集体能力转化为行业从业者能力,如何从特殊经历中发现一般工作规律、从一般工作规律中探索工作规范,这些是基层治理的重要课题。在专业化、标准化、数字化发展的大背景下,科学家、科技爱好者们正在推动数字人物或机器的深度学习,而这种追求是基层治理尤为需要的。

结合参与基层治理点式实践,对总结提升陪伴进行简要梳理。

03
总结提升陪伴

实践案例的总结提升

实践品牌的总结提升

一、实践案例的总结提升

2023 年 3 月 13 日,国务院总理李强在出席十四届全国人大一次会议记者会回答中外记者提问时说:"坐在办公室碰到的都是问题,下去调研看到的全是办法。"可以说,基层治理问题的解决办法就在基层,要从丰富的基层治理实践中找共性、找规律、找办法,以此推动基层治理规范化、可持续。

如某社区较好地处理了老旧小区停水事件,经过深入调查分析,整体停水事件处理过程中实际上实践较为科学,经总结提升,梳理形成《社区公共应急处置"四步法"探索实践》。第一步联,即织起"联"心网,应急处置关键在秩序,秩序的关键在信任。社区统筹协调,以最快的速度与居民建立联系,保持畅通的互动渠道。第二步保,即全力"保"供给,应急的重点是对"急"的响应,响应的重点是保基本生活。社区快速吹响应急"哨",各方闻"哨"而动。第三步治,即大力"治"痛点,应急的核心是治标也治本,治的核心在各方同心协力。街道社区积极协调专业部门、单位,各司其职、协同配合,切实解决问题。第四步稳,即真情"稳"民心,应急中见真情,真情中蕴民心。应急抢修前线"争分夺秒",应急保障后援"用情化急"。

如某社区较好地处理了早期疫情"封管控"事件,探索了大型小区"封管控"科学方法与路径,经过提升总结,形成《社区封管控"三阶段十举措"工作实践》。第一阶段是应急处突阶段,即快速防范风险,如快速告知、快速管控、有序疏滞(重点涉及幼儿园幼儿及家长)、全员快检;第二阶段是平稳推进阶段,即加强综合保障,如建强组织、全力保供、有序动员、引导舆论;第三阶段是收尾转常阶段,即有序回归常态,如科学应对、常态防控。

这些具体实践案例的总结提升,快速为同类事件或情境应对提供了参照,也对相关实践重点进行了梳理,成为基层治理实践的"初级经验",既有助于形成基层治理工作常识,也有助于强化参与者职业获得。

二、实践品牌的总结提升

在消费领域,品牌是具有经济价值的无形资产。在基层治理领域,实践品牌是历经实践检验并被社会广泛宣传认可的创新实践。实际上,基层治理实践品牌是具有社会价值的无形资产,甚至一定程度上能够实现社会价值向经济价值转换。如部分老旧小区历经多年治理与提升,在设施、环境、社区参与、邻里关系等方面都发生了较大变化,小区房屋出租价格、出售价格都有所提高,这是最鲜活的、最真实的证明,所以说"老旧小区改造提升最大的受益者就是居民",其中的"受益"也包含经济方面。

基于这样的背景,典型引领、品牌引领在基层治理实践中独具价值,若某个实践品牌已形成人人关注、人人知晓、人人传播的品牌影响力,那么这个实践品牌真称得上"典范"。

实际上,成为实践品牌一般具有以下特点。

第一,易于记忆理解。实践品牌首先要"易于被记住",当然实现这样的目的有较多的方法,有的是表达比较生动,如一线工作法、蹲点工作法等;有的是比较直接,如党政群共商共治工程、细小微实工作法;有的是比较新颖,如社区治理创新实验室、"居民提案"、"一码共治"等,也有一些实践品牌的数字化总结提升,如军门社区工作法("12345"工作法)。总的来说,易于记忆理解的关键在于建立在高度逻辑重构基础上的群众口语化表达。因此,一个好的品牌一定是在经过反复打磨、反复推敲的基础上形成的。

第二,历经长期积累。大量的实践品牌都是长期耕耘、久久为功的结果,以单一问题解决建立基础,并逐步延伸至各个领域的问题解决实践,如舟山"网格化管理、组团式服务"已历经 10 多年的探索实践,并不断丰富创新,品牌适应力、生命力越来越强。

第三,自带传播效应。其实,在做好前两点的基础上,实践品牌就自带传播效应,仍需扩大、拓展,如通过重量级媒体进行宣传报道,并辅助多渠道转载。但这里表达的自带传播效应是指参与的各类主体都有较强的获得感,自发、自觉地成为传播员、推广员、解说员。

实际上,实践品牌需要立体的宣传推广载体,如视频、展示册(架)、学术研究成果等。但是,未来更需要加强基层治理实践故事提升总结,如社区工作者故事、居民故事、单位故事等,以此推动基层治理品牌实践可读、可信、可学、可近。

第四节 杨庄陪伴实施

北京惠民社会治理研究院与杨庄街道合作成立了党建引领社区治理创新实验室,因此,全程参与了杨庄街道的相关治理工作。这里的杨庄,是指北京市通州区杨庄街道。其是在北京市通州区落实京津冀协同发展战略背景下,于 2020 年由北苑街道、永顺镇、梨园镇"一街两镇"拆分调整新成立的街道。既有北京城市副中心"西大门"的区位优势,也有城乡结合部发展基础薄弱、居住人口密度较大等治理特点。同时,街道干部队伍从四面八方会聚而来,社区社工队伍从"一街两镇"会聚而来,且大部分都是初干基层工作。如何夯实街道社区治理基础,甚至跑出治理"加速度",成为杨庄街道的重大课题。

从 2020 年酝酿,到 2021 年试点,再到 2022 年实体化运行,与杨庄街道联合建设的党建引领社区治理创新实验室,全面开启智库陪伴实践。

一、协同加强实验室顶层设计

杨庄街道党建引领社区治理创新实验室(以下简称实验室)是北京城市副中心首家基层治理智库,立足实际,总体统筹、总体设计,历经多轮研讨、论证,基本构建起"1448"服务机制。

"1",即一个基本定位。以做实做优街道决策辅助服务为基本定位。以社区治理、城市更新、物业管理等领域专家、专业组织力量为支撑,以扎根社区破解难题为主攻方向,以项目化运作为工作机制,以持续促进实务型研究与研究型实务高效转化、提升社区治理效能为服务目标,是跨学科、专业化、开放型、实践型的基层治理智库。

"4"，即四个发展理念。以民为本、扎根社区、实践创新、多元共治。

"4"，即四个运行机制。一是与街道对接，采取定期汇报、列席会议、建言献策、咨询顾问等方式，为街道党工委、办事处提供决策咨询服务。二是与街道科室对接，采取需求评估、工作建议、资源链接、项目评估等方式，为"六办一队三中心"提供技术支持服务。三是与社区对接，采取重点督导、破解难题、梳理成果、人员培训等方式，为社区党组织、居委会提供专业督导服务。四是与专业机构对接，建立需求与服务对接机制，围绕发生类需求、发现类需求、设定类需求，对接智库型、运营型和服务型机构或人才，为街道社区提供资源链接服务。

"8"，即八大职责任务。一是课题研究。参与街道发展规划编制，参与指标体系建设与评估评价，开展社区治理相关课题研究。二是顾问咨询。参与社区重难点治理问题研究和需求分析，为街道、社区提供咨询意见，指导社区治理实践。三是创新实验。支持社区将前沿研究成果转化为应用试点，协同街道做好社区治理特色实验项目，推动市区试点工作落地实施。四是人才培养。协同做好社区工作人才培养梯次体系建设，支持社区工作人才职业能力建设，助力社区工作人才储备库建设与优秀社区书记工作室作用发挥。五是专项诊断。根据街道中心工作和社区需求开展专项诊断，分析问题，查找原因，提出对策建议。六是评价评估。每年定期或不定期对社区治理实践进行专项性、总体性监测评估，形成"第三方"评价报告，科学测量与评价社区成长，为街道补短板、谋发展提供专业支撑。七是资源整合。做好理论专家、实践专家等人才资源整合，加强优质市区社会组织服务项目资源整合，推动辖区重点单位社会资源整合。八是成果转化。协同街道和社区做好实践经验与服务案例梳理提升，配合街道做好社区工作工具研制，持续推动工作标准化、规范化、高效化。

二、全面参与基层治理实践

立足治理基础，聚焦实际需求，坚持"治有所需、智有所供"，实验室全程陪伴、全面参与、全力协同杨庄街道创新社区治理。

深度诊断社区，客观呈现街情社情。立足杨庄街道由"一街两镇"拆分调整而来、干部队伍多源会聚而来的客观实际，实验室以"社区诊断"为切入点,全方位策划对社区进行"体检",扎实做好街道开局起步基础工作。在街道主要领导带领下,专家团组、机关干部团组深入各个社区,与社区工作者、物业负责人、居民骨干等进行座谈,专业治理观察团走进街巷、小区、楼门,察看环境秩序、基础设施、人文风貌等情况,开展居民调查。以此为基础,对标"七有""五性"测评指标,建立社区问题清单、需求清单、资源清单,形成《通州区杨庄街道社区诊断总体报告》《杨庄街道社区观察情况报告》《杨庄街道社区公共服务设施调研报告》《杨庄街道社区工作者队伍建设调研报告》《杨庄街道居民调研报告》等专项报告,以及《广通社区诊断报告》等系列社区诊断报告,为杨庄街道盘清家底、找准短板、厘清思路、谋划未来提出了前瞻性、建设性的治理思路及发展建议。特别是随着实践的深入,不断加强共性问题清单、区域问题清单、历史遗留问题清单、体制机制问题清单的建设,探索出"销单式工作模式"。

深度出谋划策,助推治理体系建设。以诊断报告为基础,科学进行专项施策。围绕杨庄小区、探矿厂小区等5个基础薄弱、短板突出、问题复杂的小区,提出完整小区建设"1+5"方案。围绕小区环境、设施、秩序等问题,系统科学引导集成"小微"项目、党组织服务群众经费项目、社区公益金项目等,集中打造一批美丽街巷、美丽小区、美丽楼门。围绕垃圾分类精细化,逐一开展社区生活垃圾分类桶站、大件垃圾暂存点、再生资源回收站点等实地调查,绘制点位地图,梳理情况报告,系统提出居住社区生活垃圾分类及考评工作建设性意见,助推杨庄街道垃圾分类工作日做实、周督促、月点评、年总结落到实处。围绕街道党工委"抓作风、立家风、树新风"总体工作思路,经深入调查,提出加强"三风"建设推进基层社会治理的工作建议,专项细化"三类"家庭评定标准、社区动员措施等,系统构建相应工作体系。协同街道将诊断成果转化为《杨庄街道高质量党建引领高质量发展五年行动计划》的重要内容,科学构建"两带两区、三园四组团"的发展格局。协同街道整合市区社区治理、物业管理、城市更新等领域理论型专家、实践型专家资源,深度参与专项治理实践。协同街道持续构建社区常态动员、应急动员体系与机制。常态参与杨庄街道党工委、办事处召开的座谈会、调度会、研讨会,现场或书面提出专业意见或建议。

深度陪伴成长,助力社区破解难题。以专业能力应用为导向,扎实做好社区"督导员"。组织专家"组团"上门,深入各社区开展"靶向指导",精准回应工作需求,最大限度解决社区工作者职业困惑、业务困惑、个人困惑。构建1个专家团队、6个成长小组、N名社区工作者的"1+6+N"人才培养模式,采取"每月一专题"培训,做实社区工作者能力建设,探索新入职社区工作者全周期培养机制,有效降低流失率、提升工作效能。通过岗位实训项目,引导社区工作者以项目化运作方式解决治理难题,促进"文明城区创建、垃圾分类、诉求回应"等提质升级。指导4个区级垃圾分类动员试点社区,对标对表高标准做试点、做示范;指导杨庄南里西社区更新,探索"政府扶持、社会资本参与、村集体自筹"模式,推动村管社区治理难题破解;指导社区社会组织联合会建设,做强组织培育、骨干培养、品牌培树;指导社会工作服务中心试点建设,系统构建中心+站点服务体系,提升专业服务能力;指导重点社区重点项目实施,蹲点解决相关群体性矛盾,发挥好助推器、催化剂作用。整合落地服务的社会组织、企事业单位力量,高质量参与社区治理。

深度研发工具,推动社区工作规范化。按照实务型研究与研究型实务有机融合的原则,研发《杨庄街道社区公共服务设施分析工具》《杨庄街道社区居民满意度调查工具》等。围绕社区管理体制改革,编制形成杨庄街道社区工作者"全岗通"题库,助推社区工作规范化。研发社区工作者成长需求调查问卷,支持培训服务精准化、高效化。围绕落实《首都社区治理20条具体举措》,特别是党建引领物业参与社区治理这一难题,系统构建物业服务管理评价指标体系,强化品质物业、法治物业建设。围绕新冠肺炎疫情防控社区志愿者规范化管理,逐步研发和优化《杨庄街道疫情防控社区志愿者管理指导手册》,提出《杨庄街道关于加强社区封(管)控区域综合服务管理的工作指引(建议稿)》,以工作工具促社区防控规范化。

深度转化成果,探索可持续治理之路。探索构建杨庄街道社区评价指标体系,为社区治理工作开展提供工具与标尺,让各个社区做有目标、学有标准,并探索开展社区工作绩效居民评价、物业服务质量业主评价工作,使之成为社区工作的"风向标"和"晴雨表"。同时,扎根社区,将实践探索转化为经验成果、制度成果,如以探矿厂家属院停水应急处置为例,梳理形成社区公共应急处置"四步法"实践案例;以天元小区更换物业工作为例,梳理形成"居委会+物管会"协同共治实践案例,较好地促进了"创新实验"成果转化。深入剖析杨庄街道疫情防控封管控社区实践,整体梳理志愿者服务"抢单制""群自制"、物资保运"三级传递制"等做法,最大限度转化抗疫实践成果。大力推动实验室品牌实践,成功入选全国社会治理(2022)百强案例;大力支持杨庄街道探索基层治理＋社区养老新模式,依托社区之家、杨庄乐活空间等打造老年人家门口的服务阵地。

三、大胆探索智库参与新未来

综合自身基础与优势,科学研判未来治理,杨庄街道党建引领社区治理创新实验室重点在以下方面寻求新突破。

一是在标准化上寻求新突破。让社区治理"有标准可依,有目标可循",做到目标明确化、内容精细化、方法规范化、过程流程化,是社区治理现代化的主要发展方向。无论是社区党建、居民自治,还是社区服务、社区管理、社区参与,都需要以标准化为牵引。实验室未来重点将通过标准来指引提高杨庄街道社区服务质量和社区治理效能,特别是要通过建立标准化的绩效评价体系,建立完善基础治理数值,量化考察和评价社区治理成效,有效提升治理水平。

二是在专业化上寻求新突破。社区治理要统筹考虑基层干部队伍建设,逐步建立一支素质优良的专业化社区工作者队伍。在破解杨庄社区治理难题和落实深化"基层治理年"、深化"三风建设年"任务中,实验室持续强化党管人才、党育人才工作理念,尽快培育一支坚强有力、梯次合理、素质过硬的专业干部队伍。通过在服务大局中、在培育特色品牌中、在实现"群众满意"中提升专业能力,进一步历练干部、培养干部,进而以人才培养的突破推动基层治理的突破。

三是在数字化上寻求新突破。社区治理数字化转型,是推进社区治理现代化的重要内容。实验室将根据基层治理难点,有的放矢,针对街道和社区层面行政性事务多、负担重、压力大,特别是疫情防控期间,暴露出居住人口、楼院分布、社会单位等基础数据不清,信息传导机制不畅,社区人手不足等突出短板,切实发挥自身优势,借助数字化手段实现社区减负,运用大数据等提质增效。进一步延伸社区治理眼力,拉长社区治理臂力,拓展社区治理脑力,让社区治理插上智慧的翅膀,不断打造社区治理从"微治"到"精治"再到"善治"的升级版,推动实现基层治理体系和治理能力的现代化。

第四章　实施绩效评估——工作绩效

评估要素 ①

评估内容 ②

评估方法 ③

评估实施 ④

实施绩效评估

基层治理诊断是提升基层治理能力和水平的一个重要环节。在实践中,基层治理诊断通常分为四个步骤:优先顺序—目标—组织—评价。基层治理诊断一旦完成后,即可制定工作目标,确定应该从哪些方面着手改善基层治理。在实施过程中,要了解所制订的计划是否有效,是否达到预期的目的。其后,又可回到基层治理诊断,再一次寻找新问题,如此往复,不断推动基层治理水平的有效提升。

实施绩效评估,是对基层治理成果的检验。一方面是为治理工作进行总结,画个句号;另一方面也是为今后的工作厘清思路,总结经验,打好基础。评估包括两个方面的评估:一是对于组织实施成效的评估;二是项目实施成效的评估。通过对比法、逻辑框架法、统计预测法相结合的形式,从基层治理队伍成长与基层治理成效两方面对基层治理改革后的实际情况与方案目标进行对照、与方案前诊断情况对比,得出结论,总结经验教训,对基层治理的未来进行预测。

北京惠民社会治理研究院从这一概念中,梳理出基层治理诊断工作的评估的基本性质、范畴和逻辑脉络。概括起来就是谁评、评谁、评什么、怎么评、评的结果怎么用。以"三转变"的要素,来指导衡量基层治理诊断工作的评估指标制定。

第一节　评估要素

说到评估,就要回答什么是基层治理诊断工作需要的评估。基层治理诊断工作是为了更好地服务基层治理体系和治理能力现代化建设的跨部门、跨行政层的协同性工作,它区别于一般行政事务,通过"政府委托、项目管理、社会运作"的方式委托专业化运作,即项目化运作。

基层治理诊断工作的评估工作,归根结底是一个项目评估问题。所以在评估基层治理诊断工作的时候,归根结底解决的是"什么样的项目是一个好的项目"的问题,需要一套针对项目化工作成功的衡量标准,这是基层治理诊断工作评估的一个基本要素。

"什么样的项目是一个好的项目",这需要从定量与定性两个方面去思考。从定量角度来说,项目化工作需要完成预设的量化工作目标,完成工作要求的一定数量的工作任务、服务人数、开展工作区域的数量等,解决工作投入多少与工作效率的关系。从定性角度来说,也要从工作影响面、参与人员转变程度、环境营造的氛围转变等定性的角度,进行综合分析,衡量工作的效果与效能。因此,基层治理诊断工作的评估不能简单地从项目档案的多少、参与人数的多少、财务规范与否来判断基层治理诊断工作的成功与否。

北京惠民社会治理研究院用来指导衡量基层治理诊断工作的评估指标是基于明晰基层治理诊断工作的评估要素的基础上制定的。通俗地说就是谁评、评谁、评什么。

一、谁评

谁评?当然是组织专项评估的第三方工作组进行评价。之所以强调独立第三方评估,原因有三。

其一,专项评估工作组,有利于客观、公正地评价实施效率、效果,在评估工作开展过程中,不会为人情、感情、心情而左右。所谓人情,如果由实施团队内部进行评估,难免会考虑实施团队成员的感受,难免会碍于面子,在判断实施效率上打折扣,在实施成效上进行美化,对问题的剖析会委婉表达而造成不必要的偏移;所谓感情,基于实施团队内部的评估,评估人员因亲身参与实施过程,体会过工作中的辛酸苦辣,难免会基于对实施项目的感情,而对问题忽略,对成绩夸大,就是戴着近视镜看问题,戴着放大镜看成绩,造成对成果的误判;所谓心情,就是实施团队内部人员长期对项目的个人认识已经固化,有喜、有悲,心情在过程中形成,而非实际成果的客观体现,带着这样的心情去评价项目实施最终的效率、效果,会有很多不必要的主观误导。而独立的专项评估工作组则不存在这些不必要的"烦恼",他们可以轻装上阵,从客观的角度,运用科学的方法进行评估,从而保障公开、公正、公平的评估结果。

其二,选择第三方机构,要利用其在专业领域的专长,使评估工作更加科学化,使其进一步服务于基层治理诊断与治理能力提升工作的螺旋上升。在如何选择上,专项评估工作组成员的专业能力如何判断是其中的一个难点,但已有的工作业绩的参考,多元参与带来的相对多元与客观性,跨领域、学科的协作,可以很好地解决这一问题。优秀的专项评估工作组可以从评估流程、项目管理、项目合理性、成效展现等方面给出专业指导,从而使项目实施过程更加规范,项目成果的提炼更加客观、准确、完整。

其三,选择专项评估工作组,可以在评估的实施效率上更能有保障,在实施评估的周期上更能有保证。实施团队内部评估因评估人员既是评估工作的实施人员,又是项目实施的工作人员,双线作战,不能专注在一项工作上,或因为实施工作的进程,影响到评估进程,在评估工作的时间节点把控上,总会出现顾此失彼的现象。参与评估的人员因为更注重项目实施的角色,而往往忽略评估工作的期限,使得评估工作的节奏拖沓或草草了事。反之,专项评估工作组则因主责所限,第一责任使得他们更专注于评估工作,推动各方去完成既定目标,在时间节点的把控、各节点的产出与成效上有较强的计划性。

二、评谁

评谁?当然是谁实施就评谁。在基层治理诊断与治理能力提升工作中,参与实施的主体来自几个方面,包括区(县)、乡镇(街道)、城乡社区以及第三方专业机构,这一点在诊断实施的组织架构中有详细的阐述,这里就不再赘述。但对基层治理诊断与治理能力提升工作实施的各方是有要求的,领导小组的统筹工作做得怎么样?他们站位在引领方向和统筹协调的顶层,同时又处在承上启下的位置,对上要对标对表,对下要有规有矩,将中央和上级的方针、政策、要求依据辖区的实际情况,具体问题具体分析,有效落实并有所创新,评估就是要看规划是否得当、统筹是否有力、任用是否合理;专业团队的诊断、方案设计、实施与指导工作做得怎么样?

在基层治理诊断与能力提升工作中,他们是发挥专业技术优势,为领导小组提供专业建议,为规划、统筹、人员任用提供数据与方案支持。评估主要从方案的有效性与可行性、有效督导与本地团队能力提升、整体实施进度把控与成效等方面进行;专项工作组是实施主体组织、协调、动员的枢纽,相当于动力部分,在评估过程中主要考察他们的团队协同、资源调配、实施效率、氛围营造与经费使用效率与合规性;专项工作专员团队是基层治理的实际阵地保卫者与主导者,在治理诊断与能力提升中,他们是主要的实施者、资源整合者、社区生态构建者、多元协同的主导者、利益相关方的协调者、公共产品的规划设计者,评估需要考察他们的计划落实、具体方案的设计与实施能力、社会动员与居民骨干的组织及能力提升。

三、评什么

评什么? 总结起来就是四个转变。

一是突出"美誉效应"转变。即基层治理诊断与治理能力提升工作的公信力评估:包括使用的公共资源的流向及其使用效果的社会交代。考察区域治理主体对基层治理诊断、提升的认可度;考察治理转变实施效率的群众认可度、满意度,突出基层治理诊断的问责效应;考察基层治理短板开展"把脉问诊"并形成治理体系的传播与影响力,突出基层治理诊断的提升社会影响效应。

二是确保"治理体系"转变。即基层治理诊断与治理能力提升工作的成效评估:包括基层治理诊断与治理能力提升工作的适当性、效率及其持续性的评估。采取数据分析、比较分析等方法,强化综合分析研判,比对基层治理诊断、实施的方案的针对性、适当性,判断基层治理主体对基层治理诊断提升方案与实施的方向认可度;考察基层治理诊断、实施前后的人、地、事、物、组织所发生的正向转变,抓住基层治理诊断的实施成效;考核在实施过程中人、财、物使用的规范性、高效化,落实公共资源的高效运作。

三是关注"人才队伍"转变。习近平总书记在党的二十大报告中指出:"必须坚持科技是第一生产力、人才是第一资源、创新是第一动力。"在基层治理诊断与能力提升实施的过程中,对基层治理工作团队、居民骨干志愿者、社区社会组织等人才队伍的理念、能力、组织化的转变情况考察至关重要。对比诊断前与治理提升后的人才队伍在理念、能力、组织化的转变,考察基层治理氛围营造与动员能力的提升情况;考察居民自治组织与居民志愿者在数量与质量上的变化;考察基层治理行动在方式、方法、结果上的变化;考察社区社会组织的组织化情况与运作能力的变化。

实现"三个转变"。在指导思想上,从围绕政府部门工作转变到让社区居民群众满意;在工作机制上,从围绕"眼睛朝上""对上交代"转变到"眼睛朝下""服务落地";在工作任务上,从围绕"落实政策""完成上级行政任务"转变到加强居民自治、做好公共服务、强化社会动员、解决民生实事。

第二节　评估内容

评估内容需要从五个维度考虑,即适当性、效率、效果、社会影响、可持续性的评估。

一、适当性评估

所谓适当性评估,就是要看基层治理诊断与能力提升实施与区域发展状况、治理目标、人口结构与治理主体的能力、居民需求、资源和以往经验之间的契合程度。从这个概念出发,基层治理诊断与能力提升适当性原则,要求专项治理诊断与能力提升团队在对区域基层治理情况进行合理诊断的基础上,拿出符合区域治理发展目标和居民需求的解决方案与实施成效。

基层治理诊断就是为提升基层治理水平和能力进行全方位的基础调研。从工作本身来说,适当性尤为重要。在基层治理诊断与能力提升实践中,北京惠民社会治理研究院认为,要完整、全面、准确认识基层治理,不同区域因经济、人口结构、地域、文化等发展程度的不同,影响基层治理的因素亦有着千差万别。比如,老城区过去由几家单位联合建房,一个小区甚至一栋楼有多个物业的现象比较普遍。这些物业要么弃管,要么只扫门前雪,遗留下小区公共空间无人管理的问题。这样的问题不能简单甩给乡镇(街道)和社区。在基层治理提升过程中如何做到有针对性地转变,是适当性维度考察的一个体现。针对区域具体情况开展全方位、全过程诊断,摸清历史问题、重点问题、难点问题,从基层需求出发,按照系统治理、依法治理、综合治理、源头治理的办法去解决问题,因地制宜,是适当性考察的指标制定原则。

二、效率评估

在基层治理诊断的语境中,所谓效率,就是最有效地使用社会资源以满足辖区居民的愿望和需要。

这是衡量在基层治理项目实施期间实际完成工作量的情况。效率高,就是在单位时间里实际完成的工作量多,意味着节约了时间。也可以说是运用有限资源的最佳分配方法,达到结果与使用资源之间的关系。也就是区县、乡镇(街道)在基层治理诊断与提升过程中各种投入与产出之间的比率关系,效率与投入成反比,与产出成正比。在衡量效率时从两方面去评估,一是提供服务的平均成本;二是是否能够满足辖区基础治理的各治理主体的不同诉求。

三、效果评估

从基层治理诊断与效率提升的角度来说,效果的呈现首先应当证明实施基层治理项目带来的成效。具体来说,就是要对治理成效进行判断,哪些基层治理成效是基层治理诊断与提升工作实施产生的,哪些与实施工作无关。其次,衡量区县、乡镇(街道)、专业机构经过实施活动在预定目标和指标上的实现程度。比如,麦子店街道农南社区 2 号院是典型的老旧楼院,物业推诿严重,居民自治意识不强,各类问题矛盾凸显。为解决此问题,2019年,麦子店街道探索在党支部的领导下,建立党支部、议事会、楼委会"三套班子"的组织基础上,通过宣传动员、开展民主协商、扩大参与群体,夯实自治运行体系,用培育十几个社区社会组织为支撑,以项目化运作的方式培育居民骨干,开展自我服务。在基层治理诊断与提升行动实施后,在"三套班子"的引导与组织下,社区社会组织强化队伍、以项目化运作的方式发挥自我服务作用,将楼院居民需求转化为多种微自治项目,楼院居民广泛参与,共同受益。在此基础上,不断深耕"立体四合院"理念,强化自我认同意识,将邻里情很好地应用到社区建设中。通过这些措施,有效地发挥了基层党组织的战斗堡垒作用,体现了自治管理体系的全面规范完善,带动了楼院宜居环境整体提升。

四、社会影响评估

从评估的角度来说,社会影响的考察主要看三个方面的作用。一是基层治理诊断与提升实践中提高各方治理主体的治理能力与素质,倡导基层治理的理念和各方参与情况;二是形成完善基层治理体系建设,促进基层治理的作用情况;三是提高辖区居民宜居生活质量,丰富文化生活的作用情况。

五、可持续性评估

该项评估主要针对基层治理是一个系统工程的特性而言。既要有政府的整体统筹规划,从上而下地推动与实施,也要以人民群众的实际诉求为基础,以星星点点之力,构建具体的目标和方向。唯有如此,方能形成合力,促进社会和谐发展。基层治理现代化,要坚持"以人民为中心",坚持政府统筹规划与基层民众需要相统一,保持基层治理有效性和可持续性的统一。基层治理要求各级政府不仅要有宏观统筹的大局观,更要有微观末端的洞察力。在倾听基层民众具体和繁杂的诉求基础上,做好整体性的统筹规划,既能关注当下,有效地解决群众提出的问题,同时还要着眼长远,做到宏观布局,实现可持续发展。在朝阳区八里庄街道地下空间的利用和治理改造就是一个很好的案例。以项目导向形成社区空间运维可持续模式,为了避免社区发展项目"热闹一阵子、留个烂摊子"的困境,按照"专业人做专业事"的理念,街道委托第三方社会组织负责进行地下空间运行维护,"养事不养人""看效果再掏钱"。同时,紧紧抓住不同年龄段居民的需求,广泛开展社区社会组织培育,动员居民参与,让各类活动和服务更具有针对性。另外,还特别注重项目自身造血和可持续发展,地下空间收入除了用于部分管理开支外,剩余全部投入地下空间公共服务金项目。并通过引入"字里行间"书店等优质运维服务商,不断提升服务品质和服务有效性,促进运维的良性循环。以价值导向,通过大动员,积极构建社区文明新风。有了公共空间,并不代表就能够自动形成社区良好风尚和氛围。街道将文化产业、文化民生、文化社区三者有机结合,推出高质量的公共文化服务产品,形成文化服务的新模式。让人们在不知不觉中约束自己的言行,提高自己的品位。在服务提供上,地下空间免费和文化服务付费相结合,提高地下空间的有效占用,增强社区营造的可持续性。

评估内容依据基层治理诊断与能力提升工作的内容确定、调节,这些内容涉及指标怎么选择、增删,是不是有体系、有步骤,要看实施工作是系统化、全面化的基层治理体系,还是局部、专项诊断提升的难题破解行动。对于没治理基础的要从夯实基础做起,有基础的基层治理工作已经很好,但遇到了瓶颈怎么突破,等等,针对这些绝不仅仅是评估的专业技术问题、不仅仅是怎么做的问题,也绝不是以不变应万变的问题。

第三节 评估方法

怎么评,这是方法、途径的问题。从不同的角度出发,就会选择不同的路径;不同的内容就会选用不同的指标与流程;不同的对象就会选择不同的方式,形成不同的侧重;不同的基础就应采用不同的评估方式。对于评估而言,基层治理诊断与能力提升有法,但法无定法;对于评估工作而言,要讲指标讲流程,因具体情况定指标、定流程。

但是,基层治理诊断与能力提升工作的原则,又决定了评估方法有它实施的基础导向。北京惠民社会治理研究院在多年基层治理诊断实践中,摸索出一套目标导向与系统导向相结合的评估路径,并在此基础上研发形成了"双向四法",即目标导向与系统导向相结合,基线对比法、专家论证法、群众满意法、部门征询法相结合。"双向四法"是基层治理诊断与能力提升工作评估实施的方法论,也是确保评估实施科学客观的重要基础。

目标导向与系统导向是兼顾成效与胜任能力的评估路径。一方面,通过"目标导向"评估来检查工作实施后目标的达到程度;另一方面,通过"系统导向"评估的考察服务提供机制、运作成效(如资源投入、调配及运用)、系统完整性及协调程度。坚持两条线并行,既关注目标实现,也强调机制及运作过程。通俗地说,基层治理诊断与能力提升实施目标只是在一个阶段的工作目标,而最终的追求是基础治理工作的螺旋上升。因此,这就要求我们的工作不能仅仅是实现目标,而是应该有一个系统。规定具体的目标,在实现目标的同时也就失去了目标。就像我们通常所说的遇到了发展的瓶颈,在开展工作选择、拓展空间时受到目标限制,具体的目标能为我们指定前进的方向,但也会使我们失去看到前方的其他路径。因此系统导向和目标导向相结合的评估路径,是一个既关注短期成效又强调可持续性的评估路径,一个目标就像一场比赛的终点线,目标导向评估就是衡量运动员是否合格地到达终点了,而系统是将基层治理诊断与提升变成一件区县、乡镇(街道)、社区每天都去做的事,没有最后期限,这个系统会让区域治理形成一个螺旋上升的形态,形成一种治理生态,系统导向评估就像考核运动员有没有一套完整的训练体系。

在这样的评估路径指引下，以基线对比法、专家论证法、群众满意法、部门征询法"四法"，开展基层治理评估。

一、基线对比法

它是基层治理诊断与能力提升最基础也最核心的评估方法。其中主要的原因就在于基层治理诊断既是基础治理工作方案制订的调研基础，又是基层治理诊断与能力提升评估工作的基线指标制定的基础。基线对比是在治理行动开始时测量、记录区域发展现状和区域各方治理主体状况，建立衡量治理行动效果的一个标准基线，并通过治理行动实施前后变化来评估治理目标实现的程度。在评估基层治理诊断与能力提升工作时，需要根据基层治理诊断需求确定治理诊断的目标，即关注诊断要素；选择测量工具，包括直接观察或使用标准化问卷及量表；完成基层治理诊断报告。这个过程建立的既是服务于基层治理能力提升方案的诊断报告，又是基层治理诊断与提升行动的基线数据。在基层治理能力提升实施后，对基线调查中所测量的各项目标行为和指标进行再测量，作为比较作用的数据，将基线数据和实施的数据进行对比，呈现数据的变化轨迹和变化趋势。如果两个数据不同，一般可以认为是治理实施本身作用的结果。

二、专家论证法

有了基线数据的对比，对基层治理诊断与能力提升工作的评估来说还不够。其中的原因在于基层治理工作发展迅速，同时治理类工作有着很强的前瞻性，没有一个标准样本，还需一种方法适合于发展变化较快或规划还未定型的情况。专家论证法从这样的角度，很好地弥补了基线数据对比的不足。通过邀请一些相关领域的专家、经验丰富的基层治理实践者进行观察、分析、讨论，进行基层治理成效的判断，可以从相关领域专家、治理实践从业者的经验、学识中去主观判断，在研讨中得到客观的定性分析结果。

三、群众满意法

基层治理的重要主体是群众，同时，基层治理的终极目的之一是提升群众的获得感、幸福感、安全感。基层治理工作做得好不好，群众说了算。因此,群众满意法针对的就是群众对基层治理诊断与提升工作的看法。首先是对基层治理行动产生的效果是否满意;其次是对使用公共资源的效率是否满意;最后就是群众对基层治理的看法的转变,以及已经参与基层治理的行动如何。例如,随着历史遗留问题逐步暴露和居民民主意识的提升,东湖街道29个物业管理住宅小区涉物业问题日渐突出,成为社区治理的重点和难点。东湖街道以《关于加强完善城乡社区治理的意见》为指导,提出"朝阳物业"和基层治理相结合,通过加强党建引领、引导多元参与,完善社区治理体系,梳理出18项工作机制对物业、业委会进行双向规范扶持,依法协助监督,打造东湖"好管家",解决涉物业问题。治理成效如何?通过群众满意度调研,"好管家"运行近三年,涉物业纠纷化解率达到95%,对推进辖区整体安全稳定、小区和谐宜居发挥了重要作用。近一年来,地区未再出现涉物业群体性事件和业主过度维权行为。群众安全感、满意度显著提升,居民不仅感受到一天好于一天的物业管理效果,还从亲自参与相关工作中感受到了前所未有的成就感。治安环境好了,居民的心情自然也好了,对物业服务的认可度大大提高。既达到了物业服务提升、政府公信力重建的目的,又充分调动了广大群众积极参与地区社会治理的热情。

四、部门征询法

基层治理不仅仅需要社会协调,还需要辖区政府部门间的协调。基层治理涉及公共事务的方方面面,涉及政府各个部门的行政工作。一方面,在基层治理诊断后制订治理能力提升方案时需要各个部门参与规划制订,在检验治理成效时也是如此,路径是相同的,各司其职、各尽其力。在"干"基层治理提升的过程中要避免"谁的孩子谁抱走",要充分协调、统一,在验收基层治理提升的"货"的时候,要做到"谁的孩子谁抱走",充分发挥各部门对主管公共事务的专业性,对基层治理成效进行专业判断,准确衡量基层治理提升过程中的产出是否符合自身主管公共事务的工作标准,检验实施成效对所辖公共事务的支撑与提升程度。

"双向四法"评估,总结基层治理螺旋上升的实施成效与经费合规合理性,挖掘各方主体的转变与治理力量的能力提升情况,总结经验,向社会展现治理工作的阶段性价值与作用,同时回答为什么评估的问题。

第四节　评估实施

基层治理诊断与能力提升工作的评估实施需要贯穿基层治理的全过程和全方位。原因很简单,基层治理工作的实施使用的是政府资金,关系到基层群众的切身利益与幸福,任何一点差错造成的都是财政经费的损失与基层政府的声誉受损,不能有闪失。而实施方涉及区(县)、乡镇(街道)、社区以及专业机构,涉及政府、基层自治组织、社会力量等多元主体的参与,多元合作自然需要多方位考察、监督。在基层治理诊断与提升的评估中,应坚持"一专、两全、三坚持"的实施原则,确保基层治理诊断与提升工作的高效率、高效能运行。

一、专项评估工作组

"一专"就是为评估实施成立专项评估工作组。

首先,在基层治理诊断与提升工作的立项阶段即开始组建专门的评估小组,全程监督与评价治理提升工作。由区(县)、乡镇(街道)两级纪检部门及专业机构的质量监控团队、治理领域学者、社区议事代表等共同组成专项工作组。专项评估组自治理诊断实施开始,介入全过程评估。

其次,明确专项评估工作组的工作职责。主要工作大体分为督导、质量控制、进程监督、满意度测评、成果评价五个方面。其中,督导职责从第三视角为决策小组与专业规划小组提供更中立的判断,对诊断实施与治理提升规划设计提出中肯的指导意见;质量控制则从阶段成果、节点产出的角度,及时比对基层治理诊断与提升的目标、比对区域社会治理中长期发展需求,及时发现治理诊断与提升工作中的问题并进行有效调整;进程监督有利于实施团队从客观的角度提升实施效率、节约资源;满意度测评则是在基层治理诊断与提升的过程中,及时收集民意,从第三视角观察治理提升的社会效应;成果评价是在关键节点与末期评估中,对实施团队成果提炼的一个客观评价,充分利用专项评估工作组多元组合的跨领域、跨学科、跨专业融合,产生相对客观的质性评价。

最后,建立专项评估工作组工作机制。明确专项评估工作组的独立、多元合作、过程保密、回避等原则。独立是为了更客观、更专注、更有效率,多元合作是为了观点更多样性,利用不同领域、不同视角、不同学科的专长,提供更客观、更综合、更接地气的建议来指导实施工作;过程保密是为了评估工作的公正性;回避原则则要求专项评估工作组成员与实施工作团队不存在亲属关系,避免产生不必要的干扰。

二、"两全"评估

"两全"就是进行全过程、全方位的评估。

从全过程评估来说,专项评估工作组作为观察者、监督者、督导者,自基层治理诊断与提升工作实施起,定期开展与实施团队协调会、治理活动现场监测、群众满意度调研、相关工作科室座谈会等监测、评估活动,时时把控基层治理诊断与提升工作实施情况。通过协调会定期沟通、协调,议难点、促进度、抓质量、保成效,在实施中进行过程评估,抓住每一个进程中的隐患,将问题消灭在苗头阶段;以治理活动现场监测组织情况、符合规划目标实现需求情况、群众反响等,并在监测过程中对参与治理活动的各方主体进行满意度调查;开展节点评估,在关键节点进行基层治理诊断与提升工作的效率考核、资金使用审计、多元参与主体的转变小结和阶段成果总结,阶段考核实施工作的效率、效能。

全方位评估就是对区(县)、乡镇(街道)、基层自治组织、专业机构等多元主体的多方位考察和监督。对区(县)、乡镇(街道)、基层自治组织的考察和监督,主要看各级党组织在基层治理中是否充分发挥党建引领作用,政府部门是否充分尽到主责、职责,社区、社工是否做好了社区内各方治理主体的协调工作,社会单位、基层自治组织、志愿者和居民是否积极、主动地协同、参与基层治理工作,重点是考察多元治理主体的参与度。对专业机构、学术组织、专家学者的考察,主要集中在对诊断数据的统计及分析的规范性、科学性、准确度、多元组合程度等方面的评估,在专业判断与方案的针对性、可行性,实施过程的专业指导工作的专业化程度、工作是否接地气,指导是否简单、易用、可操作,学术队伍、专家学者对治理工作的前瞻性、理论输出的正确性、学术指导性与经验总结提炼的精准度。

三、突出"三坚持"

"三坚持"就是坚持客观性、坚持导向性、坚持共识的评估工作。

（一）坚持客观性

坚持客观性，需要对参与调研过程、数据采集、基线对比进行认真观察、科学进行过程监测、实地勘察以及以学者的眼光对对比结果进行判断。

专项评估工作组在基层治理诊断与提升实施团队进行调研、诊断过程中进行数据抽查与核实，在过程中进行数据的真实性、准确性、规范性把控，保障数据采集过程的合理、合规、合格。

在实施团队进行社区动员、议事协商、治理整治活动中，进行实地勘察，观察团队工作组织情况、资源整合情况、活动执行效率、行动产出情况、参与互动情况、服务反馈与情绪等，开展民意调研，建立群众满意度的指标和说明，记录工作效率、团队成长、治理效果、群众满意度等情况，积累实施过程的日常运行实录。

在统计、分析的过程中，选取重要指标进行复核，针对关键要素进行分析复盘，验证规划过程与方案的合理性、针对性、科学性，在实施工作进入末期阶段对治理产出的数据统计与分析进行相同的复核与复盘验证，确保比对的样本的真实性、科学化，确保评估工作的客观性。

（二）坚持导向性

坚持导向性，就是要在"对标对表"的前提下，时刻抓紧"对标对表"的工作，时刻不忘记初衷，坚持导向的正确性、方向的明确性、工作的坚定性。专项评估工作组既要在实施团队规划过程中，督导、监督实施团队在对比政策要求、典型先进的标杆、标尺时找基层治理的差距、查基层治理的不足，从大局出发想问题、办事情。坚定地按照中央及上级要求，对照"课程表"强化学习，对照"任务表"超前谋划，对照"时间表"狠抓落实，切实在强化学习、谋划工作、狠抓落实上下功夫，设立合理的追赶先进方案，谋划实实在在的行动。又要在基层治理诊断与提升的过程中，校准自己的思想和行动，自觉地对表新时代发展的时间表，对好高质量发展的坐标系。对照基层治理诊断与提升所规划的目标与计划，快干、实干，实现营造区域群众认同、参与、满意的基层治理环境，切实做好、做实、做到大家满意的基层治理工作。

这一方面需要专项评估工作组定期关注来自上级对基层治理诊断与提升实施团队工作的评价,进行部门评测,与各相关工作的主管部门建立定期问询机制,以座谈会的形式,通报整体基层治理诊断与提升工作情况,听取各相关部门的意见和建议,以报告形式定期向上级单位报送基层治理诊断与提升工作情况,从上级单位和相关部门获得方向性指示与建议,以确保基层治理诊断与提升实施工作正确的导向性。

(三)坚持共识

坚持共识,在实施过程中,区(县)、乡镇(街道)、社区、第三方专业机构以及社会单位等各方治理主体要心往一处想、劲往一处使,达成共识,使制订的规划深入人心,使制订的计划能够有效,每个人心中都清晰基层治理诊断与提升工作的预期目标。

达成共识的过程也是一个议事协商与系统研究过程,在基层治理诊断与提升工作的各关键节点,专项评估工作组审定与系统研究实施团队的规划与方案,提出问题和相关工作建议后,与实施团队的各方治理主体通过联席会的形式进行沟通,对问题进行深入剖析,研发相应对策,最终通过集体决议,达成共识、统一思想。

基层治理诊断与提升的末期评价结论,需要通过基线对比、上级评价、部门测评、民意调研、专家研讨等环节进行综合考评,通过专项评估工作组的综合评价,形成最终的结论。

最终的结论既要看过程,更要看结果。评估用诊断与提升引导各方治理主体去实践基层治理的成效,用各方主体治理的成效、群众满意度去评价治理实施的各级政府部门和评价专业团队,对整体基层治理诊断与提升工作是一个工作成效的总结性结论,同时也在综合分析工作成效时,对不足作为问题提出。至此,又可回到基层治理诊断,再一次寻找新问题,如此往复,不断推动基层治理工作螺旋式上升。

评估既是基层治理的阶段性总结,也是螺旋式上升的逻辑起点。而这项工作的关键,就是要将绩效评估落实到全面客观、明确方向上,将循环迭代落实到反复研讨、凝聚共识上。

第三篇　品牌推动基层治理经验推广

理念类品牌

方法类品牌

机制类品牌

能力建设类品牌

技术应用类品牌

第一章　理念类品牌

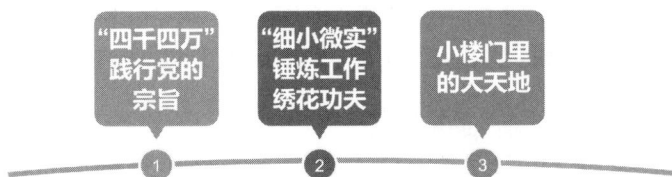

"四千四万"
践行党的
宗旨

"细小微实"
锤炼工作
绣花功夫

小楼门里
的大天地

1　　2　　3

第一节 "四千四万"践行党的宗旨

一、"四千四万"品牌产生的背景

在基层治理实践中,会遇到许多重点难点问题,各级党员干部既要树立信心、保持服务初心,又要转变作风、发扬担当精神。近年来,北京市深入贯彻落实习近平总书记对北京的重要讲话精神,围绕建设什么样的首都、怎样建设首都进行大胆实践,特别是针对城市环境管理问题,通过"吹哨报到"机制进行大规模的整治行动。朝阳区三里屯街道在"脏街"整治中,广大党员干部克服重重困难,成功实现由"脏街"变"靓街",并在北京惠民社会治理研究院的参与下总结形成了"四千四万"工作经验,市委在该街道组织召开了全市基层党建工作会议,并大力推广这一经验。

三里屯街道位于北京市朝阳区中西部,辖区面积2.9平方千米,大型商务楼宇19座,驻区企业4000余家,驻华使馆和国际组织95家,常住人口约5.8万,呈现出国际化程度高、社会影响大,人流密度高、安全风险大,时尚品位高、需求差异大的"三高三大"区域特点。在三里屯街道北三里社区有一条被附近老百姓和外媒习惯称作"脏街"的背街小巷,环境脏、乱、差,利益关系复杂、群众意见多、整治难度大。按照全市疏解整治促提升专项工作要求,三里屯街道党工委以"脏街"治理为突破口,坚持以党建为统领,健全工作体系、完善工作机制、夯实工作保障,着力提升城市治理的精治、共治、法治水平。

针对三里屯街道"三高三大"的区域特征,街道党工委始终坚持突出一条红线,将党建引领贯穿城市基层治理全过程,充分发挥党组织的主导作用,以党的建设贯穿城市基层治理、保障基层治理、引领基层治理。

二、"四个引领"为"四千四万"提供方向

坚持政治引领。针对三里屯街道利益诉求多样、文化价值多元的特点,街道党工委不断增强"四个意识",强化政治功能,确保党的路线方针政策在基层贯彻落实,确保"脏街"治理沿着正确方向有序推进。

坚持组织引领。在推进"脏街"治理中,街道党工委充分发挥统筹协调和社区党组织主心骨作用,把党组织意图转化为群众和各类组织参与的举措,实现各类社会主体"有位有为有利"。

坚持能力引领。"脏街"治理项目既涉及公共利益,也关系居民群众的切身利益,在处置各类问题纠纷过程中,街道党工委坚持党组织牵头,充分发挥做好群众工作、化解各类矛盾的优势,引导各类自治组织和广大居民通过协商民主方式协调各方利益,使协商解决问题的过程成为凝聚人心、共促发展的过程。

坚持机制引领。为确保"脏街"治理常态化、长效化,街道党工委以"街道吹哨、部门报到"机制为抓手,打造共建共治共享的社会治理格局,不断提升人民群众获得感,真正实现"社区是我家,建设靠大家"。

三、"六大机制"为"四千四万"提供保障

在"脏街"整治中,街道党工委重点从六个方面进行具体实践。

建立"一轴四网"全统筹机制。在街道—社区—片区(网格)党组织建设上下联动的领导核心轴,并分别搭建由组织体系、工作体系、服务体系和保障体系构成的党建网络,将辖区各领域党组织有效联结起来,统筹整合各类社会资源力量,形成推动"脏街"治理工作的"统一战线"。

建立基层组织全带动机制。在街道、社区分别成立党建协调委员会及分会,围绕"脏街"治理,定期沟通会商,10余家驻区单位结合各自优势,主动认领服务项目,积极参与治理工作。

建立社会力量全报到机制。组织开展单位党组织和在职党员回社区"双报到、双服务、双评议"工作,根据街道实际和居民需求,属地机关企事业单位积极对接"脏街"治理工作,在协调解决违建拆除、治安稳定、环境美化等工作中给予政策、资金和专业力量支持。

建立共商共治全程议事机制。依托街道党政群共商共治工程,在街道—社区—片区(网格)层面分别建立街道问政大会、居民议事厅、楼院议事会三级议事平台,健全问需、问计、问效三步办事流程。经过6轮正面协商和耐心细致的工作,仅用两天时间就完成了"脏街"附近院落的封堵和原貌恢复工作。

建立社会各界全参与机制。"脏街"治理每一步的顺利推进,都离不开社会各界的广泛参与。街道借助"三里屯企业关爱联盟"平台,引导20余家驻区企业对"脏街"治理涉及的17个项目进行认领,为居民提供服务,形成了街道在地区一呼百应的良好局面。

完善百姓呼声全响应机制。街道推广"走动式"工作法和楼院负责人手机公示制度,依托"党代表联络室",畅通居民诉求表达渠道,对涉及"脏街"治理的商户、房主挨家挨户进行政策宣传,耐心细致解答百姓疑问,实现对群众呼声的全天候响应。

四、"四有"平台是"四千四万"的实践载体

为构建超大城市有效治理体系,三里屯街道党工委通过构建"四有"平台,推动重心下移、力量下沉、服务基层,着力推动党建引领下的精治共治法治一体化建设。

构建"天上有网"平台。运用物联网、大数据和移动互联技术,构建城市运行管理调度、智能交通管理一体化运行平台,通过手机终端系统,实现对"脏街"周边治安、交通、安全生产和城市环境的精细、实时、全方位管理。

构建"地上有格"平台。在社区和楼宇院落层面推行"网格化"管理,将街道细化分解为103个微网格,为每个网格聘请一名监督员,动员群众主动支持参与辖区环境整治工作,实现对"脏街"周边各类违法建设、环境卫生、治安维稳等工作的全程监督。

构建"街巷有长"平台。整合街道副处级领导、科室负责人和社区居干力量,为地区51条街巷配备102名街巷长,建立街巷长每天巡查制度,对所负责街巷的环境整治提升和深化文明创建工作,做到底数清、情况明、台账细。遇到突发事件,通过手机移动终端及时上传平台,由街道统筹协调相关部门进行处理反馈。

构建"吹哨有响"平台。在街道层面建立实体化综合执法中心,推动公安、城管、工商、交通、食药等部门执法力量在基层下沉、属地综合,"脏街"治理以来,共治理"拆墙打洞"229户、背街小巷8条,拆除违法建设8500平方米,实现了"脏街"变"净街"的华丽转身。

五、凝练形成"四千四万"党建品牌

通过"脏街"整治,昔日喧闹嘈杂的百米"脏街",如今变身绿地、花园、步行街,生活在三里屯地区的居民真切地感受到生活更加便利、生活品质日益提升。结合"脏街"整治,在北京惠民社会治理研究院的参与下打造形成了"四千四万"品牌,即千难万难,有了党的领导就不难;千苦万苦,有了责任担当就不苦;千招万招,共商共治就是好招;千好万好,群众说好才是真的好。

(一)千难万难,有了党的领导就不难

这是根本原则,反映党领导一切的根本原则在攻坚克难中的作用。"脏街"治理顺利推进,得益于落实习近平总书记两次视察北京的重要讲话精神,得益于北京市及朝阳区大力开展疏解整治促提升专项行动,街道党工委坚持"一把手"亲自抓,重大问题亲自过问,重点任务亲自督办,发挥党建和社会治理协调委员会的作用,带领激励各级党员干部把拼搏劲头鼓起来、主人翁意识树起来、争做标杆导向立起来,最终使"脏街"顽疾得到彻底解决。

(二)千苦万苦,有了责任担当就不苦

这是根本要求,体现的是党员干部履职尽责、担当有为的精神。"脏街"的历史成因复杂,各种利益交织,治理过程阻碍重重,面对巨大压力,广大党员干部加班加点、日夜奋战、攻坚克难。正如一名街道干部所说:"委屈是有的,可疏解整治是全市的大事,党员必须得顶上。"

(三)千招万招,共商共治就是好招

这是根本方法,反映的是基层治理的基本规律和重要方法。调动辖区居民、单位的积极性,有问题共商共治,是"脏街"治理的绝招之一。社区先后召开 7 次居民议事会,让居民得以充分发表意见,改造方案反复修改了 5次。辖区企业也主动为环境变靓支招儿,有的请来了顶尖景观设计师,参与街巷设计,有的腾退了扰民酒吧,引进三联书店和 24 小时城市书屋。"脏街"改造期间,上百户居民和数十家商户给予了工作的大力支持。

(四)千好万好,群众说好才是真的好

这是根本宗旨,反映的是工作标准和群众观念,金杯银杯不如群众的口碑,一项工作的效果,群众最有发言权。通过"脏街"治理,辖区道路宽了、城

市靓了、市容美了,一些过去因噪声和环境脏乱差搬出去的居民又搬了回来。难怪有的居民说:"'脏街'整治,使我看到了党和政府为群众办实事真心用力。"

第二节 "细小微实"锤炼工作绣花功夫

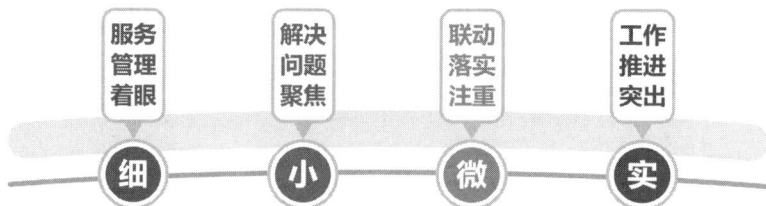

细　服务管理着眼
小　解决问题聚焦
微　联动落实注重
实　工作推进突出

随着城市精细管理水平的提升,各级对党员干部的要求也越来越高,小关街道以时不我待的精神加强城市治理,按照习近平总书记关于用绣花功夫加强城市治理的指示精神,提出并不断深化"细小微实"的工作理念和方法,找到了城市精细化管理的抓手,其做法经验受到北京市委领导的批示。

一、"细小微实"品牌产生的背景

近年来,朝阳区小关街道不断加强城市管理,曾在全市率先开展整街整路治理"开墙打洞",率先对违法建设进行连片拆除,城市治理走在了全市前列,受到各级表扬,于是一些同志流露出已经"不容易了""差不多了"等想法。对此,街道工委、办事处没有因眼前的成果骄傲自满,而是坚持用习近平总书记视察北京时的重要讲话精神衡量工作,经受"四个要求越来越高"的现实考验。

一是落实"四个中心"战略定位对城市精细化管理要求越来越高。按照北京城市发展规划,小关街道位于奥运场馆周边,环境建设要高于其他地区。二是疏解整治促提升对城市精细化管理要求越来越高。横向比较,全市开展的疏解整治促提升十大专项行动效果普遍比较好,城区大拆大建之后,需要向精细化方向发展。三是人民美好生活需要对城市精细化管理要求越来越高。宜居环境是群众最直接、最现实的需要,每次征求居民意见,居民都把城市精细化管理作为重点,希望街道办事处从细微之处入手,满足居民个性化需求。四是作风建设对党员干部抓好精细化管理要求越来越高。近几年,通过一系列主题教育,对党员干部践行党的宗旨提出了更高的标准。

为适应"四个越来越高"的要求,街道工委、办事处积极探索了"细小微实"的理念和方法,像绣花一样加强城市精细化管理,使地区更有序、更安全、更干净、更文明、更有质感,并且培养了一批作风扎实、服务群众细致的党员干部队伍,为地区的长远发展奠定了良好基础。

二、"细小微实"品牌的主要内容

(一)服务管理着眼"细"

发现问题细。建立以街道机关、社区、居民、社会单位为主体的问题发现机制,对影响城市环境秩序的问题,运用网格、手机微信、智慧小关系统等快速上报,街道办事处及时进行汇总分析研究。

统筹谋划细。街道工委、办事处统筹谋划工作尤其注重细节,防止因工作粗放而降低标准,特别是对治理背街小巷、加强社区精细化服务管理,做到谋划有思路、有措施、有目标,对方法步骤、责任人、推进时间和需要关注的细节等提出明确要求。

工作推进细。在城市精细化管理中,街道工委、办事处对每一项工作都有计划、有安排,谁来完成、什么时间完成、什么标准都清清楚楚,在推进中遇到的问题及时协调解决,确保推进过程精细高效。

(二)解决问题聚焦"小"

着眼小处。在城市不再进行大拆大建的情况下,为深入推进城市精细化管理,街道工委、办事处紧盯治理背街小巷和边边角角,对百姓看着不顺眼的地方逐一进行整治。

做好小事。在城市管理中,街道工委、办事处把目光紧紧盯在每一件小事上,为解决文明养犬问题,街道在路边围墙或栅栏上安装粪便回收盒,由居民将自家的废旧报纸裁好放进去,以方便遛犬居民收拾犬便。

关注小节。坚持在城市管理小节中寻找痛点、堵点,并进行创新整治。每到雨季,马路边的雨箅子往往会被落叶阻挡,环卫人员处理时找不到,他们就在对应的马路牙子上绘制 3D 鲤鱼、莲花等小巧精美图案,为清理维护提供精准向导和提醒过往行人,受到各方交口称赞。

（三）联动落实注重"微"

微发动。积极开展微公益、微治理行动,广泛发动社会力量,坚持多元参与城市管理,特别是在治理小广告、楼道堆物堆料、"僵尸"自行车等方面,街道和社区积极发动居民参与。

微协同。在党组织统筹领导下,建立政府主导、社会协同、政社互动的城市管理格局,充分发挥门、楼、院、社的互联互通作用,共同做好社区、楼院的管理工作,形成人人参与、人人共享的良好局面。

微治理。对影响城市管理的问题,进行一点一滴治理,每年解决几个问题,在全市率先整街整路治理"开墙打洞"的基础上,先后对地区绿化、保洁、游商、黑摩的等问题进行了治理,实现了地区管理的精细化。

（四）工作推进突出"实"

作风实。街道工委、办事处按照"三严三实"要求,不图形式热闹,不图上级表扬,只盯问题和百姓需求,只要有影响群众利益的问题,就坚决整治,做到每一项工作都从实际出发,形成了求真务实的工作作风。

工作实。在加强城市管理中,实行严格的责任制,街道工委、办事处班子成员包社区、包街路,科室包小区,党员干部包楼院,居民党员和志愿者包楼门,确保城市管理不失职、不失责、不漏空。

方法实。积极适应现代信息技术要求,加强智慧小关建设,建立电子沙盘,实现地理信息、政务信息(包含建筑信息、单位信息、各部门专题信息)集成;创建智能化管理模式,为城市精细化管理提供良好的保障。同时,按照"细小微实"的要求,建立地区"人口智能数据库",全面掌握辖区人口情况,为科学决策、精准施策提供重要依据。

三、"细小微实"品牌带来的效益

"细小微实"工作理念和方法,带来了基层治理高效益。

（一）"细小微实"找到了城市精细化治理的有效途径

坚持"细小微实"帮助街道和社区改变了粗放式的管理模式,找到了解决地区城市管理难题的突破口和落脚点,找到了城市精细化管理的路径,在治理拆违控违、背街小巷整治、门楼院社治理中,得到了实践检验。为便于大家真正掌握"细小微实"的工作方法和理念,街道工委、办事处还组织研发了《小关街道"细小微实"工作操作手册》,帮助大家在日常工作中学习运用。街道党员干部普遍反映,"细小微实"犹如一把"金钥匙",使自己掌握了正确的工作方法,不论是城市精细化管理,还是开展其他工作,只要按照"细小微实"的方法和理念,就没有干不好的工作,就没有群众不满意的事儿。

(二)"细小微实"探索了多元参与城市治理的新路子

"细小微实"需要与之相适应的思维,街道和社区干部积极探索实践,形成了多元参与的格局。街道将相关科室工作力量下沉到网格,深入开展社会动员,夯实社会力量参与网格工作基础,提高以网格为单元的居民自治能力,努力实现共商共治。完善区级平台与街道平台的互动机制,健全街道、社区自我发现与解决问题的运转机制,采取自下而上请办案件和自上而下派遣案件相结合的办法,实现"上报"与"下派"的双向循环。动员社区力量参与城市管理,建立"门前三包"沙龙精品景观,对辖区133家商户重新签订"门前三包"责任书,推进周巡检制度的落实,改变"你治理、我旁观"的现象,形成了"多元参与"的共商共治效应。

(三)"细小微实"提升了地区群众的安全感和满意度

针对群众反映强烈的问题和有关诉求,大家主动从细节上找原因,从长远利益寻出路。小关北里24号院长期存在物业管理矛盾,城建科的同志积极协调院内多家产权单位,帮助物业公司整合现有资源,启动房屋维修基金进行公共设施、设备大修,对小区6部电梯、二次供水设施、消防设施进行更换、维修,彻底解决了24号院因设施严重老化造成的安全隐患。对居民反映的问题,千方百计解决,新建11处老旧小区自行车棚;修复城建五小区破损路面1295.2平方米,加固更换雨水口、升降井52座;路安工程在全地区加装挡车桩、减速带、反光镜3处;为小区更换大门、安装声控灯等8处,地区群众满意度逐年提升。

(四)"细小微实"培养了党员干部严谨务实工作作风

街道工委、办事处引导党员干部从细微之处入手开展工作,把服务群众的要求落实到细小行动之中,大家普遍反映,通过"细小微实",服务群众的心细了,工作作风实了,与群众的感情近了。在居民楼无障碍设施改造中,机关工作人员深入居民家里了解需求,现场征求意见,多次与居民、设计方召开座谈会,克服无预留空间、地下管线交错、减少居民停车空间、影响一层居民生活等困难,设计方案几易其稿,最终设计出6条个性化无障碍坡道,较好地解决了小区长期以来无法改造无障碍坡道的难题。

小关街道"细小微实"做法受到了各方面认可,人民网、光明网、《北京日报》、北京电视台等中央和市级媒体多次进行集中报道,市委社会工委向全市推广经验,市委领导和区委主要领导进行了批示,要求抓好深化推广和落实。

第三节　小楼门里的大天地

一、楼门文化建设的起源

楼房再高,不能没有楼门;楼门虽小,却是人们上下楼的必经之地。而这些楼门,却是掌握在社区手中实实在在的"自留地"。如何开发和利用好这块"自留地",是检验基层治理的重要窗口。

1 楼门文化是一扇窗　让居民看到更美的世界
2 楼门文化是一扇门　给居民以梦想和希望
3 楼门文化是条纽带　将居民紧紧地联系起来
4 楼门文化是张画纸　让居民尽情描绘色彩生活
5 楼门文化是一片天地　供居民驰骋翱翔

朝阳区在北京中心城区中人口最多、面积最大,小区类型多样,既有商品房、别墅,又有老旧小区、单位大院,特别是老旧小区管理面临许多难题,前些年楼道堆物堆料、小广告等问题比较突出。除了这些硬件管理上的问题,还有许多深层次的原因,包括社区居民缺乏主人翁精神、家园意识培养难,等等。

为从根本上改善社区治理,朝阳区委社会工委把目光聚焦在小小楼门上,以楼门为突破口,从开展楼门文化入手,推动社区居民自治。根据各街道当时统计,城市地区共有小区楼门 10000 多个。区委社会工委进行统筹推进,制订了城市地区楼门文化三年行动计划,分期分批推进楼门文化建设,大力开展"小楼门大天地"楼门文化工作,统一标准,统筹资源,开展"楼门文化巡礼"活动,激发居民参与热情。为发挥示范引领作用,还在潘家园街道进行试点,有效促进了楼门文化工作的开展。

二、楼门文化的实践做法

(一)建立"四有"标准

有人员。引导居民参与楼门建设,在各社区组建楼门文化志愿者队伍,负责楼门文化建设的意见征集、宣传板的制作、宣传内容的收集和张贴布展,特别是提供好人好事、消息信息等素材。全街道现有 12 支志愿者队伍,共计 3650 名志愿者。

有阵地。依托社区居民议事厅,成立楼门文化"头脑风暴室",分析研讨楼门文化的风格、内容设计等,提出发挥楼门文化作用的合理化建议。潘家园街道共有"头脑风暴室"12 处,智囊团成员达到了 360 名。

有典型。通过树立示范点,要求每个街道培育示范楼门,充分发挥典型引领作用,培育楼门文化建设向精细化发展,提升楼门文化的影响力,增强楼门文化育民、聚民、惠民的功能。

有保障。各街道和社区动员鼓励社会单位、社会组织,采取出钱、出人、出力等方式参与楼门文化建设。同时,制定楼门文化工作资金保障制度,为确保楼门文化工作健康有序发展提供基本保障。

(二)做到"五个好"

坚持党建引领好。街道注重社区党建向楼门延伸,倡导楼门党员在本楼口拥有一个服务岗位,奉献一份爱心,办好一件实事。社区发动社区党支部积极开展服务群众实践活动,及时将党的声音、党的政策等内容在楼门(楼院)进行宣传,让百姓感受到党组织的关心帮助,从而凝聚人心,培育家园情怀。潘家园社区"清风文苑"红色文化教育阵地,是在老党员王景义的带领下,由 17 位老党员共同打造的。内容涵盖时事、社会热点、伟人风采等

20 个栏目,居民朋友们对关注的热点常常能达成共识。邻近的其他街道居民也经常参与讨论。

坚持居民自治好。在社区党组织的统领下,各居委会把楼门文化作为居民自治、促进邻里和谐的平台。通过自治,在作品创作上,观念新颖、视角多维、题材丰富;在内容上,集观赏性、趣味性、娱乐性于一体;在展现平台上,有文化墙、宣传橱窗、通知通告栏、微信公众号等,不拘一格。

坚持共建共享好。街道科室、社区、居民、产权单位、物业公司、驻区单位等,密切配合,通力合作,形成楼门文化建设的整体合力,实现人、财、物等资源的整合。各街道定期召开楼门文化建设工作交流会,巡展优秀作品,促进楼门文化建设水平的提高。

坚持突出特色好。在楼门文化建设中,注重尊重居民意愿和发挥居民才艺,充分挖掘楼门文化特色,打造了一栋一品、不机械复制、不千篇一律、形式丰富、风格多样的文化品牌。如六里屯街道在试点社区打造的"和谐楼门""敬老楼门"等,成为强有力的示范点位。

坚持长效运行好。指导建立楼门文化建设长效机制,鼓励先进,表彰典型,充分利用各种时机,对优秀的小区、楼门、志愿者进行表彰,激发参与热情,确保楼门文化建设持续健康发展。

(三)开展巡礼活动

明确巡礼主题。楼门文化巡礼采取"一季度一主题"的形式,即第一季度为"传统文化";第二季度为"绿色生活";第三季度为"安全教育";第四季度为"身边榜样",要求各街道做到"月度有主题、季度有活动、年度有展示",从而有效地展现楼门的文化建设成果。

树立榜样和标杆。确定"三个一批"的工作目标,即培育一批楼门文化工作品牌,带动一批社区带头人成长,解决一批楼院服务管理难题,更好地促进社区治理水平提升,推动基层党组织建设、民主服务和社区环境管理等各项任务圆满完成。

申报特色楼门。每季度展评分别从全区街道的特色楼门申报资料中评选出 100 个特色楼门。每个街道每季度申报 6～8 个楼门,每一季度重复上报率不得高于 50%。通过巡礼活动,推动楼门文化工作创新发展。

三、楼门文化建设取得的成效

（一）楼门文化建设，使社区环境更加优美宜居

"四有五好"标准，既有硬指标，又有软要求，既划定了界线，又有自由发挥的空间。通过 3 年的持续打造，当时城区 10000 多个楼门全部完成了文化阵地建设，通过合理规划安装了宣传栏、文化墙、景观画、信息岛等设施，一道道亮丽的文化风景线，使社区环境更加优美。

（二）找到了楼门治理突破口，居民自治更加有效

楼门文化建设以问题为导向，在社区治理的多个领域找到了突破口。一是在社区服务管理上找到了突破口。楼门文化平台的搭建，吸纳了更多的社区居民主动加入志愿者队伍，凝聚了百姓共同参与社区管理。二是在居民教育引导上找到了突破口。楼门文化的内容包括政策、思想、人文、安全等，特别是社会主义核心价值观的内容，使居民在长期潜移默化中得到了熏陶，实现了对居民的思想引导。三是在公共意识培养上找到了突破口。在大风暴雨、铲冰扫雪、雾霾等应对极端天气行动中，充分利用楼门文化阵地，发动群众积极参与。居民的公共意识进一步巩固，楼道内堆物堆料的少了，卫生干净了。松榆西里社区 1 号楼，居民戏称他们的楼门文化工作室为"一号编辑部"，通过深入推进楼门文化，原本相互陌生的松西 1 号楼居民，被小小橱窗吸引在一起，人人参与社区建设的家园意识越来越深厚。

（三）滋润了居民家庭，为教育子女发挥特殊作用

通过楼门文化建设，特别是展示楼内居民子女文化作品，为搞好家庭教育搭建了平台。在潘家园街道楼门文化工作经验交流会上，一名居民党支部书记的发言引起了共鸣。原来，该小区有一名多才多艺的小女孩，在他人看来有些轻度自闭，从来不敢在他人面前说话。她姥爷和社区楼门文化志愿者把她的水彩画作品定期张贴到宣传栏中，小区邻里见面就称赞表扬她。后来，小女孩不但能主动和邻居见面聊天，而且还能给小区居民表演舞蹈。小女孩的父母目睹自己女儿的变化，拎着水果去感谢楼门文化志愿者。像这样的生动事例还有很多，许多居民都特别看重楼门文化，带动全家参与。

（四）建立了多元参与平台，社区动员更加充满活力

在整体工作中，各街道、社区充分发挥统筹领导作用，社区居民党支部积极参与，通过社区议事厅收集反馈居民建议，"头脑风暴室"策划具体内容，社会单位和社会组织主动参与和配合，各类主体积极参与社区建设，力量大了，家园氛围浓了，社区和谐了。

第二章　方法类品牌

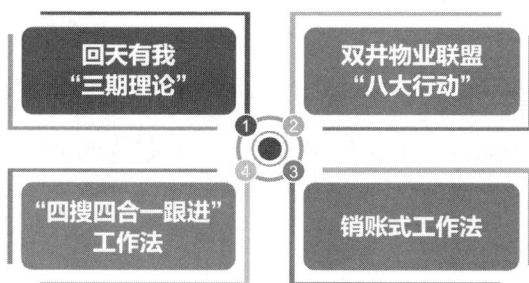

回天有我
"三期理论"

双井物业联盟
"八大行动"

1 2
4 3

"四搜四合一跟进"
工作法

销账式工作法

第一节　回天有我"三期理论"

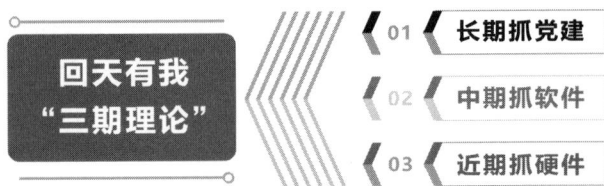

回天有我
"三期理论"

01 长期抓党建

02 中期抓软件

03 近期抓硬件

回天有我"三期理论",即长期抓党建、中期抓软件、近期抓硬件。通过正确处理软件建设与硬件建设的关系,推动基层治理持续稳步提升,从而构建回天地区超大型社区治理的典范。

一、回天有我"三期理论"品牌形成的起源

回天地区是北京市昌平区回龙观地区、天通苑地区的总称。区域面积63平方千米,人口达80多万,共有129个社区。这里曾是北京著名的"堵城",数十万居民起早贪黑、早出晚归,潮汐般的人流车流令交通承载不堪重负。上学难、就医苦、出行烦、治安乱……20多年间,回天地区从当初房地产业的样板工程逐渐沦为"价值洼地"。虽几经修补、整治,终因规划先天不足,喟叹"回天乏术"。居民们纷纷抱怨,更有人频频迁离。

2018年,针对回天地区社会治理难题,北京市结合深化"吹哨报到"改革,专门出台了《优化提升回龙观天通苑地区公共服务和基础设施三年行动计划(2018—2020年)》,市委社会工委市民政局、昌平区委区政府联合制定《关于加强"回天地区"基层社会治理的实施方案》,将回天地区作为北京市基层社会治理的试验田,以落实35项工作任务为抓手,打造超大型社区治理的典范。回天地区基层社会治理工作开展以后,市委领导多次到回天地区调研走访、指导工作,并提出建设共建共治共享的社会治理创新模式——"回天有我",即以解决回天地区基层社会治理问题为主要任务,构建和谐幸福美好新家园为目标,突出人民群众作为主体,党政机关尽职服务,社会力量积极参与,推动实现人人有责、人人尽责、人人享有的社会治理格局。

为摸清回天地区基层社会治理工作情况,总结梳理超大型社会治理的经验做法,发现问题,提出改进意见,调研组深入回天地区一镇六街,通过现场走访、座谈访谈、调研问卷、实地考察、大数据分析等多种形式,进行调查研究。其中,组织街镇和社区召开座谈会 14 场次,先后与街镇领导、分管部门、社区"两委一站"、居民、物业服务企业、社会单位等 300 多人进行了座谈访谈。通过网络在一镇六街开展居民问卷调查,共回收问卷 2142 份,对民生服务改善、城市管理、物业管理、垃圾分类及居民参与社区治理等情况进行了调查分析。同时,调研组还实地考察部分小区、民生服务设施和相关场所,调阅部分文字档案资料,追踪"接诉即办"相关数据,从多方面、多角度了解印证回天地区社会治理工作情况。

通过系统调研,对回天地区三年来的社会治理工作进行了深入分析研究,形成了长期抓党建、中期抓软件、近期抓硬件构建超大型社区治理典范研究成果。

二、回天有我"三期理论"品牌的实践做法

为全面推进《优化提升回龙观天通苑地区公共服务和基础设施三年行动计划(2018—2020 年)》,积极探索回天有我社会治理的方法路径,北京市委社会工委市民政局联合昌平区制订了《关于加强"回天地区"基层社会治理的实施方案》《关于加强"回天地区"基层社会治理任务清单》,三年来,昌平区按照全市部署,统筹推进回天有我行动计划,在一镇六街积极开展试点工作,通过长期抓党建、中期抓软件、近期抓硬件的模式,形成以党建引领促全面统筹、以"五方共建"促难题破解、以回天文化促居民融合、以民生服务促公众参与、以组织培育促社会动员超大型社区治理的有效做法,使党建引领、多方参与、居民共治在回天地区成为生动的实践。

(一)以党建引领促全面统筹,为回天地区基层社会治理提供坚强的组织保证

全面提升党组织领导能力。回天地区城市建设、环境整治、社会治理等各项任务十分繁重,市、区建立专班全力推动各项任务落实。市委社会工委市民政局与回天地区各街镇建立结对帮扶机制,采取一个处室对接一个街镇的办法,全面推进 35 项工作任务的落实。同时,昌平区委坚持把提升基层党组织领导能力作为基础工程,按照《北京市街道工作条例》要求,大力加强

街镇党工委班子建设,不断提升各级,特别是街镇领导干部统筹区域发展能力、整合辖区社会资源能力、破解社会治理难题能力,将"赋权""下沉""增效"的要求落实到回天地区社会治理实践之中,圆满完成街镇机构、街道综合执法、协管员管理体制等各项改革任务,为回天地区社会治理提供了有力保障。

建立三级党建工作协调委员会。完成区—街镇—社区三级党建工作协调委员会组建工作,实现全区 22 个镇街和回天地区 129 个社区的全覆盖。协调委员会在同级党组织领导下,统筹调动各方资源,开展区域党建工作议事协商。对设置不规范的社区党组织开展了规范设置调整,一镇六街所有社区居民委员会全部健全完善了下属委员会,为发挥统筹协调作用、夯实居民自治基础提供了保证。在城市建设、环境整治、疫情防控、物业管理、垃圾分类等重点难点工作中,回天地区党建工作协调委员会积极发挥作用,7 个镇街党建工作协调委员会仅疫情防控就发动 114 家成员单位参与,形成了社会治理工作合力。

加强社区党组织书记和社工队伍建设。针对回天地区社会治理实际,指导一镇六街开展社区党组织书记各类培训,全面提升领导社区治理能力。在龙泽园街道龙泽苑东区社区、天通苑南街道天通东苑第一社区、史各庄街道领秀慧谷社区试点建立社区书记工作室。在完成社区公示栏、成果展示栏、标识等硬件建设的同时,组织开展社区沙龙、社区书记工作室会客厅、物业管理条例解读、社区工作法分享等活动,使回天地区社区书记整体素质得到了进一步提升。建立社区服务站,完善了社区"两委一站"结构,招录、补充一批社区工作者,健全了培养、使用、激励等一整套制度,打开了社区工作者考录公务员、事业编制等通道,激活了社区工作者队伍建设"一池春水"。

(二)以"五方共建"促难题破解,为回天地区基层社会治理提供有效的力量保障

在回天地区基层社会治理工作中,担负试点任务的一镇六街持续深化"五方共建"机制,凝聚社会多元力量,有效推动了社区治理难题的破解。

组织开展全民疫情防控。回天地区人口密度大、流动人员多,增加了疫情防控工作难度。一镇六街依托回天有我行动计划,运用"五方共建"机制,动员全民共同参与疫情防控。霍营街道霍家营社区党委带领居委会、物业、

全体居民、社会组织等实行五方联动,筑起了社区疫情防控的坚强防线,未发生一例确诊或疑似病例。龙泽园街道龙泽苑社区"双报到"党员带动居民骨干、学生、中介员工、出租户等人员,协助社区开展"敲门"行动和守门活动,组建了由 79 人组成的楼道消毒员、12 人的孤寡帮扶员和 N 个居家隔离管控员,成为社区疫情防控的得力助手。回天地区共发动 480 余家专业社会组织主动对接社区需求,开展防疫宣传、心理咨询、网上授课等服务事项 107 项。区社会组织发展服务中心开发的社区防疫智能工具包供天北三个社区使用,每天使用达 6 万人次。依托回天社会公益基金会组织辖区企事业单位开展募捐,30 余家专业社会组织对接捐款现金 21 万多元、口罩 5.7 万只、消毒液 600 余斤、公益保险 2300 余份以及部分体温箱、护目镜等抗疫物资。共招募 450 余名志愿者,为 56 个社区提供服务。

强化党建引领物业管理。以《北京市物业管理条例》《关于加强北京市物业管理工作提升物业服务水平三年行动计划(2020—2022 年)》为标准,将小区物业管理纳入社区治理体系,推进回天地区物业管理"五方共建"。建立健全社区党组织领导下居民委员会、村民委员会、业主委员会(物业管理委员会)、业主、物业服务人等共同参与的治理架构,物业服务覆盖率达到100%。各街镇积极探索党建引领物业参与社区治理模式,龙泽园街道云趣园社区物业创新开展"十户连心"服务活动,在每 10 户中建立一个微信群,居民对物业有服务需求,物业人员第一时间上门服务,推动物业服务管理精准化。霍营街道龙华苑北里社区与物业实行"五方共建",对小区居民反映的停车难和自备井供水难的问题,物业主动投资对一条待打通的路进行了整治,解决了 150 个车位,同时多方协调将小区自备井改为市政自来水,使困扰小区居民的两大难题得到了彻底解决。

多方参与垃圾分类。回天地区各街镇通过"五方共建"机制推进垃圾分类,使"人人参与、人人尽责、人人享有"成为自觉行动。各街镇指导社区协商桶站设置、垃圾收集时间和地点等,组建垃圾分类指导员队伍,引导督促居民正确分类。各社区动员社区党员、在职党员、志愿者、楼门长、小巷管家等力量积极参与垃圾分类,联合物业通过线上、线下相结合的方式,深入开展垃圾分类知识宣传培训工作,一些商家积极分担街道、社区垃圾分类宣传品印制、积分换购兑换品的成本等,居民垃圾分类工作知晓率达到 90% 以上,参与率和准确投放率逐步提高。霍家营社区制定垃圾分类实施细则,采取奖励措施引导居民参与垃圾分类。回龙观新村社区制定业主公约和租户垃圾分类管理办法,并将小区内出租房屋的 32 家中介公司负责人拉进一个群中,由 8 名社区外来人口管理员负责监督反馈,确保了垃圾分类多方参与无死角。回天地区积极发挥专业社会组织作用,昌平区社会组织发展服务中心联合 7 个街镇成立"回天环保联盟",联合 20 余家垃圾分类上下游企业,举办 10 余场线上线下活动,助力回天地区垃圾分类工作质量提升。

加强楼门治理示范点建设。一镇六街按照市委社会工委市民政局的部署,坚持"统起来、美起来、联起来、亮起来、动起来"的标准,积极推进楼门院治理示范点建设。龙泽园街道选取龙泽苑、龙泽苑东区、天龙苑、通达园 4 个社区作为示范点,引导居民在垃圾分类,在桶站值守、垃圾减量等方面发挥积极作用。天通苑北街道支持第二社区开展楼门治理,涌现出了一号楼"立体四合院"的楼门口治理工作品牌。

(三)以回天文化促居民融合,为回天地区基层社会治理提供深厚的人文基础

回天地区各级党组织按照培育人、塑造人、鼓舞人、团结人的原则,大力开展文体活动,通过丰富多彩的特色活动促进超大型社区居民融合。

培育回天文化。回天地区积极促进社会组织与社区联动,打造了回天有我、回天好人项目,建设了一批文化中心、新时代文明实践中心凝聚邻里深情,选树了一批回天好人、文明商户促进文明习惯养成,一场周末绿跑、一曲回天有我、一台回天春晚让"回天精神"释放更大力量,区域生态与人文环境相辅相成的社区文化竞相释放。

壮大文化队伍。各街镇指导社区建立文化队伍,霍营街道龙锦苑东一区以民间舞为特色,试点利用老干部大学霍营分校分课堂,将"教、学、乐、为"融为一体。回龙观新村社区从文化队伍建设入手,建立"一长四员"志愿服务机制,即通过楼门长、文化宣传员、综合治理员、矛盾调解员、生活服务员的志愿服务,把文化引领细化到楼门,引导居民携手打造温馨家园,坚持在楼门治理中培育文化队伍。

开展特色活动。"回超联赛""回天跨年狂欢"等一批特色品牌项目,在回天地区形成了广泛的带动效应和影响力。"回天周末绿跑""聚力天通苑"

等品牌活动吸引数十万人次参与。涌现出"回天两张网"、"唱好一点"、雅颂经典、仁爱社区等一批优秀的文化类社会组织,评选出"爱铸美好人声"等3个示范项目、"彩虹桥儿童关爱"等7个优秀项目,涵盖特殊人群帮扶、社区环境治理、社区融合、多元共建等多种类型。

(四)以民生服务促公众参与,为回天地区基层社会治理提供有力的硬件保证

回天地区一镇六街按照"七有"要求和"五性"需求,建立和完善群众诉求响应机制,积极推动"接诉即办""未诉先办",通过满足需求赢得居民认可。

推进养老服务。按照回天地区功能织补要求,积极推进地区养老服务场地建设,完成了史各庄街道养老照料中心建设任务,东小口镇养老照料中心正在补办手续,龙泽园街道养老照料中心也正在另行选址。完成12家养老驿站建设,社区养老工作有序推进。

完善社区便民服务。推进"一刻钟社区服务圈""社区之家""心理服务中心(站)"等建设,完成回天地区6个"一刻钟社区服务圈"检查验收工作,实现社区覆盖率100%。建成"社区之家"11个、社会心理服务中心3个,回天地区心理服务中心(站)已经达到6家。

改善社区服务用房。3年来,通过落实回天地区基层社会治理35项任务,采取建租并举的形式解决社区办公用房问题,积极推进回天地区10个社区办公服务用房项目,仅2020年就拨付社区用房租金1078.8万元,25个社区用房全部完成,为社区提供了用房保障。

规范调整社区规模。按照《昌平区规模设置调整实施方案》,完成天北、回龙观街道等5000户以上8个社区规模调整,增加9个社区,选举工作实现了与2021年的换届同步进行,目前这些社区运行良好,各项服务管理工作有序展开。

探索社区服务站改革。在龙泽园街道龙泽苑社区和回龙观街道融泽家园社区推进社区服务站进行改革试点,拨付资金40万元,完成服务站服务空间升级改造工作,探索综合窗口"一站式"服务。同时,加强社区信息化建设,在天北街道进行试点,通过社区信息管理系统搭建快速服务平台,提升回天地区社会治理工作水平。

（五）以组织培育促社会动员，为"回天地区"基层社会治理提供丰富的资源保证

2019 年，市委社会工委市民政局与昌平区共同发布了《关于回天地区社会组织创新发展示范区建设的试点方案》，积极引导社会组织、社会工作、志愿者、社会企业等参与回天地区社会治理。

开展社会治理"五社联动"创新项目。回天地区开展 13 个社会工作项目，为回天地区 35 个社区治理提供专业服务。社区社会工作专业人才示范项目在回龙观街道、龙泽园街道开展，为回天地区社区治理注入创新活力，"五社联动"服务项目通过了评审。

建立政府购买社会组织服务"三目录一机制"。依托回天有我政府购买社会组织服务统一管理平台，统一发布供需信息，为镇街、社区与社会组织牵线搭桥，70 余个服务事项落地。3 年来，回天地区投入资金 1706 万元，购买社会组织服务项目 151 个，围绕垃圾分类、物业管理、环境整治、文化活动、居民自治等多个方面，服务近 20 万人，有效地补充了公共服务短板。

大力发展社会组织。"回天行动计划"制定了"1＋3＋N"的示范区创建政策文件体系，建立区级社会组织孵化基地，组建"回天社会治理专家智库"，有效促进了社会组织的发展。示范区创建以来，回天地区社会组织总量从 476 家（含社区社会组织 289 家）增至目前的 1842 家（含社区社会组织 1633 家），占昌平区社会组织总量的 40%。共开展安全、文化、助老、扶幼等"回天有我"社会服务活动 4021 场次，服务覆盖约 13 万人次。仅 2020 年，就培育社会组织等机构 112 家，入驻孵化基地的社会组织 36 家。

推动社会资源链接。购买社会组织服务项目不但破解了社区治理难题，还链接了大量的社区资源。3 年来，通过开展回天地区基层社会治理，搭建了民间力量参与社区治理的平台，催生了政府主导、社会协同、公众参与的新机制，社会组织服务基层参与率达到 70% 以上。地区已注册实名志愿者 8.65 万人，组建志愿服务团队 2035 支，开展志愿服务系列活动 3800 余场。在新冠肺炎疫情防控期间，共有 480 家社会组织和大批志愿者积极参与社区防控工作，有效减轻了社区工作者的负担。

完善社会动员机制。形成以区、镇街、社区分别组织实施的三级联动动员模式，全面梳理各社区、驻区单位、非公企业、社会组织、志愿团体等各类

网站、微信公众号、App、QQ 群等网络资源,搭建覆盖广泛、反应迅速、动员高效的社会动员综合网络。采取自上而下行政动员、志愿参与主动动员、媒体网络线上动员、互动协调统筹动员等方式进行广泛的社会动员。全面掌握回天地区志愿服务资源,完成 213 个志愿者团体账号的确认、修改、完善工作,发布卫生整治、环境提升、疫情防控、垃圾分类等各类志愿服务项目,新增骨干志愿者 1607 名、志愿服务团体 122 个。

三、回天有我"三期理论"指导下的工作成效

通过长期抓党建、中期抓软件、近期抓硬件,较好地实现了回天地区超大型社区治理的"四个显著增强"。

(一)回天有我"三期理论"使基层党组织凝聚力影响力得到显著增强

通过长期抓党建,回天地区各级党组织的凝聚力、战斗力、影响力显著提升,许多社区党组织书记说:"以前我们做工作没底气,有时害怕面对居民,甚至躲着走,自从实施回天有我行动计划和加强基层社会治理工作以来,不仅群众的难题能解决,还把群众动员起来了,现在干起工作来腰杆硬了、底气足了。"党组织统筹资源能力、推进区域发展能力、化解矛盾问题能力得到了有效增强,党建工作协调委员会成员单位参与热情显著提升,各方面力量逐步成为回天地区社会治理的主体力量,在环境整治、疫情防控、物业管理、垃圾分类等方面发挥了重要作用。特别是疫情防控以来,一镇六街114 家党建工作协调委员会成员单位积极参与防控,2 万多名居民党员、"双报到"党员与社区工作者、物业员工等参与门卫执勤、核酸检测、环境消杀、居家隔离人员服务保障等工作,有效构筑了回天地区疫情防线。

(二)回天有我"三期理论"使居民对推进地区治理信心得到显著增强

通过长期抓党建、中期抓软件、短期抓硬件,回天地区硬件"织补"取得阶段性成果,城市环境品质、民生服务设施大幅提升,累计建成重点项目 62 个,公共服务和基础设施短板得到有效补充,普惠性幼儿园覆盖率、院前医疗急救呼叫满足率、建成区公园绿地 500 米服务半径覆盖率等指标超过全市平均水平。堵点变通、环境变美、心气变顺,曾经的"睡城"焕发出新生机,这些日新月异的变化,使居民对回天地区社会治理充满了信心。调查显示,近九成居民感觉区域提升效果显著,就近上学、就近就医、就近就业意愿增强,

人员出现了回流趋势。

(三)回天有我"三期理论"使地区群众获得感幸福感得到显著增强

"三期理论"以服务为目的,以长远建设为导向,回天地区群众反映的高频问题、遗留难题等得到逐步解决,群众的获得感、幸福感、安全感和满意度显著提升。从"12345"市民热线、回龙观和天通苑社区网、回天居民专项调查情况看,群众的诉求量逐年下降,满意度逐年提升。2020年底,回天地区居民综合满意度为7.78分(满分10分),比2018年四季度首次调查提升1.44分。居民对公共服务提升、交通治理、市政基础设施完善和社区治理等四个方面满意度均有提升,其中公共服务比2018年四季度首次调查时的48.5%提高了43.8个百分点。92.3%的被访居民表示,感受到了回天地区生活环境的优化提升。

(四)回天有我"三期理论"使地区社会治理工作活力得到显著增强

中期抓软件,使回天地区基层治理基础得到夯实,社区治理土壤不断活化,楼门院治理范围不断扩大,涌现出天通苑北街道二社区"立体四合院"、回龙观街道新村社区"楼门治理网格"、龙泽园街道云趣园社区"十户连心"等一批楼门治理工作品牌。社会动员形成了区、街镇、社区三级联动模式,新增志愿服务团体122个、骨干志愿者1607名,居民参与社会治理的意愿从40.6%提升到87.3%。各社区、驻区单位、非公企业、社区组织、志愿团体等有序参与社区治理。各类网站、微信公众号、App、QQ群等网络资源为回天地区社会动员搭建平台,形成了覆盖广泛、反应迅速、动员高效的社会动员综合网络。昌平区社会组织发展服务中心发起的"绿色觉醒——回天环保联盟招募令"活动,吸引16家社会组织、环保单位参与分类宣传、垃圾减量、分类投放工作,涌现出"霍营管家""京北小卫士"等环境治理工作品牌,回龙观街道金域华府社区成为首批北京市生活垃圾分类示范小区。

四、回天有我"三期理论"的基本经验

通过回天地区基层治理实践,影响区域发展的难题逐步破解,探索出的长期抓党建、中期抓软件、近期抓硬件"三期理论"丰富了超大型社区治理经验。

(一)长期抓党建,筑牢超大型社区治理体系基础

2020年7月,习近平总书记在吉林考察时指出:"一个国家治理体系和

治理能力的现代化水平很大程度上体现在基层。"要不断夯实基层社会治理这个根基。提高社区治理效能,关键是加强党的领导。党的二十大报告指出,增强基层党组织的政治功能和组织功能,树立大抓基层的鲜明导向。回天地区超大型社区治理实践证明,抓好基层治理,推进地区高质量发展、可持续发展,党的领导、高位统筹是根本,是推动硬件软件建设的关键和灵魂。俗话说:"给钱给物,不如建个好支部。"社区治理好不好,关键看党组织。从回天地区一镇六街社区治理情况看,凡是党组织战斗堡垒强和党员先锋模范作用好、党建引领机制落实到位的,都取得了明显进步。霍营街道的"霍营管家"、天通苑北街道的"立体四合院"、史各庄街道的"领秀慧谷模式"、回龙观街道新村社区的"网格化"管理模式等,都是党组织发挥了巨大作用。从社会治理长期发展看,强化党建引领,推进党组织全过程、全领域统筹,是打造回天地区超大型社区治理典范的根本保证。

(二)中期抓软件,筑牢超大型社区治理能力基础

社会治理是一系统工程,按照需求理论,人们在解决基本生存问题之后,紧接着就需要增强归属感。回天地区超大型社区治理,在硬件建设基础上,中期更加注意软件建设,特别是在队伍建设、能力建设、组织建设、社会动员建设等方面不断加强和巩固,着力提升回天地区居民组织化程度,引导各类主体有序参与社会治理,3年来回天地区社区治理能力大幅提升,社区社会组织快速发展,志愿者队伍也得到了壮大,在疫情防控、物业管理、垃圾分类、环境秩序、文化文明等方面发挥了重要作用,人人有责、人人尽责、人人享有的社会治理共同体正在形成,这是回天地区社会治理的宝贵经验。

(三)近期抓硬件,筑牢超大型社区治理民生基础

满足人民美好生活需要,首先要解决好群众生产生活遇到的难题。由于规划先天不足、基础设施和公共服务缺失等问题,加剧了回天地区超大型社区治理的难度,不少人曾感慨"回天乏术"。面对这一难题,北京市委主要领导提出回天有我的超大型社区治理工作思路,制订并实施了超大型社区治理三年行动计划,按照"七有""五性"要求,坚持问题导向、需求导向,围绕城市有机更新和功能织补,集成政策、集中力量、集合资金,上下联动啃"硬骨头",项目总数达到117项,使回天地区交通、环境、绿化、教育、医疗、养老等多项指标提升迅速,功能织补和街区更新取得显著成效,"回+"双创社区

荣获 2019 年全国职住平衡示范称号。实践证明,只有通过前期硬件建设,使回天地区居民看到立竿见影的效果,才能增强广大群众参与超大型社区治理的信心。

第二节　双井物业联盟"八大行动"

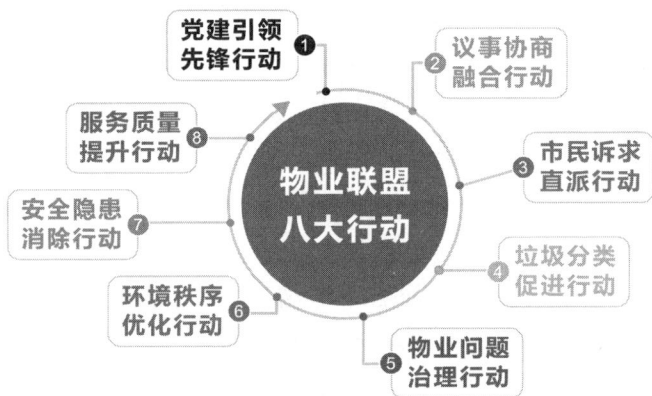

物业管理是"两个关键小事"(物业管理和垃圾分类)之一,面对小区物业管理存在的问题,双井街道以《北京市物业管理条例》为依据,以党建引领物业参与社区治理为路径,积极探索"三基础四引领八大行动",激活了老旧小区物业管理"一盘棋"。

一、"八大行动"的起源

双井街道位于朝阳区中西部,面积 5.08 平方千米,人口 10.6 万,经过多年建设发展,从老工业基地逐步成为 CBD 商务生活服务区,具有新老结合、商住结合、高低结合、贫富结合、生熟结合的复杂特征,社会结构多元,治理难度较大。2019 年 6 月,街道成立了物业服务联盟,通过夯实"三个根基",强化"四个引领",开展"八大行动",引导物业企业和业委会参与社区治理,积极构建优美人居环境,精准解决物业管理突出问题,有效提升了基层社会治理水平。

二、"三措并举"夯实根基

(一)成立联盟,夯实组织根基

组织辖区有资质、成规模的 35 家物业公司成立物业服务联盟,选举产生联盟委员会主任、副主任、秘书长。物业联盟以健全党的组织体系为基础,以构建物业联盟联动运行机制为重点,以解决突出问题为突破口,以"组织覆盖、社区管理、街道支撑、行业指导、自我服务、分级协调"为基本方法,不断提高小区自我服务自我管理能力。

在街道层面,建立物业服务联盟党总支,在街道工委领导下开展工作;在社区层面,建立物业服务联盟党建工作站,在社区党委领导下开展工作,具体负责协调物业管理问题;在小区层面,建立物业服务联盟议事会,由社区党委组织居委会、物业企业、业委会及相关利害关系人共同对涉物业事项进行协商。

(二)建章立制,夯实制度根基

根据《双井地区物业服务联盟章程》,制定会议制度、沟通联系制度、咨询服务制度、民主决策制度、民主生活会制度、学习培训制度、项目管理制度、档案管理制度 8 项制度,进一步规范了物业联盟内部管理和办事程序,提高了工作效率。

(三)细化措施,夯实责任根基

为全面提升物业服务管理品质,推进各类主体落实企业责任、管理责任和社会监督责任,实现物业管理职责明确化和规范化,街道指导物业联盟党总支制定"四治理一长效""五加强两保护""两建设一应用""两规范四强化"等 21 条措施。打造法治物业,依法治理群众关注的物业管理类突出问题,实现物业管理的规范化、法治化;打造智慧物业,借助互联网、物联网、大数据、云计算等现代信息技术手段,推动物业服务管理动态监管,实现物业管理的智能化、高效化;打造品牌物业,引导物业企业建立信息公开、标准明确、管理精细、简约高效的物业服务机制,实现物业服务标准化、品质化。

（四）"四个引领"凝心聚力

政治引领,不断优化社区治理主体结构。党组织"领"。一是加强党对物业行业的组织领导,打造集"党组织＋物业＋业委会＋网格长"于一体的红色平台。着力深化党组织领导下的居委会、业主委员会和物业服务企业"三方联动"机制,社区党委书记兼任物业公司党支部第一书记,物业经理兼任社区兼职委员,社区"两委"成员兼任物业片区长,实现"双向进入、交叉任职",形成组织共建、资源共享、实事共做的党建格局。二是党员"带"。坚持一个党员树一面旗帜,大力推进党员"亮牌"服务,设立党员服务示范岗、先锋岗和党员责任区,开展系列党员志愿活动。通过思想上"引"、工作上"推"、方法上"教"、经验上"传"、形象上"带",发挥物业党组织的战斗堡垒和党员先锋模范作用。

机制引领,护航物业服务联盟常态有效。一是完善议事协商机制。建立居委会、业委会、物业企业、辖区治理力量和居民（业主）共同参加的多方联席会议制度,依托红色物业议事厅,定期召开会议,汇集居民群众诉求,共同协商解决问题。二是健全联动处置机制。建立联动巡查、联动分析、联动处置工作机制，完善工作例会、议事协商、矛盾调处、互评互鉴、联动应急等制度，尤其是对小区环境改造、公共设施改善等重大事项以及复杂问题由各方指定专人成立项目小组合力推进。针对物业企业撤出等涉物业突发事件，建立突发事件信息通报、监测预警协作配合、应急资源互联互通、应急力量联演联训、突发事件协同应对等联动应急机制，形成边界清晰、信息互通、能力互补的工作模式。三是强化多方监督机制。制定物业企业融入社区治理考评办法和责任清单，每季度组织党员和居民代表，对物业企业兑现承诺、履职尽责情况进行测评，评议结果作为社区居委会、业委会考核评价和物业服务企业信用信息管理的重要依据。对长期排名靠后的物业企业，由街道建议小区业主大会启动项目退出程序，对连续两年排名靠后的物业企业取消竞投标资格。同时，探索建立业委会监督小组，制定《业委会财务管理办法》《业委会工程监督管理办法》，推动业委会规范化运行。

服务引领，补齐老旧小区物业服务短板。一是对内服务居民。实行"网格员＋物管员"双员配置进网格，推动物业服务融入网格管理，引导物业服务人员当好法治宣传员、民情调查员、矛盾调解员。搭建线上双向融合平台，在社区建立以社区网格员、物管员为群主，居民为主体的微信群，及时为居民提供社区动态、物业服务、惠民政策等各类信息。二是对外服务企业。定期走访物业企业，帮助物业企业解决问题。探索建立物业联盟云管家平台，对物业企业合同备案、服务事项与收费标准、服务行为记录、设备设施维护等实现线上管理，减轻物业企业负担。通过开展"三比三评"活动，即"比技能、比作风、比口碑""居民评议、专家点评、部门测评"，评选"最美物业人""优秀物业企业""十佳项目经理"等先进典型，增强物业从业人员的归属感和成就感，塑造物业行业新形象。

能力引领，全面提升物业企业服务水平。一是凝聚多方力量。构建"一盟两会"工作格局，充分发挥物业联盟作用，探索建立业委会联谊会、物业服务管理纠纷调解委员会，及时协调解决问题，确保社区党组织引领社区各类组织有资源、有能力为群众服务。二是强化专业指导。把物业企业管理人员培训纳入物业联盟职责，把业委会成员培训纳入街道综合管理职责。引入专业化社会组织平台，为物业联盟、业委会协同运转提供党建培育、专业指导、矛盾调解和应急服务。三是加强兜底保障。加强对非专业化物管小区的保障支撑。针对自管住宅小区,通过党建联建、认领共建项目等方式,引导辖区专业化物业企业加强指导;针对无物业管理小区,合理划分,根据不同区域特点引入合适的物业服务管理方式;针对弃管小区,建立应急管理机制,通过组建自助物业服务站或引入公益物业的方案过渡解决。

三、"八大行动"提质增效

一是党建引领先锋行动。将物业服务管理纳入区域化党建体系,依托物业企业建立 35 个党建工作站以及 51 个党员服务示范岗、先锋岗和党员责任区,组织开展党员服务活动 16 场次。

二是议事协商融合行动。按照"五有五化"思路,建立红色物业联盟议事会和党委、居委会、业主委员会、物业、居民五方议事厅,参与小区业委会换届、物业公司选聘、堆物堆料等各类物业矛盾纠纷的解决。

三是市民诉求直派行动。凡涉及物业企业的"12345"市民服务热线派单任务,由街道市民诉求处置中心直接向物业企业派单。

四是垃圾分类促进行动。发挥典型示范作用,组织开展垃圾分类经验交流,积极开展宣传,推进垃圾分类在各物业管理区域全面落实。

五是物业问题治理行动。组织物业联盟成员单位开展物业问题专项治理行动,解决诉求处置不到位、侵占公共区域、限制宽带接入等突出问题。

六是环境秩序优化行动。结合全景楼院创建,组织物业企业对私占公共空间、破坏门禁、绿地斑秃等进行整治。

七是安全隐患消除行动。组织物业联盟成员单位开展消防、治安、生产等安全巡查及排查,消除各类安全隐患。

八是服务质量提升行动。建立和规范各类物资台账 4 大类 6 小项内容,推动在小区居民停车、大型设备使用、人才培养等方面共享。

四、"八大行动"的多样收获

(一)"八大行动"找到了党建引领抓手

党建引领物业管理是全市的一项重大部署,加强基层党组织对物业的管理已成为极其重要的工作。街道通过成立物业服务管理联盟,以"八大行动"为载体,以党建引领推动行业规范发展,加强基层党组织在物业服务管理领域的政治引领、机制引领、服务引领和能力引领,并将其贯穿于物业服务企业和业主委员会参与基层治理全过程,搭建起共治共享平台,强化了党组织的领导核心地位,夯实了党建引领根基。

（二）"八大行动"盘活了物业服务资源

街道物业资源过去由于条块分割,各管一片,物业企业间没有联系,无法有效利用资源。物业企业联盟打通了辖区物业管理的壁垒,各物业间在小区居民停车、大型设备使用、人才培养等方面实现资源共享,有力提升了小区物业管理水平。

（三）"八大行动"拓宽了物业管理外延

过去小区物业管理往往只盯在一般的维护维修、垃圾清运等方面,物业企业服务联盟开展的"八大行动"进一步拓展了服务管理范围,由小区向辖区扩大,由日常基本需求向区域精治延伸,使物业管理成为城市治理的重要力量,激发了物业企业的主体责任落实,街道和社区找到了一条加强地区社会治理的有效途径,为建设"井井有条"的和谐宜居环境创造了有利条件。

（四）"八大行动"提升了居民参与热情

改变了以往长期存在的业主单方面强调物业履行责任较多的现象,居民在自觉维护小区设备设施、不在小区和楼道堆物堆料、依法缴纳物业费等履行业主义务方面的意识逐步增强,认识到物业管理既是物业企业服务管理小区的过程,也是居民参与物业管理监督的过程,更是居民履行业主义务的过程。同时,在共同治理小区环境过程中增强了物业企业与居民的感情,帮助居民更多地了解物业企业工作,为加强物业管理创造了有利条件。

第三节　"四搜四合一跟进"工作法

朝阳区八里庄街道华贸中心社区党委书记刘东风结合辖区商圈特点,探索的"四搜四合一跟进"工作法,从需求收集到共建共享,再到跟踪问效,形成了工作闭环,为推进社区治理发挥了重要作用。

一、"四搜四合一跟进"的形成背景

朝阳区八里庄街道华贸中心社区成立于 2007 年 9 月,位于东长安街延长线,北京 CBD 区域,东临东四环路中路、西至西大望路,南到建国路、北接朝阳路,占地面积 0.5 平方千米,辖区内有综合性写字楼、商务楼 7 栋,高档公寓住宅楼 9 栋,普通居民住宅楼 10 栋,平房院 4 处。社区常住 1617 户,常住居民 3000 余人。社区的特点是:国际化、现代化、时尚化,高端商务聚集。华贸商圈企业 305 家,其中独立建立党支部的企业 8 家,联合党支部 1 家。

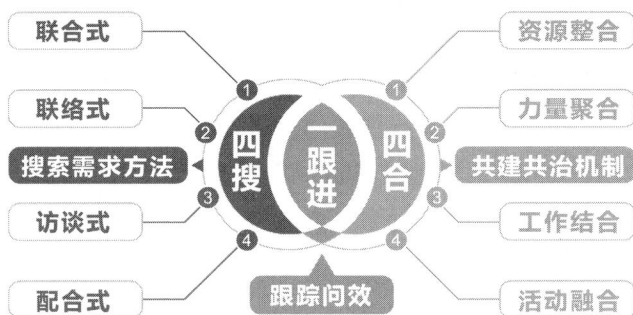

刘东风于 2009 年担任八里庄街道华贸中心社区党委书记,正是朝阳区社会建设逐年创新的黄金时段,特别是八里庄街道针对老旧小区和楼宇企业并存的实际,他从抓好基层党建入手,将社区党建、商务楼宇党建、社会组织党建等融为一体,加快了区域化党建工作步伐,成为全区商务楼宇党建工作的首批试点单位。华贸中心社区正是在这一大背景下起步,刘东风针对社区服务管理实际,带领社区党委班子和全体社区工作者大胆创新实践,探索形成了"四搜四合一跟进"工作机制,在加强社区治理体系和治理能力现代化方面发挥了积极作用。

二、"四搜四合一跟进"的体系框架

(一)"四搜"方法

针对辖区特点,坚持主动问需,推出联合式、联络式、访谈式、配合式四种搜索方法,为辖区居民和商务楼宇提供精准服务。

联合式搜索。成立"两会一团",即成立了社区党建工作协调委员会、社会单位联席会,组建了"智囊团"。与楼宇企业建立良好的互利互助互赢的协作关系,组织各类人员深入企业和居民区进行联合搜索,共同收集公共卫生、健康服务、法律援助、民事调解、劳动社保等服务需求信息,并第一时间快速协调解决。

联络式搜索。通过党建指导员、楼宇协管员、社区青年汇与楼宇企业对接,及时了解企业动态、人员特长、党员身份等信息,并进行分类梳理建档,建立党员、员工志愿服务岗。

访谈式搜索。建立服务企业直通车,通过党建服务站、社区议事厅、刘东风工作室、微信群、社区网站、公益空间、心理咨询室等平台,加强党组织与党员、党员与群众等沟通,让企业员工及时了解党的政策、及时表达需求、及时获取服务资源,将"接诉即办"送到他们面前。

配合式搜索。探索"双岗双薪"工作机制,由物业公司负责人或党员担任,华贸中心商务楼宇服务站7名"双岗双薪"人员发挥熟悉情况的优势,及时登记党员信息,保持与商务楼宇服务站信息沟通,配合社区共同做好企业服务管理工作。

(二)"四合"内容

资源整合。积极整合利用辖区资源,为党组织、居民、企业、群团组织等提供保障。在"硬件"资源上,北京国华置业有限公司无偿提供720平方米办公用房,解决了社区党委、居委会、服务站、商务楼宇服务站的办公和活动场地问题。整合100平方米地下空间作为应急物资库,协调物业开辟600平方米的儿童乐园、宠物乐园等休闲场所。设置阅览室、棋牌室、谈心室等场地,配备投影仪、乒乓球台、棋牌桌等文娱设备,打造了一个集教育、活动、服务三项职能于一体的多功能阵地。在"软件"资源上,利用辖区资源建立各种服务队伍,积极为居民、企业及员工提供服务。成立由企业老总、公司总裁、知名人士组成的"精英之家",为社区发展出主意、想办法。

力量聚合。集合社区力量,社区工作者每天巡访,随时了解居民和企业员工的需求及辖区动态。集合居民力量,成立4个居民自治分会,分别负责所在小区的居民自治工作。集合社会力量,定期召开社区党建协调会、社会单位联席会等,加强与辖区楼宇企业、物业公司的沟通。集合楼宇力量,成立志愿服务队,参与辖区平安建设、便民利民、环保卫生、困难帮扶等项目。成立由业主、知名人士、社会单位、辖区物业参与的"爱之融"协会,专门负责协调解决邻里纠纷。

工作结合。建立"五站合一"的华贸中心商务楼宇中心服务站,下设四个社区分站,形成中心站—分站—接待站的工作体系,将党建、社会服务站、工会、共青团、妇联延伸至商务楼宇。突出"一站多能、层级衔接、注重实效"的特点,推动党建工作在社区和楼宇中的全面覆盖,较好地解决了楼宇员工早餐、车辆充电等难题。

活动融合。坚持以需求为导向,努力寻找共振点,用丰富多彩的活动满足多元群体需求,最大限度提升党群组织的向心力,把社区活动覆盖到居民区及商务楼宇,不断满足居民、企业和员工的需求。依托楼宇党建服务站定期开展各类丰富多彩的活动,不仅吸引广大居民的参与,还吸引了企业员工走进社区,共同感受五彩缤纷的社区生活,充分体现了以党建带共建、以服务为主线的工作优势。

(三)"一跟进"制度

"一跟进"是刘东风工作法的核心内容,就是通过加强跟踪问效,实行首问负责制、责任追究制,推动"四搜""四合"推进辖区服务管理的全面落实,实现民呼我应,民不呼我也应,全方位满足人民群众对美好生活的需求。

三、"四搜四合一跟进"的工作成效

(一)党组织作用得到充分发挥

实现了党组织组织力提升,形成党建引领"协同效应"。"四搜四合一跟进"工作法使社区党委充分发挥政治核心和引领作用,强化了组织领导,推动社区党建和楼宇党建的融合,不断完善"一轴四网"区域化党建体系,实现辖区内商务楼宇非公党建工作和组织建设两个有效覆盖,"融合共享"型社区党建模式应运而生,在市、区有关部门指导下,成立了北京市首家华贸商圈党建联盟,带动法律咨询志愿者协会、物业协会、文体协会、志愿者协会、"爱之融"协会等建设,丰富了区域化党建工作内容,社区党建工作协调委员会成员单位都能主动参与社区工作,形成了区域协同治理的良好态势。

(二)辖区资源得到最大化利用

利用"四合"工作法,积极整合辖区资源,与企业、社会单位等开展共建共治共享。北京国华置业有限公司无偿提供了 720 平方米的办公用房作为社区党委、居委会、服务站、商务楼宇服务站的办公场所和活动场所,不仅核

销了社区当年欠交的各种费用 5 万元,还免收社区用房的物业费、水电费、取暖费及中央空调费,每年为政府节省近 100 万元。在创建国家地震安全示范社区时,社区整合了辖区 100 平方米地下空间,作为应急物资库。在寸土寸金的华贸公寓园区内,协调物业开辟了 600 平方米的儿童乐园、宠物乐园等休闲场所,使小区新老居民活动在其中、娱乐在其中、相识在其中。在街道工委、办事处的支持下,社区配备了投影仪、乒乓球台、棋牌桌等文娱设备,还设置了阅览室、棋牌室、谈心室等场地,打造了集教育、活动、服务于一体的多功能阵地,辖区资源的整合,使服务功能得到了不断完善。

(三)增强了社会动员的吸引力

以"搜索式"工作法为突破口,加强社区与商务楼宇企业等单位的资源整合、力量聚合、工作结合、活动融合,形成了地区社会治理的"四合效应"。联合华贸物业开展"绿色华贸低碳办公——不践不散"大型环保公益活动,号召企业员工身体力行,践行环保理念。开展大型戒烟宣传活动,号召大家共享健康生活。楼宇内开展禁毒宣传教育、应急演练等特色服务,并开通安全维稳 24 小时热线,由居民和单位安保力量组成红袖标志愿者队,为老旧小区居民楼安装智能门禁系统,提高了居民安全感,社区无重大治安案件和灾害事故,圆满完成各项重大活动服务保障任务。

(四)辖区营商环境得到了优化

"四搜四合一跟进"工作法,将辖区商圈、商务楼宇作为服务对象,采取搜索式的形式,主动了解企业需求,主动将各类服务送到企业,通过四合模式整合政府、社会、企业等各类资源,积极为企业服务,在社区公益空间打造了"白领驿站"系列活动,开展芳香疗法减压、爱尚舞蹈工作坊、瑜伽课堂、环保唇膏、发卡、牛奶皂、酵素 DIY、手工插花、手工黏土制作等,开展跳绳比赛、拔河比赛、羽毛球比赛、华贸晨跑团、华贸摄影展等文体活动,丰富大家的业余生活,吸引了很多企业白领、外籍员工的参加。根据楼宇企业需求,开展了包括公共安全、公共卫生、法律、工商、税务、统计、交通有针对性的七项特色服务,努力打造"10 分钟商务楼宇服务圈",同时,创建华贸中心社区网站,积极推介楼宇招商资源,发布广告信息、用人需求等,为企业提供便捷的身边服务,较好地创造了辖区营商环境。

四、"四搜四合一跟进"的经验启示

（一）系统治理，在社区关键要加强全域统筹协调

系统治理是社会治理的重要基础，华贸中心社区形成的"四搜四合一跟进"工作法，其中的重要经验是对全域进行统筹，包括组织统筹、空间统筹、场地统筹、力量统筹，使辖区资源充分利用，并较好地服务于居民和企业。同时，加强协调，是基层党组织加强社会治理的重要手段，通过社区党组织联结带动辖区各类组织、各个单位，特别是通过党建工作协调委员会，各单位的资源和力量得到了有效整合，区域协作优势得到了充分发挥。

（二）源头治理，在社区就是要主动做好服务工作

源头治理，从某种程度上说，除加强党组织建设，强化党的领导，更重要的是要主动做好服务工作，使辖区群众的需要得到不断满足。"四搜四合一跟进"工作法从源头开始，通过联合式、联络式、访谈式、配合式四种搜索方法，主动了解企业和员工的需求，变"民呼我应"为主动问需，变"接诉即办"为未诉先办，增强了社区工作的主动性、创造性。同时，通过"四合模式"，为社区居民提供服务资源、拓宽服务渠道，改变了由政府单一服务的模式，这些做法较好地增强了服务的主动性和精准性。

（三）长效治理，在社区必须要建立健全各项制度

社区治理不能满足于一人一事、一时一刻，而是要立足社区实际，从长远入手，建立健全各项制度，使社区在党组织领导下，成为一个利益共同体、责任共同体、奉献共同体。在长期实践中，华贸中心社区形成的刘东风工作法，以"四搜四合一跟进"的形式，将社区治理的基本原则、基本思路、基本方法、基本目标等固定下来，形成了社区服务管理的有效制度，建立了稳定的工作方法，使大家操作有依据、破解难题有方法，较好地发挥了指导作用。

（四）依法治理，在社区首先要确立党的领导地位

党的十八大以来，特别强调依法治理。依法治理除了引领社会各类主体遵守法律法规之外，最根本的是确立党的领导地位，强化党组织对社会各类组织的领导。社区作为城市的基础，加强党组织对社区治理的领导，是法律赋予的使命，"四搜四合一跟进"工作法使党的领导变成了依法治理社区的生动实践，强化了社区治理的基础。

第四节 销账式工作法

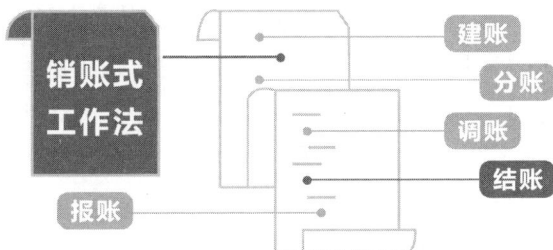

朝阳区朝外街道吉庆里社区在推进居民服务中探索"销账式"工作法，通过建账、分账、调账、结账、报账五个环节，形成了解需求、跟踪服务事项、反馈落实结果的完整链条，推动了"接诉即办"向"主动治理、未诉先办"转变。

一、销账式工作法的形成起源

吉庆里社区位于朝外大街西北角，东起工体西路，西至东二环路，北与东城区交界，南邻朝外北街。社区建于 2003 年 2 月，占地面积 0.3 平方千米。辖区现有居民楼 14 栋，常住人口 2477 户 6039 人。社区共有 6 个居民党支部，240 名自管党员。工体西里小区属于典型的老旧小区，占地 5.5 万平方米，5 栋居民楼 875 户居民，人口近 3000 人，该小区于 2016 年成立了"温馨式"居民自管委员会，在小区居民党支部的带领下，外部环境和人文环境发生了很大变化，2017 年被树立为朝阳区"全要素小区"的先进典型。

近年来，社区党委着眼社区特点和居民需求实际，坚持以党建引领为核心，充分发挥党组织、自治骨干和社区志愿者的模范作用，广泛凝聚各类资源，深入进行社会发动，精细管理社区事项，精准提供便民服务，社区治理水平持续提升，居民满意度不断提高。健全网络体系，聚合资源力量，形成了"一格统筹"的社区网格党建格局，健全了社区组织网络。美化楼院环境，提升宜居品质。社区党委积极统筹各种资源，以满足资源融合、资源共享、资源流通的社区治理需要。实现了社区建设、服务、管理、动员等一体化治理体系。打造特色队伍,丰富居民生活。充分发挥先锋模范作用,织密了为民服务网,打造"吉庆七彩"先锋服务队,常年服务社区,成为社区居民幸福和谐的因素,在推进社区建设中发挥了重要作用。

社区虽然做了大量工作,也破解了一些重点难点问题,但是随着居民对服务管理需求的提高,社区党组织和党员在跟踪服务上还存在一些不足和困难,有时对服务信息收集不全面、台账更新不及时、解决问题不精细、责任落实不到位,影响了群众的满意度。为破解这一难题,社区党委结合深化"不忘初心、牢记使命"主题教育成果,主动探索建立"销账式"工作法,通过建账、分账、调账、结账、报账五个环节,形成了解需求、跟踪服务事项、反馈落实结果的完整链条,促进了"接诉即办"向"主动治理、未诉先办"的转变,带来了社区治理的高效益。

二、销账式工作法的创新实践

销账式工作法,通过五个步骤推动建立社区服务管理的闭环系统。

(一)建账,全面建立服务清单

建账。即建立服务事项清单,也叫建立台账。社区党委根据工作实际,以时间为轴,建立社区任务和服务管理工作清单。建账事项来源主要有八个渠道:一是上级部署的重点工作任务;二是网格员主动收集上来的格内服务管理事项;三是居民和居民骨干向社区主动反映的诉求和问题;四是社区工作者包楼走访收集到的情况;五是"12345"热线派发的案件;六是媒体(含自媒体)曝光反映的问题;七是居民议事厅征集的意见建议事项;八是其他渠道反映的问题。通过八个渠道,及时将计划的和临时出现的工作任务纳入服务清单,建立工作台账,作为销账工作的基本依据。

(二)分账,按照职责分解任务

分账。即社区及时将账单的任务详细分解给各个责任主体,分级分类分层抓好建账事项落实。在分解任务中,确保分账依法有据、分配合理、责权一致。同时,将工作任务随同账单一起分配,问题清单与责任清单同时下发,将问题与责任挂钩,并规定完成时限。重点从六个层面进行分解。

一是能由居民自治解决的,引导楼院自治小组动员居民通过自治的形式,自我协商解决问题,鼓励居民参与社区治理,培养居民的家园意识。

二是需要由社区"两委"协调解决的问题,按照六大委员会职责和包楼责任区,细化分解到每名社区工作者,社区党委对分给社区工作者的事项进行跟踪,需要社区集体行动的,及时组织力量进行配合,确保建账清单事项解决好。

三是对涉及物业管理的事项,按照《北京市物业管理条例》的要求和内容,派发给物业,由物业组织力量抓好落实,社区党委负责督办,并指导小区业委会或物管会在监督的同时,积极配合物业开展工作。

四是需要由社会组织参与完成的服务事项,交由社会组织来参与或协助完成,特别是注意结合社区创享计划、社区成长伙伴计划、社区公益金使用等项目组织实施,提高"三社联动"能力。

五是对社会单位参与的服务事项,通过社区党建工作协调委员会动员社会单位参与完成,包括辖区内的党政机关、企事业单位、"两新"组织、"七小门店"等,最大限度整合社会治理,提升共建共治共享工作水平。

六是对社区自身难以解决的问题,或超出社区能力范围或权力范围之外的任务账单,通过"吹哨报到"机制协调街道和区有关部门解决,确保重点难点问题解决渠道畅通,形成环环相扣的解决问题责任链。

(三)调账,随时纳入新增事项

调账。即随时纳入临时出现的问题和事项,及时更新和完善工作台账,确保服务清单是动态的、变化的。调账的目的是把工作的计划性与变化性相结合,及时将社区存在的问题和居民诉求纳入台账,从而增强工作的主动性。

调账重点从三个方面进行。

一是将应急事项和问题及时纳入清单,特别是遇有公共卫生事件、火灾发生、地震、洪涝灾害等突发事件时,在第一时间组织协调处置的同时,及时更新任务清单,推动工作预案和应急指挥相协调,确保处置科学、各类力量参与有序,将损失降到最低限度。

二是将群众反映的问题及时纳入台账。社区中大量的服务事项是无法预知的,特别是"接诉即办"工作开展以来,群众的诉求随时派到社区,将居民随时反映的问题纳入服务台账将是社区服务的常态,调账时把这一问题作为重点。

三是将社区发现的问题适时纳入台账。随着"未诉先办"的深入推进,社区主动发现的居民诉求也不断增加。同时,按照北京"四个中心"的战略定位实施,建设和谐宜居的社区也会随时配合街道办事处开展"疏整促"等重点工作,需要及时更新工作台账,确保底数清、情况明。

(四)结账,逐项完成台账内容

结账。即对账单内容进行落实,是执行的过程。每个责任主体依照时间要求自行结账报账;集体任务账单,依靠社区党委力量推动落实。结账过程,坚持"五项机制"保障实施过程科学、工作高效。

一是宣传动员机制。强化各责任主体的社会治理理念和方法,把加强社会动员放在首位,通过各种手段对服务对象进行宣传,特别是让服务对象知晓拟解决的问题,明确完成的时间,了解社区受理的进展,让服务对象心中有数、心里有预期。同时,动员社会力量参与解决服务台账事项,提升社会参与水平。

二是工作交流机制。社区党委定期开展工作经验交流活动,对工作中遇到的难题进行研究,群策群力破解难题,研讨交流工作方法,分享工作中的体会,及时总结经验,为提升工作能力创造有利条件。

三是联动办理机制。由社区党委统筹,建立协同联动机制,组织发动居民团队、街道科室、社会组织等相关主体共同参与台账问题的解决。

四是情况通报机制。社区党委定期通报台账完成情况,对工作中表现好的及时进行表扬,对存在的问题进行通报,提醒注意事项,始终控制好落实过程。

五是督查督办机制。充分发挥居务监督委员会和社区纪委作用,对服务清单事项进行督促落实,完成一项任务,账单上的任务就减少一项,及时清零销账;发现一个新的问题,账单上的任务就增加一项。对完成清单中存在的问题进行通报批评,问题严重的进行问责追责。

(五)报账,及时反馈办结情况

报账。即对完成账单任务情况进行反馈,及时向社区居民及诉求反映主体通报情况,并征求居民的意见,让群众既知道问题,又了解办理过程和结果,及时回应群众关切。对群众满意度低的项目,进行专题分析研究,查找存在问题的原因,制定整改措施,确保群众满意度持续提升。主要通过四种方式进行报账。

一是渠道报账,通过哪一个渠道反映的问题和诉求,任务完成之后,向提供建账信息的主体进行反馈,告知办理结果。

二是会议报账,通过召开居民会议、议事会等会议形式,在会上报告问题解决情况。

三是公开报账,通过居务公开栏、公众号、微信等形式,以公开渠道报告事项办理情况。

四是总结报账,通过工作总结、工作汇报等形式,报告建账事项办理情况。

三、销账式工作法的主要成效

销账式工作法的探索和实施,有效提升了社区党组织服务群众、服务社会的质量和效率,实现了"五个更加"的效果。

（一）服务意识更加强化

社区党委始终坚持把居民反映的问题作为努力的方向,广泛听取居民的意见,集中居民的智慧,建立问题台账,分轻重缓急,一个问题一个问题地解决,从一件件小事做起,有步骤、有次序解决居民反映的"大事小情"。针对居民反映最多的老年小饭桌等问题,社区主动建立台账,积极协调工体西里物业公司,建成了一个600多平方米的养老驿站,提供10多个房间、22个床位,较好地满足了老年人就餐、娱乐、托老和日间照料等需求。

（二）服务内容更加清晰

销账式工作法解决了社区工作中的随意性、盲目性,促进了社区工作的规范化、程序化,推动了社区效能建设。

通过入户走访,倾听居民心声,建立社区居民需求台账和问题台账,使社区工作方向更明确,破解了多个困扰居民多年的难点问题,得到了街道和居民的大力肯定。家住朝北12楼五层的一名居民因另外两户在楼道内私装了一道防盗门,紧挨着她家的门,问题已有10多年,最近她因生病需要坐轮椅出行,进出门很不方便,希望社区帮助解决。包楼社工在巡视中发现这一问题后,第一时间记下账单,然后多次联系两名邻居进行商谈,动之以情、晓之以理,使两户邻居最终同意拆除防盗门,彻底解决了困扰这名居民的问题。

（三）服务责任更加明确

实施销账式工作法以来,社区的工作方向更加明确,目标更加具体,思路更加清晰,责任更加具体,较好地提高了工作效率。销账式工作法,有记才有销,工作人员在每天与居民接触中,会遇到各种各样的居民需求,有突发的,有历史遗留的,有家庭内部矛盾的,也有邻里之间纠纷的。社区党委要求每个人遇到这些问题,必须第一时间以记账的形式记录在工作日志上,记明时间、事由、相关人员等信息。然后把需要做的工作按计划列出来,工作计划做好了,也就达到了事半功倍的效果,不至于因事情的烦琐而失去方向。同时,通过台账,消除了互相推诿现象,杜绝了拖延,推动按照计划逐一完成,在解决居民诉求的同时,社工手中的工作日志上即可销一笔账,通过五个环节,真正实现服务群众的责任链。

（四）服务质量更加提升

销账式工作法,以发现问题、解决问题为根本目的,以搭建平台、促进沟通、整合资源、带动居民参与为手段,为提升服务质量提供了制度保障,哪项工作做了没有,做的结果如何,一目了然。特别是在处理应急性、重点工作任务时,倒逼社区工作人员开动脑筋,创新性地开展。新冠肺炎疫情暴发后,针对每栋楼的居民、租户、空房等数据标识不清,容易混淆的情况,社区党委书记将提高疫情防控效益作为责任清单,创新出一种用五色区分的方法,对常住户、租户、空房、地下室、外国人等用五种颜色进行区分,同时用不同的标识对空巢独居老年户、低保户、残疾户、失独户和重点户进行区分,使每栋楼的各种数据一目了然,非常直观,印象深刻,为出色完成好疫情防控发挥了积极作用。

（五）服务对象更加满意

运用销账式工作法,通过入户走访,倾听居民心声,拉近了社区与居民之间的感情距离,增强了居民对社区的信任度,同时,社区诚心诚意、扎扎实实的工作作风,也打动了广大居民,使居民之间增加了包容和理解,为破解多年的难点问题创造了良好条件。朝北 12 号楼一居民因楼上厨房下水管道年久失修,导致漏水至楼下,双方曾多次接触始终未能达成一致,寻求社区帮助协调解决。社区多次组织商谈,并联系多方探讨,将物业维修、橱柜拆装、资金来源、费用支出、维修时间等因素进行销账解决,最终使双方达成一致意见,较好地解决了居民的诉求。通过销账式工作法,社区服务越来越赢得居民的认可,群众满意度始终在98%以上。

第三章　机制类品牌

共商共治　01

提案大赛　02

伙伴计划　03

创新实验室　04

第一节　党政群共商共治

北京市朝阳区坚持抓好协商民主建设,经过积极探索实践,形成了党政群共商共治模式、机制和平台,在为民解难、社会动员、资源整合等方面取得明显成效,得到社会各界的广泛认可。2013 年,党政群共商共治工程被民政部遴选为"中国社区治理十大创新成果",获评"首届中国治理创新 100 佳经验"。

一、党政群共商共治的发展历程

从 2012 年开始,朝阳区开展党政群共商共治工程,其间主要经历了三个阶段。

第一阶段:2012—2013 年,试点先行、全面推广阶段,以"三问、三打通"为主要特点。

在总结麦子店街道开展的"三问"活动和街道系统开展"为民解忧"工程的基础上,结合落实党的十八大和十八届三中全会关于提高社会治理水平的精神,提出了党政群共商共治工程,坚持问需于民、问计于民、问效于民,坚持政府实事切入,动员居民、社会单位、社会组织等共同参与、献计献策,合力解决社区治理难题。同时,按照分级分类协商解决问题的原则,打通了社区、街道和区级三个层面的通道。

第二阶段:2014—2015 年,逐步规范、延伸拓展阶段,以"两个规范、四个延伸"为主要特点。

结合党的群众路线教育实践活动,进一步完善议事协商工作流程,不断丰富议事协商内容,其标志性进展是 2014 年朝阳区委、区政府出台了《关于统筹推进党政群共商共治工作的指导意见(试行)》,全面规范政府部门、街乡、社区的职责任务,建立了区级协调机制,并多次召开区级议事协商会,帮助基层解决一批困扰多年又无力解决的难题,受到群众的普遍欢迎。2015年,又提出"两个规范、四个延伸"的工作要求,议事协商流程、议事代表产生程序更加规范,议事协商的平台、内容、主体和资金不断延伸和拓展,有效促进了共商共治工作向纵深发展。

第三阶段:2016 年及以后,不断完善、深化提升阶段,以"五化协同、五方共治"为主要特点。

从 2016 年开始,围绕党建区域化、自治单元化、动员社会化、服务精准化、管理精细化"五化协同"的社区治理模式,定期组织党组织、政府部门、社会单位、社会组织和社会公众开展协商议事,深化"五方共治"模式,将共商共治的理念融入社会治理的方方面面,推动党政群共商共治工作制度化、常态化和融合化,形成多方共治的良好局面。

二、党政群共商共治的创新实践

围绕"协商什么、谁来协商、如何协商、协商成果如何落地、办理过程如何问效"等一系列问题,开展"问需、问计、问效",形成了"多元参与、民主协商、一致行动"的基层协商民主的闭环系统。

(一)搭建议事平台,畅通民主协商的路和桥

按照方便易行、科学合理、便于调动各方积极性和创造性的原则,在楼院、社区、街道、区四个层级分别建立议事协商会。街道、区级议事协商会是集中议事平台,一般按照年初问计协商、年终问效评议的原则召开。楼院、社区议事协商会是常态化议事平台,根据社区居民需求和社区治理问题定期召开,通过民主协商的方式来解决社区的问题和矛盾,提升社会治理水平。当时,共搭建居民议事平台 1675 个,其中,社区 236 个、小区 523 个、楼院 916 个。通过居民议事平台,广泛深入持续征集群众意见建议、协商社区公共事务,实现共商共治常态化。

(二)坚持多元主体,提高议事协商的能力和素养

议事协商代表是共商共治的主体,实行席位制,一般由本地区人大代表、政协委员、社区党员代表、居民代表、社会单位代表、社会组织代表、流动人口代表及特邀代表(专家学者、政府部门代表)等组成。街道党工委结合实际,确定议事代表人数和构成比例,主持议事代表推选,保证共商共治参与的多元性和广泛性。通过开展经常性的协商和"社区居民提案"等,全面提升议事代表的提案能力和议事能力,真正实现"想自治、能自治、会自治",共有议事代表 19729 人。

(三)规范议事程序,培养居民主人翁意识

坚持集中协商和常态协商相结合,规范"集、议、决、办、督"的议事流程,

通过民主协商让居民真正参与社区治理,不断强化居民的主人翁意识。"集"是广泛征集需求,梳理确定议题;"议"是讨论研究、协商议事的过程,由动议方陈述议案、附议者附议、反对方陈述、双方辩论、议事能手发表意见五步组成;"决"代表投票表决,通过投票确定干不干、怎么干、干得怎么样、以后怎么办等问题;"办"是对商议事项进行办理,推进项目落实;"督"是指参与议事成员组对决议事项的进度、质量和结果进行监督,确保决议事项得到有效落实。通过标准化的流程和规则,让议事代表懂得如何收集问题、参与议事、参与监督,提升议事协商的质量和效果。

(四)落实协商成果,促进社会治理长效化

按照分类分层分级的原则,明确实施主体,由社区、社会组织、社会单位、政府等多方共同实施,有效整合各方资源,实现了"怎么干由大家议"。如对小区居民楼群租房治理、首层开墙打洞等问题,由产权单位、物业、业主、社区居委会和政府部门等共同协商、共同治理,消除了居民区的安全隐患。为了避免出现"治理—反弹—再治理"的问题,在强化民主协商的基础上,引导居民完善小区公约、楼门公约,成立居民自治组织,实现居民自管自转和长效治理。

(五)加强效能评议,不断提高群众的满意度

把共商共治项目纳入社会建设行政效能监察范围,做到"事前有标准、过程有跟踪、事后可追溯"。社区和楼院将项目情况通过社区报、公示栏及时向社会公示。全程对共商共治项目进行公开,组织各级议事代表和居民实地检查,并于年底召开年度评议大会,接受质询和群众满意度评议,实现了"效果怎么样由群众评"。每年完成的共商共治项目群众满意度均在96%以上,被居民誉为"阳光模式""务实之举"。

三、党政群共商共治的主要成效

以党政群共商共治为抓手,加强社区协商,探索了加强基层民主和基层政权建设的新途径,实现了"三个转变"。

(一)推动了基层民主政治建设,社区居民由"要我参与"向"我要参与"转变

通过"干什么由大家定""怎么干由大家议""效果怎么样由大家评",引

导居民学会自治,让居民在参与社区治理和服务创新中得到更多的获得感和幸福感,激发了社区参与的内生动力,实现"居民自治"主体的归位。如针对地下空间出租、小区私装停车地锁、老旧小区电梯更换等困扰百姓生活和社区治理的难题,通过发动多元主体相互协商、共同决策、共同解决,找到了群众意愿和要求的"最大公约数"。通过参与自治,居民对成果的维护意识、对各项制度的监督意识、参与小区公共事务的决策意识不断增强,建设和谐宜居家园的热情日渐高涨。

(二)引导多方主体参与社会治理,执政理念由"大包大揽"向"协商共治"转变

在党组织的领导下,依托党政群共商共治平台,通过多元主体共同协商、共同参与、共同治理,使不同职业、不同角色的社会人群得到新的整合,社会治理基础得到巩固和加强。在深化小区分类治理的过程中,充分验证了多元参与、协商共治的重要性和有效性,形成了适应不同类型小区的治理模式。如老旧小区自我服务管理的"准物业"模式、商品房小区"五方共治"模式、保障房小区"五社联动"模式、农村社区"1+3"模式,实现了居民协商管理身边小事、政府帮助解决大事难事、社会组织提供多样化服务的工作格局。

(三)促进了党员干部社会治理能力的提高,作风建设由"眼高手低"向"亲民务实"转变

通过共商共治,街道党员干部主动加强与群众的沟通联系,把党的组织优势转化为治理服务优势,在推进党政群共商共治过程中,始终有百姓监督,拖拉作风无处藏身,效率意识明显增强。通过各级共同努力,共商共治每年都落实项目1000多个,解决了一批居民反映强烈的热点难点问题,受到居民高度赞扬。

共商是途径,共治是手段,共享是愿景。在多元主体的积极参与下,共商共治工作将会在社会治理中发挥更加积极的作用,有力推动朝阳区社会治理体系和治理能力的现代化。

第二节　社区居民提案激活自治细胞

小提案,解决大问题。北京市朝阳区创新开展的居民提案(社区创享计划),成为推动居民参与的有力抓手,使人人有责、人人尽责、人人享有成为实实在在的行动。

一、"居民提案"的起源

居民自治是社会治理的基础。在新形势下,如何引导居民有序参与社区自治,推动"政府到位、自治组织归位、居民主体作用发挥",实现政府行政管理与基层群众自治有序衔接和良性互动,是推进社会治理体系和治理能力现代化建设的重大课题。为此,自2014年开始,朝阳区针对社区自治问题和需求,探索以"居民提案",由居民提出解决方案并参与解决自治。在居民提案中,参与是关键,自治是核心,倡导的是"社区是我家,建设靠大家"的自治理念。

当时,开展"居民提案",主要基于三点考虑:一是有要求。民政部出台了《关于加强城乡社区协商的意见》,明确要求涉及居民利益的重大事项,基本由居民协商决定。二是有需要。朝阳区是北京市城区面积最大的区,辖43个街乡,当年社区数达到413个。社区类型多样,人口结构复杂,居民需求多元,迫切需要用新理念、新方法和新载体,激发居民参与活力,提高居民自治水平,满足居民多元需求。三是有基础。一直以来,朝阳区高度重视居民自治工作,专门研发了社区居民自治指导手册,制定了居民提案大赛工作要点、规范流程和保障措施,运用"三社联动"机制,先后引入23家专业社会组织为社区提供技术和人才支持,协助社区学会运用社区社会工作等专业方法开展自治,具有较好的基础。

二、开展"居民提案"的实践做法

(一)搭建居民提案工作平台

各街乡指导社区搭建议事协商平台,全区建立楼院、小区、社区议事厅1665个,并引导成立小区议事协商会、小区管委会等自治组织,为居民提案打牢基础。

(二)规范居民提案方法步骤

按照金点子征集、提案评选、提案发布、提案实施跟进、提案成果展示五个步骤,居民采取录音、视频、项目书等形式提交金点子,在专业团队和社区工作者的帮助下形成提案,由专家和群众共同评审确定优秀提案,并全程跟踪支持。

(三)分类归口解决问题

根据提案事项所涉及的责任主体,把居民提案分为居民自治、政府协调、政社协作三类,对居民提案分类归口解决,特别是对居民自治解决的问题进行全程指导。

(四)建立居民提案长效机制

朝阳区委、区政府将"居民提案"工作纳入工作计划,并给予项目经费支持。同时,建立技术支持、评价引导、项目落实对接、专家支持等机制,确保"居民提案"工作长效发展。

三、"居民提案"解决的问题

(一)居民自治的事

安贞街道裕民路社区引导居民采取居民提案的形式参与小区停车管理、小区养犬、邻里互助、社区公益等事务。安贞街道裕民路社区"每月每户多花一元钱、换取干净一整年"的居民提案,为解决老旧小区楼道卫生问题找到了出路。"居民提案"打开了社区服务管理瓶颈的突破口,仅当年全区就收集金点子10791个,形成有效提案2555件,评选优秀提案400件,解决小区服务管理难题5类1400多个。

(二)需要政府协调的事

有些问题单纯由自治组织和居民很难解决,需要政府协调支持。如小区"僵尸"自行车平时乱停乱放,由居民或社区单独解决有一定的困难,需要协调城管、派出所等参与。此外,对治理小区私装停车地锁、楼道堆物堆料、随意粘贴小广告等问题,需要政府出面给予社区支持。

（三）政社协作的事

在解决城市病、小区病上首先是居民楼开墙打洞住改商带来扰民、破坏安全等问题,多年来一直困扰百姓,社区通过"居民提案",发动群众出主意想办法,共同参与治理,打造出全市首条无开墙打洞示范大街(朝阳路)。各街道通过"居民提案",还较好地治理了群租房、小区地下空间出租等难题。

四、"居民提案"带来的变化

"居民提案"表面上是工作方式的创新,实际上是执政理念的改变,在促进政府职能转变的同时,又解决许多过去无法解决的难题,实现了"五个提升"。

（一）实现居民主体意识的提升

通过"居民提案",引导居民发现问题、提出解决方案、参与解决问题,让居民在参与中增强认同感、归属感、获得感和幸福感,激发了社区参与的内生动力,实现了"要我参与"向"我要参与"的转变。

（二）实现居民自治能力的提升

通过建立自下而上的项目形成机制和引导居民参与自治的资源配置机制,并引入专业力量给予支持,为居民增权赋能,极大地提升了居民自治能力,有效地推动了政府行政管理与居民自治、社会调节的有序衔接和良性互动。

（三）实现社区治理效能的提升

经过社区带头人培育、金点子征集、形成项目、提出提案,再到项目落地,与单纯行政化手段的短平快相比,过程看似漫长,但恰恰正是这个过程,统一了思想、达成了共识、凝聚了合力,有效地提高了社区治理的整体效能。

（四）实现群众满意度的提升

通过提案,居民的知情权、参与权、决策权、监督权得到了充分体现,居民的满意度大幅度提升。过去不了解居委会的,慢慢开始找居委会反映问题了;过去不合群的,为了争取支持,也开始注意与人合作了;过去不爱参与社区事务的,也开始关心社区了。

（五）实现社区组织化程度的提升

在"居民提案"中，基层党组织的凝聚力、战斗力和引领社区治理创新的能力明显增强，专业社会组织得到锻炼成长，社区社会组织得到培育发展，居民在提案中自己组建的团队，提案结束后随即发展成社区社会组织。大屯街道 2022 年开展"居民提案"后，已发展了 20 个社区社会组织。目前全区正在孵化成长的社区社会组织达 2000 多家。

第三节　社区成长伙伴计划

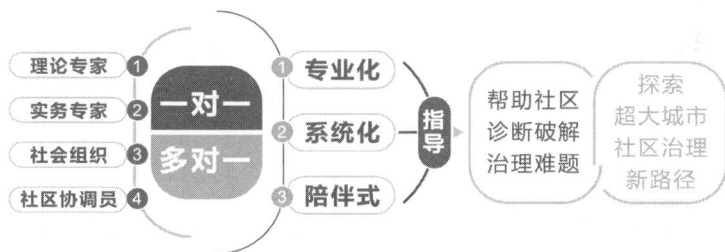

"社区成长伙伴计划"，组建社区治理相关理论专家、实务专家、社会组织、社区协调员四类人员团队，为社区提供"一对一""多对一"专业化、系统化、陪伴式指导，帮助社区诊断破解治理难题，探索超大城市社区治理新路径。

北京市朝阳区针对社区治理遇到的难题，创新开展"社区成长伙伴计划"，通过陪伴指导、专业赋能，提升了社区治理效能。

一、推行"社区成长伙伴计划"的背景

朝阳区望京街道南湖西里社区曾经因物业不作为、小区环境差等问题，居民意见大，多方投诉。为帮助南湖西里社区彻底解决物业管理难题，朝阳区组织社区治理相关理论专家、实务人员、社会组织进行联合诊断，帮助社区"两委"练"内功"，提供解决物业管理难题"药方"，成功破解了多年的老大难问题。

为总结推广南湖西里社区经验做法，2019 年起朝阳区选取 50 个城乡样

板社区,开展"社区成长伙伴计划"试点工作,2020年将试点扩展到100个社区,2021年在全区540个社区全面推广,并与武汉、深圳、贵阳等地开展"社区成长、结伴同行"主题活动,建立起跨区域社区成长伙伴机制,为促进社区治理体系和治理能力现代化建设发挥了积极作用。

二、"社区成长伙伴计划"的主要做法

（一）系统设计，构建社区成长"责任链"

制订计划,长期推进。制订《朝阳区"社区成长伙伴计划"三年行动方案（2019—2021年）》,对"社区成长伙伴计划"进行整体设计,为项目实施提供施工图。

加强领导,强化指导。成立"朝阳区社区成长创新中心",提供应用研究、治理诊断、决策支持、工具研发、能力建设、品牌培育等指导。由相关部门组成6个小组,每组配备1～3名理论专家、3名实务人员、1～2家社会组织,为样板社区提供服务。

选择样本,科学试点。按照商品房小区、老旧小区、保障房小区、潜力社区,提升社区"三类两级"标准,选出50个样本小区作为试点,围绕物业管理、环境卫生、居民参与等问题,帮助社区"两委"把脉开方,找准病因。

明确职责,分工协作。区委社会工委区民政局协调相关高校和研究机构组成"理论专家团队"负责理论指导;由优秀社区书记、主任代表组成"实务人员团队"负责实践经验传授;由社会组织组成"社会专业团队"参与项目策划、设计、实施。同时,还抽调50名乡镇（街道）干部组成"社区协调员团队"负责协调工作。乡镇（街道）党（工）委、社区党委负责统筹领导和工作落实。

（二）健全制度，构建社区成长"机制链"

建立会商诊断制度。由样本社区"两委"根据工作需要,组织理论专家、实务人员、社会组织和社区协调员,采取专项会诊、综合会诊等形式,帮助社区发现优势、寻找短板,研究改进方案。

建立联合指导制度。针对社区存在的综合性、系统性难题,由区委社会工委区民政局牵头,组织多个伙伴团队开展联合指导。

建立培训交流制度。定期组织试点乡镇（街道）分管负责同志、样本社

区书记进行培训,开展研讨交流,分享试点成果。

建立监测评估制度。由"社区成长创新中心"制定社区成长指标,对样本社区进行全程跟踪,进行诊断前后的基线评估与事后评估,协助社区提高治理效能。

(三)陪伴指导,构建社区成长"服务链"

把脉诊断。伙伴团队深入社区开展调研,围绕工作理念、方法、机制、路径等要素,为社区提供专业政策建议。

方案设计。根据伙伴团队所提出的政策建议,由社区"两委"确定具体工作思路,由伙伴团队协助制订实施的具体方案。

过程指导。伙伴团队采取经验交流、教育培训、主题研讨、实务训练等方式,经常性地为样本社区的社区工作者提供实战性的咨询建议,帮助社区在实践中提高能力。

总结提炼。充分发挥伙伴团队优势,全面梳理总结样本社区在实践中形成的有效经验做法,为其他社区提供借鉴,先后总结形成"五气联通""同心社区""六化六提升""七抓七促七突破""一改二建三整合"等经验做法,扩大了"社区成长伙伴计划"的影响力。

三、"社区成长伙伴计划"工作成效

通过实施"社区成长伙伴计划",朝阳区社区难题有人指导,困惑有人点拨,难题变课题、"痛点"变亮点成为新趋势,各社区普遍进入成长"快车道",群众的获得感、幸福感、安全感不断增强。

(一)党建引领社区治理能力不断提升

社区党组织领导社区治理能力不断增强,领导核心作用发挥得更加充分。如八里庄街道红庙社区机二委小区是老旧小区,物业管理矛盾十分突出,在伙伴团队指导下,社区党委积极主动作为,推动成立小区物管会,引入专业物业服务企业,实行"先尝后买"做法成功破解物业管理服务难题,群众广泛认可,物业服务费收缴率达到95%。

(二)社区治理资源实现有效整合

将政府部门力量、技术、资源等下沉到社区,形成整体合力,让社区有钱办事、有人办事、有能力办事。如双井街道引入社区治理理论专家、实践专

家、社会组织专业人员、责任规划师等专业力量，"组团"为光环社区CBD一期微更新精准"把脉""会诊""靶向治疗"，围绕小区停车难问题，开出盘活存量空间、做好增量空间、提升容量空间的"药方"，最大限度整合地下车库停车、地面停车、小区外停车资源，制定实施小区车辆管理制度，并纳入居民公约，保证了小区出行畅通。

（三）一系列老大难问题得到彻底解决

"社区成长伙伴计划"帮助各社区破解了一批困扰多年的难题。如麦子店街道枣营北里社区在伙伴团队指导下，与酒仙桥法庭联合打造"物业纠纷源头治理示范小区"共建项目，通过动漫的形式再现物业管理矛盾冲突和争议，成功化解小区物业管理矛盾12件，帮助物业服务企业完善制度3项，物业收费率从10%上升到93%。大屯街道引入3家专业社会组织参与万兴苑小区安全隐患整治，促成产权单位、使用主体、物业公司、业委会、居民等各方履行责任，使多年历史遗留问题得到圆满解决。

第四节　社区治理创新实验室

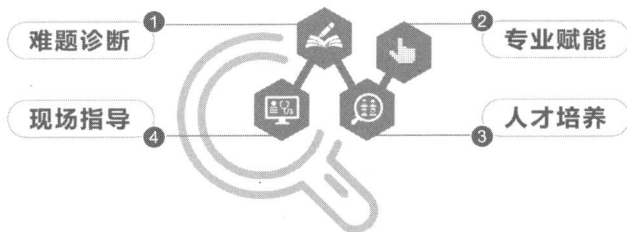

社区"疑难杂症"如何破解，成为社区精准治理的关键。北京市通州区杨庄街道工委、办事处探索建立社区治理创新实验室（以下简称"创新实验室"），通过难题诊断、专业赋能、人才培养、现场指导等形式，逐项破解社区治理难题，有效推动了社区治理体系和治理能力现代化建设。"创新实验室"相关工作多次被人民网、"学习强国"、中国社区网等媒体宣传，并成功入选全国社会治理创新案例。

一、"创新实验室"成立的背景

杨庄街道成立于 2020 年,按照北京城市副中心规划,由北苑街道、永顺镇、梨园镇"一街两镇"拆分调整而来。辖区既有原镇居制社区,也有原街居制社区,还有行政村,地区结构形态复杂,各方面问题盘根错节。面对市区两级工作标准要求高、居民对新街道期望值高、历史问题协调解决难度大的"两高一大"实际,探索设立"创新实验室"。

为建设好北京城市副中心的"西大门",杨庄街道工委、办事处从筹备组建开始,就严格落实《中共中央 国务院关于加强和完善城乡社区治理的意见》《中共中央 国务院关于加强基层治理体系和治理能力现代化建设的意见》《北京市街道办事处条例》等文件精神,按照"树立副中心意识、提升副中心标准、彰显副中心质量"的要求,在区有关部门指导下探索建立"创新实验室",即依托智库型社会组织,联动高等院校(研究院所)社会治理领域理论专家、社区治理实践专家等,组成社区治理团队,针对社区治理"疑难杂症",常年开展"把脉会诊""靶向施策""陪伴实践""转化成果"等工作,使社区治理在高起点上运行。

二、"创新实验室"的主要实践

（一）构建"创新型"引导机制

杨庄街道工委、办事处将"创新实验室"作为大抓基层的有力抓手,将打造"不一样的和谐宜居之城"作为目标,以建立专家智库全程陪伴成长为支撑,制订《杨庄街道高质量党建引领高质量发展五年行动计划》,以规划引领地区"两带两区、三园四组团"发展新格局。建立"1 + N"制度体系,以规划"蓝图"、精心擘画"行动路线图"统领各项工作,为街道创新基层治理提供重要支持。围绕激发社会治理活力,协助制定《杨庄街道社区动员"十条措施"》,引导多元主体参与社区治理。

（二）开展"组团式"社区诊断

系统梳理、分析社区治理遇到的难题,全面开展社区"体检"。一是开展社区问需。由街道工委书记、办事处主任带领机关干部和"创新实验室"专家团队,深入各社区,与社区工作者、物业服务企业人员、居民骨干等进行走访座谈,收集社区需求、意见和建议。二是开展实地观察。组成观察小组,深入街巷、楼院、楼门,对环境卫生、文明营造、安全设施、便民服务网点等进行调查。按照"七有""五性"测评指标,对公共设施进行摸底。三是开展专项号脉。针对社区反映的问题,特别是"疑难杂症",进行专项诊断,指导社区建立问题清单、需求清单和项目清单。

(三)推行"靶向式"精准施策

在社区诊断的基础上,采取多种形式,指导和帮助社区破解"疑难杂症"。一是强化规划引领。针对部分小区存在的设施不完善、公共空间不足、环境秩序混乱、治理机制不健全等突出问题,启动"完整小区"规划建设。二是加强人才培养。结合"北京市社区工作者优才计划"试点,将社区人才作为街道长远发展的基础,街道工委书记刘鑫全面统筹,推动建立"1+6+N"人才培养模式,即建立1个专家团队、6个成长小组、N个社区工作者,围绕党建引领社区治理、接诉即办、社区议事协商、社区服务专业化、社会心理能力建设等主题,采取"每月一题"的形式进行专题培训。三是指导项目设计。引入专业督导,围绕社区治理"疑难杂症",指导社区工作者开展实训项目,将理论转化为社区治理效能。

(四)开展"陪伴式"难题破解

针对社区治理难题,特别是"疑难杂症",开展常态化的"陪伴式"服务。一是推动"接诉即办"向"未诉先办"转化。杨庄街道工委、办事处推出"民意直通车"平台,主动畅通居民诉求渠道,在"创新实验室"指导下,形成群众诉求快速收集分类、快速分配办理、快速反馈结果的"三快"机制,使"接诉即办""未诉先办"水平明显提升。二是推动"两个关键小事"落实。针对部分社区在物业管理、垃圾分类"两个关键小事"上存在的困惑,"创新实验室"采取政策解读、案例分析、实地指导等形式,帮助社区学会用党建引领和社会动员的方法开展工作。三是推动停车管理规范化。针对杨庄南里西社区停车无管理主体、车辆出行停放混乱、居民矛盾较多的问题,指导社区、物业人员明晰各自职责,陪伴社区开展居民动员、民主协商,推动小区停车位整体规划,使停车矛盾得到有效解决。

(五)打造"应用式"治理成果

授人以鱼不如授人以渔。"创新实验室"既帮助社区破解"疑难杂症",

又提供应用性成果。一是研发诊断工具。按照实务型研究与研究型实务交互的原则,街道工委、办事处组织研发《杨庄街道社区评价指标体系》《杨庄街道社区公共服务设施分析工具》《杨庄街道社区居民满意度调查工具》等,为社区治理提供工具支持。二是研发评价工具。参考柯氏四级评估模型,探索评估社工反应、评估学习效果、评估行为改变、评估结果产出的"四评工作法",加强社区工作者"全岗通"考评。三是梳理实践成果。系统梳理社区治理难题破解工作案例,对探矿厂家属院停水应急处置等案例进行推广,促进"创新实验"成果转化。

三、"创新实验室"的经验启示

杨庄街道建立社区治理创新实验室,既提升社区治理能力、破解"疑难杂症",又充分显示了社区治理的创新实践。

(一)创新社区治理,要主动攻克疑难杂症

社区"疑难杂症"严重影响了居民的幸福感、获得感和安全感,也耗费了社区工作者大量的时间和精力。杨庄街道建立"创新实验室",把攻克"疑难杂症"作为突破口,通过机制创新,指导社区解决噪声扰民、楼道管理、小区停车等一批重点难点问题,为创新社区治理提供了方法路径。

(二)创新社区治理,要善于整合社会资源

基层社会治理,需要整合各方面资源。但是,缺乏有效的机制,使资源不能得到有效开发利用。杨庄街道"创新实验室",将高校专家、智库型研究机构、专业社会组织、实践专家等力量进行整合,为社区开展"把脉会诊""靶向施策""陪伴实践""转化成果",使社会资源得到了最大化利用。

(三)创新社区治理,要加强社工专业赋能

居民需求的多样化,对社区工作者专业化要求日益提高。杨庄街道工委、办事处建立社区治理创新实验室,通过微智库理论专家、实践专家的陪伴指导,推动社区工作者专业赋能,有效提升了社区治理能力,为基层治理体系和治理能力现代化建设奠定了良好基础。

第四章　能力建设类品牌

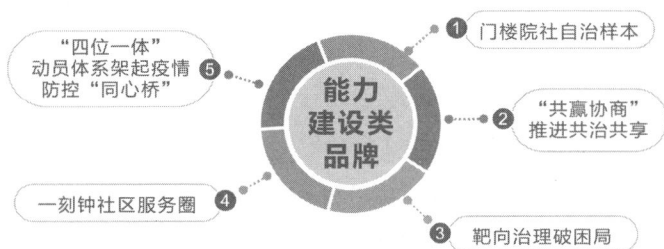

"四位一体"
动员体系架起疫情
防控"同心桥" **5**

能力
建设类
品牌

1 门楼院社自治样本

2 "共赢协商"
推进共治共享

一刻钟社区服务圈 **4**

3 靶向治理破困局

第一节　门楼院社自治样本

朝阳区小关街道小区居民自治单元建立门楼院社四级自治体系,将精细化治理从社区延伸到楼门,有效激发了社区治理活力。

一、门楼院社的形成背景

小关街道辖区总面积 2.58 平方千米,共有 58 个居民小区,234 栋居民楼,1 处平房区,其中 9 个老旧小区。现有常住人口 60383 人,其中户籍人口 50317 人,常住流动人口 10066 人。辖区范围内各类社会单位 2017 家。随着居民需求多样化、房屋产权私人化、邻里关系疏远化,强同质性社区逐渐被打破,老旧小区公共空间逐渐被占用,公共服务供给逐渐被局限,社区层面自治逐渐被限制。街道作为政府的派出机构,离各自治单元最近,与其工作协作最多。如何打破"街道派、社区做"的单一协作形式,将小区服务精细到每个楼门,将居民动员起来参与社区建设,资源能够最大化得到利用,这些成为社区治理的难点。

小关街道根据社区实际,建立了社区居委会、小区议事协商委员会、楼宇自治组、楼门单元自治小组四级自治体系,每一级都有队伍、有责任、有资源、有场地,调动居民最大化参与,促进相关利益主体最大化参与,确保服务需求与供给最大限度对接,使治理成果最大限度共享,最大限度巩固了基层政权。

二、门楼院社体系的主要做法

门楼院社体系的主要做法是建立四级自治队伍,构建精细治理"四梁八柱"。

(一)搭建整体四级自治体系

整合社区党员、志愿者、社区居委会工作者人力资源,建立社区居委会、小区议事协商委员会、楼宇自治组、楼门单元自治小组四级自治结构。通过社区工作者对点联系工作机制,实现社区居委会与小区议事协商委员会联动;通过"组长组员(委员)制",实现小区议事协商委员会、楼宇自治组、楼门单元自治小组三级联动;通过"定期走访交流制",实现社区居委会与楼宇自治组、楼门自治小组跨级联动。打破了"扁平化的弱参与、多层级的弱互通",既保证了自治基础建设,又理顺了治理中的利益关系。

（二）梳理四级自治队伍

梳理各社区居民委员会人员,试点包片工作制,形成一支42人的社区自治队伍。梳理各小区党员、邻里中心志愿者、院长等,采取社区推荐、居民代表选举的方式,每个小区组成一支3~7人议事协商委员会。梳理各小区楼长、支部(小组)党员等,采取小区议事协商委员会推荐方式,每栋居民楼设有1~3名楼长。6层以下居民楼每单元设有1名门长,6层以上居民楼每单元设有2~4名门长。整体四级自治队伍达到1083人,真正实现了社区、小区、楼宇、单元门四级自治队伍。

（三）整合服务空间资源

整合社区活动室、党员活动室等空间资源,社区层面建成7个社区议事厅,空间面积20~60平方米,常规容纳20~50人,基本配置议事活动设施、议事规则。小区层面,整合楼院原家委会空间,建成20个邻里中心,单一空间面积40~60平方米,常规容纳15~30人,内设楼院议事厅、百宝箱等,集办公空间与活动空间于一体,整体统一标识、外饰、场地服务惠及整个小区。每个邻里中心有3名志愿者参与管理。两级服务空间较好保障了"大家事、大家议、大家解",较好保障了社区事务与楼院居民需求互通。聚合党政群共商共治工程、社区创享计划、街道关爱@万家、街道社会组织服务基地公益合作社四类支持资源,重点培育自治组织,引导自治项目研发与实施。

（四）逐层汇聚各方需求

坚持对居民问需多样化,通过楼门自治单元小组收集本单元居民需求,经楼宇自治组协商讨论后确定本级需求集,上报小区议事协商委员会,小区议事协商委员会邀请相关产权单位、物业单位或辖区单位协商讨论后形成本级需求集,社区邀请与议题相关的产权单位、物业、街道相关科室、包片领导以及专业社会组织召开社区级问需会,各级汇总形成描述清晰、客观存在的有效需求,对涉及楼道及时清洁、小区存在"僵尸"自行车等问题,分别建立问题和需求清单。

（五）推进最小利益单元共治

试点小广告治理、楼内堆物堆料治理、准物业建设等聚焦最小利益单元,激发相关利益群体参与活力。重点支持惠新苑社区搪瓷厂小区"楼门文化营造式的小广告治理"项目,通过小区议事平台,经过问需会、方案设计研讨会、方案论证会、资源对接会、模拟成果图发布、实施分工会、阶段性工作会、成果展示与总结会等全流程协商,明确了过程中小区自治协商委员会统筹协商与社会筹资、楼门自治单元发动、街道支持资金的工作模式,特别是楼院自治单元发掘、整合"楼门文化建设者"规划建设品牌楼门,现已形成 19 个品牌文化楼门,切实解决了楼门管理问题,形成居民想、居民做、居民爱的自治模式。重点支持高原街社区 4 号院引入物业管理项目,经过小区议事协商委员会共商共议,最终确定引入首华物业公司,较好地提升了小区物业服务管理水平。

三、门楼院社品牌取得的成效

(一)政府与自治单元工作协同机制基本建成

一是打通了街道与自治单元工作的协同渠道,形成"街道派、社区做""社区提、街道办""社区提、街居联合办"等模式。二是街道形成了"科室办理、委托社会力量办理、支持居民办理"回馈机制,把党政群共商共治工程、政购项目、社区创享计划以及关爱@万家项目政策服务聚合,有效发挥了各自优势,吸引了社会单位、专业社会组织等资源和力量。三是全面动员各层参与,依托各层议事协商,动员各类服务,有效发动产权单位、物业单位、社会单位 5 家,特别是中煤集团给予 10000 元楼门文化建设资金,动员 430 名居民参与服务供给,整体服务惠及地区 20000 多名居民。

(二)社区治理成果延续性保障机制基本形成

社区问题解决与居民自治组织培育同步,保证成果延续。四级自治体系建设中,培育了两类社区社会组织:一是培育门楼院自治队伍,共培育 58 个小区自治协商委员会、108 个楼宇自治组、234 个楼门自治小组,特别是形成了小区议事协商委员会服务补贴制度。二是培育服务类组织,共培育蓝马甲志愿者协会、红色先锋志愿服务队等 12 支队伍。治理中同参与,成果保护中同参与。惠新苑搪瓷厂小区议事协商委员会联合各楼门自治队伍,定期检查治理情况、更新楼门文化作品等,并提出和实施了楼门文化建设 2.0 版本,升级了街道统一配置的版本,引导居民动员社会单位为特色楼门建设出资,引导居民自主规划设计特色楼门文化。

（三）社区居民参与感、获得感、满意度有效提升

四级自治体系有效保障了居民参与讨论、决策、实施、评价的最大化过程性机会,保障了居民知情权、参与权、受益权、监督权的有效实现,打破了"政府买单、居民不买账"的困境。在街道组织的政购项目评审会上,社区"两委"领导与居民对政购服务给予"一致好评",特别是在搪瓷厂小区小广告治理成果推广中,居民已成为"讲解员、传播员、转化员"。

第二节 "共赢协商"推进共治共享

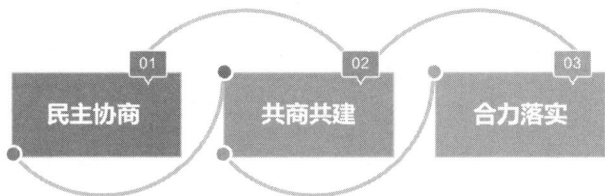

01 民主协商	02 共商共建	03 合力落实

近年来,丰台区五里店街道北大地西区社区不断深化社区协商民主,不仅建立了社区"幸福协商议事厅",还结合"接诉即办""未诉先办",探索形成"共赢协商"工作模式,将政府、社会、物业、居民等各方面力量凝聚到社区,通过民主协商、共商共建、合力落实,推动居民急难愁盼问题的解决,实现了各方互利共赢,受到各方面点赞。

一、"共赢协商"的主要做法

紧扣多方共赢目标,通过全过程统筹,将社区议事协商各环节有效衔接,形成了高效闭环系统。

（一）议事成员多元化,凝聚共赢参与力量

北大地西区社区于 2019 年 10 月 10 日正式成立幸福议事厅。议事厅成员由多元主体组成,主要有三个方面力量:一是常设代表,包括社区党组织、居委会成员、物业管理公司、居民代表、社区民警等人员;二是特邀议事代表,包括律师、心理专家、区有关部门干部、街道领导和科室负责人、"双报到"党员、专业社会组织、辖区七小门店代表、非公企业代表等;三是临时议

事代表,包括涉事矛盾和问题主体。社区议事厅设有办公室,办公室主任由社区党委书记兼任,负责社区议事协商的统筹工作。

(二)议题收集组织化,夯实共赢民意基础

社区幸福议事厅实行"一片两网N通道"工作机制,推动居民诉求组织化收集汇总。一片,即实行片区制,将社区分为四个片区,由社区工作者负责片区内问题和群众诉求收集。两网,一是网格,利用社区网格收集小区服务管理问题,每天向社区"两委"汇报发现的问题信息;二是网络,通过小区居民微信群、微信公众号、微博、自媒体等网上渠道,随时收集居民的诉求信息。N通道,包括和谐促进员、楼门长、社区工作者入户走访、"12345"派单、居民直接投诉等多种渠道,全面覆盖每个楼栋、每个楼门、每个楼层直至每个家庭,最终实现居民诉求直通社区幸福议事厅。

(三)事项办理高效化,增强共赢治理合力

幸福议事厅将收集上来的问题进行汇总分析,形成需求清单、问题清单、办理清单,按照职责权限和共赢的理念,运用社会化动员机制,进行分级分层分类解决。一是能由居民自治解决的问题,组织居民通过自治的方法解决。比如,邻里矛盾类、楼门管理、楼道堆物堆料、文明养犬等方面问题,通过居民协商和自治的形式解决;二是对物业管理类的问题,组织业委会(物管会)、业主代表、物业服务企业、产权单位等共同协商,通过协商寻求解决的方法途径,并明确解决的责任主体、完成时限等要素;三是对于基础设施类、社区职责外的事项,通过"吹哨报到"机制,整合政府部门、社会单位、市场等各方面力量,进行合力解决。

(四)事后回访精准化,扩大共赢议事影响

幸福议事厅将协商事项落实后回访作为重要一环,通过"三问一征求"实现精准化。"三问",一是问对协商事项办理结果是否满意。由议事厅安排专人进行回访,面对面介绍议事协商事项办理情况,并了解涉事方的满意度情况。二是问是否还有其他问题需要解决。协商事项解决之后,在回访中及时了解有无其他问题需要解决,如有问题认真记录并向议事厅汇报。三是问工作人员态度是否友好。通过回访了解工作人员的态度,对态度不友好当面表示歉意,并作为整改内容,进行督促整改。一征求,就是征求涉事方对事后长效管理的意见建议,通过发扬民主,群策群力,抓好长效治理。

二、"共赢协商"的工作成效

通过"共赢协商",不仅解决一批群众急难愁盼问题,还推动了社区治理能力建设。

(一)居民赢得问题解决,获得感大幅度提升

共赢协商的最大受益者是居民,通过幸福议事厅组织议事协商,许多身边的难题得到了解决。北大地一里1号楼和2号楼建于20世纪80年代初,属于铁路建筑段产权单位房,上下水管道老化问题严重。由于上水管道老化、跑冒滴漏严重,自来水公司不敢加压,以免管道崩裂,故水流较小,且水质发黄,给居民的生活带来极大不便。下水管道堵塞严重,楼体内的下水管道基本瘫痪,半数居民在承重墙上开洞向楼外排放污水,楼体根基周边一共7个渗井,长期浸泡在污水当中对楼体也有很大的安全隐患。通过多次议事协商会,与北京铁路局沟通,产权单位负责出资(公共大修基金)18.34万元对上下水主管道进行更换,由盛兴物业进行管材采买并施工更换。由于各户支管道大多腐蚀渗漏或用水泥堵塞,已形同虚设,必须一同进行更换,经过协商,居民同意自己出资更换各户支管道,对二层以上少数生活困难家庭的支管更换及一层各户的地面、吊顶、厨卫用具严重破损,用社区议事厅试点专项资金进行补助。通过共赢协商,北大地一里1号楼和2号楼上下水管道堵塞问题得到了圆满解决。

(二)社区赢得多方支持,统筹力大幅度提升

北大地西区社区通过幸福议事厅共赢协商,赢得了各个方面的支持配合,社区党委的统筹力得到大幅度提升。垃圾分类作为"两个关键小事",曾是北大地西区社区的一个大难题,主要表现是缺乏垃圾分类精准投放的长效机制,社区幸福议事厅以此为议题,进行过多轮协商,动员党员志愿者参加垃圾分类劝导队,社区"两委"联合盛兴物业、停车公司共同对桶站进行值守,配合物业公司分拣员、保洁员开展垃圾分类,较好地发挥正面引导和宣传作用。针对志愿者数量有限且年龄较大、无人值守时间段投放监督难的问题,等等,开展幸福"圾"分计划,定制社区公益"时间银行"存折,号召居民积极参与社区组织的垃圾分类等志愿活动。同时,对社区内9个桶站全部安装太阳能摄像头,外置话筒自动播放分类宣传语音提示,内置存储卡及流量

网卡,可以在手机 App 端随时查看居民分类投放情况,较好发挥了科技监督的作用。

（三）物业赢得居民好感,认可度大幅度提升

物业管理是社区居民诉求的重点领域,北大地西区社区幸福议事厅通过共赢协商,有效地将物业融入党建引领社区治理大格局,通过物业重点难点问题的解决,缓和了居民与物业的关系,对物业的认可度大幅度提升。三里 14 号楼为铁路工电大修段和房管所混合产权,1～3 门 42 户为铁路产权,4 门 10 户为丰台房管中心产权,遇到涉及公共部分维修时往往难以解决。盛兴物业公司接管小区物业以后,通过社区幸福议事厅共赢协商,决定由物业公司出资并组织开展施工,资金不足的部分暂由街道自筹补足。在多方努力下,三里 14 号楼顶层漏雨的问题终于得到了圆满解决,居民给社区和物业送来了锦旗和感谢信。

三、"共赢协商"的经验启示

北大地西区社区幸福议事厅通过"共赢协商",不仅解决了一批社区服务管理难题,还给社区治理带来了经验启示。

（一）共赢协商体现了共建共治共享的理念

党的二十大报告指出,"发展全过程人民民主""充分体现人民意志、保障人民权益、激发人民创造活力""健全基层党组织领导的基层群众自治机制,完善基层直接民主制度体系和工作体系"。北大地西区社区幸福议事厅通过"共赢协商",推进基层民主协商制度化、规范化,使社区治理共同体建设看得见、摸得着,将人人有责、人人尽责、人人享有的共建共治共享的理念落地落实,为今后社区长效治理奠定了坚实的基础。

（二）共赢协商推动了急难愁盼问题的解决

建立解决诉求响应机制,推进解决群众急难愁盼问题,是深化党建引领基层治理的重要突破口,街道按照市、区的要求,持续推进"接诉即办""主动治理、未诉先办",北大地西区社区通过共赢协商机制,引导社会力量参与解决社区服务管理难题,使困扰社区多年的多产权房屋顶层漏雨问题、老旧楼体上下水管线老化问题、生活垃圾分类不持续等难题迎刃而解,找到了社区治理的"真经",为社区治理体系和治理能力现代化建设注入了生机活力。

（三）共赢协商维护了涉事各个主体的利益

协商才能共赢。北大地西区社区通过共赢协商统筹各方利益,使居民、社区、物业等等有所得,并通过共赢凝聚力量,共同建设美好家园,完全符合协商民主的思想。长期以来,在社区治理中存在的矛盾,特别是涉及物业管理方面的问题,一度成为许多社区不可调和的矛盾,北大地西区社区的实践再一次证明,办法总比困难多,其中协商是社区治理的最重要法宝,谁能主动运用、科学运用、及时运用,谁就能掌握社区治理的主动权,谁就能推动社区治理不断创新发展。

第三节　靶向治理破困局

朝阳区东坝乡东泽园社区针对保障房社区硬件软件存在的缺项空白和遗留问题,按照追根溯源、正本清源、整合资源、固本培"源"的方法路径,聚焦精准精细,积极探索"四源"靶向治理模式,有效破解了社区服务管理难题。

一、靶向治理的基本背景

东泽园社区位于东坝地区中部,由东泽园1号院、2号院,华纺星海家园3个自然小区组成,占地面积0.078平方千米,建筑面积21.23万平方千米,住房类型有两限房、公租房、廉租房及经济适用房。共13栋居民楼,35个单元门,现居住户数2703户,常住人口7000余人。

东泽园社区建成于2012年。由于东坝地区目前仍处于农村城市化过渡期,东泽园社区"两低一缺失"特点比较突出。两低,一是居民组织化程度低;二是居民成分复杂,需求多样,政策依赖性强,对民生服务满意度低;一缺失,即公共服务配套设施缺失。通常来说,保障房社区存在选址偏远、配套设施滞后、贫困阶层过度集中、社会空间隔离等问题,迫切需要完善公共服务设施,提高公共服务质量和社区的宜居性。同时,还要特别注重营造良好的社区公共空间,促进社区居民互动交往、参与自治。

这些问题的有效解决,必须通过追根溯源查出病根、找准病灶,通过正本清源查明主体、落实责任,通过整合资源引导参与、合力破题,通过固本培"源"建立机制、确保长效。只有这样,才能做到锚定目标、精准定位、瞄靶开方、靶向发力,最终实现靶向治理。

二、靶向治理的主要做法

(一)追根溯源,查找病灶,瞄准靶向治理目标

针对社区存在的硬件软件问题,社区党委通过望闻问切的方式,追根溯源,集中会诊,找准病灶,瞄靶开方,推动实施"靶向"治理。

望闻问切查根源。社区党委通过"望闻问切"的办法,推动问题解决。一是以"望"察实情。通过入户走访和网格巡查,收集社情民意,掌握一手资料。二是以"闻"听心声。畅通线上线下沟通渠道,与居民面对面、指尖对指尖交流,倾听居民心声,了解居民需求。三是以"问"汇民智。采取"走出去"和"请进来"的方式,联合物业服务企业,邀请社区党员和居民骨干,问需于民、问计于民、问策于民,就社区问题及时梳理,商讨对策。四是以"切"找病灶。坚持问题导向和求解导向,努力构建"体检诊断—康体治疗—居民评价"的闭环治理链条,查"病因",找"病灶",明确目标,确保"治疗"的精准性、靶向性。

集中会诊找问题。社区党委按照"七有""五性"要求,结合两限房、公租房、廉租房及经济适用房等不同小区的现状进行会诊,找问题、找短板、找不足。经过会诊,大家一致认为,社区面临两个方面的突出问题:一是公共设施配套不到位。小区没有接入市政供水管网,电梯困人、停车位不足等问题,一直困扰着社区,居民怨气较大;同时,个别区域还未进行规划,配套商业门前没有铺设污水管线。二是居民组织化程度不高。居民来自四面八方,没有建立社区交往和自治互助的良好关系网络,没有形成自治合力。

瞄靶开方定目标。社区党委综合各方意见,瞄准社区存在的突出问题,开具了"补短、建网"两大药方。一是补短。针对自来水管网、商户门前道路下水管线缺失问题,申请市政管网接入和地下污水管线建设。二是建网。针对居民自治网络不健全,邻里互助意识弱的问题,推动门楼院社居民自治体系建设,加强志愿服务,培养居民互助精神和社区意识。同时,坚持以文化促融合,积极协调乡政府升级完善社区文化服务设施。

(二)正本清源,落实责任,明确靶向治理主体

充分发挥乡和社区两级党委的领导作用,明确责任主体、责任边界、完成时限等,推动政府、市场和社会等共同参与社区治理。

坚持发挥政府主导作用。社区党委充分利用"吹哨报到"机制,紧抓地区重点开发良好机遇,及时与上级职能部门沟通,使社区列入第一批自来水供水管网改建小区;主动争取市区科委的大力支持,建成市级社区科普体验厅。在政策允许范围内,利用社区党建经费及其他各类费用共计60余万元,对社区20组垃圾桶站全面更换升级,对小区楼体进行粉刷翻新,对社区内35个单元门更换改造,并新建便民停车棚。

坚持发挥市场主体作用。对涉及开发建设和物业管理等事项,一方面,依法要求开发商或物业企业履行法定职责;另一方面,充分调动其参与社区治理的积极性,引导它们履行社会责任,共同建设社区。近两年通过社区党委积极争取,乡党委多方协调,小区开发商、物业服务企业先后出资近200万元,对小区绿化铺设、小区甬道修复更新、自行车棚改建等一系列设施进行建设升级,使小区环境面貌焕然一新,赢得了广大居民的拍手称赞。

坚持发挥社会共建作用。通过"搭建组织体系、完善工作制度、加强能力培养、促进服务实战"等方式,挖掘培养了54名楼门长,建立门楼院社自治体系,形成以"包片社工、院长、楼长、门长"为核心的基层治理结构,夯实居民自治基础。在社区党委的坚强领导下,成立社区"六小商会",并引导他们履行社会责任,发挥社会协同作用。在新冠肺炎疫情最严重的时候,商会动员与百姓生活息息相关的商超、生鲜店不惜成本,坚持营业,满足居民生活所需。同时,组织商户积极投身社区疫情防控前线,站岗、运送防疫物资,帮助社区解决燃眉之急。

（三）整合资源，多方协作，凝聚靶向治理合力

坚持在解决问题中整合资源，激发参与活力，推动社区治理深度开展。

党建引领统筹辖区单位资源。充分发挥党建引领作用，加强社区党组织与其他主体的联系，推动社区与开发商、物业企业和"六小门店"协同共治，推动企业和商户优化服务，营造良好的社会治理环境。

共建共享统筹社区外部资源。积极对接各类外部社会资源。与中国传媒大学人文学院3个党支部建立"红色1＋1"拉手关系，依托其人才优势，加强和改进社区思想文化宣传等工作；依托"科普体验厅"教育资源，与朝阳区九十四中学、农工党朝阳区委青工委等建立结对帮扶等合作关系。引入法律服务资源，定期为居民开展普法宣传和法律援助活动。

丰富载体凝聚居民自治力量。打造门楼院社四级自治联动体系，组建党员先锋队、"蒲公英"志愿服务队、文化艺术团等各类志愿队5支，吸纳近200余名志愿者加入社区自治体系。打造"百家讲堂·东泽园居民议事厅"，不断细化、完善、升级议事厅职能作用，健全完善议事制度，使议事厅成为联系广大群众的桥梁，广集群众意愿和意见的平台。

（四）固本培"源"，夯实基础，构建靶向治理机制

结合社区实际，建立健全社区治理的长效机制，推进社区治理体系和治理能力建设，保障社区治理长效开展。

建立常态化问题排查机制。建立健全定期摸排走访机制，建立重点人群"十必访"工作制度，由社区党委分包楼宇，依托"楼门院社"自治体系，对各类问题和矛盾主动排查。建立群众意见征集机制，通过发放意见征求表、定期召开座谈会等形式，主动对接群众诉求。依托智慧物业，建立社区"问题清单"，实行分级分类动态管理，推动问题解决。

建立资源整合机制。完善基层党组织体系，建立与"双报到"党员和社会各界会商沟通机制，以党建引领整合辖区内外资源。健全党建工作协调机制，依托"吹哨报到"机制，加强与区有关部门联动，提升资源整合能力。完善供需精准对接机制，搭建社区资源整合平台，及时利用完备信息为社区提供精准服务。深化社区资源项目化运作机制，进一步探索运用市场化手段，提升社区资源链接水平和效率。

建立社会动员机制。建立与社会单位共建门楼院社自治体系、"蒲公

193

英"志愿服务队、居民劝导队等为主体的社会动员网络。创新动员形式载体,依托居民议事厅、社区创享计划、社区成长伙伴计划等,动员居民、社会组织参与社区治理。充分利用微信群等新媒介,加强宣传工作,探索新形势下社会动员的方式方法。

建立自治衔接机制。推进楼门院社自治体系建设,培育志愿服务队等"枢纽型"自治组织,建立"积分兑换"、表彰奖励激励机制,不断调动居民参与的积极性。完善居民议事协商机制,推进"民事民议、民事民决"。

三、靶向治理带来的成效

"靶向治理"推进了精准服务,带来较高的综合效益。

(一)深化了组织建设,党建引领得到加强

通过加强区域化党建工作,建设服务型党组织,形成了服务群众、解决基层难题的党建合力,提升了社区党组织的统筹协调力和组织动员力。尤其是强化了社区党委的"一核"带动能力,真抓实干、主动作为,始终将老百姓关心关切的急事、难事挂在心上全力推动的扎实作风,推动了重点难点问题的解决,促进了社区企业、商户和居民积极主动参与疫情防控等相关工作。发挥了党建联动作用,通过居民议事厅,推动党政群共商共议。

(二)完善了链接机制,统筹能力得到提升

立足解决社区发展难题,社区党委加强组织领导,完善链接机制,统筹了治理力量,通过资源和人员的整合,加强了协同联动,形成在互动中共赢、在共赢中发展的良好局面。及时关注政策信息,紧抓机遇,主动沟通,建立了与上级部门的对接机制;依托"社区吹哨,街乡、部门报到"载体,明确责任主体,推进工作协同,完善了部门对接工作机制;以"共建共享"为理念,依托社区自有资源,主动挖掘、对接,建立了外部资源对接机制;明确开发商、物业公司的主体责任,加强配合联动,优化形成了内部联动机制,在社区治理中较好地发挥了作用。

(三)提升了治理能力,重点难题得以破解

小区基础设施、环境管理等发生了巨大变化。自来水管网建设、社区外围河流污染治理、电梯困人、停车难、小区道路、绿化规划建设不到位等群众反映强烈的重点难点问题逐步得到解决,公租房小区环境改造工程顺利完工。"三无"社区逐步走向"示范社区",社区治理步入良性循环,基本实现一般事情解决不出社区,大事解决不出地区,广大居民的获得感、满意度和认同感极大增强,精气神大幅提升,和谐宜居社区建设得到有力推动。

(四)激发了治理活力,内生动力得到挖掘

扎扎实实的治理成效赢得了广大居民的认可,提高了居民对党建引领社区治理的认知水平,大大激发了社区治理的活力,产生了很强的社会动员效果。社区居民和企业、商户参与社区治理,实现了由过去被动参与到现在主动参与的转变。在疫情防控工作中,主动参与小区大门站岗、为隔离人员送生活日用品的志愿服务达2000余人次,涌现了许多支持疫情防控、投身疫情防控前线的感人事例。特别是"居民议事厅"、"六小门店"商户自治体系、社区各类志愿服务活动,极大激发了居民参与社区治理的动力,形成了主动问、主动讲、主动建言献策的良好局面。

四、靶向治理的经验启示

作为正处于农村城市化进程中的保障房社区,东泽园社区针对政策盲区、设施盲点以及社会资本薄弱等挑战,探索出了"四源"靶向治理模式,为保障房社区治理提供了有益启示。

(一)追根溯源查病灶,瞄准病因开药方

保障房社区由于受政策、规划、设计、工期、资金等诸多因素影响,往往存在这样或那样的问题,给后期社区治理带来了巨大挑战。东泽园社区的一系列做法都是基于对广大群众利益负责、提升为民服务水平考虑,主动向前一步,积极推动解决保障房建设存在的遗留问题,通过破解这些制约因素,推动社区整体治理。因此,在保障房社区建设治理中,解决遗留问题是迈不过去的坎儿,社区党委必须真正肩负起当家人的责任和担当,不回避、不推诿,充分发挥好统揽全局、协调各方的作用,牵头梳理查找社区建设过程中存在的软硬件等各类问题,针对不同问题分类制订解决方案,及时推动、扎实有效地解决社区问题。

(二)正本清源明责任,"谁的孩子谁抱走"

政府、社会、市场,是现代社会治理的重要力量,三者角色定位不同,发挥的功能作用也不尽相同。东泽园在保障房社区建设中取得的成绩,得益于注重政府发挥主导作用、市场发挥基础设施建设主体作用、社会发挥社会资本培育建设主体作用。它启示我们,对于在保障房前期建设过程中的遗留问题,必须要正本清源,找准责任主体,坚持"摁着葫芦抠籽",确保解决问题。对于社区组织化程度不高、居民参与率低等问题,则要通过"三社联动"等方式,发挥社会主体作用,织密社区网络,夯实居民参与基础。

(三)整合资源破难题,聚焦难点变亮点

群众的呼声就是哨声,社区的难点就是要培育的亮点。东泽园社区把解决难点问题的着力点放在整合资源上,始终抓住协商共治这个关键点,力促难点变亮点,以凝聚多元力量实现"靶向治理"。通过补齐社区基础设施短板,赢得居民认可,形成人人参与的良好氛围,有效地凝聚了多方力量。东泽园社区最鲜明的特色就是咬住难点不放松。多年来,在"四源"靶向治理指引下,社区党委及各支部逐浪治理大潮,不断扩大朋友圈,坚持实干为本,整合为要,凝聚了一批合作伙伴,解决了一批难题,培育了一批亮点,也锻造了东泽园团结多方力量,敢打善拼的硬朗作风。

(四)固本培"源"建机制,常态长效治病根

源头治理、长效治理,是社区治理的根本要求。东泽园社区在建立常态化问题排查、资源整合、社会动员、自治衔接等机制的基础上,针对疫情防控探索出了"三强三实"的工作机制,针对"12345"市民服务热线反映的诉求,制定了"两准、三快、四级体系"工作准则。两准,即精准分析、精准判断;三快,即快速响应、快速协调、快速解决;四级,即门(楼门)、楼(楼栋)、院(院落)、社(社区)。这些从治病拔根的角度建立的长效机制,确保了治理成果的常态长效,这是东泽园社区治理的重要保障。

第四节 "一刻钟社区服务圈"

朝阳区"一刻钟社区服务圈"坚持整合资源、提升服务能力,按照"提质拓面"的总要求,积极加强队伍建设,完善服务载体,创新社区服务,形成了比较完善的社区服务体系,居民享受的社区服务质量有明显提升。

一、深化"一刻钟社区服务圈"的背景

随着居民生活水平的提升,居民对社区服务的要求越来越高,特别是老

旧小区,维修服务、为老服务、买菜等需求较多,加上前几年城市地区治理开墙打洞,部分门店关停,在环境秩序得到改善的同时,也给居民的生活带来了不便。

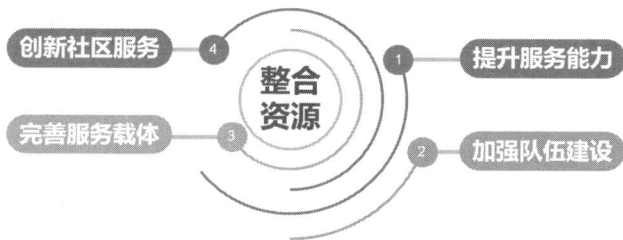

朝阳区积极探索社区服务保障方法路径,深入分析之前"一刻钟社区服务圈"存在的不足。一是总体发展还不够平衡。由于部分街道地区的服务资源比较匮乏,服务平台和载体建设推进还比较缓慢。二是服务内容还不够全面。个别服务圈工作内容不够清晰具体,服务圈提供的服务内容还不能满足居民要求。三是服务队伍提供服务的专业性不强。由于社区服务队队员大都是志愿者或街道社区兼职人员,提供服务的连续性、时效性和专业性不强。

为了从根本上改进社区便民服务,朝阳区坚持不断深化"一刻钟社区服务圈",做到了提质拓面增效,确保了居民需要。

二、完善"一刻钟社区服务圈"的做法

(一)坚持以社区服务队伍弥补社区服务资源不足,扩大服务覆盖

按照强化服务队伍,完善社区服务的工作思路,在街道层面和社区层面分别建立服务社区居民的各类工作队伍,两个层面的工作队伍资源共享、功能互补。

各街道认真整合社区服务队伍,明确各社区服务队伍的工作重点和服务内容,特别是对为老助残、扶贫解困等市场资源不能完全保障的项目,进行了补充和强化。六里屯街道积极整合辖区各种资源,在街道和社区层面分别成立10支服务队,明确各自职责,实现了街道服务队伍和社区服务队伍在工作职能上的双向互补,打造了街道"一刻钟社区服务圈"、"双十"队伍的

服务模式。十北社区结合辖区居民需要和社区实际,明确了社区10支服务队伍的工作职责、主要任务和工作方式,在社区公布联系电话,居民如有需要,只要拨打电话,就能解决家中维修、保洁等问题。

目前,城市街道共成立助老、助残、医疗、法律援助、文化宣传、就业指导等10类服务队伍2180支,较好地完善了社区服务,弥补了社区服务的不足,实现社区服务的广覆盖。

(二)完善服务载体,拓宽社区服务信息渠道,建立社区服务多元信息平台

按照"五统一、四规范"要求,加强社区服务载体建设,印制发放便民服务手册,建立便民服务网站、便民导示图;认真做好社区服务站和便民服务网点的管理和认证工作,为社区服务搭建多维服务平台。

继续做好《便民服务手册》、便民服务网站和便民导示图的完善工作,截至目前,各街道共印制服务手册232220册,安装便民服务导视图273幅,每个街道都建立了"一刻钟社区服务圈"便民服务网站,麦子店、团结湖、朝外、安贞、东湖等街道还建立了社区服务管理平台。呼家楼街道创立"4411"模式,建立"一刻钟社区服务圈"电子平台,明确4大类服务,公布服务商4方面信息,设立1个网上互动专栏和1个信息发布专栏,标注了391处服务站点。按照一圈两人的比例配备"一刻钟社区服务圈"网络管理员,负责更新商户数据、发布最新服务信息、答复居民咨询等工作,实现在服务载体的信息的及时性和准确性。

各街道还创新服务载体,开设社区论坛和微博,麦子店街道开展社区综合服务平台建设,拓展了社区服务;左家庄街道在社区安装滚动屏,以字幕形式播放社区服务信息,在社区服务站安装具有社区服务查询功能的电子触摸屏;安贞、大屯、机场等街道印制了便民服务卡、便民联系卡,丰富了社区服务载体。

(三)加大服务平台建设,做好便民服务商的认证和管理工作

创新社区服务方式,构建社区服务体系,在团结湖等10个街道建设社区服务管理平台,包括一部热线电话、一个网站和辖区基础资料、公共服务资源信息、办事进程的数据库,通过技术连接、信息流转和座席业务处理,能够完成居民日常的信息查询、服务咨询和便利服务申请等,创新了社区服务形

式,为方便居民生活提供了便利。麦子店、团结湖、左家庄、东湖、安贞、朝外6个街道社区服务管理平台已上线运行。整合社区服务资源,做好社区便民服务商的认证和管理工作。朝外街道每季度对地区挂牌便民服务商进行星级评定,按照"守法经营、热心公益、管理有序、承诺兑现、群众满意"5个方面,对星级服务商给予适当物质及政策奖励。全区街道系统签约服务商达到5000家以上。

(四)开展"个性特色"服务,完善社区服务内容层次

针对居民需求多样化、个性化需求日益扩大等实际,按照"基本服务应有尽有,个性需求能保就保"原则,鼓励社区服务圈开展特色服务,重点解决社区老年人、残疾人等人群的服务保障。安贞街道从满足群众"看病难"的需求出发,在一刻钟便民医疗服务卡的基础上,与北京市广济中医院联合,在社区设立4个一刻钟便民医疗健康诊室,请中医名家深入社区"免费诊断、免费开方、免费送药",让地区居民在家门口就能享受到疾病的诊断治疗、早期干预、健康追踪、养生保健等方便快捷的服务。左家庄街道根据社区不同人群的个性化需求,结合社区实际开展"八大特色"服务,采取合作、购买、开发的方式,为老年人、残疾人、幼儿和普通家庭提供安全、便捷的专业化服务项目。东湖街道积极推进农社对接,为居民开展集中服务、高端配送服务和助困低价免费服务。朝外街道针对孤老、空巢等80岁及以上高龄老人特殊服务需求,推行"一对一菜单式服务",与52家服务商签约,为74位老人提供"一对一菜单式服务"。

三、"一刻钟社区服务圈"建设取得的成效

(一)架起了政府和居民之间联系的桥梁

"一刻钟社区服务圈"建立服务居民的途径,解决了过去居民生活有需求不知从哪里能得到帮助的问题;整合了服务资源,畅通了服务商和居民沟通的渠道,实现了千家万户服务需求与成千上万服务主体的有效对接,为提升社区居民幸福指数提供了有力支撑。酒仙桥街道充分发挥街道综合服务中心和社区服务站的中介、组织作用,有效整合辖区社区服务资源,搭建了数字民生综合服务平台,为居民提供就业指导、社区救助、计划生育、社区卫生、文化教育等公共服务近100项,服务人次2万多,增强了社区的凝聚力、

归属感和安全感;团结湖街道通过"一刻钟社区服务圈",为老龄、残疾、贫困、矫正、失业、流动人口 6 个特殊人群提供服务,确保了 180 项公共服务在社区落实。亚运村街道以公共服务为基础,在社区服务站搭载商业、公益和便民服务,引进专业社工服务机构和非政府组织,提升了社区服务的专业化水平。

(二)发挥"社会公共"资源优势,实现了地区资源的有效整合

按照"为居民解决困难,为居民提供方便,为居民带来实惠"的原则,通过整合一切可以整合的资源,协调社会单位公共服务设施、文化体育设施对居民开放,引导社会单位履行社会责任,提高公共资源、社会单位资源的使用率。机场街道联合辖区京客隆超市为辖区内 80 岁及以上老人办理爱心服务卡,所有持卡人在京客隆购物均可享受免费送货、货到付款服务。和平街街道辖区金鸡百花影城,推出"老电影沙龙"服务,每周六以 10 元的低票价吸引观众走进电影院,"让普通百姓花最少的钱,在星级影院享受最好的服务",并开展就近在服务站预约影片的服务,社区青年居民拍手称快。建外街道永安里社区联手辖区餐饮企业"秀兰小馆",开办了便民惠民农贸服务中心永安里菜店,解决了老年居民买菜不便的问题。东湖街道组织新认证的美容美发中心为社区 70 岁及以上老年人提供免费剪发服务,为社区孤寡老人及行动不便的老人提供免费上门剪发服务。目前,城市地区社区服务圈共整合学校 178 所、部队 43 所、医院 168 所、社会组织 1330 个,其他社会单位 2795 所,1403014 人受益。

(三)围绕"一街多品"发展目标,实现了社区服务的可持续

各街道围绕提升社区服务,积极创新社区服务,不断打造社区服务品牌。目前,各街道共上报服务品牌 83 个,"一街多品"的格局正在形成。八里庄街道打造车巢网服务平台,以"错时停车,车位共享"的工作理念,通过网络资源共享,解决地区停车难的公共服务问题。和平街街道"一刻钟社区服务圈"服务日活动,通过整合社区四大资源开展居民跳蚤市场、辖区单位特色服务、社会组织公益服务、认证服务商便民服务,居民不出社区就能够享受到各类服务。小关街道推出的楼宇与小区"错时停车",提高了车位利用率,缓解了停车难问题。

朝阳区"一刻钟社区服务圈"建设取得了明显成效,特别是农社对接、社

区服务管理平台等重点工作深受广大居民的欢迎,社会反响热烈。2011 年 5 月 18 日《人民日报》头版给予了重点报道。

第五节 "四位一体"动员体系架起疫情防控"同心桥"

"党政动员"与"社会动员"有力支撑	"常态动员"与"应急动员"有序转换	"线上动员"与"线下服务"有效衔接	"自我管理"与"专业赋能"有机融合

依靠群众、组织群众、发动群众、服务群众,是我们党攻克一个又一个堡垒、战胜一个又一个困难、取得一个又一个胜利的法宝。北京市通州区杨庄街道工委、办事处在抗击新冠肺炎疫情过程中,高度重视社会动员工作,按照"动态清零"总方针和首都防控要求,在各方力量协同配合下,坚持"快"字当头、深查细排、快筛严管、严防死守,紧紧围绕打好打赢社区疫情防控阻击战的目标,将疫情防控作为检验"基层治理年"工作成效的尺子,坚持在抗疫实践中锤炼提升应急管理能力,通过"党政动员"与"社会动员"有力支撑、"常态动员"与"应急动员"有序转换、"线上动员"与"线下服务"有效衔接、"自我管理"与"专业赋能"有机融合,不断壮大群防群治力量,有效促进"四方责任"落实,形成了全面抗疫、全力抗疫、全民抗疫、全时抗疫的生动局面,取得了封(管)控区域"零新增""零外溢"的战果。杨庄街道的抗击疫情过程,堪称社会动员、群众工作的典范,其中有四点经验值得学习借鉴。

一、"党政动员"与"社会动员"有力支撑,共同构建疫情防控大格局

2022 年 4 月,北京新冠肺炎疫情暴发后,杨庄街道工委、办事处随即启动应急工作预案,按照区委、区政府的部署,统筹开展辖区疫情防控工作,充分发挥制度优势,加强党政动员和社会动员,高效组织上级部门下沉干部和街道干部深入社区"战"疫一线筑牢疫情防线,同时,全面引导社会力量积极

参与"战"疫,构建了党政社群共同参与疫情防控的格局。

在街道层面,第一时间启动响应机制,按照《杨庄街道关于做好新冠肺炎疫情防控工作的应急预案》要求,建立由"一办十七组"组成的疫情防控应急指挥体系,明确分工,组织落实各项防控措施。在京贸南区社区、靓景明居社区、锦园社区同时被管控的情况下,街道工委迅速反应,从各科室抽调精干力量组建了3支抗疫先锋队,与来自市委组织部、北京青少年网络文化发展中心、北京地铁工程管理有限公司、北京建院4家市级机关,区委党校、区委政法委、区司法局、区妇联、区水务局5家区级部门的干部,下沉至街道17个社区和疫情防控专班,同社区工作者和志愿者一起参加这场疫情防控的阻击战。

在社区层面,街道工委、办事处提前研判,以快制快,减少外溢,稳准狠抓好防控落实,京贸国际公馆小区一人初筛阳性后,第一时间将街道干部下沉到各个社区,第一时间启动做好密接、次密接人员的预流调工作,第一时间启动封控管理,利用不到半小时时间封闭小区所有进出口,形成物理隔离圈。同时,迅速组织布防封控楼及管控区保安共计100余人,为小区封(管)控形成人员屏障,安排物业对每日生活垃圾、医用垃圾及全小区环境进行消杀、清运,保障社区居民生活平安、稳定。

除党政力量、社区力量外,广大居民志愿者和社会单位、社会组织也是参与抗疫的重要力量。杨庄街道和各社区集合各方力量,汇聚各方资源,为打赢疫情防控阻击战贡献志愿力量。吹响党员集结号,鼓励和引导在职党员"进社区、亮身份、践承诺、做表率",就地转化为抗疫志愿者;结合"社区工作者+志愿者""专业组织+爱心单位"等联动模式,联动社会单位、物业、居民等各方力量;挖掘社区骨干,以社区居民代表、志愿者骨干为抓手,辐射带动社区居民参与志愿服务,挖掘具备专业知识的社区能人,为居民提供医疗、心理疏导等专业服务。在本轮疫情防控工作中,杨庄街道涌现出500余名疫情防控志愿者,实现社区自我管理和服务,合力打造抗疫新模式。

二、"常态动员"与"应急动员"有序转换,疫情阻击战必须以快制快

只有平时练得实,战时才能拉得出、打得赢。一直以来,杨庄街道按照

"划小单元格、明确责任事、落实责任人"的思路,大力推行网格化管理,实现街道领导包社区、科级干部包楼院、社区工作者包楼到户。

在常态动员方面,为持续做好动员工作,街道专门出台了《关于加强和改进社区动员工作的"十条措施"》。坚持并深化社区工作者包楼到户机制,社区工作者按楼区划分责任区,负责联系服务居民,解决群众反映的问题;负责挖掘责任区内的党员、居民代表、楼门长、行业精英等动员资源,组建"社区帮帮团""民情联络员"队伍;负责采取"走出去、请进来"多种方式,设立"网格接待日"或"社区开放日",让居民群众走进居委会,通过征求意见、工作体验等形式加强社区"两委"和居民的联系,增进相互理解支持。社区工作者建立责任区民情手账,并进行"三备案",向街道纪工委、党群工作办公室、社区建设办公室分别备案,备案科室定期实地走访,了解包楼到户机制运转情况,督促鼓励社区工作者走出办公室,走到群众中,真心实意为人民群众服务。完善社区议事协商机制,建立"三委五方"社区协商议事平台,社区党组织、社区居委会、业委会(物管会)、物业公司、社区民警召开联席会,共同会商居民反映的热点难点问题,积极化解社区矛盾纠纷。

在应急动员方面,街道严格落实通州区"快字当头、深查细排、快筛严管、严防死守"的要求,全力以赴抓好应急处置工作。制订《杨庄街道联系社区、村工作机制》和《杨庄街道全员核酸检测动员工作方案》,建立"社区(村)包片领导 + 社区专员 + 下沉干部"组团联系服务社区工作机制,要求机关干部当好街道政策宣讲员、信息采集员、民情联络员、工作指导员、社区(村)监督员、冲锋战斗员。全员核酸检测工作启动后,社区(村)包片领导、社区专员和下沉干部全员下沉,按照街道统一部署,协助社区(村)做好宣传动员、物资领取、登记扫码、秩序维护、样本回收等工作;各社区(村)实行紧急动员"战区制",每个社区(村)为一个"战区",在应急动员状态下,社区(村)党组织书记为第一负责人,统筹调配各方力量参与社区全员核酸检测工作。

以常态动员和应急动员为基础,做好平战转换。在疫情防控中,街道充分发挥社区熟悉居民、了解居民的优势,把常态动员基础转化为应急动员效能。京贸南区社区充分发挥网格覆盖功能及包楼社工熟知楼宇及单元内居民情况的优势分工合作,网格内包楼社工按照各自分管楼宇井然有序地进行分楼核对信息登记、App 端录入信息、扫管、维持秩序等一轮轮核酸检测。在封(管)控期间,社区共开展 10 轮大规模核酸筛查工作,检测达 20868 人次,结果均为阴性。充分发挥网格力量及包楼社工熟知楼宇居民情况的优势,配合转运隔离,安排专人做流调排查、核实信息工作。与此同时,社区工作按网格及包楼机制为居民提供闭环就医、陪同看病、外出购药、买菜、送货上门,为封控楼居民及社区高龄、失能及空巢老人等特殊群体免费提供蔬菜包并送菜上门共 776 人次,同时为特殊群体建立了精细化台账。经过各方力量的不懈努力、行动与担当,京贸国际公馆小区管控区(除 6 号楼外)于 2022 年 5 月 7 日零时解封,6 号楼于 2022 年 5 月 11 日零时解封。

三、"线上动员"与"线下服务"有效衔接,提升封控区精准保障能力

"线上动员"与"线下服务"是否能够有效衔接,是决定疫情防控精准保障能力高低的关键。

在线上动员及服务方面,街道引导各社区通过微信群、社区微信公众号等方式沟通、宣传,广泛动员。通过发动和招募辖区内的党员、居民代表、楼门长等充实志愿者队伍。针对医疗健康管理需求,社区引入专业医疗力量,开启线上问诊服务。针对防控政策咨询,开通社区防疫热线,及时答复和解决居民提出的解封时间、健康宝弹窗、误工证明等各类疑难问题。针对居民买药需求,社区建立了电话报需、微信报需等多种渠道,由社区统一汇总需求,由封(管)控区外保障志愿者统一到药店或医院购买,购买后转交封(管)控区内保障志愿者按照封(管)控区防护要求送达当事人。针对封控区居民物资保障需求,探索"物资三级传递"机制,即第一级由快递员或居民家人朋友将物资放到小区大门口,第二级物资经消杀后由志愿者送到具体单元门口,第三级由"大白"送到居民家门口,有效提升物资运送能力,降低了"大白"的工作压力。

"不看广告看疗效",在疫情防控的社会动员中,居民群众不仅看街道、社区是怎么说的,更看怎么做的。只有做到"线上动员"与"线下服务"有效衔接,切实提高封(管)控区的精准服务保障能力,才能切实提高党和政府的威信,使居民"真听""真信""真跟"。

四、"自我管理"与"专业赋能"有机融合,居民自治是防疫基本策略

如果把疫情防控作为一场战争,那么组织居民自我管理、自我服务,则是打赢疫情防控阻击战的基本策略。同时,在引导居民自我管理、自我服务过程中,"专业赋能"是关键之举。锦园社区为充分发挥志愿者的专业作用,由社区副书记专门负责志愿者组织工作。为保证志愿服务有效运转,专门为社区志愿者进行培训,从如何穿防护服做好自我防护开始,到扫证登记、维护秩序、运送物资、上门核酸检测等各个志愿服务岗位要求,确保志愿者掌握相关志愿服务知识。为了进一步规范社区志愿服务,街道组织专业力量第一时间梳理出《临时封控期间社区志愿服务岗位分工明细》,并开发"志愿接力"微信小程序,实现志愿者招募、培训、管理和服务全流程智能化。在社区党支部的带领下,锦园社区在招募的众多志愿者中,还集聚了包括司机、教师、工人、医生、音乐人等在内的113名专业志愿者,社区每日在志愿者群内发布当天所需的志愿者人数和岗位,大家纷纷秒杀"抢单",希望在特殊时期为守护家园、抗击疫情尽一份力。

靓景明居社区的资深志愿者梁辉是一位全职妈妈,她从新冠肺炎疫情暴发之际就主动报名参与社区门岗扫码测温。在本轮疫情暴发之际,梁辉第一时间编写了一条志愿者招募通知发在各类社区居民群里,不到10分钟首批志愿服务岗位的名额已经一抢而空。志愿者全员核酸群、核酸扫码群、北门配货维护志愿群……在社区的指导下,梁辉按需建起了10多个微信群,各项任务分配得井井有条。

为了提振士气,凝聚人心,锦园居民王阳辰星在志愿服务的同时创作了一首"锦园之歌",经过居民共同商讨歌名、细调歌词、集体录制,《坚守的背影——锦园之歌》创作完成,记录了锦园共克时艰的温馨故事。

杨庄街道的实践表明,"自我管理"与"专业赋能"有机融合,是战胜疫情的最基本策略,也是最有效的策略。

第五章 技术应用类品牌

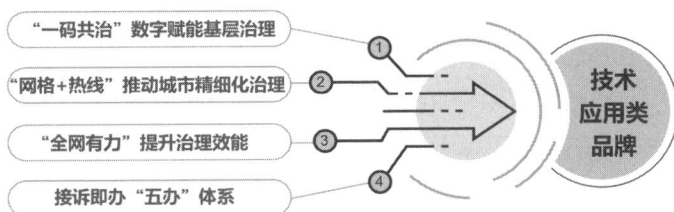

"一码共治"数字赋能基层治理 ①

"网格+热线"推动城市精细化治理 ②

"全网有力"提升治理效能 ③

接诉即办"五办"体系 ④

技术
应用类
品牌

第一节　"一码共治"数字赋能基层治理

"一码共治"是以物理空间人、地、事、物、组织的数字化为基础,以推动组织重构、流程再造、动态监测、效能提升为重点,实现智能调度、网上协作、精细治理的一种治理模式。

"七小门店"是城市精细化治理的重点和难点,北京市朝阳区左家庄街道探索"一码共治"模式,推动"门前三包"数字化转型,开创了数字赋能基层治理、推动城市管理精细化的新路子。

一、"一码共治"的基本情况

北京市朝阳区左家庄街道地处朝阳区西部,辖区共有 11 个社区,且多为老旧社区,周边各类服务场所众多,其中"七小门店"达到 507 家。长期以来,对"七小门店"开展"门前三包"管理,主要以监管部门为主体,普遍采取日常巡查及居民反馈为主要手段的治理模式,其问题和弊端反馈渠道单一,社会单位自治水平发挥不足,监管手段及主体均有所制约。

为深入贯彻落实习近平总书记视察北京重要讲话精神,街道工委、办事处坚持以《北京市市容环境卫生条例》《北京市"门前三包"责任制管理办法》为依据,以中共北京市委、北京市人民政府《关于加强城市精细化管理工作的意见》、首都精神文明建设委员会《关于进一步深化"门前三包"责任制的意见》(精建〔2018〕3 号)为引领,以数字化转型为切入点,率先探索实行"一码共治"机制,推动"门前三包"管理体制改革,重构"门前三包"组织体系,搭建数字平台、赋能常态管理,促进流程优化、提高协同效率,突出责任落实、提升治理水平,健全运行机制、引导多方共治,构建党政推动、政企联动、政社互动的治理格局,形成环环相扣、无缝衔接的"门前三包"治理闭环,有效推动了"门前三包"责任落实,促进了城市管理精细化水平提升。

"一码共治","一"是指一个总平台,服务管理事项一口进出;"码",是指人码、物码、企码等各类数字码,服务管理信息全面覆盖;"共",是指信息(或台账)共建、事务共管、数据共用、成果共享;"治",是指各类主体自治、综合行政法治、科技支撑智治、城市管理精治。

二、"一码共治"的主要做法

(一)健全组织构架,重构门前治理体系

在街道层面成立领导小组。成立左家庄街道"门前三包"数字化转型工作领导小组,下辖办公室,武装部长兼任办公室主任,副主任为综合行政执法队队长,成员包括城市管理办公室、平安建设办公室负责人,综合行政执法队各管片队员负责签订责任书、巡查记录登记、整理基础数据等,探索"一码通"落地使用。

在社区层面成立包片小组。各社区党委、居委会根据驻社区"七小门店"数量,成立由社区工作者和居民骨干(志愿者)组成的包片小组,负责"门前三包"工作的日常监督,并依托"一码共治"平台开展工作。

在社区"七小门店"整体层面成立自治组织。各社区以驻社区"七小门店"为主体,成立"七小门店"自律协会,制定自律公约,加强"七小门店"自律管理。将"七小门店"自律协会纳入党建工作协调委员会。引导"七小门店"以"一码通"为载体,自觉履行"门前三包"责任,提高自管自治水平,共同营造良好的街区营商环境。

在"七小门店"层面成立专项小组。"七小门店"成立"门前三包"专项小组,其中,明确门店1名负责人负责"门前三包"管理工作,明确1名工作人员为"门前三包"监督员,增强自我管理和环境责任意识,构建"共谋、共建、共管、共享"的良好局面。

(二)搭建数字平台,提供门前治理载体

建设"一码共治"平台。整合科技力量和资源,依托朝阳区"城市大脑"建设,加强与城管执法平台、"朝阳群众管城市"等平台的数据对接与融合,建立街道"一码共治"平台。通过大数据、物联网、人工智能等技术手段,汇集台账数据、业务数据、案件数据、城市码应用数据,将数据研判分析作为辅助支撑,开展对内业务管理和对外协同服务。

建立基础数据台账。采集辖区"门前三包"单位基础数据,对责任单位建立"一户一码一档"电子管理台账,及时更新单位信息、巡查记录、违规处理等情况,为各级管理部门提供责任单位基础数据和研判分析,为管理、执法、考核提供数据支撑,夯实城市精细管理基础。

打通数据共享渠道。依托"一码共治"城市精细化管理平台,在后端打通"门前三包"基础数据,连接公共设施的产权单位、商户责任单位、行业主管单位、市区级管理部门、街道属地管理部门、城管执法部门等各个管理部门,实现台账数据共享、问题案件快速精准流转、业务联动;在前端通过"物码""户码"入口,根据管理权限接收信息,方便工作人员日常巡查、问题上报、案件处置。

(三)明确主体责任,提升门前治理效能

强化执法责任。按照《朝阳区"门前三包"责任制管理办法》规定,负责探索推广"一码通"应用,统筹、协调、指导、落实辖区内"门前三包"责任制落实,对违反"门前三包"责任的行为进行行政处罚。

强化管理责任。城市管理办公室负责指导、督促建筑工地做好"门前三包"工作,对无主设施进行应急处置,确保门前市政设施、公共服务设施整洁完好,督促做好门前卫生保洁、垃圾分类及清运、绿地养护维护协调等工作。平安建设办公室负责协调"门前三包"范围内交通设施维护,指导监督门前停车、共享单车管理等工作。

强化"三包"责任。相关科室根据"门前三包"责任区划分标准,做好实地勘察,科学合理、清晰明确责任范围,在责任单位门前悬挂统一的《公示牌》,按年度与各单位签订《"门前三包"责任书》,接受公众监督。设立各单位"门前三包"专职监督员,强化责任落实。建立日常巡查制度,每两周全覆盖一次,切实压实各方责任。

(四)优化运行流程,形成门前治理闭环

优化门店层面工作流程。按照"门前三包"责任书要求,商户每天登录"一码共治"平台进行拍照自检,实现门前管理自治。对需要街道进行协调处理的城市管理问题,通过平台提交给街道,由街道相关科室按照"接诉即办"的要求及程序进行处理。

优化社区层面工作流程。包片社工或社区志愿者发现"门前三包"问题,由门店自行处理但未及时处理的事宜,提示门店自行及时处理;发现应由街道层面解决的城市管理问题,及时通过"一码共治"平台上报相关科室处理。发现应由门店自行处理,经多次劝导仍未处理或反复出现的"门前三包"问题,通过"一码共治"平台上报给相关科室处理。

优化街道层面工作流程。由综合执法队包片队员开展常态化巡查,发现商户存在"门前三包"或相关问题,点击上报案件,督促商户整改。处理案件时,了解最新处置和案件处理记录,上传处置信息,让案件在责任单位和执法队员间快速流转,高效结案,做到在最基层、最早时间、最小成本解决问题,做到小事不出社区、难事不出街道。

(五)健全工作机制,确保门前治理长效

健全巡查机制。根据职责分工,加强"门前三包"日常巡查,发现问题及时督促责任单位整改。每月抽查5条道路"门前三包"责任制落实情况。在门内着重检查责任书是否张贴于明显位置、是否有巡查记录等。门外着重检查"门前三包"范围内是否存在暴露垃圾、渣土堆放、橱窗张贴、乱堆乱放、私装地锁等问题。

健全联动机制。依据各自职责加大对"门前三包"责任制落实的检查力度,协调部门和各社区各尽其责、齐抓共管、密切配合。对属于本单位职责范围内事项,主动治理、未诉先办。对涉及多家单位的问题,依托"一码共治"平台和"吹哨报到"机制,及时沟通协调,实现联动处置。

健全考核机制。对管理对象分层级、分区域、分重点进行精细化管理,对街道科室负责人、执法人员、社区负责人、"七小门店"落实"门前三包"情况定期考核评估,并依托会议、"一码共治"平台、微信公众号等进行通报,督促各责任主体落实"门前三包"管理责任。

健全激励机制。结合"一码共治"平台,定期对"门前三包"工作开展情况进行数据分析,对"门前三包"自检率、巡查覆盖率、问题解决率等进行排名,每季度或每半年采取多种政策、多种形式对商户予以激励扶持。

三、"一码共治"的工作成效

（一）促进责权关系清晰化，实现门前治理由"应急式"向"常态式"转变

"一码共治"通过科技手段，改变了过去责权关系不明确的问题，依托线上平台推动线下责任落实，实现"七小门店"门前管理由"应急式"向"常态式"的转变。结合商户安装"门前三包"公示牌，开展"门前三包"宣传、培训工作，动员商户进行打卡自检，发动群众对商户进行监督。

在线上通过 CY 城市码、左家庄微视界等公众号，宣传"一码共治"小程序，并发布操作手册视频进行宣传培训。对商户宣传、培训 100% 覆盖。实施"一码共治"前，商户"门前三包"自检率不足 30%。实施"一码共治"不到一个月，商户累计打卡 9620 次，绑定商户扫码自检率 83%，执法人员和网格员的巡查扫码达到 600 多次，巡查覆盖率 100%。其中，三源里社区商户打卡率基本稳定在 100%，疫情防控自检 5304 次，"门前三包"自检 9557 次。

通过线上线下多方位的宣传，动员商户和群众常态化参与，推动门前治理常态化，扭转了过去一遇到重大活动就应急检查的被动局面。

（二）促进发现问题即时化，实现门前治理由"碎片化"向"系统化"转变

"一码共治"小程序通过日常巡查、问题上报、案件处置、商户信息、商户自检记录等日常管理，变过去发现问题"碎片化"为现在的"系统化"。通过商户自治、执法数据、市民群众评价等多方数据，对"七小门店"商户进行评星评价，实现从线上到线下多方参与业务联动数据，由点位采集汇总数据，平台业务数据梳理，基于一张屏全程展示，保证数据的准确性、系统性，为城市大脑提供有力的基础数据支撑。

执法人员通过"一码共治"小程序获取商户打卡情况，掌握"门前三包"、常态化疫情防控等工作的基础信息。在巡查中，通过"一码共治"小程序可直接获取商户的基础信息，实现对商户的全量巡查，自动生成减少记录整理工作，提高巡查和执法效率。

"一码共治"小程序还通过对商户自检项及巡检项进行快速配置，为应急工作的预案和时效提供支撑，有效提升了保障能力。

（三）促进服务管理高效化，实现门前治理由"粗放型"向"精细型"转变

过去接到的问题多，在街道社区闭环难。现在"一码共治"的推行使涉及商户的问题在平台上能够直接反映，缓解了"12345"的接件压力。商户的"12345"案件数在平台上直观显示，系统也将以此为依据对商户评级，提升了商户对"门前三包"、控烟、垃圾分类等问题的重视程度。

以前很多时间都花在信息填报上，一件事要填报多个 App，但很多真正需要的日常数据都比较零碎，在外面检查的时候反倒查不到。"门前三包"、疫情防控、垃圾分类等各项数据商户可以自己提交，系统汇总好了自己填报，手机扫个码就能查到，非常方便。每天巡检前哪些商户有没有自检，哪些商户有没有需要解决的问题手机上就能看到，效率提高了很多。

通过简单易操作的"一码共治"小程序，增强对"七小门店"和周边群众的服务能力，有效提升了群众的参与感、获得感、幸福感和安全感。

（四）促进社会动员社会化，实现门前治理由"被动性"向"主动性"转变

自推行"一码共治"机制以来，街道联合"门前三包"商户和各社区，共同宣传推广，积极实践，不仅推动了地区"门前三包"责任落实，使街面环境更加整洁、安全制度更好地落实，还使商户及居民治理参与度更高、职能部门管理更为高效，双向传导更加通畅顺达，进一步解决了社会动员难的问题，用智能化手段夯实了基层治理的基础。

辖区内各商户每天营业时主动上传"门前三包"情况，累计打卡可以获得星级评价。在自检打卡的过程中，提升商户的重要认识，培养打卡习惯，督促商户及时完成清理工作。在疫情期间，"一码共治"小程序还可以将消毒、测温等纸质记录变成线上打卡电子化，让防疫工作更高效、更安全。通过"门前三包"自检打卡，督促责任主体"监督员"身份的落实工作，形成自检自查的常态化自治模式。

通过"门前三包"公示牌上的二维码，群众还可扫码进入"一码共治"小程序，在日常生活中对商户工作进行监督。发现个别商户的违法行为时，进行拍照，以案件的形式实时上传，提高举报效率与精准度。商户收到举报后，及时更正，并将处理结果上传，执法队员对案件进行跟进督办，督促商户整改。

截至 2023 年 6 月 30 日，"一码共治"工作取得了显著成效，群众通过扫

码上报案件总计 20132 件。其中，网格员巡查上报案件 11792 件，市民上报案件 7359 件，企业上报案件 981 件，解决案件 18868 件，解决率 93.72%

四、"一码共治"带来的经验启示

（一）党建引领是数字转型的基本前提

坚持党建引领，是由党的领导地位、基层党组织的职责使命、基层治理的实际需要决定的，必须充分发挥党组织在基层治理中总揽全局、协调各方的引领作用。左家庄街道工委坚持把能力引领作为党建引领的重点，按照习近平总书记对北京重要讲话精神，围绕北京"四个中心"功能定位，在不断强化能力引领中推动基层治理，开发利用"一码共治"小程序，推动传统的"门前三包"向现代数字化转型升级，将"七小门店"纳入常态化、规范化、动态化管理体系，为基层社会治理提供了坚强的组织保证、制度保证、人才保证、能力保证，为党建引领直接服务于辖区社会治理探索出了一条成功路子。

（二）问题导向是创新实践的重要基础

在基层社会治理中，面临着许多矛盾和问题，而且直接影响到群众的获得感、幸福感和安全感。在社会治理创新中，坚持问题导向是基本原则。左家庄街道在推动城市精细化管理中，从破解"门前三包"管理难题入手，开发利用"一码共治"信息化手段，有效动员"七小门店"做好"门前三包"工作，使他们从"被动执行"向"主动治理"转变，为地区城市治理带来新的生机和活力，推动实现了难题变课题、"痛点"变亮点的工作目标，体现了主动治理的担当精神，为建立完善党委领导、政府负责、民主协商、社会协同、公众参与、法治保障、科技支撑的社会治理体系发挥了积极作用。

（三）科技赋能是破解难题的关键要素

2020 年 3 月 29 日—4 月 1 日，习近平总书记在浙江考察时指出，"运用大数据、云计算、区块链、人工智能等前沿技术推动城市管理手段、管理模式、管理理念创新，从数字化到智能化再到智慧化，让城市更聪明一些、更智慧一些，是推动城市治理体系和治理能力现代化的必由之路，前景广阔。""一码共治"机制将技术赋能、科技支撑具体化，通过建立小程序实现日常巡查、问题上报、案件处置、商户信息、商户自检记录等常态化管理，实现从线上到线下可以多方参与业务联动数据,由基层汇集数据,平台业务数据梳理,基于一张屏全程展示,保证数据的准确性、鲜活性,为城市大脑提供有力的基础数据支撑。

(四)多元参与是社会治理的本质要求

构建人人有责、人人参与、人人享有的社会治理共同体是党的二十大重要战略部署。"一码共治"通过商户自治、执法数据、市民群众评价等手段,推动"七小门店"商户和辖区群众多方参与"门前三包"责任落实,是新时期动员群众的有益探索,是"枫桥经验"在朝阳区的生动实践。左家庄街道以"一码共治"为突破口,发动"朝阳群众"、小巷管家等参与城市治理,形成商户自治、群众参与、街道监管、精准执法的多方联动的"门前三包"共治体系,动员各类主体参与城市管理、社会治理,并不断向社区延伸,必将对提升辖区社会治理发挥更大的作用。

第二节 "网格 + 热线"推动城市精细化治理
——基层网格化管理热线—市民服务热线"12345"的实践运用

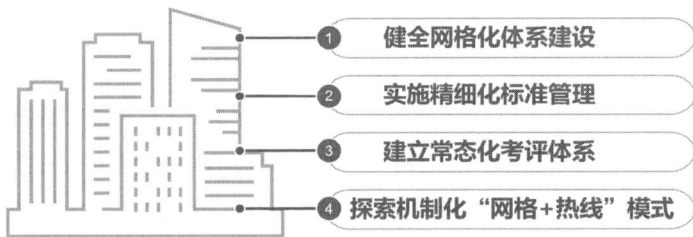

① 健全网格化体系建设
② 实施精细化标准管理
③ 建立常态化考评体系
④ 探索机制化"网格+热线"模式

一、"网格 + 热线"的基本背景

网格化管理是全面提升城市精细化管理水平、探索超大城市治理方法路径的重要载体。在百年未有之大变局的新时代,在建设国际科技创新中心、"两区"建设、建设全球数字经济标杆城市、以供给侧结构性改革创造新需求、京津冀协同发展的新阶段,以网格化管理为抓手,加快推进城市治理体系和治理能力现代化建设,特别是三年的疫情防控,网格化管理发挥了重要作用,同时北京探索的接诉即办又赋予了市民热线新的内涵。落实习近平总书记"建设一个什么样的首都,怎样建设首都"这一重大时代课题,提升超大城市治理,有效提升人民群众获得感、幸福感、安全感,"网格＋热线"成为新时代的重要课题。

近几年,北京朝阳区按照管理区域全覆盖、社会参与全方位、城市问题全响应、运行管理全天候、问题处置全流程和法治化、社会化、智能化、标准化、科学化"五全五化"的工作思路,紧抓接诉即办契机,以问题为导向,持续探索"网格＋热线"融合发展模式,大力构建"党建引领、部门协同、公众参与"的城市共治体系,不断强化网格综合管理,为城市运行提供精准化保障和公众生活提供精准化服务,为建设国际一流的和谐宜居之都提供支撑。

二、"网格＋热线"走出精细治理新路径

北京朝阳区紧紧围绕首都城市功能定位,着力推动网格化城市管理健康发展,网格管理呈现出主动、精细、量化、长效、为民的特质,城市管理能力全面提升。2017—2019 年,连续三年在北京市"网格化城市管理专项考评"中,成绩排名功能拓展区第 1 名。

（一）健全网格化体系建设,推动街乡二级闭环系统高效运行

依托网格化城市管理区级系统平台开展二级闭环体系建设,成立街乡分中心,全面整合城市管理资源,建立网格化运行体系。按照网格责任到人、层级管理,严格考核奖惩,把城市管理触角延伸到辖区各个角落,建立健全以街乡、社区（村）为主体自我发现和解决问题的常态化网格管理运行体制。区指挥中心还利用"二级闭环"系统,指导监督分队围绕重点工作任务,有针对性地对街乡进行监督。2020 年网格系统上报案件达 162 万余件,其中二级闭环平台系统共上报案件 55 万件,问题解决率 96.08％。

（二）实施精细化标准管理,建立分级分类管理体系

标准分级。针对不同问题,在全市统一标准基础上,进一步细化监督标准和流程,实现精细立案、准确派遣。尤其是针对疑似新增违法建设、违规户外广告等突出案件,建立了完整的处置流程和标准,使每一类问题案件从发现、制止、界定、执法、督办等不同环节,都能实施有效指挥派遣和处理。

区域分级。按照区域特点和承载功能将监督区域划分为重点区域和一般区域。重点区域是指"三区两线",其他区域为一般区域。为做好重点区

域的环境保障,监督分队专门调配素质好、业务精的监督员充实到重点区域,加大巡查频次和力度,确保监督到位。

(三)建立常态化考评体系,形成对重点问题的科学考评办法

不断完善网格化建设考评体系。结合实际调整完善考核评价办法,加大对大气污染、河长制等重点环境问题指标的考核权重,引导各街乡和区相关部门加大网格案件处置力度,提高结案率;引导相关单位加强巡查,重点整治反复出现的环境秩序点位,降低重点问题发案量,减少大气污染、水污染等环保问题的发案数。

充分运用考评结果。将对各部门、街乡年终考评结果纳入区政府绩效管理工作中,使考核与绩效挂钩,提高各级对网格化管理的重视程度。加强日常通报,通过在区委、区政府大屏公示、发送短信等方式,定期向区政府各主要部门和领导、各街乡领导展示网格化管理工作各单位成绩排名,每月召开区级接诉即办暨网格化城市管理工作通报讲评会,督促改进,不断提升工作水平。

(四)探索机制化"网格 + 热线"模式,聚焦解决群众诉求提升为民服务水平

创新"15 + 4 + 2 + 3"热线"吹哨报到"模式,强化区级平台的统筹调度协调作用。围绕明确哨源、建立机制、细化标准、规范流程,推动区级层面接诉即办更加规范、更加精准、更加高效。

创新"网格 + 热线"加速度模式,发挥优势做到"未诉先办"。充分发挥网格化城市管理体系发现问题快、案件上报及时、处置时限短等优势,加大城市管理、市容环卫、事件等相关问题巡查力度,对于"12345"热线诉求集中的区域和类别,发挥网格监督员的核查督促作用,力争在出现热线诉求前提早发现问题,督促责任部门加快处置速度和解决力度。同时,还采取多种方式开通社情民意"直通车",主动作为,超前化解各类矛盾。

创新"网格 + 热线"深度融合模式,互补互促实实在在提高诉求解决率。每日将群众反映的城市管理各类诉求,与网格员日常巡查情况比对,系统自动形成发现率,实施对监督员的绩效考核。充分利用网格资源对热线诉求办理情况进行核实。2020 年新冠肺炎疫情期间,日均派遣网格员实地核实市民热线诉求 67 件,由最初的解决落实率 56% 提升到 100%,取得了较好的效果。

三、接诉即办带来精细治理新挑战

经过近几年高强度、大力度的网格化城市治理,虽然取得了一些成绩,但是在精度、深度、广度上还存在不足。特别是自 2019 年"12345"非紧急救助热线调整为市民服务热线之后,市民参与城市治理监督的范围越来越广,对城市精细治理的要求越来越高,给城市精细治理带来了新挑战。

(一)群众期盼与当前城市管理成效还有较大差距

随着人口资源环境矛盾日益凸显、生活水平的日益提升,群众对城市管理的关注程度也越来越高,对城市治理的要求也越来越高,当前网格化强调更多的仍然是单项管理,既没有实现"多格融合",也没有实现"前沿"管理,滞后于群众需求,导致媒体曝光多、问题反映多、"12345"市民服务热线诉求多。

(二)网格间差异大,发展不平衡问题突出

区域面积大,人口众多,居民成分复杂,社会组织多元,城市地区与农村地区经济发展状况、群体结构、功能定位、产业布局等均存在较大差异,社会治理任务艰巨,城乡网格之间发挥不平衡。与建成区相比,朝阳区 2/3 的城乡结合部、农村地区仍是城市治理的薄弱环节,是各类环境乱点、秩序乱象高发频发区域,网格化管理难度大,在首都环境建设办组织的农村地区社会公众满意度调查中结果始终不尽如人意。

(三)网格化管理与各类信息平台的融合对接还不充分

目前,朝阳区在"网格 + 热线"方面做了一些探索和尝试,也取得了一些成效。但是,与交通、治安、民政、资源环境、基础设施等关键数据库共享联动还不够,如何做到动态实时、互联互通和共建、共享、共用,为城市管理决策提供全方位信息依据,还有一定差距。

(四)激励机制有待完善

网格化管理需要动员各方面力量广泛参与,达到对资源的优化、整合、共享,从而提高管理与服务的质量和效率。然而,在实际的网格化管理中,由于激励机制不健全,仅依靠行政命令和简单宣传,无法充分调动居民广泛参与社区自治的积极性。随着社区工作人员的年龄趋于年轻化,一些年轻的网格员对网格化管理工作热情不高、信心不足,使他们难以全身心投入网格工作,进而使整个网格管理团队的积极性、主动性和创造性不足。

四、推动网格化转型升级的新思路

推动网格化管理转型升级,是更好发挥网格化管理"主动治理""未诉先办"的重要举措,更是新发展理念下提高城市精细化治理水平的必然要求。新形势下,要推动网格化管理转型升级,重点要做好"四个结合"。

(一)网格化管理要与信息化技术有机结合,构建"五位一体"的城市管理一体化综合智能平台

2016年4月19日,习近平总书记在网格安全和信息化工作座谈会上的讲话中指出,"信息是国家治理的重要依据,要以信息化推进国家治理体系和治理能力现代化,用信息化手段感知社会态势、畅通沟通渠道、辅助科学决策";"人工智能发展应用将有效增强公共服务和城市管理能力"。要按照这些指示及要求,进一步强化网格管理与"接诉即办"、"雪亮工程"、公共服务的融合,推动实现设备、信息系统的共享,深化城市网格化管理平台应用,拓展各专业领域网格化应用,逐步整合各专业网格和各级系统平台,推进各平台间的互联互通,加强网格化管理平台与"12345"市民服务热线平台、公共安全视频监控联网平台等专业平台的融合对接,完善交通、治安、民政、资源环境、基础设施、"12345"热线等关键数据库,基本做到动态实时、互联互通和共建、共享、共用,为城市管理决策提供全方位信息依据,实现感知、分析、服务、指挥、监察"五位一体",建立城市管理一体化综合智能平台。同时,积极探索信息反馈机制,充分利用平台互通的信息处理能力,对于城市管理中"屡整屡现""屡治屡犯"的顽症进行数据分析,要举一反三,立足全局,从体制、机制和政策、法规等层面查找深层次的原因,将管理视角前移,改变被动处理问题的局面,形成立体化城市治理体系,有效将安全隐患、城市管理问题消解在萌芽状态,最大限度做好"主动治理""未诉先办",提高市民获得感、幸福感和安全感。

(二)网格化管理要与服务民生有机结合,实现被动管理向主动服务转变

党的二十大报告指出,完善网格化管理、精细化服务、信息化支撑的基层治理平台,健全城乡社区治理体系。中共中央、国务院办公厅印发的《关于加强社会治安防控体系建设的意见》指出:"把网格化管理列入城乡规划,

将人、地、物、事、组织等基本治安要素纳入网格管理范畴,做到信息掌握到位、矛盾化解到位、治安防控到位、便民服务到位"。可见,网格化管理要始终坚持以人民为中心的发展思想,坚持"居民身边的小事,就是网格服务管理的大事",不断健全完善"精细化管理、人性化服务、多元化参与、信息化支撑"的网格化服务管理模式。各网格管理人员和各职能部门树立"网中有格、格中有人、人尽其责"的网格化服务管理理念,将服务热情渗透到管理中,从被动管理转为主动服务。按照全面覆盖、界线明确、不留空白、不交叉重叠的网格管理原则,每个网格不仅成为发现、处置问题的管理单元,更要成为尽其所能提供公共服务的基本单元,做到民有所呼、我有所应,确保将问题解决在基层,把矛盾化解在萌芽状态。服务是最好的管理,从每个网格着手,赢得民心,凝聚人心,形成信息收集反馈、责任协调落实、服务互助支持的为民服务网格,实现由"网格化管理"向"网格化服务管理"的转变,健全民有所呼、我有所应的城市管理服务机制,并以区域化党建为引领,督促、引导、鼓励体制内外的单位、企业、组织、市民在城市管理中积极有效地发挥作用,形成全社会共同参与网格精细化管理的大格局。

(三)网格化管理要与资源整合有机结合,确保管理重心更下移、权责更统一

2013 年《中共中央关于全面深化改革若干重大问题的决定》提出,"以网格化管理、社会化服务为方向,健全基层综合服务管理平台。"网格化管理是一个化整为零的精细化管理模式,一系列资源整合、有序参与、共建共享的管理机制均是网格化管理的运作保障。在现有基础上,进一步有效统筹各类人力资源、信息资源、管理资源、执法资源,引导职能部门和社会组织共同参与网格化管理工作,确保真正实现由多支队伍分散管理向一支队伍集中管理转变,由粗放式管理向精细化管理转变,做到政府治理与社会调节、居民自治良性互动。基层是网格化管理的基础和源头,只有将管理重心下移,才能做好社会治理的源头治理,才能巩固社会的根基。要进一步梳理各职能部门的责任清单和涉及执法内容的权力清单,增加城市综合管理的透明度,强调规范、严格执法,杜绝推诿扯皮。同时,要保证与之配套的管理权限和资源配置权下沉,真正实现权责利的统一。建立健全效率、效果、效益等评价指标体系,科学衡量网格化管理主体效率和管理效益,进一步健全考

核机制,适当增加街乡对职能部门派出机构年度考核分值权重,强化网格管理主体的责任落实。

(四)网格化管理要与队伍建设有机结合,打造一支高水平、高素质、专业化的队伍

根据习近平总书记"城市管理应该像绣花一样精细"的指示,网格化管理作为城市精细化管理的重要手段,必须要有一支高水平、高素质、专业化的队伍为基础保障。每名网格员除了精通岗位职责分工,还要了解信访、应急突发事件、舆情应对、接诉即办等综合知识,既要对网格员及各承办部门等进行业务培训,也要对社区从事网格管理工作的领导和干部、志愿者、执法下沉力量进行业务培训与管理指导,确保管理人员和具体工作人员能全面熟练掌握网格化管理相关知识和设施设备的实际操作技能。定期联合有关部门对网格员进行相关法律法规、政策知识、专业技能等的培训,不断提高综合素质,满足人民对日益增长的美好生活的需要。同时,不断优化街乡、"12345"市民服务热线、网格绩效评估考核办法,加大对网格员的考核力度,着力打造一支精干有效的网格发现队伍,推动实现网格和"12345"市民服务热线的深度融合与联动,努力提升城市精细化、常态化治理水平。

第三节 "全网有力"提升治理效能

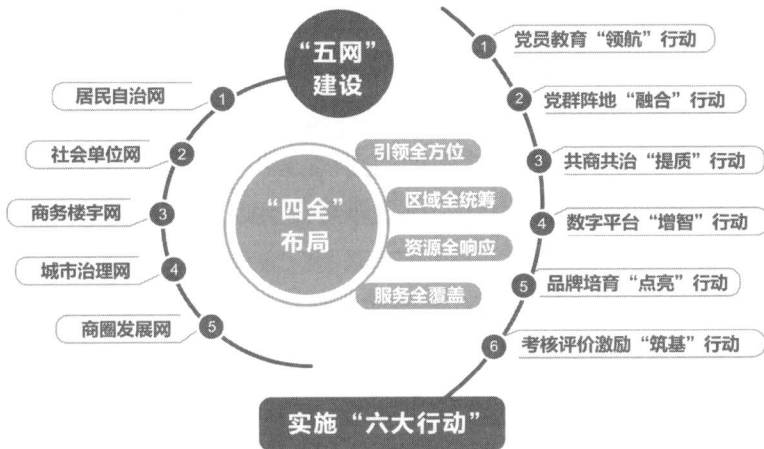

高质量发展需要高质量党建引领。北京市朝阳区八里庄街道工委按照这一理念,积极探索实施"全网有力"工程,通过构建精细化党建工作体系,提升党建引领基层治理能力,更好地服务居民、服务企业、服务社会。经过一年来的探索实践,有效地夯实了网格基础,提升了治理效能,取得了积极成效。

一、"全网有力"工程的主要做法

(一)围绕"四全"布局,完善党建工作体系

按照"引领全方位、区域全统筹、资源全响应、服务全覆盖"的布局,完善"全网有力"工程党建工作体系。

做强"一个主轴",突出党组织领导核心。强化"一轴",落实区委要求,结合街道实际,强化街道工委—片区(商圈)党委—社区党委—基层党支部四级区域性党组织领导核心作用。通过政治领导、制定规则、利益协调、整合资源和思想引导,实现对区域的领导功能,通过层级管理实现需求与民意自下而上传递,资源与力量自上而下汇集,确保整个工作体系的有效运转。

做实"四个节点",强化党组织统筹功能。针对老旧社区、高档商务区"二元结构"特点,紧扣街道—片区(商圈)—社区—小区(楼宇)四个节点,充分发挥街道党建工作协调委员会、片区(商圈)工作联席会、社区党建协调委员会、小区(楼宇)议事协商会的作用,在各节点构建起有组织、有阵地、有制度、有机制、有服务、有治理、有方法、有品牌的"八有"制度体系,让各类社会主体在不同层级、不同领域做到有为有位有力。

做细"六大专委",完善区域一体共建机制。依托区域化党建工作协调委员会机制构建和作用发挥,按照经济发展、平安建设、文化文明、社会民生、生态环境、城市运行六大领域,在每个领域设立分领域党建协调专业委员会(简称"专委会"),吸纳驻区政府部门、企事业单位、社会组织、行业协会等作为各分领域成员,分级分领域搭建协调议事平台,并进行规范化、常态化运行,推动上下协调联动、条块双向用力,实现共享资源、共融互助、共解难题,统筹实现地区党建工作"一盘棋"。

(二)聚焦"五网"建设,不断夯实网格化党建的工作基础

按照系统理论,织密居民自治网、社会单位网、商务楼宇网、城市治理网

和商圈发展网"五网",通过科学划网、合力织网、协同强网、服务入网、保障优网,将网格化党建基础做实做牢。

科学划网。聚焦党的"组织网",依托街道网格化管理,以居民小区、街巷、楼院为单位,结合物业划分区域等,采取"一网格一支部"的方式,建立网格党支部、楼院党小组,将党建工作、物业管理、疫情防控、民生服务、环境治理等工作沉到网格。深入推行"街巷长制""全民小巷管家",组织党员干部担任街巷长、网格长,打造以自管党员为主体、"双报到"党员为辅助、非公和社会组织党员为配合的小巷管家队伍,推动"人在网中走、事在格中办、情在格中建"。

职能进网。聚焦社会"治理网",部门主责、干部下沉搭建起自上而下、自下而上"两条线",探索街道机关干部交流、挂职、下沉和学习制度,建立健全党员干部下沉基层、联系社区及楼宇制度。同时,推动在实践中、在基层一线发现、锻炼和培养干部及优秀社区治理带头人的机制。

聚力织网。聚焦地区"发展网",完善党员志愿者队伍管理机制,注重在居民骨干、社会单位、志愿者中发现并培养一批跟党走、有能力的社会治理骨干,持续激发各类队伍参与基层社会治理的积极性。调动多元主体共同参与地区共建共治共享热情,聚焦地区治理中的"痛点"、"堵点"、难点,全面构建"一轴两翼两提升两转变"基层治理体系。

(三)实施"六大行动",全面提升党建引领基层治理合力

"全网有力"工程以加强党建引领基层治理为目标,重点在行动上体现价值。

实施党员学习教育"领航"行动。以深化党史学习教育为抓手,积极推进领导干部自学、述学、评学、督学的"四学制度",自觉做到"两个确立",强化"四个意识",坚定"四个自信",做到"两个维护"。实施分类教育管理,突出思想教育,实行基础内容普遍学、重点内容集中学、特色内容专题学。搭建网络学习平台,在街道、社区中开展系列专题培训,分类分层指导,推动学习教育落实落地,不断激发广大党员干事创业的积极性和创造性。

实施党群活动阵地"融合"行动。聚焦"两新"组织党建工作,推进组织设置和活动方式创新,在"两新"组织、商务楼宇、产业园区、商圈市场等领域扩大"两个覆盖",建强战斗堡垒;带动成立区域性协会、同业联盟、互助组等

各类行业协会商会组织,支持在企业社区层面成立企业服务委员会、在商务楼宇层面成立楼委会,提高组织化水平和自治能力。同时,注重发挥党建引领作用,落实各项服务企业政策,提高服务能力,为"两新"领域党组织赋能助力,优化地区营商环境,服务地区经济发展。

实施共商共治平台"提质"行动。着力深化党政群共商共治机制,推广"走、看、听、问、记、办"的"走动式工作法",健全"居民议事厅"工作机制,创新基层社会动员机制,积极培育和发挥"朝阳群众"等社会力量,充分发挥志愿者组织在基层治理中的积极作用。探索以网格精细化结构为单元,党组织和党员在服务保障重大活动、参与环境整治等重点工作中充分发挥作用的机制和路径。

实施数字党建平台"增智"行动。街道工委整合基层党建可视化平台等各类党建智慧化平台资源,推进基层党建与"互联网＋"深度融合,完善党员信息库、党组织信息库、党建工作信息库,完善党员学习教育平台、党组织规范化建设平台、党组织党员交流互动平台、党建效能可视化平台,科学利用大数据,实现围绕组织覆盖率、组织规范化程度、组织担当作为、党员活跃度等,探索构建基层党建实绩评测体系,推动基层党建可视化、精细化管理。

实施党建品牌培育"点亮"行动。按照"一社区一品牌、一商圈一特色"的思路,加大党建品牌培育力度。在社区党建领域,深耕党员"三带"、"四搜四合一跟进"、党建引领"移动居委会"等党建品牌;在"两新"党建领域,创新开展"华贸早餐会""远洋凝练沙龙""莱锦分享赢""青年汇聚8"等商圈党建活动品牌。依托党群服务中心党委及4个商圈党委的成立,创新党建工作内容、方式、载体,不断孵化、培树一批体现八里庄特点、朝阳特色的基层党建工作品牌,表彰一批先进基层党组织和优秀党务工作者。建立与新闻媒体的定期沟通机制,加强正面宣传,营造全社会关心、支持、参与基层党建工作的良好氛围。

实施考核评价激励"筑基"行动。强化"抓好党建是最大的政绩"理念,将加强党的全面领导落实到网格,分片区、分类型建立网格党建工作责任制。坚持以"七有""五性"为标准,以群众感受和评价为导向,以党组织星级评定为牵引,加强对基层党组织考核评价。加强考核结果运用,切实把党建工作责任压实到每一个基层党组织、每一个网格、每一名党员。

二、"全网有力"工程带来的成效

（一）"全网有力"工程完善了基层治理体系

"全网有力"工程通过建立"五网"，将街道—片区（商圈）—社区—小区（楼宇）4 个节点联系起来，强化"六大专委会"功能有效协同，推进了党建引领下的基层治理体系建设，使基层党建工作由分散的点串成了线，为社会治理提供了坚强的组织保证、制度保证、机制保证。各社区党委以"全网有力"工程为抓手，不断完善社区党建工作体系。华贸社区党委针对辖区企业多、商务楼宇多的实际，探索形成了"社区—片区—商圈—楼宇—企业"五级网格管理机制，统筹辖区新就业群体融入商圈治理，形成"华贸中心模式"，成为凝聚辖区各方面力量的纽带和桥梁。

（二）"全网有力"工程提升了基层治理能力

"全网有力"工程始于破解基层治理难题，成于提升基层治理能力提升，特别是在有效应对疫情当中得到了充分体现。2022 年初以来，望京小金阁、天堂超市酒吧、南京大排档聚集性疫情相继暴发，八里庄街道坚持快排快查、严管严控，结合之前的网格划分，先后划定 22 处封（管）控区、涉及 1.5 万余人次，特别是 6 月 9 日以来，同一时段内确诊病例达到 13 例，需要同时服务管理 11 个封管控区和 19 处临时封控单元，按照"全网有力"的动员体系，累计投入机关干部、社工、社区民警、志愿者等力量 1800 余人次，全力服务封管控区"最后一百米"，组织各方面力量开展物资配送、特殊人群服务、应急维修、就医保障等工作，以最快速度控制疫情传播，经受住了前所未有的挑战和考验。在推进社区卡口管理方面，同样体现出"全网有力"的优势，各社区党委按照网格划分，配置居民、物业、"双报到"党员等志愿者力量，为守好"家门"发挥了重要作用。

（三）"全网有力"工程促进了社会资源整合

"全网有力"工程通过片区、网格等将社会单位统筹起来，通过党建工作协调委员会将社会资源更好地引入社区，形成了服务社区的工作合力。在解决老旧小区停车难的问题中，通过整合网格资源，推动"共享停车、路侧停车、小区停车、立体停车＋智慧停车"的"4＋1"停车管理模式，新增车位 1200 余个、错时共享车位 700 余个。在抓好"两个关键小事"当中，以网格化推进

"大小物业"管理,并充分发挥物业联盟作用,较好地解决了一批物业管理矛盾。晨曦园业委会协调热力集团等解决了小区供暖问题。甘露家园、天天朝阳、甘露西园、华业玫瑰东方 4 个小区和万科时代中心,分别成为垃圾分类示范小区和示范商务楼宇。罗马嘉园社区注重发挥网格内辖区单位作用,创建首都花园式社区取得成功。

（四）"全网有力"工程激活了基层治理细胞

"全网有力"工程,成为八里庄街道党建引领社会动员的重要载体和平台,使各方面力量向网格集中,有效激发了基层治理活力。地区 37 名街巷长、657 名小巷管家长年战斗在城市管理的第一线,依托网格动员党员干部、志愿者、企业员工等持续坚持开展环境卫生大扫除,仅 2022 年前 9 个月就累计清理堆物堆料、无主垃圾 600 余车,规范"门前三包"500 余次。朝阳无限社区第三党支部对应的网格区域是 3 处"三无一开"的老旧平房区,支部在网格内成立"小巷管家管小巷"志愿服务队,积极参与网格内疫情防控、机动车停车自治管理、垃圾分类、治安巡逻、消防检查等工作任务,较好地维护了老旧平房区的环境秩序。

第四节 接诉即办"五办"体系

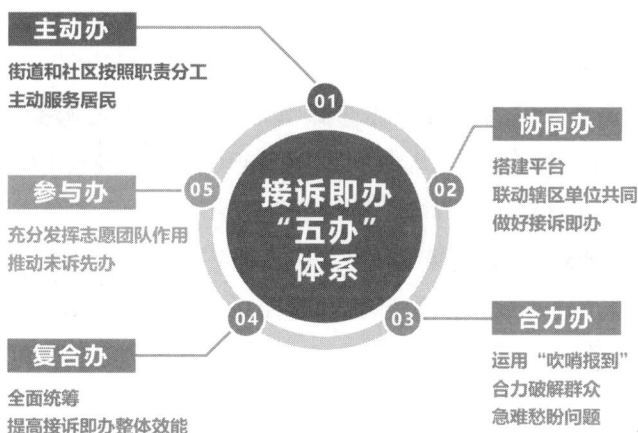

酒仙桥街道始终坚持"以人民为中心"的指导思想,将接诉即办作为抓

住基层治理的"牛鼻子"和"送上门"的群众工作,办好每一个诉求,干好每一件实事,让群众在真切感受到变化中实现了接诉即办工作成绩的相对稳定。

一、"五办"体系的基本背景

自接诉即办工作开展以来,酒仙桥街道始终将接诉即办工作作为服务群众的着力点,做到工委牵头、部门负责、社区协助、群众参与,初步实现了工作方法不断优化、工作效果日渐明显,接诉即办工作稳步前进。2022年,全年接件21545件,综合得分96.87分,年度总成绩排名全区第2名,12月全市排名第1名。

二、"五办"的实践做法

酒仙桥街道始终将群众的安危冷暖放在心上,按照"12345"的工作思路,竭尽所能办好"12345"的各个热线诉求,持续推进主动治理,不断完善共商共治共享的基层治理格局。

(一)坚持党建引领主线

坚持党建引领,将接诉即办作为提高党建工作质量的重要载体和党性锻炼的"试金石"。开展我为群众办实事主题党日活动,制定街道《重点民生项目清单》《实事清单》;通过"每天动态排名,互促共进提升",促使各级干部从"要我干"变为"我要干"。

示范引领,确保群众诉求件件有落实。主要领导坚持每日调度双否件、亲自把关签批剔除件。尤其是重点难点诉求,一件一件地调度、研判、把关,确保办理时效性。遇有涉及接诉即办考核规则内容调整等情况,首先对街道领导班子成员进行学习培训,学懂弄通。

(二)充分发挥"两个优势"

发挥"久久爱"党建品牌优势,夯实志愿者队伍建设。打造"久久爱链桥突击队"等9支"久久爱"志愿者服务队。在新冠肺炎疫情防控中,深入"红区"帮助解决群众各类诉求,受到媒体广泛宣传。发动社区居干、楼长、网格员、志愿者队伍2200余人的力量,确保全方位、多角度掌握并及时帮助社区解决各类诉求,较好地夯实了群众工作基础。

发挥评优导向优势,加强干部队伍建设。认真贯彻落实《接诉即办工作条例》，组织召开年度表彰大会，评选先进办件集体和最美办件人，将结果作为干部职级晋升、年度评优评先的重要前提条件和参考依据。2022年，街道创新推行机关干部和社区班子梯队规划。全年选拔科级实职干部15人，完成职级晋升11人，调整优化社区班子成员36人，及时补充、稳定住120人的办件人队伍。通过充实新鲜血液，街道上下精神面貌焕然一新，有效激发了工作活力。

（三）集中资源提供"三项保障"

集中资金向社区一线倾斜，为社区党组织提供坚强的服务保障。如全额拨发每个社区党组织服务群众经费40万元；梳理上年度急难愁盼事，街道提前立项划转产业升级资金3000余万元；关心关爱社区，努力提高待遇，全力支持他们解决好群众工作"最后一百米"问题，让群众看得见、找得着、信得过。

集中政策法规优势，精钻细研，持续深化"1+4"的机制保障。即诉求管理"一账三表"，诉求办理"一通三达"，诉求协调"一件三联"，研判思考"一举三反"，使诉求办理方法更明确、对策更具体、闭环更到位。通过一个诉求解决一类问题、推进一项服务、带动一片治理的效果逐步显现。

集中应急保障资金优势，设立200万元应急资金用于应急抢修保障。对在接诉即办过程中一时难以找到责任人，涉及"三无"小区公共服务设施修缮等工期短、小而精、见效快的事项，部门社区均可申报应急资金先行办理。同时，开设民生服务咨询专线，拓宽热线服务范围，有效吸附"12345热线"诉求量。

（四）念好接办件"四字诀"

派得"准"。街道市民诉求中心充分利用视频监控平台，快速核实诉求点位，全面掌握各部门职责分工，实现精准派件，减少案件流转，快速落地。

办得"快"。严格落实首派负责制，对案件进行分类处理，严格2小时、3天和5天办理的督办要求，确保诉求案件快速办理。

剔得"精"。严格承办部门研判，包片领导审阅，主管领导审核，主要领导签批的剔除审批流程，确保剔除材料的质量标准。

测得"实"。每到考核期结束，进行全口径原始"三率"数据测算，形成基本判断，及时发现问题，调整工作思路。

（五）合力打造"五办体系"

着力打造街道社区"主动办"体系。狠抓干部作风建设，最大限度调动党员干部"想"解决、"想"办理、"想"办好的能动性和主动性。启动涉及30个老旧小区抗震加固、节能改造公共区域的改造提升工程；自筹资金2000多万元，完成汛期积水点位维修等群众"急难愁盼"实事174件。

着力打造园区企业"协同办"体系。发挥党建协调委员会作用，搭建多方参与的共商共治共建平台，有效增进全方位参与社会治理的思想共识。疫情防控期间，为最大限度降低园区涉疫风险，累计完成园区楼宇封控点75个，指导主体单位顺利完成疫情防控任务1300多家并及时解读防疫政策，确保防疫生产"两不误"。各园区积极协同推进，实现86户非居民液化气用户清零，消除燃气管线占压隐患101处。

着力打造上下联动"合力办"体系。运用"街道吹哨、部门报到"联动机制，积极回应群众期盼，形成工作合力。在办理涉及将台乡、朝阳园管委会等多部门的噪声扰民案件时，诉求量一度达到200余件，主动吹哨生态环境局和兄弟单位通力协作、上下联动、齐抓共管，有效地解决了群众诉求。在区委、区政府统筹部署下，与区住建委、区征收中心、朝开公司、久益公司等多部门和单位建立常态化联动机制，创新建立"包片、包楼、包门、包户"责任机制，有效形成工作合力。

着力打造全面统筹"复合办"体系。持续健全"快""准""精""实"工作机制，提高接诉即办整体效能。以"快"为先，严格落实首派负责制，确保第一时间承办诉求；以"准"为要，根据职责划分，精准派件；以"精"为基，对回访不满意结果，进行二次、多次深化办理，坚持提出申报必须由主要领导签批；以"实"为魂，严格实行"3+4"复合办理制，认真落实"日研判，周调度，月点评，年总结"的工作机制。

着力打造志愿者团队"参与办"体系。打造久久爱志愿服务品牌，培育"宜居久"便民维修志愿服务队、"平安久"治安巡逻志愿服务队、9支"久久爱"志愿者服务队，积极参与地区疫情防控工作和新时代文明实践活动，实现了"党员带群众、群众共参与"的良好氛围。

第四篇　建言献策服务
基层治理现代化

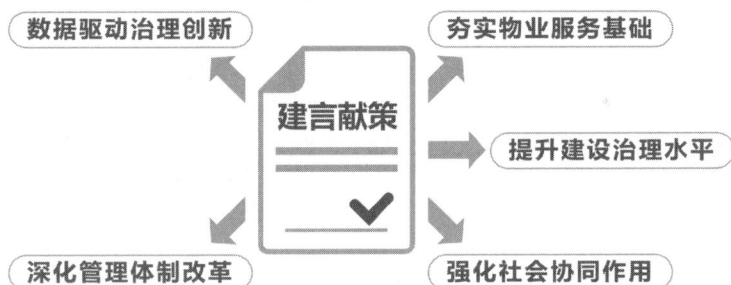

数据驱动治理创新

夯实物业服务基础

建言献策

提升建设治理水平

深化管理体制改革

强化社会协同作用

第一章 数据驱动治理创新

第一节 建议升级"12345"市民热线平台
打造为民服务的北京名片

第二节 用好"接诉即办""数据富矿六大功能"
助力乡镇（街道）提升治理水平

第三节 关于在市民服务热线数字系统中
做好点位地址识别标签设计应用的建议

第一节　建议升级"12345"市民热线平台
打造为民服务的"北京名片"

2019年以来,北京市以"12345"市民服务热线为抓手,倡导"接诉即办"解决群众的身边难题难事,使"乡镇(街道)吹哨、部门报到"延伸到了群众家门口,得到了市民的普遍认可。但是,通过在基层调研发现,"12345"市民服务热线平台还存在功能有待优化、稳定性不够、应用程序不完善、自动化程度不高等问题。为充分发挥"12345"在转变作风、整合资源、改善民生、支撑决策中的重要作用,需要对"12345"市民服务热线进行再设计、再升级,做实做优诉求集成、流程集成、办理集成、反馈集成和考核集成,使"接诉即办"从一种理念,升级为一种操作体系,进而将其打造成为民服务的"北京名片"。

一方面,建议按照"一号受理、各级联动、分类办理、全程监督、服务决策"的思路,出台"接诉即办"的意见或方案,对"接诉即办"工作作出整体规划和安排,进一步明确工作范围,理顺部门分工,优化体制机制,完善保障措施,全力构建人民群众联系党委、政府"最快捷、最权威、最有效"的渠道,为努力打造首都标准、北京特色、全国领先的为民服务品牌奠定基础。

另一方面,建议进一步突出"12345"为民服务热线在优化营商环境、提高服务效能、服务领导决策、展示政府形象等方面的作用,将各类热线归集到"12345"市民服务热线,形成全市统一的自然人和法人诉求受理平台,实现事项咨询、建议、举报、投诉"一号通"。重点是以提高群众获得感、幸福感和安全感为目标,以引导各类责任主体主动发现问题、解决问题和引导市民有序参与城市共治为基础,以提高诉求响应率、解决率和满意度为核心,以信息化平台为支撑,推动以属地为主体的解决问题机制的形成与优化,打通抓落实的"最后一公里",做到闻风而动、"接诉即办",使"12345"市民热线在联系群众、为民解困、凝聚民心、助推发展、服务决策中的作用更加突出。

一、完善"12345"总体框架

做强一个平台。建议把"12345"系统平台建设成对内对外的核心门户平台,涵盖市民热线、微信微博、网络舆情等各类市民诉求信息,使之成为全市各级党委、政府面向市民直接沟通的主渠道,成为最全面、最深入、最权威的党政群互动平台,成为建设服务型、责任型、法治型政府的重要标志。

建好"两个中心"。一是以自然人和法人诉求为基础,建立"诉求信息中心",汇集自然人和法人诉求,打通抓落实的"最后一公里",带动城市精细化治理。二是以保障诉求快速办理为重点,建设"市民诉求办理指挥调度中心",进一步优化市民诉求办理流程,实现直接派单、即时接单、快速办单、自动考核。

夯实"三个基础"。一是夯实动员参与基础。按照共商共治、共建共享的原则,加强社会动员,鼓励、支持各类主体参与"12345"市民服务热线的诉求反映、诉求办理、监督评价等全过程。二是夯实快速办理基础。建立相应的制度机制,按照"谁的孩子谁抱走"的原则,强化各级党委、政府相关部门及街道,市属公共服务企业、物业企业,社区党委、居委会等各自主体责任。三是夯实考核评价基础。除对各级党委、政府及相关部门加强考核之外,还需要对市属、区属企事业,特别是对水电气暖等公共服务企业的考核,同时还要对"12345"市民服务热线诉求办理以及物业企业等市场主体、市民个人进行信用评价。

北京市12345市民服务热线平台功能升级框架分解

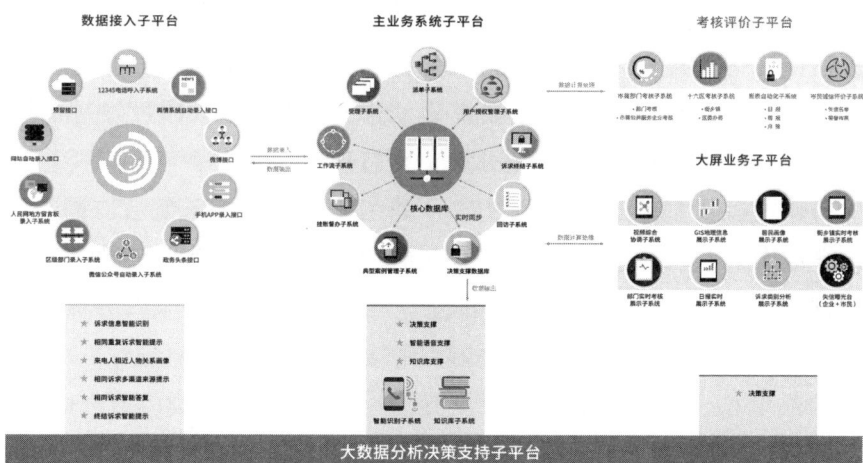

二、升级"12345"平台系统

数据接入子平台。主要收集市民热线、微信微博、网络舆情等各类市民诉求信息,重点涵盖"12345"热线电话呼入、舆情系统、手机 App、微博、微信公众号、政务头条、人民网地方留言板、网站、各区部门录入子系统等各渠道的诉求信息数据,并最大限度实现自动录入。同时预留接口,为今后发展预留空间。依托该子系统,针对各渠道的诉求信息,开发诉求信息智能识别、相同重复诉求智能提示、来电人相近人物关系画像、相同诉求多渠道来源提示、相同诉求智能答复、终结诉求智能提示等功能。

业务运行子平台。以建设核心数据库和决策支撑数据库为基础,核心数据库主要用于数据计算处理,决策支撑数据库主要用于数据输出。同时,建设业务受理、派单、工作流、挂账督办、典型案例管理、用户授权管理、案件终结、回访8个子系统,全面支撑市民诉求业务的运行管理。

考核评价子平台。主要开发市属部门考核子系统、十六区考核子系统、报表自动化子系统、市民诚信评价子系统。其中,市属部门考核子系统包括部门考核和市属公共服务企业考核,十六区考核子系统包括乡镇(街道)和区属委办局考核,报表自动化子系统包括日报、周报和月报,市民诚信评价子系统包括失信名单和荣誉市民名单。

决策支持子平台。重点开发知识库系统和语音识别子系统,分别为业务运行提供知识库支持和智能语音支持。同时,通过对核心数据库输出的数据进行深度分析,支持用数据说话、用数据决策,最大限度发挥市民诉求大数据对提升城市精细化治理水平的支持作用。

协调展示子平台。重点开发8个子系统,主要包括视频综合协调子系统和 GIS 地理信息、居民画像、乡镇(街道)实时考核、部门实时考核、日报、诉求类别分析展示子系统,以及失信曝光台,该子平台主要用于大屏幕展示及运行管理支持。

三、优化"12345"系统功能

数据集成。建议改变现有市民诉求来源单一的格局,打通现有网站、舆情、微信、微博等各类诉求渠道,做好与"12345"系统平台之间的对接,实现各类诉求信息的系统归集和数据集成，把"12345"系统平台建设成全市市民诉求汇集的总平台和"接诉即办"的总抓手。

信息共享。可依托"12345"系统平台，实现全市市民诉求信息的分级分类共享，即按照各级各部门职责，同步共享相应的市民诉求信息。同时，还可共享平台中本单位的统计分析、考核排名、诉求分类等信息。同时，对"12345"市民服务热线的服务范围进行明确界定，对公安、信访、法院等职能范围及专业部门的业务事项可不纳入"12345"，对正在走司法程序、人民法院已经作出判决、信访明确答复的事项，也可排除在"12345"系统之外。

追踪督办。对于"12345"系统平台形成的派单任务，由系统自动追踪办理情况，并具有接单提醒、到期提醒、回访情况提醒等功能，及时提示相关责任主体，按期保质保量完成"接诉即办"任务。最终，通过数据反映办理情况。

统计分析。升级后的"12345"系统平台，可实时对平台所记录的接诉、派单、办理、回访、评价等过程性数据进行分析，就区域分布、诉求数量及类别、响应情况、解决情况、共性问题、发展趋势等进行统计分析，为相关单位开展"接诉即办"工作提供决策支持。

自动考核。建议研究"接诉即办"考核指标体系，并嵌入升级后的"12345"系统平台，通过对"接诉即办"过程性数据的自动统计分析，生成实时的考核结果，推动实现考核评价的即时、客观、透明，提高"接诉即办"的智能化水平，为打通抓落实的"最后一公里"提供技术支持。

四、强化"12345"系统运行

加强宣传引导。建议借鉴或借助《向前一步》栏目，做好"12345"市民服务热线的宣传工作。同时，加强有关政策法规和有关诉求案例宣传，引导广大市民和法人单位既要合情合理合法反映诉求，更要参与诉求办理，共同解决问题，实现共建共治共享。

做好问题研究。加强对职责不清、政策不明的共性问题研究，尤其是要针对因政策原因、历史原因而办得慢、办不好的诉求事项，如社区建筑垃圾清运、单位制小区失管弃管等，制定相应的指导性、兜底性政策，从制度层面予以规范。

及时办理诉求。完善"接诉即办"的制度机制,优化运行管理流程,推动各单位第一时间响应、第一时间解决、第一时间反馈,实现市民诉求的分级分类办理,做到"事事有落实、件件有回音",提高市民的获得感、幸福感、安全感。

注重以数决策。可鼓励各单位对"接诉即办"相关数据进行深度分析,从数据中找规律、找差距、找问题,为制订相应工作方案、政策提供支撑。重点是通过诉求数据补短板、强弱项,不断提高民生保障和城市精细治理水平。

突出品牌培育。建议以"12345"市民热线事项办理为基础,培育"接诉即办"市民服务品牌,打造转变作风、执政为民、精细治理的"北京名片",提高北京城市治理的整体水平和质量。

强化运行保障。可建立健全市、区、乡镇(街道)、社区(村)、网格"三级五层"办理机制,以及市、市级部门、市属企事业单位、区"两级四层"专项办理机制,明确人员、机构、职责,做好经费、场地等相关保障工作,完善管理制度,建强运行体系,做到"派得了、接得住、干得好"。

第二节 用好"接诉即办""数据富矿六大功能" 助力乡镇(街道)提升治理水平

"接诉即办"工作开展三年以来,"三率""排名""办件""双否"已经成为乡镇(街道)、社区工作中的高频关键词,以"12345"市民热线为主渠道的诉求办理已经成为乡镇(街道)、社区开展基层治理的重要内容。当前,各乡镇(街道)都可以获取大量的诉求数据,但对数据的使用普遍停留在数据报表和结果展示层面,如何挖掘"数据富矿",提供有针对性、可落地的提升方案,还没有明晰的方法路径。北京惠民社会治理研究院根据在朝阳区和部分乡镇(街道)开展的"接诉即办"数据分析项目实践,梳理了乡镇(街道)层面开展"接诉即办"数据分析、提供解决方案的思路框架,供参考借鉴。

一、问题定位

全面梳理市级系统、区级台账等各个数据源的三年历史数据,确定主次问题,精准定位基层治理中的"痛点"、难点,以便乡镇(街道)、社区开展"靶向"治理。例如,提供乡镇(街道)年度诉求量排名前二十的诉求类别,包括拆迁腾退、小区配套、停车管理、房屋修缮、物业服务不规范等。在此基础上对问题诉求进行数据下钻，定位问题涉及的办理部门、涉事点位、时间点，以及相应的指标，如单项分数表现、诉求规模、回访结果分布和对乡镇（街道）整体扣分程度等。例如，通过对某乡镇（街道）的拆迁腾退类诉求进行数据下钻发现，该类问题中包含着一个因某村拆迁而引发的群体性诉求，该群体性诉求的"诉求人数130人，工单数200件"，影响了该乡镇（街道）得分成绩。对于此类重要、难解决，容易形成群体性的诉求，需要乡镇（街道）重点标记关注，建议通过成立乡镇（街道）统筹协调专项组等形式，及时提级研究上报解决方案。

二、主体聚焦

梳理科室部门、承办社区、物业公司、辖区单位等办件主体的诉求办理情况，围绕"三率"构建乡镇（街道）所有责任主体的全方位考核评价体系，并将其作为部门和个人日常考核、动议干部的依据参考，推动实现责任主体全覆盖，鼓励承办部门和个人在"接诉即办"中主动作为。在具体实施过程中，可根据乡镇（街道）实际情况定制责任主体考核评价指标。例如，将哪些指标作为承办主体的重点考核，"双否"多的、未解决多的、分数低的，还是诉求量大的？根据北京惠民社会治理研究院的实践经验，建议包括有效诉求受理规模、每个承办主体的解决满意结果分布、单个诉求类别的"双否"分布等，并进一步建立衍生指标，用一两个指标即可更直接、直观地反映出承办主体的办理水平。例如，每个承办主体的平均分数、每个承办主体对乡镇（街道）整体的模拟总扣分的影响大小等。

三、点位划分

梳理诉求高频点位，如小区、学校/幼儿园、公园、道路等，便于乡镇（街道）、社区集中力量有的放矢，推进基层治理在具体点位落地实施。例如，小区物业治理类诉求是影响市民日常生活的重要因素，诉求总量一直处于高位运行。根据北京惠民社会治理研究院对朝阳区某一时段的诉求数据进行分析，得出该类诉求涉及小区共1310个，其中诉求数量超过200件的有4个具体小区、101～200件的有14个小区、20～100件的有239个小区，其余1053个小区不超过20件。在开展老旧小区改造、物业管理专项提升等基层治理工作中,则可以依托点位分析结果优先考虑在诉求数量超过200件的前4个小区、101～200件的14个小区落点落图,围绕难点重点开展先行示范。在此基础上对20～100件诉求的239个小区逐步铺开,以点带面实现物业小区治理全面提升。

四、提分策略

跳出乡镇(街道)本身,在全市、全区层面去分析诉求总量、排名情况、"三率"情况,结合同类型诉求办理情况的最高分,确定本单位的提分空间和幅度,给出现实可行的提分方案。根据北京惠民社会治理研究院参与的朝阳区2021年度乡镇(街道)"体检"数据分析来看,综合排名是市级直派成绩、区级转派成绩两部分之和,有的乡镇(街道)区级转派成绩拖了"后腿",比如某地区直派成绩92.34分、排名农村地区第4,转派成绩67.44分、排名农村地区第19,导致直排+转派的综合成绩排名农村第18,该地区的提分重点在于加大转派办理力度。

就"扣分点"来看,乡镇(街道)应该与诉求数量相近、地区情况接近(如中心城区、基本城市化地区、部分城市化地区、二道绿隔地区等)的乡镇(街道)进行对比,才能挖掘出有效提分空间。比如,朝阳农村地区违法建设类诉求解决率最高56.6%,最低29.1%,某乡当前的违法建设类诉求解决率为53%,尽管理论上提分空间还有47%,但实际上有效提分空间仅为3.6%,因此建议该乡在该类诉求办理上维持原有办理力度即可,应该把有限的人力、物力、财力等资源投入其他诉求类别,即与其他乡最高解决率相比有明显差距的问题中。

此外,"接诉即办"工作考核政策、规则一直在调整完善,如果不能把握其要义关键,就很难适应变化的情况,精准有效施策。建议乡镇(街道)地区重点培养1～2名行家里手,实时跟踪学习最新最全的考核政策规则,提高对"接诉即办"考核政策规则的熟练掌握和有效运用,在既定规则下最大限度优化地区"接诉即办"成绩和排名。

五、周期预警

通过对历年"接诉即办"数据进行类型特征、演变规律、时空规律等多维度分析,针对乡镇(街道)季节性、周期性、规律性问题,及时进行预警,将"接诉即办"端口前移,采取措施提前预防,实现"未诉先办"。例如,雨季的房屋滴漏问题,在汛期来临前针对诉求集中点位,加强隐患排查,修缮漏雨点位。此外,冬季的供暖问题、年底的拖欠工资问题、开学季学校周边的交通管理问题等,都可以提前布局开展源头治理,实现"主动治理"。

六、趋势预判

从中长期来看,将"接诉即办"数据与人口数据、地理数据、气象数据、房屋数据进行融合分析,对居民诉求进行趋势研判和模拟预判,从根本上把握基层治理重心的变化与迁移,为乡镇(街道)、社区提供决策支持。比如,对正在建设住宅、地铁的点位,当前的投诉重点内容是施工扰民,建设期结束后将面临小区配套、交通管理等方面的问题;长期来看将面临物业管理、老旧小区改造等相关问题,这些诉求的点位和时间均可通过数据和经验进行趋势预测。掌握了长期发展趋势,乡镇(街道)社区就可以提前部署,力争减少可能预见的诉求。一旦发生诉求,也可通过已建立的较为完备的预案,快速响应解决办理,尽量避免群体性诉求案件的发生。

总体而言,基于"接诉即办"数据分析,可以分别从诉求事件、办理主体、具体点位三个维度对乡镇(街道)诉求及办理情况进行总体分析,从而实现乡镇(街道)"接诉即办"的问题定位、主体聚焦、点位划分三大功能。提分策略、周期预警、趋势预判三大功能则分别从短期、中期、长期三个维度,深挖"数据富矿",为乡镇(街道)"接诉即办"整体水平提升提供解决方案,进一步驱动基层治理水平和能力提升。

第三节 关于在市民服务热线数字系统中做好点位地址识别标签设计应用的建议

点位地址识别标签设计应用是"12345"市民服务热线中心实现精准派单的重要方法,也是积累诉求信息数据、有效进行诉求分析、高效确定责任主体、科学开展区域治理的重要基础。为有效用好标准点位地址及其在"接诉即办"中的信息数据积累功能,就做好标准地址库建设、点位地址信息的准确性、点位地址识别标签设计应用提出如下建议。

一、建立标准点位地址库

现阶段北京"接诉即办"核心系统实现了按类别、按办理单位及属地的统计、分析、考核、管理功能,但缺少具体的地理位置的规范数据,市民来电诉求中有大量丰富但又模糊不规范的地址信息叙述无法识别,特别是针对多人反映同一点位的问题,由于诉求人描述的参照物不同或用"俗名""别名",导致同一点位地址出现多种表述,需要工作人员反复核实确认。为此,迫切需要通过点位地址识别标签实现地址提取、清洗、治理、去重、切分、标准化、聚合等工作,结合多源数据融合,按照统一标准构建"12345"市民服务热线"接诉即办"标准地址库,满足诉求派单、统计分析、主动治理等场景下的地址应用。

二、逐步提高点位地址信息的准确性

在建立全市覆盖的标准地址库基础之上,借助技术手段,设计点位地址的识别条件、逻辑和方法,形成精准解析引擎,通过信息化的程序设计实现自动识别划分点位,实现地址纠错、行政区划补全、坐标解析等功能,有效解决在市民多样的、开放性的描述中找出规范统一的地理位置信息的问题。与此同时,再通过人工标注、定期比对等方式,不断完善"接诉即办"标准点位地址库和纠错库,逐步提高点位信息的覆盖面和准确性。以此为基础,不断强化"接诉即办"核心系统的点位地址匹配功能,建立市民诉求地址与标准地址间的映射关系,从而支持精准派单、科学分析、主动治理等业务场景。

三、加强点位地址识别标签的设计应用

当前,在"接诉即办"工作中,存在着"办结一件诉求就结束一件诉求"的问题,事情虽然解决了但没有形成有效的数据信息,花了时间和精力核实的信息无法汇总,缺少总结,导致信息流失。信息的积累和利用止步于诉求"已办结"。但一线没有总结经验,领导层无法了解和掌握情况。比如,事情发生在哪里?为什么在这里发生?没有进一步分析挖掘为什么发生。因为点位地址信息的不准确和缺少相应的识别标签,导致难以更多关注延伸管理和为决策提供有效、精准的数据支撑。

为有效积累每个点位、每个诉求中有价值的数据,切实解决经过核实的数据无法汇总、缺少经验总结、信息流失、诉求止步于"已办结"等问题,需要在建立标准地址库的基础上,通过设计点位地址识别标签,进一步丰富点位地址在"接诉即办"中所包含的信息数据,为深度挖掘诉求原因、积累解决方案、辅助科学决策提供支撑。

点位地址识别标签的设计应用,在提高诉求工单派单的准确性和效率的同时,还可以进一步深化拓展其应用功能,充分发挥其在"接诉即办"、"未诉先办"、主动治理中的靶向引导作用和诉求问题来源分析及责任主体追溯作用。一方面,将"接诉即办"中一切有价值的数据打上"位置"标签,通过诉求 + 位置数据,将真实诉求映射在地图上,在地图上还原真实诉求分布,为准确、科学把握诉求的区域态势奠定基础。例如,面对全市数十万条甚至更多的工单,可以以较高的速度、识别率、准确性,定位任意多个诉求类别(如同时定位供水、供电、供暖等问题)的小区点位分布。另一方面,针对不同区域的高发多发诉求,通过设计点位地址标签,进一步分析不同点位诉求的问题原因及责任主体,为找到病因、对症下药提供支撑。例如,针对房屋滴漏问题,在定位小区点位的同时,还需要进一步高效定位该类诉求的问题点。通过设计点位识别标签,具体分析漏水的点位、漏水原因。同时,基于诉求人反映的诉求内容等信息,快速、批量定位漏水点位,划分各小区的滴漏类别,快速明确重点责任主体单位。目前,"接诉即办"系统中的分类只给出大的"症状"表现,而设计点位标签可进一步分析症状来源,找到病因、"对症下药"。

点位地址识别标签的设计实际上是需求分析、问题挖掘的过程,不同的乡镇(街道)、社区(村)既有共性又有个性,标签设计就是要帮助社区(村)在共性问题上互相借鉴、复制经验,在个性问题上因地制宜、"因诉施策"、有的放矢。我们既可以把成熟的共性的标签共享、推广,也可针对乡镇(街道)进行地理位置标签定制专享,围绕各乡镇(街道)、社区(村)高效科学开展"接诉即办"工作形成一套量身定制的"趁手"分析工具,为提高"接诉即办"、主动治理水平提供支撑。

第二章　深化管理体制改革

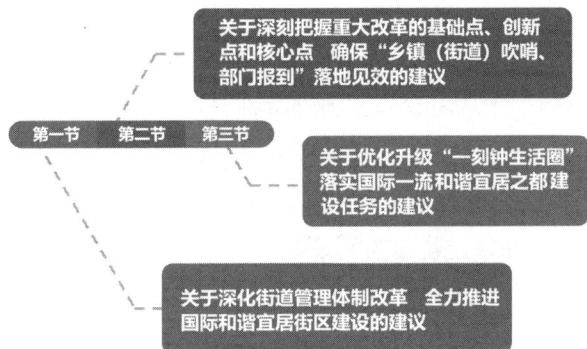

关于深刻把握重大改革的基础点、创新点和核心点　确保"乡镇（街道）吹哨、部门报到"落地见效的建议

第一节　第二节　第三节

关于优化升级"一刻钟生活圈"落实国际一流和谐宜居之都建设任务的建议

关于深化街道管理体制改革　全力推进国际和谐宜居街区建设的建议

第一节　关于深化街道管理体制改革
全力推进国际和谐宜居街区建设的建议

　　街道是城市管理的重要基础和依托,街道工作是城市工作的重要组成部分。深化街道管理体制改革,是转变政府职能、加强城市治理和社会治理的重要保证,是推进朝阳区城市管理现代化的重要内容和关键环节。长期以来,作为区政府的派出机关,朝阳区各街道在区委、区政府的领导下,认真贯彻党的路线方针政策,在加强城市治理、组织公共服务、搞好社区建设、维护社会稳定、创新社会治理等方面做了大量的工作,形成了党政群共商共治、社区创享计划(居民提案大赛)、"五化协同"、"四千四万"等工作经验。随着京津冀协同发展战略的确定和朝阳区经济社会的快速发展,街道办事处职责不清、条块关系不顺、财力保障不足、服务管理能力不强、社会参与不够等问题日益凸显。在建设国际一流的和谐宜居之都总体目标要求下,认真总结分析街道工作面临的主要问题,进一步梳理当前和今后一个时期街道体制改革的思路,加快构建以街道为基础的城市治理体系,提高街道的城市治理能力,事关首都治理现代化进程。

一、街道管理体制面临的主要问题

　　随着"四个中心"战略定位的确立和"四个服务"要求的提高,朝阳区正处于区域定位调整期、城乡统筹发展期、发展动能转换期和治理模式提升期,疏解整治任务繁重,城市治理矛盾突出。街道工作面临着一些问题,严重影响和制约着街道作为区政府派出机构职能的履行和属地管理作用的发挥,主要包括以下四个方面。

　　(一)职能边界不清晰,自身性质与作用发挥不相称

　　以街道办事处为例,北京市《街道办事处工作规定》(市政府1999年第23号令)明确街道办事处主要履行"城市管理、社会管理、社区服务、居民工作"四个方面职责;此后,历经五次城市管理工作会议,对街道办事处职责有些微调,但至今仍然缺乏权威、统一的界定。然而,在实际工作中,街道办事处属地功能被不断放大,职责范围不断扩大。职能部门的"漏斗效应"将大

量的事务"漏"到街道一级,使街道承担的任务不断增加,出现了街道因承担一些应由职能部门承担的职能而导致越位现象。因包揽了一些应该由居民自治组织和社会组织承担的职能而导致错位现象,也导致本应由街道办事处履行的职能而未履行的缺位现象。目前,需要街道依法行政的范围越来越宽,协调的社会事务越来越复杂,承担的社会责任越来越大,提供的服务内容越来越多。政府职能大量地下沉到街道办事处,致使其行政事务越来越多,导致街道办事处出现了名不副实的状况,即街道办事处法律名义上不是一级政府,却在实际上承担着一级政府的职能,逐渐形成了"准政府"的角色地位。

(二)条块关系错位,责权利不对等

目前,北京市城市管理体制实行的是"两级政府,三级管理",但实际上除公安等少数工作实行三级管理外,大部分都实行市、区两级管理。由于管理幅度过大,管理任务重,很多工作延伸到街道,由街道的相应科室承担,专业部门对街道的工作进行监督考核。虽然街道办事处的责任增加,但权力却维持原状。街道办事处在统筹辖区资源,整合部门工作力量方面仍以行政命令和私人感情沟通为主,缺少长效统筹机制,也就是手中没有可以统筹辖区资源的有效权力。这样的运作方式给管理工作带来了诸多矛盾和问题。主要包括以下三个方面:第一,责任主体不明确。一些专业管理的工作,如违章建设、节约用水、施工工地等,在实际运作中出现了两个责任主体,一旦出现问题,难以追究责任,造成工作中推诿扯皮、推过揽功、争权推责的现象。第二,责权不统一。街道作为派出机关,需要履行属地兜底责任,但有的权力并没有下放到街道层面。职能部门拥有相应权力,但由于管理幅度过大,管理力度不足,"看得见的管不了,管得了的看不见",责任与权力严重错位,工作开展起来难度大。比如,在对地下人防工程的防火检查中,对于查出的问题,街道只能告知政府专业部门,却无权处罚,于是出现屡查不改的现象,如果出现火灾等安全问题,街道却难辞其咎。在拆除违法建设方面,规划和自然委员会是批建部门,但拆违的责任却落在街道,街道城管分队却只有部分规划管理权,批管脱节,致使工作中遇到很多难题。在收缴残疾人保障金方面,作为群众组织的区残联将任务分解到街道,由街道组织收缴,同时街道不能将收缴的经费用于地区残疾人建设事业。还有诸如餐馆排放油烟等环保问题,初审权、审批权不在街道,但有了问题却要街道落实处理。第三,管理任务难落实。随着经济社会的发展,城市专业管理的科技含量越来越高。实施专业管理需要相应的技术、设备、人才作保障,而这些资源大都集中在专业部门。街道迫于名目繁多的"一票否决",不得已实施专业管理,但缺乏基本条件,"想管管不了、不管又不行",只能凭借人工手段,解决一些表面现象,工作很难做到深入、扎实。比如特种设备安全普查,等等。这也是造成城市管理和公共服务水平不高的一个重要原因。上述种种问题最终造成了街道"属地管理"的职能难履行。长期以来,朝阳区各街道从讲政治、顾大局的高度出发,坚决履行属地管理职能。但是,由于属地管理被不断强化,专业部门把街道作为自己的"腿",有事就派给街道;"上面千条线、下面一根针",街道成为专业管理的"筐",什么都往里面装,经常性的工作突击做,突击性工作经常做;指令性工作多,自觉性工作少;种了别人的地,荒了自己的田,"块"难统到位,属地管理难以落实。

(三)财政体制滞后,事权与财权不匹配

目前,各职能部门卡着街道经费的"脖子",在谋划一些重点、综合性的城市环境整治项目时,经费主要从各职能部门逐一申请,再在街道层面集成使用。近年来,随着"零余额"、促支降存等财政政策的实施,街道办事干活越来越难。在属地管理不断强化的前提下,现行财政体制仍然存在一些问题,主要表现在以下四个方面:第一,财政资金未能做到事权与财权的统一,以块为主的属地管理与以条为主的资金拨付方式不相适应,形成了"事权错位、财权上移,两权横向上缺乏呼应"的问题。第二,街道财政资金总量不够。目前街道除了税收返还,全指望外来的钱干活,原来财政体制下,各街道多少还有积累,现在给多少就是多少,基本没有自主财政资金,事权与财权严重不匹配。东城、西城每年给每个街道拨付财政资金平均达到1.5亿~3亿元,朝阳区的大街道也没有达到这一额度。第三,支出形式不便利。一方面,相关部门对街道项目经费数量不认同,有的缺乏科学测算依据,简单搞平衡,"撒芝麻盐",很多项目干也不是不干也不是,多少有点儿经费,但不够项目成本,都是小零碎;另一方面,街道临时性工作缺乏自主经费,社区各类专项资金繁多,但"打酱油钱不能买醋",造成资金短缺和资金闲置并存的矛盾等问题。第四,税收奖励由于街道所处的地理位置、社会单位数量、居民居住结构等客观因素造成贫富差异越来越大,同时,税收奖励政策的不稳定性,影响街道加强税源建设的积极性。

(四)"属地责任"无限扩大,监督评价流于形式

按照"监督专业管理"的定位,街道办事处本应对相关职能部门在本辖区的工作情况进行监督。但是,由于当前行政问责体制中"属地责任"的无限扩大化,出现了"责任属地化、权力部门化""溜边执法"现象。而且由于缺乏相应的监督权、人事权和财权,街道办事处对职能部门派驻街道的科队站所缺乏必要的约束力,对其工作的督促、检查、协调往往流于形式。更严重的是,职能部门在工作推进过程中往往强调"属地管理"责任,向街道办事处直接分派任务,签订"责任状",将许多本应由职能部门来做的工作交给了街道办事处(甚至社区居委会)来完成,相关职能部门组织对街道办事处进行考核,造成了"管事的人不干事、干事的人被考核"的监督主体倒置现象。

二、关于深化街道体制改革的建议

根据"街乡吹哨、部门报到"相关政策和要求,结合实际工作需要,建议从三个方面深化街道体制改革。

(一)厘清管理职能,明确责任主体

厘清街道办事处作为政府派出机构的职能,进一步明确街道办事处的职责任务,即根据区政府的授权,统筹辖区城市管理,协调监督专业管理;加强辖区社会治理,维护地区社会稳定;组织开展社区服务,统筹推进社区建设;动员辖区社会力量,激发地区发展活力。街道是城市管理的一个重要层面,是政府社会治理和公共服务的基础环节,要切实加强街道综合管理和对公共服务的组织工作。

(二)规范行政行为,探索双向考核

一是健全区委、区政府对街道办事处的统一考评制度,由区委组织部、区委社会工委以及区社会办会同区委、区政府有关部门负责实施,各专业职能部门不再考评各街道办事处。二是建立街道层面的民主管理和监督委员会,组织人大代表、政协委员、社区工作者、特约监督员、居民和社会单位代表对政府专业管理部门及其派出机构定期进行考核评议,考核评议结果作为对有关人员考核、任免、调动、奖惩的重要依据。三是街道工委参与对专

业管理部门派出机构党员干部的管理,专业管理部门派出机构负责人的考核、任免、调动、奖惩要听取街道工委的意见,建立起主管部门与街道工委会签制度。

（三）转变财政体制,实现财事匹配

按照"刚性资金有保障、自主资金能支出、应急资金能补充"的总体思路,重新梳理部门与街道之间的事权划分,进一步明确街道事权,匹配财权。一是理顺条块事权,转变拨付方式。将全要素小区和全景楼院建设等楼前屋后的改造提升等事权交由街道,并根据任务量给予相应财权。二是加强财政管理,规范转移支付。一方面,建立"部门管事不管钱、街道干事统筹钱"的体制,解决街道干事没有钱和争取资金程序烦琐的问题;另一方面,建立规范的转移支付和稳定的税收奖励政策,缩小街道的发展差距,促进街道间统筹协调发展。根据各街道辖区面积、绿地面积、保洁面积、人口、重点大街和担负的重点任务等因素分配一般转移支付资金。根据区委、区政府工作重点,按照各街道承担的环境整治、基础设施建设、绿化等任务量安排专项转移支付资金。同时,采取先试点、后推广的方式,在 2～3 个街道开展财政体制改革试点,根据过去三年街道全口径财政资金实际支出情况,给街道安排一定的自主资金。三是设立自主经费,提高保障能力。自主经费主要用于街道提高社会治理、公共服务水平等支出需要,增强街道应对临时性、突发性工作以及统筹辖区发展的能力。

三、关于建设国际宜居和谐模范区的建议

在京津冀协同发展的大背景下,朝阳区进入发展新周期,区域定位由功能拓展区调整为中心城区。在新形势下,街道将紧紧围绕北京市新版总体规划的要求,以打造和谐宜居生活圈为抓手,以推进"部门管事不管钱、街道干事统筹钱"财政体制改革为重点,建立部门与街道、街道与社区双向评价机制,全力推进国际宜居和谐模范区建设。

（一）聚焦城市品质,建设城市生活圈

朝阳区城市生活圈是以城市发展和综合服务为基础,以完善的城市布局、宜居生活环境和优良营商环境为重点,以立体化、多圈层的方式开展从设施与功能、空间与交往、服务与环境、社区与园区、生态与生活等多方面的

建设,推进居住区、商业区的协同发展,提高城市发展品质,提升社会治理能力和精细化管理服务水平。重点是从城市规划、功能定位、资源配置、服务供给和治理方式5个维度出发,结合北京市总体规划和朝阳区城市发展的特点,将城市建设、交通出行、居住生活、休闲娱乐、教育文化和经济发展等多项元素有机融合,形成符合现代城市发展特点的4个层级圈层,确保服务保障能力同城市战略定位相适应,人口资源环境同城市战略定位相协调,城市布局同城市战略定位相一致。

一是融入首都功能发展圈。突出城市规划和产业发展功能,根据朝阳区各区块功能和发展特点,以1个小时车程(60平方千米)为范围,将朝阳区全域划分为8个规划功能圈,通过机制创新、营商环境、公共配套、城市建设、社会治理和智慧信息等方面,开展城市生活圈建设,是全区最高层级圈层。

二是优化区域公共服务圈。突出区域统筹和公共服务功能,结合地区社会发展现状,以30分钟左右车程(10平方千米)为范围,参考街乡行政区划,在8个规划职住圈内划出30个左右公共服务圈,通过设施配备、交通循环、改善环境、空间布局、消除隐患、补齐短板等公共服务手段,高效复合利用各类城市资源,构建智能精准、友好舒适的城市运行体系,提升区域发展品质。

三是完善街区便民生活圈。突出便利服务和功能复合,根据各街乡辖区特点,以步行15分钟为半径(1平方千米)为范围,将街乡行政管辖区域划分为便民生活圈,通过完善便利服务体系,发展现代生活服务业,综合利用公共设施,夯实城市共享生活基础,完善社会公共服务体系。便民生活圈为本地区居民和企业发展提供具体的发展支持和服务,是城市生活圈发展的中坚环节。

四是提升社区宜居生态圈。突出自然生态和社会生态,根据社区和小区发展情况,以步行5分钟为半径,形成以社区或小区为单位的宜居生态圈,通过社会便利服务、宜居生态环境或社会公众参与等方面工作,实现社区有机更新,打造开放共享、人文活力、精致美丽的宜居生活环境。

(二)聚焦中国特色,建设国际街区

围绕国际景观、国际氛围、国际环境、国际标准等要素,坚持"自然＋传统""文化＋体验""高端＋特色""民生＋环保"的建设思路,以"培育特色、完善功能、加强管理、创建品牌"为目标,秉承"高品位打造、精细化建设、专业化经营、规范化管理、优质化服务"理念,将景观、文化、业态、道路同步改造提升,在24个街道各打造一条国际特色街区,实现从城市环境改善向人文、艺术、体验层面转变,全面促进朝阳区城区街道景观、业态发展、文化积淀及历史内涵4个维度同步提档升级。

一是开展调查研究,制订建设和发展规划。认真对街区的长度和宽度、占地面积、建筑面积、营业面积、经营户数量、街面景观、特色定位等进行深入调查,分类别建立档案。在充分调研的基础上,制订本地区街区建设改造提升工作总体规划和具体实施方案,按照"一街一特色""一街一模式"的要求,对特色街区的空间布局、主题特色、经营业态、环境景观、配套设施、规范管理、优质服务、运作机制等方面作出科学定位和详细规定,确立发展目标和计划进度。

二是完善服务功能,推进街区规范建设。按照工作方案的要求,明确目标定位,完善街区综合配套服务功能,分步实施街区建设改造提升工程。在前期试点的基础上,总结推广先进经验,扩大创建范围,提升创建层次,创建国际特色街区。同时,要健全配套设施,增强特色街区的休闲和游憩功能,增强街区及其周边区域的交通便利功能。对街道的立面、店面、店招等进行科学设计,使其建筑风貌与商品文化元素等相协调。

三是注重传承文化,培育鲜明街区特色。在对街区进行建设改造提升过程中,充分利用各地区历史、文化、景观、商业特色相对集聚街区的优势,坚持继承与发展、保护与利用相结合,注重传统文脉和商脉的传承,充分发掘深厚的历史文化底蕴,将文化作为特色街区持续发展的内涵。对于综合功能型特色街区,要注重把区位、规模、经营、形态、文化、特色、功能等各大要素进行系统整合,打造融购物、娱乐、游憩、商务、文化、休闲等多种功能于一体的城市公共活动空间、城市形象展示空间、城市商贸商务空间。

四是彰显大国风范,融合国际文化元素。充分利用和发挥好全国文化中心的示范、带动和辐射作用,结合丰富多彩的国际文化、异域风情打造独具特色的国际街区,提升街区品位。在街区开发建设改造提升过程中,注重保护能体现首都传统风貌的历史建筑。鼓励开展大型国际文化活动,形成街区浓厚的国际文化氛围,提高街区文化品位。

五是商旅文联动发展,打造城市商业景观。将国际特色街区建设与旅游、文化以及相关服务产业的发展有机联系起来,探索"始于商贸、旺于特色、盛于旅游、久于文化"的发展模式,加快发展首都特色商贸服务业、现代服务和生活性服务业,展现大国首都的风采和特色。发挥国际特色街区的旅游功能,将其建设成商旅文互动的精品工程,形成朝阳独具特色的聚集效应、规模效应、品牌效应。在街区的规划、业态定位、经营展示活动中紧密结合旅游,为各旅游团队和游客观光购物创造便利的条件。增设街区旅游接待、中英文标识、消费者投诉等公共服务设施,增强街区的旅游休闲功能,满足游客和市民的需要。

六是强化街区管理,实现常态长效。认真学习借鉴国际城市特色街区的先进理念、建设和管理办法,结合实际,探索和开创国际特色街区管理的新模式。建立街区管理委员会或街区自治管理组织,明确管理职能、经费及各相关配合部门职责,组建街区商会,充分发挥街区民间社团的作用,坚持街区自我管理和行政管理结合,推动街区规范化管理水平的提高。结合创建全国文明城区、开展全国"百城万店无假货""社会信用体系建设"等活动,推进诚信建设,综合运用评比、信息发布、舆论监督等手段,规范商家的经营行为,营造健康、有序的商业环境。加强部门联合执法检查力度,维护国际特色街区正常秩序,保持街景街容的整洁。

(三)聚焦和谐宜居,建设全要素小区

为满足人民美好生活需要,按照首都"四个中心"战略定位,结合落实北京新版城市发展规划,探索全要素小区建设,全面提升城市精细化治理和小区宜居品质,推动环境更新和社区复兴。全要素小区就是打破由住房性质决定资源配置的体制,通过政府引导、社会参与和市场驱动,系统解决小区设施老化、功能缺失、服务缺位等难题,对公共空间、功能设施进行修复、补充、完善,全面整合和系统集成文化建设、服务管理、运行机制等要素,实现硬件与软件同步提升,从设施与功能、空间与交往、生活与生态等多角度全方位满足小区居民多样化需要。

一是围绕空间要素加强设施建设。坚持把小区空间改造作为全要素建设基础,按照"缺什么、补什么"的原则,通过改造升级弥补当初规划设计不足,优化升级小区居民的公共服务和活动空间,包括小区公共活动广场维护、地下空间改造升级、社区服务场所等,特别是在生活设施、基础设施、特殊服务设施、健身设施、安全设施等方面,进行"点对点"改造升级,为小区服务和管理功能重塑创造有利条件。

二是围绕环境要素加强功能再造。全要素小区建设把环境改善作为重中之重,结合疏解整治和背街小巷治理,将沿街建设规划与管理有机融合,特别是在沿街墙体、门头、雨水管线、门窗等沿街建设中,注重自然生态与人文生态平衡。在开展垃圾分类中,提供人工分类、智能分类等保障,并运用积分引导等形式,倡导居民积极参与垃圾分类和源头减量。通过环境要素的改善,小区更加宜居。

三是围绕人文要素加强文化建设。坚持党建引领全要素小区建设,从小区、楼门、家庭入手,加强小区文化符号构建,培育和践行社会主义核心价值观。加强传统文化与现代文化、中国文化与世界文化有机融合,将居民手印墙、家牌、涂鸦、小区记忆、楼门文化等作为重要内容,培育小区居民家园意识。继续开展楼门文化,将家规、家教、家风建设作为小区建设的基础,提升小区的人文品质。

四是围绕管理要素加强社会动员。在加强硬件设施改造升级的同时,注重多元参与的长效管理。如在治理小区交通出行方面,既拆除私装停车地锁,也增加交通设施等,解决小区微循环问题。同时,对私家车停放、小区自行车存放、共享单车停放等进行规范,动员居民共同维护小区秩序。在治理背街小巷中,将集中整治、立体设计、日常维护等融为一体,建立街巷长、小巷管家队伍,培养更多的"朝阳群众"。

第二节 关于深刻把握重大改革的基础点、创新点和核心点 确保"乡镇(街道)吹哨、部门报到"落地见效的建议

"街乡吹哨、部门报到",是首都城市治理的一项重大改革,是提升首都城市治理能力的头等大事。对于"建设一个什么样的首都",《北京城市总体规划(2016年—2035年)》明确提出:"站在新的历史起点上,就是要建设好

伟大社会主义祖国的首都、迈向中华民族伟大复兴的大国首都、国际一流的和谐宜居之都。"这是新时代首都发展的新定位。朝阳区作为连接核心区和城市副中心的中心城区,要准确把握朝阳发展的新周期,全面把握朝阳发展的新要求,深刻把握朝阳发展的新使命。站在新的历史起点上,就是要立足首都发展的新定位来看"街乡吹哨、部门报到"工作。更直接地说,就是要跳出"吹哨"看"吹哨",要把"吹哨、报到"工作与"四个中心"城市战略定位、"四个服务"、"疏整促"、建设国际一流的和谐宜居之都对接。

一、处理好八大关系,是实现"街乡吹哨、部门报到"的重要基础点

"街乡吹哨、部门报到"既要解决"看得见的管不了,管得了的看不见"的体制性问题,还要切实解决城市日常运行管理问题,是一个脱胎换骨的综合性改革难题,推进过程中首先要从全局上把握处理好以下八个重要的基础关系。

一是定性与定量的关系。现有的城市管理,更多的是凭经验判断,科学性、精准性不够,缺少量化统计、量化分析和量化标准,而"街乡吹哨、部门报到"既需要定性判断,更需要建立在定量分析研究、把握规律基础上的超前预测。

二是日常与应急的关系。现代城市运行应该有扎实的日常管理,遇有应急事件,做到应而能急、备而能战,能够按应急预案迅速作出响应,第一时间掌握情况、果断行动快速处置。"街乡吹哨、部门报到",就要着眼解决目前我们准备不充分,甚至走形式、无准备,无打胜仗能力的问题。

三是专业与综合的关系。多年来,城市管理专业分工上已经形成固有体系,实行的是条条管理,比如公安、消防、工商、规划、交通等。但是,在涉及多个专业部门共同管理的问题上,很容易出现"三个和尚没水喝"的现象。通过"街乡吹哨、部门报到"机制,可以有效解决职能交叉重叠、分工合作不够紧密的问题。

四是发现与处置的关系。现有城市管理体制往往将发现问题和处置解决放在一个管理部门,难以做到及时发现和快速处置,缺乏有效的监督。通过"街乡吹哨、部门报到"机制,将发现问题和处置解决作适当的体系分离,让属地、网格员、社会公众发现问题,并监督部门完成情况。

五是被动与主动的关系。一方面,各部门要主动自我发现问题,让基层不吹或减少"吹哨"频次;另一方面,街乡"吹哨"之后,相关部门要快速反应、主动作为,及时有效地处理好问题,化被动为主动,形成城市管理被动与主动的转换机制。

六是管理与治理的关系。管理是强制的、被动的,而治理是积极的、多元参与的。治理,关键在治,根本在理。治,就是要推动法治、自治、德治、共治、善治,整体布局,综合施策;理,就是要理顺政府、市场和社会的关系,明确职责定位,该交给社会的交给社会,该交给市场的交给市场。

七是放手与收紧的关系。现有城市管理,在处理政府与市场、市场与社会的关系上,存在着放得不开或有的放开但管得不好的问题。在放还是不放上,从管理的角度考虑多,从社会效应考虑少,造成政府管得越来越多,甚至有的方面反而收得越来越紧。"街乡吹哨、部门报到",应当把如何遵循管理规律,该放的放、放开后如何管好、管到位一并考虑。

八是事权与财权的关系。在现行体制下,往往财权在部门,事权在街乡,形成了"事权错位、财权上移、两权横向上缺乏呼应"的问题。这种权责不对等,必然引发街乡与部门的矛盾。要准确把握"街乡吹哨、部门报到"的本质,划清职责界限、健全联动流程、完善标准要求,建立事权与财权匹配的体制机制。

二、用大数据推动信息共享、功能集成、一体联动、服务实战,是实现"街乡吹哨、部门报到"的突出创新点

当前,大数据、云计算等高科技手段已广泛运用于各个行业。谁能率先使用、创新利用,谁就能把握先机,赢得主动。现代城市管理和运行需要科学高效决策,只有数据支撑才能保证城市的智慧运行。因此,要紧抓"街乡吹哨、部门报到"这一契机,建立大数据中心,形成朝阳区的"城市大脑",充分发挥大数据的支撑作用,用数据说话、用数据决策。

一是推动信息共享。建立专项业务工作信息共享机制,将各系统原有数据融入"街乡吹哨、部门报到"综合大数据库,为大数据分析和使用提供支撑。同时,紧抓深化"放管服"改革和"互联网+政务服务"机遇,打造"一揽子"服务矩阵,让"数据多跑路,群众少跑腿"成为新常态,实现各业务工作的单一条线管理向功能集成和协同联动转变。

二是强化功能集成。推进"城市大脑"建设，打破部门间的信息孤岛，实现"街乡吹哨、部门报到"的系统整合、功能集成、一体化推进。打通部门之间的信息化壁垒，确保实现动态数据及时共享，综合利用，促进"街乡吹哨、部门报到"工作的顺利开展。

三是支撑一体联动。大数据能够把物理上分离、权力上分散的"街乡吹哨、部门报到"统一到一个平台，为实现部门与街乡的高效协同提供支撑。建设"街乡吹哨、部门报到"综合平台疑难复杂"专家门诊"，做到闭环管理、全程留痕、限时督办、追责有据，实现高效、精准、及时解决"大城市病"问题和群众在城市管理方面的诉求。

四是确保服务实战。大数据具有对"街乡吹哨、部门报到"一体联动、网格治理和信息共享的实战支撑功能，使之成为部门联动完成重点任务、综合执法和应急处置的实体化集成式综合平台，贯通线上线下，构建"横向到边、纵向到底"全覆盖大联动协同的工作网络，发挥"工作平台、研判平台、指挥平台、绩效平台"的联动融合、共治共享的多平台融合效能。

三、推行街乡体制机制"一统一分开、四合四转变"，是实现"街乡吹哨、部门报到"的关键核心点

1998 年，北京市第一次城市管理工作会提出"一确立、两赋予、三分开"的目标。"一确立"，就是确立街道对辖区事务负总责的地位，解决街道定位的问题。"两赋予"，就是根据街道"负总责"职责定位，赋予相应的管理权限和财权。街道对辖区工作分别行使组织领导权、统筹协调权、指挥调度权和监督权，同时建立街道财力保证体系，参与地方财政收入分成，实现责任和权力的统一、事权与财权的统一，为街道履行职责提供可靠保证。所谓"三分开"，就是实现政事分开、政企分开、政社分开。

应该说，第一次城市管理工作会议对于解决街道职能定位不明确、管理体制不健全、责任权力不统一、利益机制不合理等问题，起到了决定性的作用。但是，由于种种原因，以及缺乏大数据等手段支撑，有些精神没有落实到位。结合这次"街乡吹哨、部门报到"工作，应该认识到，在街乡体制机制上实行"一统一分开、四合四转变"，既是体制机制的创新目标，更是实现"街乡吹哨、部门报到"落实的关键核心点。

一统，就是坚持党建统领，用"一轴四网"统领"街乡吹哨、部门报到"工作，重点是发挥从区委到小区党支部四个层级在"街乡吹哨、部门报到"工作中的政治引领、组织引领、作用引领和服务引领作用，突出区委党建领导工作小组、街道（地区）党建工作协调委员会、社区（村）党建工作协调委员会分会和网格（片区）党建协作组四级区域化党建统筹协调机构的组织作用，全面实现"街乡吹哨、部门报到"。

一分开，就是通过体制改革和机制创新，推动发现问题和解决问题适当分开。重点是给街乡赋权和激发社会参与活力，把社会公众发现问题的解决情况纳入考核评估体系，切实发挥街乡和社会公众的监督作用。

四合，就是定性与定量结合，日常与应急融合，专业与综合整合，事权与财权契合。

四转变，即被动向主动转变，粗放向精细转变，分散向综合转变，形式集中向功能集成转变。

要围绕这次改革的目标和重点，把"一统一分开、四合四转变"放在街乡城市管理体制机制改革过程中综合考虑，在明确赋权、力量下沉、机构增效等方面把握和落实。

"一统一分开、四合四转变"要解决五个问题：一是解决城市管理的地位问题——由"重建轻管"到规、建、管并重；二是解决城市管理格局问题——由政府统包统揽到"政府到位、市场入位、社会归位"；三是解决政府管理重心下移、力量整合问题——由条块分割到条专块统；四是解决管理方式转型问题——由"突击运动式"管理到长效常态管理；五是解决管理成效问题——由粗放管理到精细管理。

最终，要通过"一统一分开、四合四转变"，探索形成具有朝阳特色的"责任链"治理模式。即以明确责任为核心，以体制改革为基础，以优化机制和再造流程为重点，以大数据为支撑，构建环环相扣的责任链条，形成治理闭合圈，实现城市精细治理和社会高效治理的双重目标。

第三节 关于优化升级"一刻钟生活圈" 落实 国际一流和谐宜居之都建设任务的建议

建设一个什么样的首都？站在新的历史起点上，就是要建设伟大社会主义祖国的首都、迈向中华民族伟大复兴的大国首都、国际一流的和谐宜居之都。这是《北京城市总体规划（2016年—2035年）》明确的发展目标，也是深入贯彻习近平总书记系列重要讲话精神和治国理政新理念新思想新战略的根本举措。朝阳作为中心城区，是全国政治中心、文化中心、国际交往中心、科技创新中心的集中承载区，也是建设国际一流的和谐宜居之都的关键地区。

面对新时代的新形势，朝阳区如何抢抓京津协同发展战略机遇？如何破解大城市病难题、提升城市宜居品质和发展品位？如何把朝阳建设成为国际一流的和谐宜居之都的窗口区？做到服务保障能力同城市战略定位相适应，人口资源环境同城市战略定位相协调，城市布局同城市战略定位相一致，是当前及未来一个历史时期必须完成的重大战略任务。

2008—2018年，朝阳区借助CBD、奥运、绿隔政策，在经济社会建设方面有了长足的发展，在城市管理和社会治理方面积累了不少好经验、好做法。比如，在全市率先探索的"一刻钟生活圈"，被列入新版总体规划之中；党政群共商共治和居民提案大赛先后被评为中国十大社区治理创新成果。当然，我们也要清醒地认识到，在京津冀协同发展的历史背景下，城市发展理念、发展路径、发展方法和发展模式已经发生变化。要承担国际一流的和谐宜居之都的新任务，必须按照新时代的新要求，立足"四个中心"城市战略定位，突出疏解非首都功能、提高城市发展水平、下大气力治理"大城市病"和做好"四个服务"，打造朝阳发展升级版。

大事引领是朝阳的传统，在新形势下，要用什么大事凝聚朝阳各界力量，未来应该有三件事：一是大数据中心建设；二是"一刻钟生活圈"建设；三是农村城市化建设。这三大建设，应该是朝阳当前及未来一个时期的重要发展任务。依托大数据中心，建设线上线下服务平台，实现服务资源要素的全方位聚集。农村城市化是朝阳区委、区政府确定的重大战略任务。而"一刻钟生活圈",恰恰是新时期提升发展品质、转变发展方式的重要载体。

2008 年,朝外街道开始探索"一刻钟社区服务圈"建设,2009 年在全市推广。经过 10 多年发展,具有较好基础。面对新一个 10 年,建议把"一刻钟社区服务圈"升级为"一刻钟生活圈"。根据总体规划和中央城市工作会议精神,立足朝阳实际,完善环境设施,重塑公共空间,优化服务功能,进一步提升城市发展品位,使之成为建设国际一流的和谐宜居之都的重要抓手。

"一刻钟生活圈",是以城市行为空间为基础,以宜居生活环境和优良营商环境为重点,从设施与功能、空间与交往、服务与环境、社区与园区等多尺度、圈层化统筹城市生产、生态与生活环境建设,在一刻钟内基本满足市民个人和企业法人的全生命周期服务。建设"一刻钟生活圈"是有序实施城市生态修复和有机更新的重要组成部分,是解决居住区、商业区、农村与城市等不同区域发展不平衡、不充分的重要手段,是落实国际一流的和谐宜居之都建设任务的重要举措,是提高城市发展品位的重要基础,是提升城市精细化管理水平的必然选择。

第三章　夯实物业服务基础

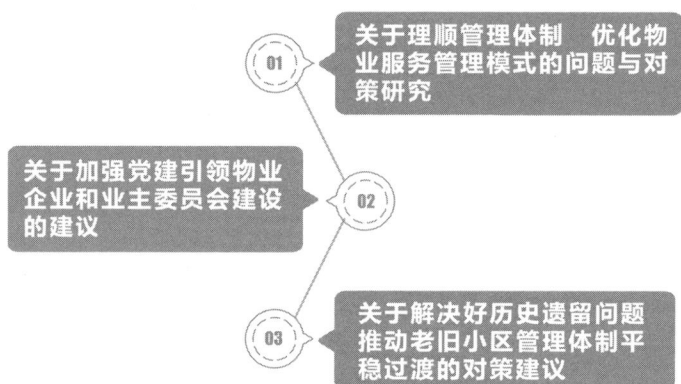

01 关于理顺管理体制　优化物业服务管理模式的问题与对策研究

关于加强党建引领物业企业和业主委员会建设的建议 **02**

03 关于解决好历史遗留问题推动老旧小区管理体制平稳过渡的对策建议

第一节　关于理顺管理体制　优化物业服务管理模式的问题与对策研究

2019 年,北京惠民社会治理研究院围绕党建引领物业、业主自治、专业服务、政府监管等问题,对北京市物业管理体制及运行模式进行了调研。通过调研,调研组对于全市物业管理体制和运行模式有了更加深刻的认识,也就优化物业服务管理模式达成了共识。

一、北京物业服务管理的几种模式

房屋产权属性不同与住房制度改革的因素叠加,形成了不同小区的不同管理体制和管理模式。北京房屋产权属性多元复杂,既有房改房、商品房、经济适用房等类型,还有私有产权、单位使用权、房管所使用权的平房等。不同产权属性、不同类型的房屋,其管理体制各不相同。

目前,北京物业服务管理大致有以下几种模式:一是市场运作模式。商品房小区基本采取这一模式,该类型小区居民一般具有花钱买服务的意识,由专业物业企业提供服务。二是单位管理模式。直管公房、自管公房等福利分房小区,一般采取单位管理模式。但一般只负责楼体及楼内的管理,对于公共区域物业事项不予管理。多产权单位的老旧小区,都存在公共区域的管理"真空"。三是居民自管模式。对于失管、弃管的老旧小区,原单位没有能力管理或已经不复存在的,在属地乡镇(街道)的指导下,组织居民骨干成立自治管理委员会,在社区党委领导、居委会的指导下对小区进行自治管理。丰台区在党建引领物业企业和业委会参与社会治理试点中,有 2 个老旧小区就是实行居民自管模式。四是综合管理模式。既包括回迁小区由乡镇组建物业企业,由集体经济提供财力保障开展物业服务,也包括类似朝阳区八里庄街道采取街道＋单位"大小综合服务"的管理模式,即单位负责楼体及楼内管理,街道整合资源负责公共区域的管理。

二、北京物业服务管理模式面临的主要问题

无论是市场运作模式还是单位管理模式,由于这样那样的原因,物业服

务管理问题依然突出。其中,既有体制的问题,也有政策的前瞻性问题,还有法律法规及政策的严格执行问题。

（一）市场运作模式遇难题

通过建立契约关系引入专业物业企业提供物业服务,是商品房小区的通行做法,但在实际生活中,这一模式也遇到一些难题。一是服务标准与收费标准"双低"问题突出。一方面,主要是质、价相符的物业服务标准化程度低,服务合同中缺失细化服务内容、服务质量和评价标准的条款,业主难以"明明白白"消费;加上物业服务大多限于清扫保洁、安保等简单服务,"收费"和"服务"认知差异容易成为企业和业主矛盾的焦点。另一方面,缺乏调价机制,物业收费调价难,物业企业运营成本不断提高,导致物业企业运营难。二是缺乏专业人才。多数物业服务专业化程度不高,缺乏专业人才,难以培养懂法律、善沟通、会管理的物业管理"通才";尤其是微利特征导致企业劳动力价格偏低,招工难、人才引进难;工作强度大、待遇偏低导致人员流动性大,企业多元发展往往受限于工资待遇低、招不到人。三是物业服务工作不够规范。有的物业企业擅自增设收费项目,提高收费标准,从而引发与业主的矛盾。《物业管理条例》明确规定,物业企业不得擅自占用、改变小区共用部位、共用设施设备进行经营。由于监管不严,物业企业擅自占用、改变小区共用部位进行经营的现象时有发生。

（二）单位管理模式难持续

"三供一业"分离移交,逐步剥离单位办社会职能和解决历史遗留问题,是大势所趋。一是单位负担较重。单位房改房物业管理多数由原单位承担,这些小区居民不缴物业费,物业管理完全靠原单位保障,一些老国企有的已经破产倒闭,有的已经转制,对小区的物业管理不论是人力支持,还是资金保障都有困难,许多小区出现需要原单位解决的问题,往往要靠居民或社区居委会同志多次找上门,有的原产权单位也叫苦不迭,常常为小区物业管理资金发愁。二是服务内容单一。从调研了解的情况看,目前物业单位管理模式普遍存在服务内容单一的问题,大多是只保障楼内主体部分项目维修,有的只配合水电气暖等服务,而对于居民小区的环境卫生、楼道堆物堆料、小广告、门禁、小区安全等基本不管,特别是对于涉及小区居民楼大修的问题更是不管不问,居民意见很大,形象地称它们为"僵尸物业"。三是公共区域管理存在"真空"。目前,北京市物业单位管理模式的小区基本上是老旧小区,由于过去多是由几家单位联合建房,但是物业各管各的,形成了一个小区甚至一栋楼有多个物业的情况,有的小区十几栋楼竟然有 20 多个物业,它们要么弃管,要么只扫门前雪,对小区公共部分不闻不问,使小区管理出现了"真空"地带,明显表现是小区公共绿地无人维护,小区生活垃圾无人清运,小区公共安全无人管理,都甩给了街道(乡镇)和社区。

（三）居民自管模式有瓶颈

从调研情况看,一些老旧小区采取了居民自管模式,也取得了一定的经验,如朝阳区老旧小区准物业管理,一度实现了 181 个小区的全覆盖,为之后的老旧小区管理转型升级奠定了良好的基础,但是在实践中也逐步暴露出一些制约发展的瓶颈问题。一是主体资格问题。以自治管理委员会的形式管理小区,没有独立的法人主体资格,只能以居民开会等形式征求居民意见,决定有关小区服务管理事项。因自管会没有法人资格,在涉及小区重大问题,特别是物业资金管理中无法设立账户,收取的停车费等无处存放,过去有的乡镇(街道)委托社区服务中心代管,但是随着政府对审计要求越来越严,这条路也走不通了。二是自管会成员年龄偏大。居民自管物业模式还有一个最大的问题,就是参与管理的人员普遍年龄较大,因为小区年轻人需要正常上班,只有一些退休的老同志才有时间参与小区物业管理,他们往往因身体等原因无法长期从事这项繁重的管理工作,有些干了多年的老骨干陆续退出,而新的骨干又接不上茬,青黄不接的问题比较突出。三是专业服务能力不够。居民自管模式,主要是在维护小区治安、动员居民参与环境治理、引导居民开展垃圾分类等方面发挥作用较大,但是在专业服务方面严重不足,如维护维修、水电气暖保障等方面难以保障,有的小区不得不靠乡镇(街道)帮助解决问题。四是持续性不强。物业管理是一项制度性安排,需要通过契约来维系物业服务企业(单位物业)与业主的关系,才能做好服务管理工作。而居民自管模式,完全依靠动员的力量,很难做到可持续发展,特别是自管模式参与者都是义务或低偿收入,长年累月义务劳动无法持续。

（四）综合管理模式需探索

当前,一些乡镇(街道)正在探索综合管理模式,即由单位物业管理楼内,街道委托第三方管理公共区域,这种模式有发展前景,但是需要进一步探索,特别是需要破解好几个难题。一是居民缴费意识缺乏。由于长期以来老旧小区居民不缴纳物业费,人们习惯于享受过去单位的福利,即使后来房改了,也不缴物业费,居民遇到问题就找政府,但是引进物业管理居民又不愿意缴物业费,这一局面很难破解。同时,还有一些过去的老国企退休人员生活困难,缴纳物业费会进一步增加负担。二是专业物业企业收入难保障。引入专业物业企业参与老旧小区物业服务管理,是解决老旧小区物业服务管理问题的一个重要措施,但是,由于小区居民不缴物业费,即"先尝了不买",物业企业无收入来源,特别是有的物业企业还要先期投入,在这种被动形势下,很难调动物业企业的积极性,如果没有可行的解决办法,十有八九要告吹。三是物业企业与原单位协调难。由于产权单位转制等原因,物业企业在参与小区服务管理中,必然要与原产权单位协调相关事项,但是原产权单位往往不理睬,无形中增加了物业企业的工作难度,也必然会降低物业企业参与老旧小区的服务管理热情。

三、优化完善北京物业服务管理模式的对策建议

要提高北京物业服务管理整体水平,需要进一步加强顶层设计,理顺管理体制,分层分类分步解决各类小区物业服务管理问题,根据不同类型的小区探索不同类型的物业服务管理模式。针对商品房小区,需在"规范"和"提升"上下功夫,进一步完善市场化的物业服务管理模式,推动形成健康的物业服务市场的发展;针对老旧小区,需在"引导"和"转型"上下功夫,努力探索社会化的物业服务管理模式,推动形成以社会企业为主体的非营利物业服务管理模式。

（一）完善商品房小区物业服务管理模式的对策建议

商品房小区以培育健康的物业服务市场为重点,强化党建引领,明确权责界限,规范各方行为,加强监督制约,确保物业服务市场有序发展。

在规范方面,一是强化党建引领。将物业管理纳入社区治理,加强对物业服务企业和业委会的组织领导,创新老旧小区管理机制,整体提升物业服务水平。在业委会和物业服务企业中建立党组织,通过建立社区党组织牵头的社区议事协商制度,充分发挥党建引领作用,形成区、街、社区、业委会、物业服务

企业多方各尽其职、群策群力的工作合力。二是进一步完善政策制度。重点围绕目前物业服务管理工作中出现的物业服务企业选聘、物业服务费调价、专项维修基金续筹、物业服务企业退出难等问题,完善物业服务管理政策。三是规范业主及业委会行为。对业委会委员换届、物业服务企业的选聘、物业费的调整等涉及业主利益的重大决定,必须向社区备案,社区党组织要做到事先了解、事中参与、事后监督。同时,定期发布物业服务指导价格,在物业管理突出问题上加强对街道社区的指导。进一步赋予街道社区对业委会人选、物业服务企业选聘、解聘的建议权,约束各物业主体的不规范行为。四是规范物业管理行为。规范前期物业管理,督促开发商公开择优选聘前期物业企业,推进房地产开发与物业管理的分业经营;规范物业服务行为,建立物业管理菜单式价格体系,落实小区物业财务公示制度,强化对物业企业的日常检查与考核,及时查处物业服务中的不规范行为;规范物业企业退出管理制度,建立物业企业履约保证金制度,用以保证物业企业信守合同,诚信经营,以及非正常退出项目后过渡管理所发生的费用支出。物业企业在退出服务时,应履行"事先告知、重新选聘、及时移交、适当缓冲"等程序,确保物业管理活动的正常秩序。对于退出过程中的空隙和无人接管的小区,要明确代管的过渡措施,以避免和减少社会矛盾和群访事件。设立弃管小区应急预案专项资金,保障弃管期间的物业管理正常运行。

在提升方面,一是提升对物业企业的服务水平。落实"放管服"相关要求,降低行政成本,鼓励和引导专业公司有序进入物业管理市场;引导业主与物业服务企业双方以市场供求关系为基础,按质论价,充分协商,营造公平合理的市场环境。二是提升对物业企业的监管水平。搭建全市物业服务行业信息网络平台,完善统计报告制度和信息发布制度,加强物业服务行业发展的动态监测和分析,检查、指导、考核物业服务工作目标责任完成情况。各级住建、规划、城管、环保、市场监管、税务、质监、水务、供电等有关部门和单位要按照相关规定,实现执法向小区内延伸,形成监管合力。三是提升行业服务管理水平。鼓励各区成立物业行业协会商会,加强行业自律,加大从业人员教育培训力度,建立行业性物业纠纷调解机制,提高物业行业整体服务水平。

(二)探索老旧小区和保障房小区物业服务管理模式的对策建议

物业服务既有经济属性,更有社会属性,同时具有人们容易忽视的公益属性。对于政府而言,探索培育以优先追求社会效益为根本目标的社会企业作为老旧小区和保障房小区物业服务承接主体,持续用商业手段提供服务,解决社区物业问题、创新物业服务供给,形成社会化物业服务管理模式,是当前推动强化物业服务的方向和途径。具体来说,就是以福利分房形成的老旧小区为代表,以引导和转型为重点,探索培育公益性企业(社会企业)采取微利的方式运行管理,确保老旧小区居民享有基本的物业服务。这种模式,一般是由国有企业成立并按照特定政策进行运行,并以非营利为特征的社会运作的物业服务管理模式。对于老旧小区和保障房小区,需在"引导"和"转型"上下功夫,探索从计划经济时代的物业服务管理模式向市场经济物业服务管理模式过渡或融合发展的方法路径,具有现实意义。

在引导方面,一是制定引导性政策。鼓励各区以国有企业为主体,投资成立具有社会企业属性的物业服务企业,重点为老旧小区和保障房小区提供服务。该类企业采用商业模式进行运作并获取资源,投资者在收回投资之后不再参与分红,盈余再投资于企业或社区发展。同时,借鉴国际经验,制定符合社会企业发展的政策,支持从事物业服务的社会企业发展。通过培育、扶持社会企业,既推动改变居民只享受服务不缴费的现状,又结合实际,配合各级政府采取"老人老办法、新人新办法"的方式,实现老旧小区专业物业服务的全面覆盖,探索具有首都特色的社会企业服务模式。二是推动有序转型。一方面,立足历史遗留问题的解决,由产权单位或上级单位出资设立综合管理基金的方式,解决"老人"继续享受原有政策确定的物业福利的问题;另一方面,推动老旧小区物业管理体制从计划走向市场(社会),房屋产权发生变化之后即按照商品房进行物业收费。最终,通过"老人老办法、新人新办法",推动老旧小区物业管理体制由计划管理方式向社会化管理方式转型,逐步削减存量,实现老旧小区管理模式的有序转型。三是建立物业服务指导价定价机制。由市、区主管部门邀请第三方专业机构,结合老旧小区和保障房小区实际,分级确定物业服务内容,并测算不同服务等级对应的收费标准,定期向社会公布。老旧小区中"老人"的物业费由综合管理基金向物业企业支付物业费用,"新人"则按照政府指导价直接向物业企业缴纳物业费用。四是拓宽收入渠道。结合保障房小区和老旧小区实际情况,盘活现有设施、资源,增加物业企业收入;有条件的小区,采取配建一定比例的商业设施或增加停车位等办法,弥补小区物业服务经费的不足。五是制定补贴政策。市、区、街道(乡镇)分级承担、分类补贴,制定专项补贴政策,对保障房项目、老旧小区管理达标的单位给予一定的资金补贴。

在转型方面,一是推动单位管理模式转型。借鉴"三供一业"和非经营性资产剥离的经验,向前一步,按照"单位出一点、政府补一点、居民出一点、经营挣一点"的思路,依托老旧小区综合管理基金,培育物业行业的社会企业,逐步引导"守摊式"的单位物业管理队伍退出,推动老旧小区单位管理模式的顺利转型。二是推动居民自管模式转型。在大力培育居民"花钱买服务"的意识的同时,依托老旧小区综合管理基金,采取"以大带小""以盈利带亏损"等方式,引导社会企业承接居民自管小区,同时,为承接该类小区的物业企业拓展收入渠道创造条件,确保"引得进、留得住、可持续"。三是推动综合管理模式转型。以物业企业具有"造血功能"为目标,党建引领,综合施策,分类(分为房改房业主身份没有变化和有变化两类,没有变化的由老旧小区综合管理基金代为支付物业服务费用,有变化的按照商品房缴纳物业费用)、分项(享受不同服务收取不同费用)收取物业服务费。

从源头建立长效机制,实现标本兼治,探索市场和社会两种物业服务管理模式,对于解决历史遗留问题、促进社会公平、培育物业服务市场、提升物业服务水平都具有重要的现实意义。这两种模式,既能够满足物业服务的需要,又能够解决当前物业服务管理的困境,值得探索。

第二节 关于加强党建引领
物业企业和业主委员会建设的建议

物业企业和业主委员会与居民群众日常生活休戚相关,是优化营商环境和人居环境的重要力量,是社区治理的重要主体和平台,在社区治理中发挥日益重要的作用。当前,由于物业服务管理和业主委员会的运行管理水平参差不齐,物业失职、业委会渎职等问题时有发生,由此造成的"12345"市民热线投诉、信访问题不断攀升,已经到了非解决不可的临界点,直接影响人民群众的生产生活、影响城市改革发展稳定、影响党在城市的执政基础。

在新形势下,加强党建引领物业企业和业主委员会建设,完善基层治理体系,提升治理能力,迫在眉睫。

一、紧扣赋责,建立上下贯通、齐抓共管的责任体系,解决"不想抓"的问题

从理顺职能、健全机制、压实责任入手,着力破解物业管理主体权责不清、管理缺位的难题。一是充分发挥市级统筹引领作用。加快出台党建引领物业企业和业主委员会建设的相关政策文件,将物业企业和业主委员会纳入基层治理体系。进一步加强物业行业党建工作,推动行业党建与行业业务同步,理顺物业行业协会党的建设工作体制机制,加强物业服务管理行业工作的指导、督查和考核。市区联动,建立与中央单位的常态化协调机制,做实区域化党建平台,将中央单位有关物业党组织纳入各级物业议事协商平台,加强双向互动,推动央产军产老旧小区的日常管理责任落实。二是着力强化区级统筹协调作用。在区级建立由分管领导任组长,组织、房管、住建、民政、城管、农业农村等部门负责人作为成员的物业服务管理行业领导小组,领导小组下设办公室,实行实体化运作,常态研究业委会和物业服务管理重大问题。组建物业行业协会、业委会联谊会、物业服务管理纠纷调解委员会,并建立相应党组织。统一编制业主委员会组建、换届改选工作流程以及业委会规范运作等操作指南,加强对业委会、物业企业党建和业务工作的培训、指导和监督。三是严格落实街道社区属地管理责任。在街道层面成立专项工作组,明确分管领导和责任部门,强化街道对物业管理属地的监管职责。推动社区党组织把业委会、物业企业党组织纳入网格党建范畴,加强对业委会、物业企业的资源力量整合,推动形成社区治理合力。

二、注重赋权,建立全面覆盖、同向发力的组织体系,解决"不敢抓"的问题

从提升基层党组织力入手,加强党的组织和工作覆盖,把党的组织有效嵌入业委会、物业企业,建立健全以街道和社区党组织为核心的组织体系,加强党的领导。全面落实街道工作会精神,赋予街道社区对物业企业的管理权限。一是夯实业委会组建及运行管理基础。将社区业委会组建和换届工作纳入基层党建工作的重点内容,纳入社区党建重要内容,注重发挥社区党组织的领导核心作用,纳入社区建设重点议题,依法理顺社区党组织政治领导、居委会自治管理、业委会依法运作、物业公司专业服务之间的关系。在业委会组建和换届过程中,街道社区和主管部门做到组织提前介入、人选严格把关、意图指向鲜明、程序合法合规,提高业委会成员中的党员比例,真正把组织认可的人、群众信任的人推到前台,做到从源头上掌握主动权。二是加快党的组织和工作覆盖。采取单独建、联合建、区域建、派驻党建指导员等多种方式,推进业委会和物业企业党的组织、力量和工作覆盖。明确业委会党组织和物业企业党组织责任清单、任务清单,强化政治引领、组织引领、机制引领、能力引领。三是推动"双向进入、交叉任职"。积极通过法定程序推动"双向进入、交叉任职",推荐社区"两委"班子成员、业主党员、"双报到"党员通过法定程序进入业主委员会,推荐党小组长和楼门组长担任业主代表,推荐业委会主任、物业企业负责人担任社区党委或居委会兼职委员,完善覆盖广泛、运转高效、同向发力的组织体系。

三、突出赋值,建立多方参与、协同联动的工作体系,解决"无力抓"的问题

针对参与不足、联动不畅、机制不健全问题,建立健全在党领导下的多方参与、协同联动工作体系,形成相互衔接、密切配合的工作体系。一是完善组织架构。以社区党组织为核心,以社区居委会为组织发动力量,以业主委员会为监督执行力量,以物业企业为专业服务力量,以驻区单位为支撑保障力量,进一步引入包括"两新"组织、党员、居民和在职党员在内的志愿服务力量,将相关单位负责人吸纳为席位制委员,形成以社区党组织为核心、以业委会主任联谊会和物业经理联谊会为支撑、以专业社会力量为辅助的"1+3"组织治理架构。二是健全运行机制。建立定期会商、吹哨报到、议事协商、联动处置、监督评价等机制。由街道社区党组织牵头,建立居委会、业委会、物业企业和辖区治理力量共同参加的多方联席会议制度,定期召开会议,交流工作推进情况,汇集居民群众诉求,共同研究解决涉物业社区治理难题;由社区会同业委会、物业企业同步建立联动巡查、联动分析、联动处置的工作机制,对社区环境改造、公共设施改善等重大事项,共同研究方案,明确责任落实,对复杂问题由各方指定专人成立项目行动小组合力推进解决。围绕物业服务质量、居民满意度及支持社区工作等内容,定期对物业服务企业进行履职评价,进一步健全完善物业行业信用体系建设,逐步形成物业企业信用信息档案,构建自上而下、权责清晰、多方参与的一体化运行体系。以此为基础,建立物业服务企业信用"红黑"名单制度,为选聘物业企业提供参考。三是强化条块协同。进一步厘清物业服务管理涉及的事权,在推动物业行业、业委会监管中,把部门的业务指导责任和属地的兜底管理责任有机结合,坚持双向用力、双向管理、块抓条保,并将物业服务管理工作纳入绩效考评。

四、围绕赋能,建立无缝衔接、支撑有力的保障体系,解决"不会抓"的问题

物业管理是一项面广量大的综合性社会事务工作,需要政策支持、部门支撑、专业指导等多方面的保障,必须整合各方资源、凝聚各方力量,共同推进。一是加强法治保障。针对物业企业和业主缺乏监督制约机制等问题,从立法层面建立物业企业评价、退出机制,强化对业主不履约、业委会的准入和运作条件的制约机制。进一步完善相关业委会议事规则、管理规约、选举办法及物业企业党组织建立规则等,切实实现党领导下的依法治理和依法治企。二是加强业务保障。加强对物业企业和业委会指导培训,全面提升物业企业和业委会运行管理的制度化、规范化水平。把物业企业管理人员培训纳入物业行业协会职责,加强物业企业项目经理和各专业岗位人员培训,推动物业企业提升服务品质。把业委会成员培训纳入街道综合管理职责,积极构建多元参与机制,开展业委会培训,协助做好业委会组建换届、矛盾处置、物业成本测算等专业事务。协助业委会在小区消防、监控、电梯等改造工程中帮助业委会把好价格关和质量关,助推业委会规范化运作。建立由行政、法律、物业、社区治理等各领域专家组成的业委会顾问团,为业委会提供政策法规咨询,帮助解决疑难杂症。三是加强兜底保障。注重分类研究,有针对性健全保障机制,在街道社区党组织领导下,加强对非专业化物管小区的保障支撑。对自管住宅小区,通过党建联建、认领共建项目等方式,引导辖区专业化物业企业加强指导帮助;对无物业管理区域,合理划分区域,根据不同区域特点明确引入合适的物业服务管理方式;对弃管小区,建立应急管理机制,通过组建自助物业服务站或引入公益物业的方案进行过渡解决。四是加强技术保障。加紧研发全市统一的物业管理和业委会组建及运行管理的信息系统,建立健全市、区、街乡、社区管理网络体系,推进形成物业企业和业委会管理"一张网",以科技提升为突破,切实提高物业行业、业委会监管和治理的科学化、信息化水平。

第三节　关于解决好历史遗留问题
推动老旧小区管理体制平稳过渡的对策建议

老旧小区管理问题是当前社会关注的焦点问题,相对其他类型的小区来说,产权结构更复杂、矛盾纠纷更突出。老旧小区管理问题的妥善解决,事关原享受福利分房政策群体的切身利益,事关政策的延续性和新旧体制的平稳、有序转换。北京惠民社会治理研究院深入北京市相关单位,围绕加强老旧小区管理进行了调研,就解决好老旧小区的历史遗留问题、理顺管理体制进行了走访调查,现提出如下建议。

一、老旧小区的界定及相关政策

本建议中的老旧小区,是指由直管公房和自管公房组成的小区。这些房屋主要是在计划经济时期由国家(直管公房)和单位(自管公房)建设,按福利分配给职工,现多数已按房改政策出售。

（一）未实行物业管理前的政策

在 1988 年全国实行住房制度改革前,主要以"楼"为规划建设单位。1992 年 7 月,随着《北京市住房制度改革实施方案》开始施行,政府直管公房和产权单位自管公房逐渐向房改房转变,产权单位向职工实物分配住房,以及后期危改回迁、经济适用房和商品房小区的建设,逐渐以小区为单位进行规划建设。

按照《北京市私有住宅楼房管理与维修办法》(京政发〔1992〕35 号)第四条规定:住宅楼房售出后,一律由售房单位组织楼房管理机构,全面负责售出楼房的日常管理。具体职责包括组织和协调楼房共用部位、共用设施的使用、维修,负责私有住房自来水设施跑水、下水管道和垃圾道堵塞,燃气设施故障、供暖设备漏水、电源线路和照明设备故障等项目的急修;管理公共维修基金,定期向产权人公布使用情况;及时向售房单位反映产权人的意见;调解产权人之间因房屋使用与维修发生的纠纷。另外,1993 年 7 月,北京市出台《直管住宅楼房售后维修管理暂行规定》,明确了售出房屋的自用部位、自用设备的维修及售后楼房的共用部位和共用设施设备维修的责任主体以及费用负担原则。这些政策的出台,使住宅楼的管理责任更加地具体和明确。

(二)实行物业管理后的政策

1995 年 10 月,北京市出台《北京市居住小区物业管理办法》,明确新建居住小区要实行物业管理,之前建设的小区要逐步实现物业管理。从 1998 年底起,本市地方所属机关、企业、事业单位、社会团体停止住房实物分配,逐步实行住房分配货币化。这些政策,加快了住房制度改革,有效推动了物业管理的实施。

(三)有关政策的不足

虽然在推进住房制度改革过程中,政府加强对居民住宅楼房管理的研究,出台了不少政策,但由于受计划经济时期思想观念、思维方式的影响,对计划经济向市场经济转换过程中居民住房管理相关矛盾估计不足,导致在政策制定上前瞻性、针对性不足,出现一些缺陷。如《北京市私有住宅楼房管理与维修办法》(京政发〔1992〕35 号)文件,对售房单位日常管理责任的描述突出在房屋主体、设施设备以及应急抢修等,但对小区公共环境卫生、绿化、安全防范等没有具体要求,这也是房改房出现管理不完善的原因之一。此问题同样是直管公房面临的突出问题,目前,管房单位只负责房屋本体及设备设施的维修、改造,楼外由街道兜底负责环境卫生,楼内公共区域成了管理"真空"。

基于老旧小区在当年建设时,人们对住房的概念认识不足,政府对物权的概念不够清晰,特别是直管公房、自管公房,大多以楼栋为单位建设,加之,当时管理仅以管住房为主,所以,在全面推行小区物业管理后,对小区的管理边界、管理责任、所有权(设备设施和场地、道路等)等问题,各相关方存在分歧不可避免,需要政府从健全管理体制入手,抓紧研究有关政策办法,弥补城市老旧小区管理最薄弱的一块短板。

二、老旧小区管理面临的困境

随着经济社会快速发展,群众生活理念的转变,老旧小区居民日益增长的美好生活需要和不平衡不充分的发展之间的矛盾越发突出,已经到了矛盾集中爆发、必须下功夫解决的关键节点。

(一)当前老旧小区管理存在的突出现实问题

一是建筑物本体。突出的问题有屋面漏水、电梯停运、上下水管线老化、楼本体节能效果低等。二是室内居住条件。由于部分居民依然生活在简易楼、筒子楼,或存在合用单元式住房等情况,房屋建筑结构存在安全隐患,居住面积有限,生活不便,希望通过拆迁改善居住条件。三是小区公共环境。突出的问题有违法建设、小广告、私装地锁、停车位不足、楼道堆物、安防措施不健全、生活和建筑垃圾清理不及时等。四是公共服务配套。主要缺少社区养老机构、电动车(汽车、自行车)充电设施、文化娱乐设施、规范的入户维修单位等。五是邻里交往。老旧小区经过房改房二次交易上市,居民由原单位同事、胡同邻居等"熟人社会"逐渐转变为"陌生人社会",居民之间缺乏交流和基本的信任。六是管理主体。由于老旧小区大多由产权单位管理或街道代管,管理水平参差不齐。产权单位管理不到位、无力管理以及单位关停并转等多种因素,导致很多老旧小区管理质量低、矛盾多。以东城区为例,全区住宅小区共 642 个,实行物业管理的 203 个,占全区总数的32%;由产权单位或街道管理的 439 个,占全区总数的 68%,其中包括中央单位产权小区。七是产权关系复杂。部分小区在建设时由多家单位共同出资建设,形成一个小区或一栋楼有多家产权单位,管理中相互推诿,再加上房改房二次上市交易后,产权结构更加复杂。如东城区小黄庄 9 号楼其产权包括 16 家中央、市级、区级单位。

(二)近年来政府在推进老旧小区管理中遇到的问题

2017 年以来,为了解决好老旧小区的管理问题,各地开始稳步推进"三供一业"移交和非经营性资产分离移交。调研过程中,主要反映有"四个不认可":一是主体不认可。主要集中在入驻物业企业的主体资格问题。部分业主认为,物业服务企业应由业主选聘,而不是指派。二是服务不认可。有的社区因"三供一业"移交之后,服务质量下降,引起居民的不满。三是费用不认可。

长期以来,享受福利分房政策的业主没有缴费意识,新进驻的物业企业开始面向业主收取物业费,居民不认可。四是工作方法不认可。物业企业进驻后没有把自己摆在为业主服务的位置上,不善于做群众工作,在没有与业主进行充分沟通的情况下,进驻之后立即开始各种收费,让业主颇有看法。

（三）当前老旧小区管理的弊端

近年来,各地积极采取措施,完善老旧小区管理。一是推行准物业管理,由产权方或原建设单位出资,单位自管或业委会代管等。但仍然沿袭了计划经济的政策,管理费用由单位出资,居民个人不承担任何费用。由于管理水平不高,使老旧小区普遍存在年久失修、设备设施老化问题。二是对老旧小区实施综合整治,进行节能保温、平改坡等改造措施,提升老旧小区整体管理水平。但这种大量投入财力的措施,也不是政府完全能承担起的,只是解决了小区一时的突出问题,从长远看很难保持管理的长效。上述两种措施,虽然解决了某个时期、某个方面的管理矛盾或问题,但没有从根本上、源头上解决老旧小区的管理问题,即如何适应深化改革形势,适应市场经济规律,逐步打破原有老旧小区的管理模式,打破居民固有的永久物业福利概念,寻找更加科学、有效、长远的管理方式。同时,这些措施,也导致老旧小区居民认为,小区管理任何问题都理所当然由产权单位或政府解决,任何费用都理所当然由产权单位或政府承担,久而久之,缺乏花钱买服务的意识,甚至不支持老旧小区物业管理改革。综上所述,导致老旧小区管理难的根本原因是,没有完全建立起与住房市场化改革相匹配的管理制度;当前解决的唯一出路是,尽快研究推动老旧小区从传统计划经济时代的管理体制向现代社会化、市场化的管理体制转型。

三、加强老旧小区管理的对策建议

老旧小区的管理,情况复杂,涉及面广,事关福利分房群体切身利益,需要充分考虑政策的延续性和过渡转型的现实性,稳妥推进老旧小区管理体制的转型。要坚持"立足现实、着眼长远、标本兼治"和"老人老办法、新人新办法"的原则,在继续做好"三供一业"、非经营性资产移交的基础上,从源头上探索解决老旧小区管理的治本之策,推动老旧小区综合整治和新旧管理体制的平稳过渡。

一是探索设立老旧小区综合管理基金。对于市区属机关、企事业单位未纳入非经营性资产移交的住宅小区，测算老旧小区管理及维修成本，制定综合管理基金标准，由产权单位集中缴纳或分期缴纳至同级国资委，设立老旧小区综合管理基金。同时，借鉴非经营性资产移交政策，建立由国资委兜底管理的制度机制；由产权单位按照住宅专项维修资金标准补齐住宅专项维修资金；产权单位在小区内剩余资产、房改房售房款交由同级国资委管理。在此基础上，引导老旧小区成立业委会，聘请专业物业企业提供物业服务，享受福利分房政策居民的物业费用由老旧小区综合管理基金支付（已享受物业费货币化补偿的除外），涉及停车、用水、用电等费用由个人承担；已经上市交易的房屋，则按照小区确定的收费标准缴纳物业及相关费用，探索由国资委按年度逐年拨付老旧小区综合管理基金的方式，逐步推动老旧小区从计划经济物业管理体制向市场经济（社会化）物业管理体制转型。

二是强化产权单位管理责任。对尚未出售的公房，由公房产权单位负责管理并承担相关费用，对其产权的房屋建筑本体、设备、设施进行养护、维修；已按房改价格出售的公房，由房改售房单位负责小区物业管理，并作为住宅专项维修资金申请主体对房屋建筑本体、公共设施设备进行维修、改造、更新。房改售房单位可以选择自行管理，也可以聘请物业服务企业管理并承担相应管理费用。其中，按房改政策购买的公房再上市出售的，由个人承担物业管理费用并执行商品房维修资金各项政策；对失管老旧小区，各区、街道（乡镇）要切实履行属地责任，可参照朝阳区八里庄街道"大小综合物业服务"的经验做法，积极探索建立政府扶持、居民参与、共管共治的失管老旧小区长效管理机制。

三是建立房屋信用档案。一方面，统一住宅专项维修资金归集标准。明确多层住宅楼首次归集标准为 100 元/平方米，高层住宅楼首次归集标准为 200 元/平方米，住宅专项维修资金低于 30% 应当由资金管理中心提示业主在规定期限内续筹，逾期在不动产登记信息中予以记录限制交易，并纳入个人征信记录。另一方面，探索专项维修资金归并到物业费中逐年缴纳的机制，避免一次缴纳负担过重的问题。

四是对不具备改造价值的老旧小区进行腾退或翻建。针对楼本体不满足抗震标准且不具备加固价值的,简易楼以及存在合居共用厨房、卫生间居住条件难以满足居民生活的老旧小区,在市级层面制定引导性政策,鼓励各区结合实际力争三年内采取腾退或原地翻建的形式进行整治。以此为契机,建立专业化、市场化物业服务管理机制,从根本上解决老旧小区安全隐患和物业管理问题。

五是鼓励物业企业参与老旧小区物业管理。鼓励物业企业由点向面形成区域化管理,降低管理成本;研究税收减免政策,对参与老旧小区物业管理的物业企业予以一定年限的税费减免优惠。

四、关于推动物业服务管理转型升级的建议

宜居不宜居,关键看小区。小区物业管理是关系群众安居乐业、涉及社会生活各方面的综合性工作,也是群众反映问题比较集中的领域。当前,物业管理问题已经成为影响城市宜居品质、文明程度和社会稳定的重要因素。加快推进物业管理转型升级,提高物业服务质量,探索建立"政府引导、社会调节、业主自治、和谐有序、城乡一体"的物业服务新机制,切实维护居民和企业的合法权益,使小区物业管理实现标准化、规范化、法治化运行,已成为燃眉之急。

五、当前物业管理面临的难点问题及原因分析

(一)物业管理监管体制有待完善

物业管理属地化监管存在短板,行政职能界定不清、属地职责履行不到位等问题仍然存在。

一是基层物业管理监管力量普遍薄弱。目前各乡镇(街道)没有专门负责物业管理的科室,大部分乡镇(街道)是将物业管理监管工作划入城建科或社区科,根据领导重视程度和小区物业管理矛盾纠纷的发生随机调配力量,工作开展缺乏连续性和稳定性。另外,市级层面职权下放还不充分,基层缺乏必要的行政监管手段。

二是相关职能部门管理不到位。小区管理中常见的违章搭建、群租房、住宅经商、违规装修等问题,涉及城管、公安、工商、住建等众多行政主管部门,但相关部门的管理触角往往不进小区,居民也习惯于向物业企业投诉问题,并将物业行政主管部门看作是小区管理的责任主体,从而导致职责错位。

（二）业主自治运行机制有待规范

据统计,业主自治活动的矛盾主要发生在业委会成立和换届、物业服务企业更换、小区共有收益处置分配等问题上,这些问题也集中反映出当前业主自治活动存在以下薄弱环节。

一是业主大会缺乏顺畅的运行机制。实践中,业主大会的组织活动普遍存在启动难、筹备难、备案难、决策难、换届难等问题。如根据物权法、《物业管理条例》所确定的"一户一票"表决制度,一个事项在10万平方米以上的大型住宅小区往往需历时数月才有结果,不仅效率低下,业主对投票过程真实性的质疑也会带来新的纠纷。

二是业主大会缺乏明确的法律地位。业主大会是小区物业管理的"最高决策机构",但现行法律法规并未对业主大会的法律地位作出规定。业主委员会代表业主与"业主大会选聘的物业服务企业"签订服务合同,从合同法角度看,在合同上盖章的是业主委员会,是合同一方的"事实当事人",但在面临纠纷时,业委会却又因为无独立财产而不能成为承担民事责任的当事人。

三是业主大会对业主委员会缺乏有效的监督手段。目前,部分小区的业主委员会擅自出租、出售地下室,擅自挪用住宅专项维修资金,要求免除物业费,为其发工资,擅自解聘物业企业、选聘与其有利害关系的企业,滥用权力的现象比较突出。由于业主大会对业主委员会缺乏一套健全的监督制约机制,即使上述问题发生,业主委员会也几乎不用承担任何法律责任。

（三）物业服务企业生存环境有待优化

小区物业服务企业经营亏损,导致物业企业对部分住宅小区项目弃置不管。究其原因:

一是服务价格标准滞后。由于物业管理行业属于劳动密集型行业,企业经营成本中人力成本占七成以上,企业成本上涨与收费标准偏低的矛盾日益突出,不少企业只好降低服务质量来平衡成本,导致不少物业服务项目进入"成本不满足、服务不到位、业主不满意、费用收不到"的恶性循环。

二是相关主体责任边界不清。物业管理涉及政府部门、建设单位、业主、物业服务企业等多个主体,权利义务关系复杂,责任交织,边界模糊。物业企业管理内容不仅有房屋维修养护,还包括秩序维护、消防安全、二次供水、供配电、环境卫生、园林绿化、车辆管理等,成了"万金油管家"。此外,物业服务企业还承担了很多本应由政府部门承担的公共服务责任,如房屋质量、车位不足、业主私搭乱建等问题均非物业企业责任,但实际上物业企业代人受过现象十分普遍。

(四)前期开发遗留问题引发的矛盾有待化解

在物业管理矛盾纠纷中,由于房屋质量不过关、配套不齐全、产权不明晰,开发遗留问题引发的矛盾比重很大。

一是前期物业管理招投标制度不合理,造成业主无法参与前期物业企业的选择,以及物业服务内容、标准、价格的确定。

二是前期物业企业与建设单位存在利益关联,承接项目查验不严格,对物业管理资料不全或者物业共用部位、共用设施设备达不到设计标准和规划要求等问题不敢据理力争,建设单位撤出后,留下了大量遗留问题,引发与业主的矛盾纠纷,导致相互缺乏信任,权益双双受损。

(五)维修资金使用难题有待破解

全国范围内,维修资金的管理模式主要有政府代管和业主大会自管两种,除上海等个别城市由业主大会开设账户,存储、使用和管理维修资金以外,绝大多数城市实行的是政府代管模式。维修资金使用难的原因:

一是归集问题。绝大部分老旧小区并不是从住房市场化改革之初就开始归集维修资金,客观上存在归集不齐的问题,"无钱可用"的现象在老旧小区十分普遍。

二是审批手续问题。行政主管部门把维修资金使用审核作为一项"行政许可"事项,"安全使用"在某种程度上比"方便使用"更加重要。为防止维修资金被虚报冒领、挪作他用,监管部门设定的审批环节也比较严格。

三是动用门槛问题。使用维修资金"须经专有部分占建筑物总面积2/3以上的相关业主且占总人数2/3以上的相关业主同意",是物权法规定的"硬杠杠",也是普遍认为维修资金使用"难"之所在。

(六)保障房片区和老旧小区物业管理有待加强

目前保障房项目、老旧小区管理不佳的主要原因有以下几个方面。

一是物业管理费用偏低。目前保障房项目和老旧小区的物业管理费的标准普遍不高,普遍低于普通住宅的收费标准。

二是收费困难。居民缴费意识较为淡薄,物业服务费收缴困难。保障房项目收缴率一般只有40%~50%,即使按照最高的收缴率,物业管理费也只能满足物业管理成本的30%左右,其他费用需要上级主管部门补贴或者利用商业配套收取租金进行补贴。

三是保障房片区管理难度大。保障房体量大,对象特殊,专业性要求高,社会管理和物业管理的难度很大。

六、对策建议

（一）加强组织建设

一是推进物业管理监管队伍建设。进一步明确区、街道物业管理机构、岗位和编制及经费保障,配备熟悉纠纷调解、换届选举和规划建设的工作人员,切实做到矛盾纠纷有人调解、换届选举有人指导、规划建设有人监督。切实负起"组织、指导、协调本辖区内物业管理区域业主大会的设立和业主委员会的工作,督促业主大会和业主委员会依法履行职责,协调社区建设与物业管理的关系,调解处理物业管理纠纷"等工作职责;建章立制,建立业主委员会备案制度并健全相应文书资料;牵头起草设立业主大会、选举业主委员会所需的公告、公示、选举办法、选票、授权委托书等文书资料的规范文本;结合辖区物业实际,制定出《管理规约》《业主大会议事规则》《共有部分管理、使用、经营规程》等示范文本,以供筹备组及业主大会参考。

二是加强党组织建设。充分发挥基层党组织在物业管理方面的宣传动员作用、示范带动作用和监督推动作用。

三是健全自治组织建设。进一步加强小区自管会建设,发挥居民在物业管理中的自治作用。条件成熟的小区,稳妥推进业主委员会建设。

四是督促物业服务企业加强自身建设。一方面要加强物业服务管理队伍建设;另一方面,建立透明的物业管理收费制度,公开服务内容、等级和收费标准,定期公布财务收支状况,接受业主和政府部门的监督。建立畅通的联络渠道,实行定期回访制度,不断改进物业服务工作的质量和水平。

（二）加强制度机制建设

一是构建小区综合管理机制。建立由区住建、城管、公安、工商等多部门参加的物业管理综合协调机制,定期召开联席会议,协调解决重大问题;建立住宅小区违法行为投诉登记制度,方便群众投诉,及时处置小区内的违法行为;注重发挥社区和业主自治组织作用,推动社会管理和物业管理双促进。

二是建立完善考核机制。建立工作考核机制,分别将区政府、街道履行物业管理监管职责情况纳入经济社会发展考核目标任务,并建立奖惩机制。

三是建立行业扶持优惠政策。制定物业服务企业,尤其是承接老旧小区物业服务管理企业的扶持政策,减轻物业服务企业负担。

(三)加强硬件建设

以"硬件带软件",通过硬件建设,让居民感受到变化,以此为契机,动员居民参与社区建设。

(四)加强社区服务

围绕提升社区宜居品质,进一步完善社区服务体系,在与生活密切相关的服务上下功夫,增强居民的获得感、幸福感和安全感。

(五)加强氛围营造

开展形式多样的物业管理宣传活动,普及物业管理相关法律知识,把物业服务理念通过潜移默化的方式灌输到业主的思想中,使广大业主充分认识物业管理的重要性,引导业主树立"花钱买服务""有偿消费"的观念,增强业主的物业管理消费意识、业主管理意识、契约意识和法治意识。

(六)加强模式创新

探索建立"政府主导、属地牵头落实、准市场化运营"的新模式,把保障房小区和老旧小区管理工作纳入基层社会管理、城市管理工作体系,形成管理合力。重点包括:合理确定保障房小区和老旧小区物业服务标准,加大宣传力度,努力提高收费率;通过政府公开招投标引入专业化市场化物业服务企业,同时成立专门的保障房物业管理公司;定期开展专项检查考核,确保服务质量达标;配建一定比例的商业设施,弥补保障房小区的管理经费;建立区、街分级承担、分类补贴,落实专项补贴政策,对保障房项目管理达标的单位给予一定的资金补贴。

第四章　提升建设治理水平

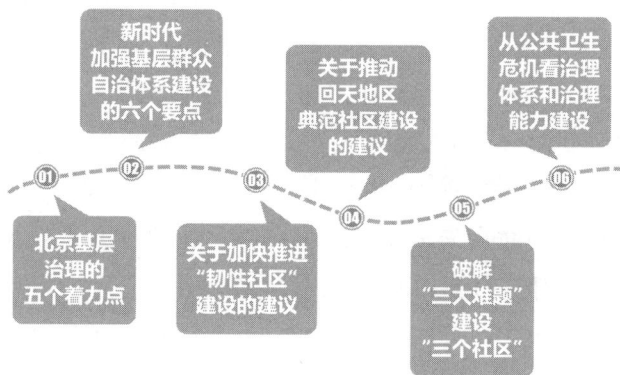

新时代
加强基层群众
自治体系建设
的六个要点

关于推动
回天地区
典范社区建设
的建议

从公共卫生
危机看治理
体系和治理
能力建设

01　02　03　04　05　06

北京基层
治理的
五个着力点

关于加快推进
"韧性社区"
建设的建议

破解
"三大难题"
建设
"三个社区"

第一节 北京基层治理的五个着力点

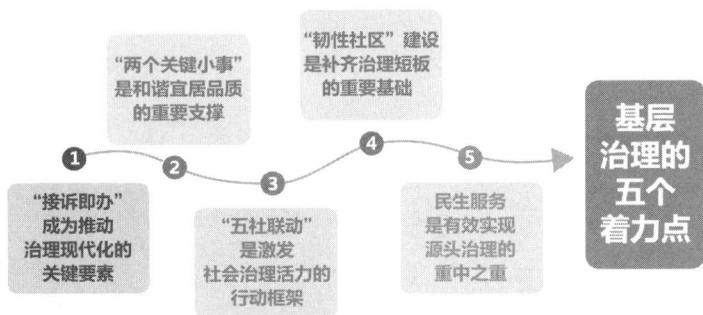

党的十八大以来,习近平总书记 9 次视察北京,14 次对北京发表重要讲话,明确了"四个中心"的首都城市战略定位、建设国际一流的和谐宜居之都的目标,为推动新时代首都发展指明了方向。紧紧围绕"建设一个什么样的首都、怎样建设首都"这一重大时代课题,立足首都城市战略定位,全力推动首都高质量发展,是北京未来发展的纲和魂。构建与北京发展相适应的基层社会治理体系,抓住社会治理的重点问题和关键环节,找准发力点,推动社会治理现代化,实现经济社会协调发展,是"十四五"乃至更长一段时期北京基层社会治理的基本任务。结合全面贯彻落实习近平总书记系列指示精神和"十四五"规划任务,笔者认为,北京基层社会治理有 5 个重要的着力点。

一、"接诉即办"成为推动治理现代化的关键要素

全面建设社会主义现代化国家,社会治理是重要的基础基石。"接诉即办"作为一场深刻的治理变革,给北京基层社会治理带来了 4 个重要变化:一是推动实现了精准治理的突破。通过市民服务热线,将广大市民遇到问题以工单的形式直接派发到相关责任主体,构建了问题发现—派单—处置—反馈—评价的闭环流程,实现了问题发现与有效处置的精准对接。二是推动了体制机制的变革。以"一个小组、一条热线、一张派单、一份卷子、一套机制"为核心,以垂直化方式受理市民和企业诉求,倒逼科层制管理体制向扁平化管理体制转型,推动实现了体制机制创新和业务流程的系统性

再造。三是迈开了数字化治理的步伐。超大城市治理面临着信息集成难、资源整合难等问题,"接诉即办"将全市各类市民诉求按照标准化的要求进行数据化处理,用数据驱动管理、用数据驱动创新、用数据驱动决策,为推动基层治理数字化转型找到了新路径。四是拉开了整体性政府建设的序幕。无论市民遇到的问题属于哪个部门的职责范围,只要拨打"12345"市民服务热线,就等于找到了责任主体。所遇到的问题由市级统筹安排,由相关责任主体提供无缝衔接的整体性服务。"接诉即办"带来的治理变革才刚刚开始,未来仍需以有效解决问题、快速回应变化、引领发展趋势为重点,以"接诉即办"为抓手,加快推进北京基层治理体系和治理能力现代化建设。

二、"两个关键小事"是和谐宜居品质的重要支撑

建设国际一流的和谐宜居之都,是北京中长期发展的总体目标。当前,物业管理和垃圾分类是影响和谐宜居品质的两个关键因素。但要解决好这两个问题,仍然面临巨大挑战。

"12345"市民服务热线诉求数据显示,北京物业服务管理问题比较突出,而且一些矛盾和问题正随着行业转型发展和内在需求的增长不断凸显。一是配套服务保障体制滞后。部分老旧小区没有建立与住房市场化改革相匹配的物业管理体制,电梯、管线等设施老化,风险隐患较大,服务质量低、矛盾多,已经到了矛盾集中爆发的临界点。二是物业服务市场畸形发展。服务价格与服务品质、服务价格与服务成本之间的联动关系尚未建立,价格、品质成本互不协调,没有形成良性健康的物业服务市场,部分小区甚至陷入了"服务差—不缴费、不缴费—服务更差"的恶性循环。三是问题交织、矛盾叠加。当前,物业服务存在十大突出矛盾和问题,导致剪不断、理还乱。主要包括:业委会(物管会)问题、开发商遗留问题、产权单位主体责任问题、维修基金管理使用及续筹问题、电梯加装问题、物业费和停车费等收费标准问题、私搭乱建和公共秩序问题、小区公共收益分配问题、老旧小区共用部位维修维护问题、从业人员素质不高问题等。这些问题,是当前基层治理的主要问题。有的社区反映,只要把物业问题解决了,"接诉即办"的工单就会减少70%~80%。

垃圾分类涉及政府、企业、社会、社区、居民等多方主体,具有跨界性、关

联性和复杂性的特点,对社会治理提出了更新更高的要求。垃圾分类工作,不仅影响社区的小环境,还影响生态大环境,双碳建设离不开垃圾分类的助力。从社会治理角度看,垃圾分类的背后还涉及三个重要能力:一是组织培育能力。以垃圾分类为抓手,培育居民组织,建立居民联系网络,把分散的居民个人、驻区单位有效地组织起来,是做好垃圾分类工作的重要基础,也是社会治理的重要内容。二是社会动员能力。宣传、教育、引导,动员各方力量共同参与垃圾分类,提高居民精准投放率,是垃圾分类中难度最大的工作,培育居民垃圾分类的行为习惯需要持续用力、久久为功,对基层的社会动员能力提出了更高的要求。三是统筹协调能力。垃圾分类涉及各个主体,如何引导各方围绕垃圾的无害化、减量化和资源化共同做好源头治理工作,需要加强统筹协调。

怎样建成、能不能建成、何时建成国际一流的和谐宜居之都,抓好"两个关键小事"至关重要。

三、"五社联动"是激发社会治理活力的行动框架

"五社联动"是以提升基层治理能力、建设"共建共治共享"的社会治理共同体为目标,坚持党建引领,社区居委会(村委会)发挥组织作用,以社区为平台、以社会组织为载体、以社会工作者为支撑、以社区志愿者为辅助、以社会慈善资源为补充的现代基层治理行动框架。这个行动框架,恰恰与党的十九大以来中央要求相吻合。

党的十九大强调要"打造共建共治共享的社会治理格局",党的十九届四中全会提出要构建"党委领导、政府负责、民主协商、社会协同、公众参与、法治保障、科技支撑"的社会治理体系,党的十九届五中全会明确提出要"建设人人有责、人人尽责、人人享有的社会治理共同体",这些都要求社区、社会工作者、社会组织、社区志愿者、社会公益慈善力量主动融入和服务基层社会治理大局。从社会治理格局、社会治理体系,到社会治理共同体,让我们深刻地认识到,加强和创新社会治理,要做好三个方面的工作:一是要建立共建共治共享机制;二是要完善社会治理体系,特别是要突出民主协商的制度优势和科技支撑的动力机制;三是要畅通人人有责、人人尽责、人人享有的渠道,以精神共同体为内核,推动构建社会治理共同体。

　　建立"五社联动"机制,推动社区、社工、社会组织、社区志愿者和社会慈善资源的有效联动,是实现社区治理专业化、精细化的有效路径,对于加强居民自治、开展社区动员、完善社区服务、破解社区难题具有重大意义。

四、"韧性社区"建设是补齐治理短板的重要基础

　　2020 年 2 月 14 日,习近平总书记在中央全面深化改革委员会第十二次会议上指出:"这次抗击新冠肺炎疫情,是对国家治理体系和治理能力的一次大考。"这次大考,考验的是我们的应急管理、城市运行、生活保障能力,以及疫情常态化的适应能力等。在这个大背景下,"韧性社区"建设需要提上议事日程。

　　"韧性社区"是以社区共同行动为基础,能链接内外资源、有效抵御灾害与风险,并从有害影响中快速恢复,保持可持续发展的能动社区。也可以把"韧性社区"理解为具备在逆变环境中承受、适应和快速恢复能力的社区。

　　"韧性"关注的是长期的能力建设,而不是短期的应急属性。从这个意义上看,社区"韧性"应该是一个社区要想可持续发展,就必须具备多种能力,包括在各种危机中基本维持原有功能及迅速应对和适应变化的能力,这些能力需要长期的培养和积累。对北京来说,要加强"韧性社区"建设,关键要把握三个重点:一是加强社区组织韧性建设。组织韧性建设要求社区具有较强的组织动员能力,能够把居民有效地组织起来、动员起来,重点是提升社区工作者的工作能力和居民的集体意识,以及培养社会韧性素养。二是加强社区设施韧性建设。加大应对包括公共卫生事件在内的各类危机事件的软硬件建设力度,提高社区的"抗逆力",强化社区应对各种冲击的能力。三是社区治理韧性建设。进一步完善社区党委(总支、支部)、居委会、业委会(物管委)、社区服务站和社会工作站"三委两站"治理结构,推动社会治理重心下移,积极发挥社会组织作用,形成共建、共治、共享的治理体制,实现政府治理、社会调节与居民自治的有序衔接和良性互动,凝聚社区应对外部冲击的强大合力。

五、民生服务是有效实现源头治理的重中之重

　　"十四五"时期,北京将以满足人民日益增长的美好生活需要为根本目

的,推进首都治理体系和治理能力现代化。民生服务,是满足美好生活需要的重要支撑,更是实现源头治理的重中之重。或者说,能否实现源头治理,关键看民生服务水平。

北京作为首善之区,2035年要率先基本实现社会主义现代化,关键是要解决好民生问题,增进民生福祉,让人民群众有更多的获得感、更强的幸福感。当前,重点要解决好三个服务:一是强化底线民生服务。坚持共同富裕方向,聚焦社会公平正义,解决贫困人口及特殊群体的基本生活保障问题,促进社会和谐稳定。二是增加公共服务供给。围绕"七有"要求、"五性"需求,持续提高住房、教育、养老、医疗等基本公共服务供给能力,加大高品质公共服务供给力度,不断满足人民群众对美好生活的需要。特别是要做好老旧小区有机更新工作,完善公共服务配套,解决老旧小区设施老化、配套缺失等问题。三是健全完善便利服务。大力支持生活服务企业连锁化经营、品牌化发展。完善便民消费设施,推动社区零售、餐饮、家政、美容美发、维修和洗染等生活服务企业连锁化、品牌化发展,提升居民消费品质。以社区便民为主线,运用大数据统筹打造集教育、文化、医疗、养老、家政、体育等于一体的生活服务综合体,提供"一站式"消费空间,不断提高群众居住的舒适度、便利度和安全性。

第二节　新时代加强基层
群众自治体系建设的六个要点

基层群众自治体系建设是基层政权建设的重要内容,是落实基层民主政治制度的重要举措,是发挥基层群众性自治组织基础作用的重要依托。加强基层群众自治体系建设,深入推进基层群众自治组织民主选举、民主协商、民主决策、民主管理、民主监督和自我教育、自我服务、自我管理、自我监督,促进政府治理和社会调节、居民自治良性互动,是在以人民为中心、共同富裕、伟大工程和伟大复兴新时代的历史背景下,构建人人有责、人人尽责、人人享有的基层治理共同体的必然选择,是推进基层治理体系和治理能力现代化的必然要求。

夯实保障基础 ⑥ ① 突出党建引领

注重持续运行 ⑤ **自治体系六个要点** ② 加强组织建设

增强动员能力 ④ ③ 强化自治功能

一直以来,中央高度重视基层群众性自治体系建设工作。但在基层实践中,党建引领缺位、组织建设薄弱、行政化倾向严重、动员能力不强、专业水平不高、综合保障不足等问题依然比较突出。在百年未有之大变局的新时代,加强基层群众自治体系建设,关键要把握六个要点。

一、突出党建引领

按照政治引领、组织引领、能力引领、机制引领的要求,把党的建设贯穿于基层群众自治体系建设的全过程。

突出政治引领。把社区党组织建设成为领导基层群众性自治的坚强战斗堡垒,强化对社区各类组织和各项工作的统一领导,严格落实社区党建工作责任制,提升抓党建、抓治理、抓服务的能力。推动全面从严治党向基层延伸,持续整顿软弱涣散基层党组织。规范基层"小微权力"运行,让基层社区"小微权力"在阳光下运行,持续增强基层党组织的公信力。

突出组织引领。完善党组织统一领导的基层治理组织架构,推动党的组织和工作向楼门、管理网格、小区等治理单元延伸,向业主委员会(物业管理委员会)、物业服务企业、社区社会组织等治理主体覆盖。积极推行社区(村)党组织书记通过法定程序担任居(村)民委员会主任、社区(村)"两委"班子成员交叉任职。注重把党组织推荐的优秀人选通过一定程序明确为各类组织负责人,确保依法把党的领导和党的建设有关要求写入各类组织章程。

突出能力引领。把为民服务能力、议事协商能力、应急管理能力和平安建设能力作为检验党组织工作成效的重要指标。大力推进社区书记工作室建设,充分发挥其在人才培养、经验交流、攻坚克难、创新突破、品牌培育等方面的示范引领作用,大幅提升基层干部开展基层治理和群众工作的能力。

突出机制引领。深化区域化党建工作,充分发挥基层党建工作协调委员会在统筹协调、整合资源方面的作用,健全区域内各类单位常态沟通机制,推动各级各类单位参与辖区治理。健全党建引领的社会参与机制,深化党建带群建工作,完善群团组织参与基层治理的方式和路径。探索基层党建服务中心与基层治理智库融合发展之路,通过把关定向、确定任务、资源配置、委托项目、参与研究、保障支持等措施,把党的领导贯穿基层治理智库运行管理全过程、各方面,在发挥智库"策源"优势的基础上,又把科学决策、民主决策、依法决策落到实处。完善"双报到"和干部下沉常态化机制,加强督导考核。

二、加强组织建设

居(村)民委员会建设是群众性自治体系建设中的重中之重。一方面,它是具有宪法性、政治性、主体性的特别法人;另一方面,它也是下属委员会的母体。当前,居(村)民委员会组织建设薄弱、下属委员会空转、门楼院社(楼门、楼栋、楼院/小区、社区)自治网络不健全等问题仍然较为突出。

加强居(村)民委员会规范化建设。坚持党组织领导基层群众性自治组织的制度,落实居(村)民委员会特别法人制度,全面推行基层群众性自治组织法人备案制度,加强集体资产管理。稳妥推进条件成熟的村民委员会改设居民委员会工作,优化调整社区规模。

推动居(村)民委员会组织体系建设。加强居(村)"两委"班子建设,推动形成"一居(村)多会(下设委员会)"、小区网格、门栋楼院上下贯通、左右联动的居(村)民委员会组织体系新格局,为健全完善社区治理体系提供坚实基础。组建社区居民代表会、社区事务协商议事委员会,选齐配强居民小组长、楼院门栋长。强化社区服务站功能,大力培育社区社会组织。鼓励引导社区服务机构、物业服务企业负责人进入社区"两委"班子,形成党组织领导下的上下贯通、左右联动的社区工作网络。实施居(村)民委员会成员履职承诺和述职制度。对于需要由社区(村)协助政府办理的事项,注重发挥居(村)民委员会下设的委员会作用,相关部门做好政策、资金、技术等保障工作。

加强居(村)民委员会下属委员会建设。北京市居(村)民委员会设立六大下属委员会,包括共建共治、治安和调解、公共卫生、社会福利(老龄)、文体教育、物业管理。不足500户的居民委员会和不足150户的村民委员会可以不设下属委员会,由居(村)民委员会成员分工负责相关工作。各下属委员会一般由3~9人组成。各下属委员会主任由居(村)委会成员兼任,成员应具有自愿、无偿的意愿,可由城乡居民、居(村)民代表、楼门院长、村民小组长、社区工作者和社区警务室、社区卫生站、养老驿站、司法调解室等工作人员及城乡社区各类组织、驻区单位代表等组成,根据工作性质和本人特长确定分工。下属委员会应广泛联系城乡居(村)民、居(村)民代表和楼门院长等社区(村)骨干、城乡社区各类组织和驻区单位,协助开展自治活动、协助做好涉及城乡居民利益的公共服务事项。各下属委员会要经常了解居民的基本信息和需求,听取居民意见建议,协商解决相关问题。健全完善楼门、楼栋、楼院(小区)、社区自治网络,遇到紧急情况,可立即通过居民代表、小组长、楼门院长等网络,快速联系到每户居民。

三、强化自治功能

居(村)民委员会是居(村)民自我管理、自我教育、自我服务的基层群众性自治组织。在法理上,居(村)民委员会被赋予了"自治组织"的属性,但在实际工作中,却成为行政化的实体组织形态,即在国家推动的基层治理过程中,在法律上被定位为基层自治组织的居(村)民委员会,承担了日益繁重的行政事务,其行政化色彩日益浓厚。

强化居(村)民委员会自治功能,核心是要把民主选举、民主协商、民主决策、民主管理和民主监督等工作落到实处。具体来说,一是健全居(村)民自治机制。规范居(村)民委员会换届选举,提高居民委员会直接选举或户代表选举方式的比例,坚持"五好、十不能"资格条件标准,全面落实社区(村)"两委"班子成员资格联审机制,坚决防止政治上的两面人,受过刑事处罚和存在"村霸"、涉黑涉恶及涉及宗族恶势力等问题人员,非法宗教与邪教的组织者、实施者、参与者等进入社区(村)"两委"班子。二是认真落实民主协商制度。聚焦群众关心的民生实事和重要事项,定期开展民主协商;健全常态化城乡社区议事协商机制,推动议事协商向小区、楼门、院落等延伸覆盖;健全党建引领下的物业管理协商共治机制,引导业主委员会规范运作,有效发挥业主委员会(物业管理委员会)作用。三是全面落实民主决策制度。建立社区(村)党组织提议、"两委"商议、党员大会或党员议事会审议、居(村)民代表会议或居(村)民会议决议和决议公开、实施结果公开"两公开"制度,严格按照"四议两公开"制度对与居民群众切身利益相关的"四重"(重要事务决定、重要项目建设、重要资金使用、重要救助和补贴发放)进行民主决策。四是加强民主管理。重点做好调解邻里、物业等纠纷,关爱帮扶各类特殊群体,指导监督小区物业服务,协助政府开展各类民生服务,协助公共卫生管理、维护社会治安,开展公共服务工作等。五是严格民主监督。完善党务、居(村)务、财务公开制度,明确公开事项清单;制定实施村级"小微"权力清单,规范各类村级事务权力;加强居(村)务监督委员会建设,强化与基层纪检监察组织的沟通协作、有效衔接,形成监督合力。

四、增强动员能力

组织群众、动员群众、服务群众,是基层群众性自治组织的看家本领。但是,从近几年的疫情防控情况来看,基层社会治理较为突出的问题是"散",群众还没有充分动员组织起来。要健全基层党组织领导的基层群众自治组织,推动各类组织强筋壮骨,充分动员组织群众,形成以基层党组织为中心、各类群众组织共同参与基层社会治理的"同心圆"。

增强社区(村)组织动员能力。健全社区(村)"两委"班子成员联系群众机制,全面推行"全岗通"、首问负责、常态化走访等制度,及时响应服务居(村)民;加强群防群治、联防联治机制建设,建立健全风险隐患和重大突发事件排查、发现、报告制度;健全社区(村)应急动员机制,加强应急志愿者队伍建设,开展经常性的应急志愿服务活动。在应急状态下,由社区(村)"两委"统筹调配本区域各类资源和力量,组织开展应急工作。

推动社会组织协同治理。落实政府向社会组织购买服务相关政策,引导和激励社会组织参与基层治理,支持党组织健全、管理规范的社会组织优先承接政府转移职能和服务项目。加快培育发展公益性、服务性、互助性社会组织,推进社会组织更好参与基层治理,引导其就地开展服务。依托社区社会组织联合会,畅通社区社会组织参与基层治理渠道,提升其服务承接能力和专业化水平,培育社区社会组织品牌。完善社区(村)志愿服务体系。加强城乡社区志愿服务人才队伍建设,强化志愿服务品牌建设,动员志愿者积极参与社区治理、便民服务、养老助残、扶危济困、平安建设、矛盾调解、环境卫生整治、疫情防控、垃圾分类、消防宣传等志愿服务活动。

鼓励引导社会资本参与。充分发挥政府统筹引导作用,拓宽社会资本参与渠道,完善支持政策,创新激励机制,激发社会资本参与基层治理活力,提升社会服务保障能力。街道(乡镇)可依据相关政策法规,通过委托或聘用等方式引入物业服务企业做好兜底性物业服务工作。支持街道(乡镇)通过设立社区基金会(基金)、接受慈善捐赠等方式,引导社会资源支持城乡社区治理。激发居民群众参与热情。开展具有本地特色的楼门文化建设,通过协商自治、邻里互助、环境美化、公益慈善等活动,培育社区公共精神。

五、注重持续运行

基层群众性自治体系的健康、可持续性运行,既是基层政权建设的基本要求,也是有效发挥其自治功能的内在需要。从当前基层群众性自治体系运行情况看,专业化、标准化、数字化水平不高,是制约其健康、高效、可持续运行的重要因素。

在专业化上寻求新突破。针对基层治理专业化要求越来越高的现实需要,要加强基层干部队伍建设,稳步提升社区工作者专业化能力。在破解基层治理难题和落实"基层治理年"任务中,务必持续强化党管人才、党育人才工作理念,尽快培育一支坚强有力、梯次合理、素质过硬的专业干部队伍。通过在服务大局中、在培育特色品牌中、在实现"群众满意"中提升专业能力,进一步历练干部、培养干部,进而以人才培养的突破推动基层治理的突破。

在标准化上寻求新突破。让基层群众自治"有标准可依,有目标可循",以标准化的形式将基层群众自治经验和治理创新固化,保证基层群众自治的连续性和可扩散性,做到目标明确化、内容精细化、方法规范化、过程流程化,是基层治理现代化的主要发展方向。无论是社区(村)党建、居(村)民自治,还是社区(村)服务、社区(村务)管理、居(村)民参与,都需要以标准化为牵引,重点通过标准来推动提高基层群众自治效能。特别是要通过建立标准化的绩效评价体系,量化考察和评价基层自治治理成效,有效提升治理水平。同时,基层群众自治经常面对各项突发的、新发的社会问题和需求,需要具有一定灵活性的标准及时回应。

在数字化上寻求新突破。新一轮科技革命给基层群众自治带来了机遇和挑战。要顺应科技发展和社会发展需要,充分发挥现代信息技术、大数据、云计算等新技术优势,把分散的居民以社区(村)为单位组织起来,并用信息化手段有针对性地开展社会动员、引导居(村)民参与,是基层群众自治发展的必然趋势。针对街道(乡镇)和社区(村)层面行政性事务多、负担重、压力大,特别是疫情防控期间,暴露出居住人口、楼院分布、社会单位等基础数据不清、信息传导机制不畅、社区人手不足等突出短板,借助数字化手段把居(村)民有效地组织起来,并通过数字化渠道开展基层群众自治,是应对各类突发事件的有效办法。如疫情防控期间社区的各类"团购"群,由"团长"把居民组织起来共同拼团采购生活保障物资,在一定程度上缓解了社区和政府的工作压力。

六、夯实保障基础

基层群众自治体系建设,离不开制度、组织、人才、经费等综合保障。无论是建立自治体系、搭建自治平台、培育自治队伍,还是开展议事协商、居民动员、纠纷调解,都需要相应的人才、场地、资金等保障。

加强制度建设。健全区域化党建工作制度,把党建协调委员会作为基层党组织统筹社区(村)资源的重要抓手,作为引领群众自治体系有效运转的重要支撑;完善会议制度,居(村)民会议、居(村)民代表大会、议事会、听证会、协调会、恳谈会等各类会议制度,是实现群众自治体系有效运行的重要保证,也是实现民主权利的重要形式;优化议事协商制度,议事协商作为民主自治的重要内容,要通过建立议事队伍、明确议事规则、确立议事流程、规范议题设置、强化议事协商等工作,实现"大家的事大家商量着办";强化公开公示制度,通过社区(村)党务公开、财务公开、居(村)务公开,加强党内监督、群众监督,依法保障党员群众的知情权、监督权;优化评估评价制度,将基层党委、政府的考核评价和居(村)民民主评议结合起来,围绕基层群众自治组织履行行政协助事务、自治事务等法定职责,定期开展评估评价,为提高基层群众自治能力和水平提供支撑。

加强队伍建设。加强社区(村)党组织书记和居(村)民委员会主任队伍建设,建立居(村)干部"选育管用"全链条体系,坚持用系统的思维和方法推进"头雁计划",着力打造居(村)"头雁矩阵"。探索构建社区党组织书记事业岗位管理制度。挖掘党员骨干和热心居(村)民,深入动员商户、教师、律师等各界人士加入居(村)民自治队伍,织密自治网络,加快构建居(村)民自治队伍。大力培育公益服务人才队伍,依托文体队伍、兴趣爱好组织等团队,努力将相关骨干转化为公益服务带头人,引导建立公益慈善、志愿服务等社区社会组织。依托街道(乡镇)社会工作服务站项目,推动专业社会工作人才队伍建设,采取"政府购买、项目化运作、委托运行"等方式,建立社区、社工、社会组织、社区志愿者、社区公益慈善资源"五社联动"机制,大力培育社区社会组织和志愿服务队伍,为加强基层群众自治提供专业支撑。

加强经费保障。一是落实工作经费。统筹上级转移支付和本级安排资金,加大财政投入保障力度,重点保障社区工作经费、人员报酬、公益金、服务群众专项经费以及社区(村)服务设施和信息化建设经费,所需经费纳入同级财政预算足额安排。推动政策、资金、资源向基层集聚,确保各项政策措施、财力安排、资金拨付、监督管理不折不扣地落实到位。二是统筹项目经费。针对社区工作经费"项目经费分散、标准分配不合理"的问题,通过整合经费项目、制定统一标准,纳入财政预算全额保障。三是保障党建工作经费。加大党组织服务群众经费等基层党建工作经费投入,支持社区党员群众服务中心建设,提升基层党组织活动场所服务功能,推动基层党建高质量发展。四是健全制度机制。督导各级财政部门制定基层群众自治财政保障工作相关制度机制;督促各级财政部门统筹上级转移支付和本级安排资金,将所需经费纳入预算足额安排;督导各级财政部门建立事权与支出责任相适应的街道(乡镇)经费保障机制实施办法,合理规范街道财政事权和支出责任,推动建立边界清晰、分工合理、权责一致、运行高效、依法保障的基层政府职能体系,形成科学有效的经费保障办法。同时,强化资金监管。督促各级财政部门充分发挥就地就近监管作用,对基层群众自治相关经费的审核、拨付及使用加强监管,积极稳妥地抓好组织实施工作。

第三节 关于加快推进"韧性社区"建设的建议

2022年5月,潘家园街道、劲松街道、南磨房地区、小红门地区市民服务热线月接诉量进入全市街道(乡镇)前10名。尽管诉求高发因疫情而起,但也暴露了在疫情防控等应急事件中基层治理的短板弱项。因此,需要站在今天看未来,对因疫情引发的诉求进行再复盘、再研究,把各类情况预想在前、各种问题预设在先,从源头研究解难之策。北京惠民社会治理研究院结合疫情发展情况及相关研究成果认为,朝阳区作为首都的人口大区、经济大区和国际窗口区,在疫情常态化背景下,加快推进"韧性社区"建设迫在眉睫。"韧性社区"是以社区共同行动为基础,能链接内外资源、有效抵御灾害与风险,并从有害影响中得到恢复,保持可持续发展的能动社区。为有效防范应对自然灾害、安全生产、公共卫生等领域的重大灾害,围绕社区组织韧性、设施韧性和治理韧性建设,夯实基层治理基础,持续提升社区整体韧性,确保社区在发生突发事件时能够及时应对并在短时间内快速恢复正常生活秩序,特提出如下建议。

一、建立"韧性社区"建设体系

社区是重大社会风险的承载地。突发事件事发突然,尤其是重大灾害,能否从容应对,把危害、损失和影响降至最低,是从社区层面检验政府和基层组织社会治理能力的重要体现,必须从平时的基础抓起,建立健全有效的"韧性社区"建设体系。

建立"韧性社区"建设体系

1 2 3

增强"韧性社区"治理能力　　健全"韧性社区"建设的体制机制

(一)健全社区应急管理体系

建设智慧应急平台,推动各类应急指挥系统融合建设,健全多部门协同预警发布和响应处置机制,持续提高应急管理数字化治理水平,打造数字应急先行区。推进基层网格化应急管理体系建设,加强预案动态调整机制,健全"横向到边、纵向到底"的应急预案体系。加强应急演练,提升应急处置能力。健全应急救援力量体系,推动应急力量逐步从分灾种、分部门、分系统向建立综合性应急救援力量体系融合、转型。

(二)构建社区风险适应性治理体系

坚持风险治理"一盘棋",加强综合部门、专业部门分工协调,推进城市风险治理综合执法,形成职能优化、协同高效、权责明确、运转灵活的城市风险治理体制。建立城市风险信息管理平台,绘制城市"风险地图",对城市风险进行动态跟踪。探索建立基层安全顾问制度,推动开展社区应急防灾技能提升实事项目。广泛开展安全宣传教育,提升全社会安全意识能力,筑牢安全生产的人民防线。推进实施安全生产责任保险,建立完善巨灾保险制度。

(三)完善全主体应急责任体系

提升领导干部风险研判、危机预防、危机决策、现场指挥、风险沟通、安全发展"六种能力",构建党委政府统一领导、应急部门统筹协调、部门分工负责、企业有效落实、社会积极参与的重大安全风险防控责任体系,做到责任落实无空当、监督管理无盲区。制定重大安全风险分级防控责任清单,明确细化各级各部门和生产经营单位在风险辨识评估、监测预警、响应处置等各环节的责任分工。健全防范化解重大安全风险追责问责机制,加强对生产经营单位落实较大、重大风险管控情况的监督检查,重点管控存在监管真空或职责交叉的风险。

(四)优化社会动员应急体系

大力发展社会应急组织,增强社会组织发展动力和参与治理能力。注重引导社会组织在社区日常公共事务治理中提供专业服务、参与基层治理,引导社会组织在应急处置中整合社会资源、有效分散风险,提高社区韧性建设。鼓励社区居民积极参与韧性社区建设,增强安全韧性全域理念共识,宣传安全韧性文化,树立正确的安全韧性评估观念。充分发挥多元主体作用,进一步建立社区应急协调联动机制,不断推动社会治理重心向基层下移,强化社区应急治理能力,实现政府治理与社会调节、居民自治良性互动。

二、增强"韧性社区"治理能力

"韧性社区"是有效抵御灾害与风险,并从消除灾害影响中恢复群众正常生活秩序,保持社会可持续发展的能动社区。在治理能力上要按照高于严于普通社区的要求,扎实抓好落实。

(一)做好全周期"韧性社区"治理预案准备

强化社区空间规划与城市安全治理有机衔接,优化社区生活空间、生态空间、避难空间和安全生产空间布局。加强规划、服务、应急等各环节的科学统筹,促进社区治理体系与公共安全应急体系有效衔接。编制自然灾害、安全生产、公共卫生等应急预案和相关工作指引(如疫情封管控区域综合服务管理工作指引),明确预警标准、启动条件、指令下达、重点区域、安置场所等,提高群众知晓度,加强对基层避险工作的指挥调度和检查督查,做到思想落实、领导落实、方案落实、物资落实、力量落实。

(二)提升安全风险诊断与预警能力

充分发挥"12345"热线"应急前哨"作用,快速反应、灵活应变,对涉风险诉求第一时间响应派单,各单位第一时间认真办理,依法高效开展风险防控工作。织密风险防控网络,做好数据分析和问题研判,加强信息发布、回应市民关切。全面总结研究非常规状态、应急状态下的"接诉即办"机制,当好党委政府与群众"连心桥"、疫情防控"晴雨表"、紧急诉求"生命线"、社会情绪"减压阀"。运用大数据、"互联网+"、卫星遥感等科技手段,构建多维度、立体化广域覆盖的社区安全风险感知数据采集体系,实现对社区重大安全风险的实时动态感知监测。健全社区公共安全风险预警指标体系,强化风险预警分级管理。强化"接诉即办"系统平台功能,提高对城市海量信息进行分析研判能力和水平,加强城市风险筛查、风险识别。加强社区生活安全风险预警、防控机制和能力建设,增强产业链、供应链、服务链、生态链抗冲击能力。

(三)建设智慧韧性安全社区

用好民生大数据,加强"七有""五性"监测评价,发挥好"接诉即办""探针"作用。用数据驱动基层治理,推动"热线+网格"融合,提升社区治理精细化、智能化水平。统筹传统安全与非传统安全,全面提升城市运行的功能韧性、过程韧性、系统韧性。搭建社区信息模型平台和社区运行管理服务平台,做强"社区大脑"、做细"神经末梢",健全全域感知、全局洞察、系统决策、精准调控的"社区大脑"体系,打造更多社区管理智能便捷应用场景,构建"多脑协同"的智慧社区治理体系。夯实韧性社区基础,构建"社区发现、街乡呼叫、部门响应、协同整治"社区安全风险治理体系,形成社区应急"准备—响应—处置—恢复"全过程闭环。

（四）推动建设一批防灾减灾基础设施项目

以社区设施韧性建设为重点,加强社区安全与应急基础设施规划建设,逐步提升基础设施安全标准。加快补齐社区消防设施、社区防汛设施、应急避难场所、无接触快速配送、应急物资库、应急保障供应链等社区安全与应急基础设施短板。加快推进社区基础设施数字化、网络化、智能化建设和改造,建立基于各种传感器和物联网的智能化管理平台,提高社区基础设施运行效率和安全性能。

（五）抓好社区居民应对非常规情况的教育培训

运用多种方式,加强对社区居民、辖区群众进行应对突发事件、进入非常规状态的教育,强化在应急状态下的大局观、整体观,主动适应从正常到应急、从忙乱到适应、从稳控到恢复的转变,正确理解在非常规状态下政府服务与群众需求的差距,树立"一条心""一盘棋"思想,以更加积极的心态和行动支持政府做好应急处置工作。针对疫情、地震、火灾、燃气爆炸等突发公共事件,搞好对居民的安全常识、应急自救培训,开展带有背景的应急演练,切实提高社区群众的防灾减灾、自救互救能力。

三、健全"韧性社区"建设的体制机制

"韧性社区"建设,既需要将国家治理的各项制度落实转化为社区治理的效能,又需要把社区作为社会共同体发挥整合功能,最大化发挥各类资源作用,创新治理的体制机制。

（一）构建"韧性社区"党建引领的运作协同机制

牢固树立党领导"韧性社区"建设意识,建立非常规情况下社区建设共同体。加强公共卫生、安全生产、自然灾害、食品药品等重大领域风险识别预警、防控机制建设,构建适应超大城市的"韧性社区全过程综合管理"模式。建立党建引领的"韧性社区"建设机制,明确社区与业委会（物管会）、物业企业各层

级的职责任务,依托社区党建工作协调委员会加强各类组织资源整合,打破相互封闭的运行状态,推动区域内组织结构向科学化、规范化发展。以加强社区组织韧性建设为重点,探索数字化楼门院社自治体系建设,建立由居民和家庭形成的社区社会网络,发挥社会力量的纽带、桥梁和连接功能。

(二)建立"韧性社区"力量补充的冗余储备机制

着眼应对最严重、最困难灾害与风险的各种不确定性,从确保"韧性社区"始终处于良性运行考虑,建设社区应急能力的"蓄水池"。采取区、街乡机关干部、国企职工与社区结对等形式,建立有一定基础,能够补充社区"两委"、业委会(物管会)、楼(院)门长等层级力量需求(包括弥补非战斗减员)的储备队伍;建立在社区封控状态下,满足居民送餐送菜送医较大需求的增援保障队伍。将平时没有纳入社会治理机制的社会主体及志愿者组织纳入"韧性社区"储备力量之中,以备在关键时刻发挥作用。

(三)建立"韧性社区"建设评估及保障机制

按照"分区域、分级别、网格化"原则,从生产运行、生活运行、社区运行等方面,对社区存在的安全风险进行全面、全方位的辨识和评估,建立风险点清单数据库,绘制"红、橙、黄、蓝"四色等级安全风险空间分布图,实施重大安全风险差异化动态管理。构建高可信度的第三方"韧性社区"建设评估模式,推动开展重点领域及社区安全风险与减灾能力调查评估。充分利用社区安全风险评估成果,结合安全风险清单,细化制订风险管控方案。加大"韧性社区"建设投入力度,统筹保障"韧性社区"建设资金,确保专款专用,优化升级相关基础设施及技术装备。

第四节　关于推动回天地区典范社区建设的建议

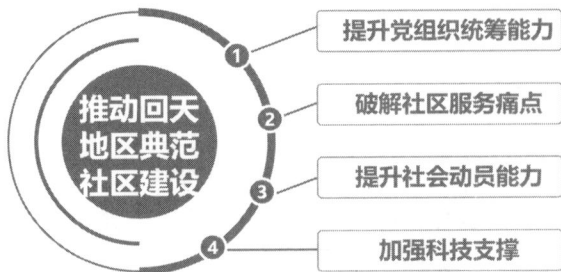

针对当前回天地区基层社会治理遇到的问题,结合落实"十四五"规划和《深化回天地区基层社会治理行动计划(2021—2025 年)》,特别是市委提出的回天有路、回天有数、回天有教、回天有购、回天有乐、回天有业"回天六有"的要求,从近期抓硬件、中期抓软件、长期抓党建的规律性认识角度,建议下一步重点在四个方面下功夫。

一、提升党组织统筹能力,挖掘回天地区社会治理新动能

推进党建引领行动计划,以 2021 年迎接中国共产党成立 100 周年为契机,以党史学习教育为实践载体,全面深化回天地区基层党组织建设,强化党建引领作用发挥,突出思想引领、组织引领、机制引领、能力引领,为地区社会治理提供坚强的政治保证和组织保证。

一是强化基层党组织建设。以换届为契机,大力加强街镇和社区(村)班子建设,全面提升街镇党(工)委、社区党委(总支、支部)书记队伍能力,结合落实"十四五"规划和《深化回天地区基层社会治理行动计划(2021—2025 年)》,全面深化"吹哨报到""接诉即办、未诉先办"机制,进一步完善"有事请找我""书记是最好的 12345"等工作品牌,不断强化整合资源、社会动员、推动发展的能力,提升回天地区社会治理水平。建立健全"社区党委(党总支、党支部)—下设党支部—楼门院党小组—党员"的组织网络体系,推动党组织有序衔接,强化社区党的领导。

二是完善党建工作协调委员会运行机制。充分发挥回天地区党建工作联席会平台作用,持续推进社区党建工作协调委员会覆盖,建立健全运行机制,深化"五方共建"模式。强化党建引领,精准对接问题清单、资源清单、项目清单,有效破解小区物业管理、垃圾分类、"接诉即办"、常态化疫情防控等遇到的难题。充分发挥社区自管党员、"双报到"党员、社会组织党员、物业党员、"六小门店"党员等作用,以服务促进共建共治共享,推动形成社区治理共同体。

三是加强党建工作阵地建设。加快推进党群服务中心建设,补充服务设施,完善服务功能,强化使用管理,更好地服务党员、服务居民、服务流动人口、服务社会单位。通过整合资源,加强社区党员活动室建设,为社区党员学习和活动提供空间场地。扩大社区优秀书记工作室建设范围,以回天地区基层社会治理工作为载体,为社区优秀书记传帮带搭建平台,拓展培训渠道,加强分级培训,为深化和推广社区专员制度提供有力保障。

四是统筹推进"一街一品"建设。针对品牌培育存在的问题,进行综合改进。一方面加强培训,结合回天地区治理实践,加强品牌培育;另一方面,聘请专家学者或社会治理智库组成智囊团队,与回天地区街镇进行"一对一"合作,深入总结梳理地区和各街镇工作品牌,在推动基层治理难题破解的同时,推出一批"品质回天"特色品牌。注重擦亮老品牌、打造新品牌、发现潜在品牌,建议每年评选出一批优秀品牌,编写优秀社区工作案例,形成一批在全市、全国有影响力的创新品牌。

二、破解社区服务痛点,不断提升回天地区居民的"三感一度"

坚持把社区服务作为重中之重,着力破解影响居民获得感、幸福感、安全感和满意度的瓶颈问题。

一是加强社区养老服务体系建设。积极做好"回天有我"计划养老服务项目对接落地,加快推进街镇养老照料中心建设,扩大服务规模,提高服务效能。将社区养老纳入"一刻钟社区服务圈"工作体系,加强社区养老驿站建设,健全社区养老、居家养老体系,积极探索智慧养老、文化养老、心理养老等形式,加大力度、加强探索、加快推进社区养老工作,引进专业力量,提升社区养老服务质量。推进居家养老,探索医养康养相结合的养老服务模式,为回天地区养老提供更好的保障。

二是充分发挥社区社会组织作用。强化社区社会组织建设,通过重大活动、重点任务、社区服务管理等实践,加快社区社会组织建设。一方面,借助"回天有我"项目,依托专业社会组织,催生和孵化社区社会组织,特别是加快环境治理类、治安维稳类、民生服务类、小区管理类、文明引导类等社区社会组织建设;另一方面,促进文体类社区社会组织从"自娱型"向"自娱+公益"型转变,引导社区各类社会组织参与社区治理,全面构建"回天地区"社区社会组织体系,打牢地区社会治理基础。充分发挥街镇社区社会组织联合会、社会工作人才服务中心等作用,为社区社会组织参与政府购买服务提供条件。用好镇街统筹使用的社区公益事业补助资金及党组织服务群众经费等资金,购买急需的服务项目,积极探索社区社会组织参与小区物业管理、垃圾分类、居民自治等方面工作新路子。将社区服务管理难题破解情况、社区社会组织培育情况、居民骨干带头人挖掘情况等纳入评价范围,确保社区社会组织健康有序发展。

三是加强专业社会组织建设。深化回天地区社会组织创新示范区建设,不断完善社会组织建设"1+3+N"政策文件体系,持续优化社会组织发展环境。用好市级政府购买服务资金和区级、街镇级资金,加大政府购买服务力度,搭建政府购买社会组织服务平台,完善社区服务需要目录、社会组织服务供给目录以及政府购买社会组织服务指导性目录,建立健全项目和需求对接机制,促进社区服务项目落地实施。引导社会组织参与社区心理服务中心(站)服务工作,促进心理服务向社区(村)延伸。加强培育扶持,开展社会企业认证,将社会企业纳入政府购买社会组织服务范围。完善政府购买社会组织服务绩效评价管理机制,规范政府购买行为,形成服务到位、监管有效的社会组织服务管理格局,促进回天地区社会组织数量质量双提升,全面增强社会组织运营发展能力,为实现可持续发展注入动力。

四是全面提升社区工作者综合素质。结合大型社区规模调整,合理配备社区工作者,加大社招力度,积极引入年富力强、具有专业技能、善于做群众工作的人才进入社区工作者队伍。结合全市对社区工作评估,全面了解社区工作者队伍素质短板,结合新一轮"回天行动"计划,加大培训培养力度,尽快帮助社区工作者适应超大型社区治理的需要。结合政府购买社会组织服务项目,深化"三社联动"机制,引入专家团队、专业社会机构团队,帮助社区工作者学会分析评断社区治理难题,学会用专业手法开展工作,推动社区工作者整体素质全面提升。

三、提升社会动员能力,建立与回天地区社会治理相适应的动员体系

一是全面提升社会动员参与率。高质量落实《北京市志愿服务促进条例》,结合新一轮"回天有我"行动计划,注重挖掘各年龄段、各类主体的志愿者队伍,尤其注重培养中年人、青少年、高知人员等志愿者,不断完善志愿者队伍结构,到2025年底每个社区至少有6个志愿服务团队。继续依托社区、驻区单位、非公企业、社会组织、志愿团体等各类网站、微信公众号、微信群等网络资源,进一步健全完善覆盖广泛、反应迅速、动员高效的社会动员综合网络。建立志愿服务清单发布机制,定期向社区发布服务需求信息;建立服务项目对接机制,动员各类志愿者参与垃圾分类、街巷管理、文明劝导等工作;建立志愿服务激励机制,通过志愿者服务积分兑换,促进志愿服务常态化、制度化。

二是充分发挥社区议事厅作用。规范社区、小区议事厅建设,完善社区议事协商流程,拓宽协商形式,探索建立网上议事厅、移动议事厅,为居民搭建多种形式的协商议事平台,引导社区各类主体广泛参与共商共治共建,不断强化回天地区居民协商意识,壮大社区议事代表队伍,培养多层面议事代表。到2025年底基本形成多方参与、内容丰富、形式多样、程序规范、成效明显的社区协商新局面。借助"一街一品"项目,创建一批社区协商议事厅示范点,打造一批创新型微协商项目品牌。

三是加大社区带头人队伍建设力度。深化"领头雁"工程,通过项目化引导居民参与社区事务,加强居民骨干培养,不断壮大志愿者队伍。依托社区党组织和居委会六大委员会,挖掘社区治理带头人,引导带头人大胆开展社区活动,特别是在常态化疫情防控、物业管理、垃圾分类、小区环境整治、文明引导等方面,发挥模范带头作用。加强小区业委会(物管会)、网格员、楼门长等队伍建设,使他们学会用有效的方法带领其他人员开展工作,真正成为社区治理的领头雁。

四、加强科技支撑,提升回天地区用信息化手段开展社会治理的能力

充分发挥科技支撑作用,助力社区治理难题破解,强化回天地区社会治理的效能。

一是加强大数据分析利用。依托"12345""接诉即办"案件和社区"未诉先办"事项,充分利用大数据手段进行科学分析,全面准确了解掌握居民"七有""五性"需求,按照"一数一源"的原则,为加强回天地区城市建设、环境整治、生态环保、民生服务、社会动员、文化文明等各项工作提供参考数据,确保服务管理精准高效。

二是改善信息化硬件建设。着眼社区服务管理,大力加强信息化基础硬件建设,包括小区大门智能化系统、居民楼门门禁系统、人脸识别系统、小区停车管理系统、交通循环系统等,引入智能自行车棚,切实解决自行车、电

动自行车充电管理等难题,通过硬件建设全面提升回天地区社区服务管理信息化水平,为做好各项应急保障提供支持。

三是用好小区各类微信群。充分发挥信息化手段在居民自治和社区服务中的作用,鼓励各社区建立并管理好居民微信群,推广"十户连心"微信群做法,通过科学合理编群管群用群,推进服务管理精细化,特别是加强物业与居民的互动,通过社区党组织、物业、业委会(物管会)、居民等多方及时沟通,确保服务供需及时对接、信息畅通,推进物业管理健康发展。

第五节 破解"三大难题" 建设"三个社区"①

为扎实推进社区治理体系和治理能力现代化建设,有效提升社区治理水平,杨庄街道工委、办事处围绕"如何建强社区工作者队伍、如何抓实抓好社区的群众组织动员、如何解决社区经常性反复性难题"召开专题座谈研讨会,共同研究破解的方法路径。应该说,这三个问题抓住了社区治理的本质,是建设没有"社区病"的社区的关键举措。如果这三个问题得到了较好的解决,那么,就能够很好地促进效能社区、共治社区和幸福社区建设。下面,就破解这三个难题笔者提出个人的一些思考,供大家参考。

一、搭平台、建机制、提能力,建强社区工作者队伍

社区工作人才队伍建设是社区建设的首要问题。社区建设和治理效能及水平的高低,关键在于社区工作者的能力水平。要建强社区工作者队伍,重点是要做好以下三项工作。

---

① 本文是在城市副中心(通州区)杨庄街道社区治理座谈会上的发言。

一是搭平台。围绕社区工作者的成长发展,搭建相应平台,为建设一支具有专业价值观和职业精神的社区工作者人才队伍提供支撑;搭建教育培训平台,根据社区工作者的职业生涯发展,提供通识教育+专项教育+专业教育,并将教育培训贯穿社区工作者职业生涯全过程;搭建交流展示平台,充分发挥社区书记的"领头雁"作用和优秀社区工作者的示范带动作用,开展经常性的交流展示,让社区工作者干有标准、学有榜样;搭建能力比拼平台,围绕社区重点难点问题和社区工作者的核心能力建设,开展知识问答、政策制度、情景模拟、主题演讲等能力比拼,比出动力,比出干劲,比出水平;搭建干事创业平台,为社区工作者提供出彩的机会,让想干事者有舞台,让能干事者精神上受鼓舞、物质上得奖励、政治上有提升。

二是建机制。为建强社区工作者队伍提供政策制度支撑,营造有利于社区工作者的成长发展环境。健全关心关爱机制,无论是在"战疫"等攻坚克难一线,还是在心理、生理受到冲击的关键时刻,都能让社区工作者体会到组织的关怀、集体的温暖;健全成长陪伴机制,充分发挥书记工作室、社区治理创新实验室等平台作用,建立健全社区工作者成长陪伴机制,让社区工作者困惑有人解、困难有人帮;健全梯次培养机制,根据入职时间长短,副职、正职等不同岗位特点,提供差异化、梯次化的培养方案;健全工作会议机制,坚持开好工作例会、研讨会等不同的会议,分析查找工作短板,探讨工作中遇到的问题,明确工作方向和目标,提高社区工作水平;健全考评激励机制,坚持以考促学、以考促行、以考促改,推动社区工作者队伍科学规范发展。

三是提能力。建强社区工作者队伍的关键,是要提高社区工作者的综合能力。建设和谐宜居的社区环境,需要社区工作者具备通岗能力、全岗能力,即对居民到社区办理的各类服务做到一专多能、全岗都通。入户能力是社区工作者的基本功,但是,很多社区工作者还存在不会入户、不敢入户、入户不知道干什么等问题。如入户前应该做哪些准备?什么时候入户?入户之后干什么?如何面对"不让进门""滔滔不绝""满腹抱怨""无理要求"等困局?如何通过入户建立与居民良好的个人关系……这些都需要社区工作者在平时的工作中进行锻炼,要灵活运用"走动式工作法",通过腿勤、眼勤、手勤,提高入户走访工作效能。议事能力是一个成熟社区工作者、专业社区工作者的必备技能,可以说,能不能组织居民进行有效地议事,是判断一个社区工作者综合能力素质的一个重要标准。如何选择议题?如何引导居民参与?如何有效控场?如何形成有效决议?如何推动决议的落实?如何对落实的决议进行评价?这些都需要社区工作者去有效地应对。群众工作能力是一项综合能力,是社区工作者的能力水平的重要标志,是做好社区服务管理工作的看家本领,作为社区工作者要学会与群众打交道,尤其要与特殊群众打交道,要学会与群众交流,逐步引导群众参与社区自治,共同建设社区治理共同体。当然,做好社区工作需要的能力还有不少,但这三方面能力是基础、是关键。

二、强组织、健机制、畅渠道,抓实群众动员

群众组织动员是我们党取得胜利的法宝。社区作为党和政府联系群众的桥梁和纽带,做好社区的群众组织动员工作是一项基本功,是必修课。实践表明,一个社区的工作成绩好不好、治理效能高不高,关键要看群众组织动员工作是否做到位,而组织动员工作到位的重要前提是组织健全、机制完善、台账清楚、渠道畅通。

一是完善组织体系。提高社区的再组织化水平,是新时代社区必须练好的基本功。没有社区组织化水平的提升,就没有高效的群众动员。因此,首先要做好组织建设,努力做到"人人有组织、人人在组织"。进一步完善党的组织建设。从加强和完善支部建设、党小组建设抓起,做好"双报到"党员的组织服务,以社区党建协调委员会为抓手织密区域党建统筹网,确保党的声音能够传递到辖区每类主体。进一步完善自治组织建设。建实居民委员会下属委员会,加强门长、楼长、院长等居民骨干队伍建设,强化业委会(物管会)自治功能。加强对辖区"七小门店"的组织建设,如建立"七小门店"自律协会或自管会等,提升他们的自我管理能力。加大社区社会组织培育建设力度,重点推动服务型、公益性、互助性社区社会组织培育发展,引导文体类社区社会组织参与公益活动,着力发挥其在社区治安综合治理、矛盾纠纷调解、社区协商、志愿服务、社区矫正、社区戒毒、社区康复、环境卫生、物业管理、垃圾分类、流动人口管理服务等方面的积极作用,力争实现城市社区平均拥有不少于 15 个社区社会组织,每个社区培育不少于 2 个"品牌"社

区社会组织。加强关联主体的协同组织建设,以联谊会、智囊团等不同形式,将对社区建设、社区治理有帮助和促进作用的相关主体组织起来,使之成为链接社会资源的重要节点或枢纽。

二是构建动员体系。聚焦构建党政动员 + 社会动员、常态动员 + 应急动员"四位一体"的社会动员体系,加强社区社会动员体系建设。在党政动员方面,充分发挥社区党委(总支)的统筹领导、居委会的主导作用,根据社区建设和治理的实际需要,动员居民、驻区单位以及相关方共同参与社区公共事务。在社会动员方面,注重引导社会组织发挥组织社会参与、链接社会资源、提供专业服务、回应社会需求等专业协同作用,围绕党和政府中心工作和重点任务开展动员工作。在常态动员方面,围绕居民自治、垃圾分类、邻里互助、治安巡逻等工作,常态化地动员居民及社会单位参与。在应急动员方面,完善应急工作预案,围绕突发公共应急事件,开展临时性、应急性动员,动员各相关主体共同应对公共应急事件。

三是健全动员机制。建立常态长效的群众组织动员机制,确保动员有效。健全议事协商机制,根据居民关注点的不同,分类动员居民参与涉及自身利益事项的协商,达到统一思想、凝聚力量、动员参与的目的。健全情感交流机制,做好日常走访入户工作,与居民建立良好的工作关系,运用"亲情工作法"开展工作,以情感交流增进居民对社区"两委"的认同,厚植社区资本,奠定动员基础。健全文化凝聚机制,坚持以文聚人、以文化人、以文育人、以文培元,以文化活动为突破,以文化队伍为抓手,以艺术之美、文化之美、生活之美凝聚人心,以精神共同体为内核,推动构建社区生活共同体,为凝聚社区群众组织动员共识提供支撑。健全激励回馈机制,坚持精神激励为主、物质激励为辅,健全社区群众组织动员回馈机制,同时,创新搭建社会力量共同参与激励回馈的平台,引导社会力量以物资、服务等形式为社区动员提供物质保障。

四是畅通动员渠道。兼顾各类居民参与习惯,健全完善人际动员网络和信息动员网络,畅通线上和线下动员渠道。建好线上动员渠道,探索建立以楼门、楼栋、楼院(小区)为单位,由虚拟社工、物业企业居民骨干组成的微信群运行团队,由居民共同参与的微信群。同时,强化微信公众号的宣传教育、组织发动等功能,提高线上动员能力。建实线下动员渠道,依托门长、楼长、院长和社区社会组织带头人等居民骨干,建立人际动员网络和常态动员机制,结合通知公告栏等载体,强化线下动员能力。

五是创新动员载体。紧扣居民关注的与自身利益相关的问题,针对不同的动员对象,创新设计不同的动员载体。针对中青年家长的动员,采取小手拉大手的方式进行动员,比如,通过举办才艺展示、安全训练营、公益演出等形式动员青少年及其家长参与。针对老年人,通过健康讲座、节日慰问、日常探访等形式,动员老年人参与社区公共事务。不同类型的动员对象,创新设计不同的动员载体,并努力形成预期管理,增强居民参与黏性,聚积社区组织发动群众的势能。

六是抓住动员契机。要善于借助重大工程、重大活动、重大公共事件等契机,利用初步形成的宣传动员氛围,充分发挥社区"两委"在动员中的引导作用,借势借力,动员居民参与社区公共事务。同时,善用入户走访、节庆活动等契机,通过面对面交流,建立信任关系,建立与居民点对点的直接联系,为做好群众组织动员工作奠定基础。

三、抓源头、抓关键、抓主体,破解社区难题

社区经常性反复性难题是影响居民宜居环境的严重障碍,是"12345"案件的重点难点,是影响居民评价社区的重要因素。同时,解决好经常性反复性难题,也是体现社区治理能力和水平的重要标志。因此,各个社区要以解决经常性反复性难题为抓手,按照理念先进、资源导入、内生动力、方法科学的思路,抓住标志性项目,打造示范性品牌,培育领军性人物,在破解难题中培育品牌、培养人才,践行党的宗旨。

一是抓源头治理。要解决社区的经常性反复性难题,必须从源头抓起,要透过现象看本质,抓住问题的关键所在。从社区的角度来说,要学会建立问题清单、资源清单和项目清单,找准问题,摸清资源,项目制推进,一个问题一个问题地解决。同时,要研究经常性反复性难题的内在规律,对症下药。比如,冬季供暖期间居民反复投诉暖气不热的问题,一方面,要协助居民与供暖单位进行沟通,查找原因,尽快解决供暖问题;另一方面,要建立供暖问题台账,对反映有供暖问题的居民家庭做好登记,在下一个供暖季来临之前,督促物业、供暖公司提前主动入户检查,下先手棋,打主动仗,做到主

动治理,赢得居民认可。

二是抓关键节点。破解社区难题,时机很重要,尤其是一些经常性反复性难题。比如,社区违建问题,是很多社区尤其是老旧小区型社区的老大难问题。有的社区借势借力,配合街道,充分抓住老旧小区改造契机,发挥党组织战斗堡垒和党员先锋模范作用,做好居民工作,拆除违建,为老旧小区改造奠定基础。再如,楼道堆物堆料问题,直接影响居民通行及生命财产安全,要充分利用节假日、有典型事件出现的契机,采取"巡查 + 劝导 + 执法"的形式推动问题解决。

三是抓责任主体。让责任主体履行责任,做到"谁的孩子谁抱走",是解决经常性反复性问题的关键。社区出现的经常性反复性难题,有的是物业服务管理问题,有的是产权单位履责不到位的问题,还有的是业主(居民)自身的问题,但无论是物业企业、产权单位,还是业主以及利益相关方,面对责任清晰的经常性反复性问题,社区要坚持原则不让步,依法督促不妥协。针对不同的责任主体,要采取不同的策略。比如,物业服务管理不到位的问题,要引导业委会(物管会)发挥监督作用,督促物业解决相关问题;产权单位不履责的问题,要引导产权单位职工与单位沟通协调;针对涉及的违法问题,要及时与相关执法单位沟通,加大社区执法力度。总之,通过抓住责任主体和矛盾主要方面,才能从根本上解决问题。

第六节　从公共卫生危机看治理体系和治理能力建设

经过新冠肺炎疫情大考之后,让我们充分地认识到,公共卫生危机的应对和防控已然成为治理体系和治理能力最有效的检验。

但是,从基层治理体系和治理能力的角度,反思疫情发生、发现、发展、防控等工作,还有许多工作需要加强。

一、态度决定细节,细节决定成败

坚持常备不懈,时刻紧绷风险这根弦,平时就要有危机处置预案,一旦发现危机苗头,要及时完善和启动预案、投入人员队伍、调配物资,不打无准备之仗。随着科技的发展和国际竞争形势的变化,各类公共危机猝不及防,稍有不慎,都有可能引发灾难性后果。任何漠视不明原因引起的公共卫生问题,都将付出沉重的社会代价。因此,要从讲政治的高度,始终以人民为中心的理念,站在夯实党的执政基础、提高执政能力的大局,高度重视各类危机的应对和防控,做到"5W1H"。即要知道什么人、在什么时间、什么地点,遇到了什么问题,这些问题是什么原因引起的,这些问题是不是有可能引发公共卫生事件,并制定相应的应对措施,防止疫情扩散。

二、专业的人干专业的事,超前谋划应对危机

要对任何可能引起危机的事件,尤其是公共卫生事件要保持高度警惕,调集最强力量、最优资源,在最短时间掌握一手资料,邀请顶级专家深入分析研判。在多方论证的基础上,制定应对措施,调集相应资源,为管理传染源、切断传播路径、保护易感人群、降低风险系数奠定基础,尽最大努力把损失降到最低,把影响降到最小。特别是要避免包括医疗资源在内的公共资源集中挤兑,进而形成公共卫生危机与社会心理危机的叠加共振,骤然提升社会成本。当前,公共配套服务仍然是我们最大的短板,要充分利用大数据技术和专家资源,推演极端情况下的公共服务供给,并在平时补齐短板,形成危机情况下的应急公共服务体系,切实守住危机应对和防控的公共服务供给底线。

三、强化法治思维,突出主体责任

任何事情的出现,特别是公共卫生危机的形成,都有其发生、发现、发展的演变过程,每一个节点都会向社会释放极其重要的信号,以展示其可能形成的烈度。要夯实各类主体履行自身职责的体制法治基础,最大限度控制"人性中恶的释放",避免形成"乌合之众"式的群体效应。从党委、政府来说,无论是对事件的研判、预防、处置,还是信息公开、舆论引导都需要有高度的敏感性,要把人民群众生命安全和身体健康放在第一位,尤其是面对新型病毒带来的不确定性,要实事求是,及时发声指导,及时掌握疫情,及时采取行动,做到"早发现、早报告、早隔离、早诊断、早治疗"和"集中患者、集中专家、集中资源、集中救治",外防输入、内防扩散,切实做好公共沟通和宣传引导,而不是简单管控。社会单位要履行社会责任,依法约束自身运行管理

行为,并为职工创造良好环境应对社会风险。社区(村)要建好社区动员体系和防控体系,避免和防止社区(村)传播。个人要做一个有责任的现代公民,高风险时代每个公民都有可能成为风险源,要切实承担起个人的防控责任。

四、分级分类处置,避免集中挤兑

强有力的统筹调度,以及应急、应变能力,是中国特色社会主义制度体制优势的重要体现。面对公共危机,统筹党委、政府、社会、市场资源是基础,必要时还需要统筹军队资源以及国际资源。历史反复证明,在重大灾害事故和危机面前,军队始终是一支坚强可靠的力量。统筹有力的重点在体制、在平时,要建立分级分类处置应急事件的体制,确保关键时刻"拉得出、打得赢"。无论是应急物资供应、医务人员支撑、社会心理安抚,还是战时管理体制,都是战胜各类危机的重要法宝。在公共卫生危机中,统筹有力主要考验应急能力、应变能力和调度能力。特别是在隔离区域、医院床位、防疫物资、医务人员、后勤保障、信息通报、传染源控制等方面,都需要有效的统筹调度。没有强有力的统筹调度,最终会陷入群龙无首的境地,不仅让一线医务人员恐慌,更为可怕的是加剧社会恐慌情绪,形成医疗资源集中挤兑的导火索,甚至引发负面的社会情绪。

五、周密细致安排,全面系统动员

建设"人人有责、人人尽责、人人享有的社会治理共同体"是党的十九届四中全会的要求。在推进治理体系和治理能力建设的过程中,既要加强"对社会"动员的能力,也要加强"由社会"动员的能力。其中,关键是要构建党政动员＋社会动员、常态动员＋应急动员的社会动员体系,确保能够实现快速、有效的社会动员。在发生公共卫生危机的关键时刻,开展有效的动员是取得抗击疫情胜利的重中之重。党政动员和应急动员是我们的传统优势,这次抗击疫情,各级党组织和广大党员积极响应党中央的号召,冲锋在前,奋勇担当,为夺取胜利发挥了积极作用。但是,社会动员和常态动员仍然是短板,社会组织和社会志愿者参与不进来,平时的社会动员不能有效转化为战时动员,既有疫情的专业防控因素,也有动员体制机制问题。动员的根本目的是提高组织化程度,周密部署,科学安排,凝聚合力。所谓动员全面,就是要坚持前瞻性、系统性和科学性原则,超前谋划,系统安排,全面部署,动员所有力量,形成环环相扣的联动链条,为实现目标服务。

六、强化战略储备,畅通沟通及资源配置渠道

在公共危机应对中,渠道畅通是有效降低社会恐慌情绪的助推剂。首要任务是畅通公共沟通渠道,尽最大可能实现信息对称,避免造成不必要的恐慌。重点包括五个方面:一是官方信息发布渠道,让人民群众及时了解事情的发生发展情况。事实证明,信息发布不主动,疫情防控就被动。二是个人与政府、医疗机构的沟通渠道,包括电话、网络以及现场接待等全渠道,要确保公众有需要能够第一时间与相关单位进行沟通联系。三是资源配置渠道的畅通。资源配置渠道极端重要,这是集中优势资源有效处置公共卫生危机的重要一环。统一的决策指挥、资源的高效整合与科学匹配、末端的及时配送等,是资源配置渠道畅通的基本保障,也是实现资源科学配置的重要支撑。兵马未动,粮草先行。公共卫生危机,本质是一场没有硝烟的战争。因此,建立科学高效的资源配置渠道,是战胜公共卫生危机的根本保障。其中包括应急物资储备(与相关生产厂家建立战略储备合作)、应急配送等,确保紧急情况下相关物资买得到、送得出。四是社区的联系沟通渠道。目前,很多地方仍然没有建立起完善的社区党委、居委与居民的有效沟通渠道,遇有紧急情况还是靠张贴通知等传统方式传递和发布信息。防止社区传播,很关键的一点就是要实现社区与居民的精准、有效沟通。特别是在公共卫生危机发生的时候,依然单纯靠社区工作者登门登记核实信息,既有效率不高的问题,还有社区工作者自身安全问题。五是确保社会单位、社会组织与政府的沟通渠道畅通,依托工商联、行业协会商会以及相关枢纽型社会组织等,组织、发动、凝聚社会力量参与公共卫生危机的处置。

七、做好兜底保障,快速回应需求

针对医院和医护人员超负荷运转、一线防护物资短缺、患者的筛查或者收治需求无法得到满足、市民日常生活保障、城市基本运行等关键问题,建

立顺畅高效的响应机制,综合施策,整体防控,是打赢公共疫情仗的关键之关键。从长远来说,要根据人口数量、人口分布、人口结构、地域特点等要素,合理配置公共服务设施,确保在非常时期起到兜底保障作用。特别是要紧抓城乡一体化发展战略和乡村振兴战略,在中小城市、城乡结合部补齐公共服务短板。除基础硬件设施和基本物资保障之外,更重要的是要建立相应的公共危机处置机制,确保响应迅速。建立健全坚强有力的统筹机制,加强统一领导、统一指挥,及时研究解决防控工作中的问题,推动相关责任方全面加强防控一线工作;建立健全高效协同的联动机制,加强合作、全力应对,共同维护公共卫生安全,实现整体联防联控;建立健全分层分类的分诊机制,实现就近快速就诊,降低疫情扩散风险和二次传染、感染风险;建立健全精准及时的供给机制,依托互联网、人工智能、区块链等信息技术,建立医务人员、接收病人、医疗及生活物资、设备大数据平台,实现运行保障到位;建立健全社会关切的回应机制,实现有效的公共沟通,及时缓解社会恐慌情绪。

八、讲究科学方法,有效解决问题

科学的方法、有效的执行,是战胜危机极其重要的决定因素。公共卫生危机的应对和防控是一场立体战、综合战,需要系统化部署、体系化运转。评价一个地方的治理体系和治理能力建设情况,处置有效是核心指标。从这次新冠肺炎疫情处置情况看,有效处置的方法主要包括:成立机构、加强领导,成立由党政军各方领导共同参与的领导小组,负责疫情的整体指挥调度;整体布局、联防联控,从病源管理、阻断病源、社会动员、资源整合及配置、协同作战、社会运行等全方位部署,整体性安排,形成联防联控的综合效应;抓早抓小、果断隔离,面对未知的新型病毒,哪怕是一个个例,也要全力以赴力争在最小影响范围内予以处置,任何一种新型病毒带来的后果都可能是灾难性的;确定医院、强化训练,要在最短时间内确定定点医院,并对相关医护人员进行培训;运输防控、全面监督,便捷高效的交通运输系统是病毒快速传播的重要渠道,发现危机苗头后要立即对交通运输系统做严格管控,最大限度减少病毒传播;织牢防线、网格管理,依托社区建立网格化管理体系,划小单元格,分而治之,防止社区传播;预检分诊、就地隔离,进一步巩固和深化抗击 SARS 的经验,加快社区卫生服务体系建设和推进家庭医生签约制度,建立预检分诊制度,实现就地隔离,快速救治;统筹资源、储备物资,建立日常储备制度,在特殊时期提高储备量;引进设备、阻断病源,如华西医院紧急引进"高级隔离担架",可在转运中阻断病毒传播;开通网络门诊、避免交叉感染,及时回应群众就诊需求;高频消毒、规范管理,发动各单位、各社区及时消毒,建立口罩回收体系;同时,还应做到及时发声、管控谣言,加强引导、杜绝侥幸心理。

　　基层治理是一项长期的、艰巨的任务,也是一项基础的、长远的工作。充分总结这次抗击疫情的经验教训意义重大,特别是固化社会动员的好经验、好做法,不断提升社会治理能力,为营造良好发展环境、实现共同富裕打牢坚实的社会基础。

第五章　强化社会协同作用

走出一条具有首都特色的共生型社区
社会组织培育发展新路子

大力发展北京专业社会工作的
思考与建议

关于发挥专业协同作用　助力基
层民主协商高质量发展的建议

第一节 走出一条具有首都特色
的共生型社区社会组织培育发展新路子

在喜庆党的二十大胜利召开、认真学习贯彻落实党的二十大精神的重要节点,在推进首都治理体系和治理能力现代化建设的关键时刻,召开社区社会组织培育发展的研讨会,具有特别重要的意义。

社区社会组织是在党和政府领导下团结群众、组织群众、服务群众的重要载体,是提高社区组织化程度的重要抓手,是参与基层治理的重要力量,是新形势下推进基层治理体系和治理能力现代化建设的重要基础。民政部、北京市民政局高度重视社区社会组织培育发展工作,先后出台了一系列培育发展政策,特别是市民政局还提出了"1582"的发展目标,即城市社区平均拥有不少于 15 个社区社会组织,农村社区平均拥有不少于 8 个社区社会组织,且每个社区均应打造 2 个以上"品牌"社区社会组织,构建了市、区、街道(乡镇)三级社会组织培育孵化支撑体系;同时,还启动了"安家"工程、"育才"工程、"同心"工程、"新风"工程、"品牌"工程五大工程,这些政策要求、发展目标和工作举措为新时代培育发展社区社会组织掀开了崭新的篇章。

从北京的基层实践来看,社区社会组织培育发展在取得显著成效的同时,也面临着很多挑战。一方面,存在发展类型不均衡、规范性程度较低、全职工作者和志愿者力量不足、创新性不足和中青年社区居民组织较少等突出问题;另一方面,在提供服务、反映诉求、化解纠纷、规范行为等方面发挥的作用还有比较大的提升空间。这些问题都需要在实践中积极调整和优化,让发展环境和外部支持更加充足,内部治理和组织建设更加规范,作用发挥更加有效,内部活力进一步激发。

可喜的是,各级民政部门、街道(乡镇)和社区越来越重视社区社会组织的培育。如昌平区大力推动回天地区社会组织创新发展示范区建设,构建"区—镇街—社区"三级社会组织支持体系,重点发展参与社会动员、民主协商、矛盾调处、专项事务等基层治理范畴的社区社会组织,组织开展百家优秀社区社会组织评选;朝阳区在健全完善社会组织培育孵化体系的基础上,实施社区创享计划和社区成长伙伴计划,通过建立自下而上的项目形成机制和自上而下的资源配置机制,以及专业结对帮扶机制,推动社区社会组织与社区形成一种伙伴式的共生关系,为社区社会组织培育发展、能力提升、作用发挥和规范管理提供了良好的外部环境。

应该说,无论是民政部、北京市和各区民政局,还是各街道(乡镇)对社区社会组织的重视,均为社区社会组织的培育发展创造了新的机遇。往深层看,不同于简单地给钱给空间和解决眼前的问题,更注重的是构建社区社会组织的培育发展生态,或者说,在政策引导下,重点是希望探索形成一种以激发社区社会组织内生动力为重点、以发挥作用为核心、以推动社区社会组织与社区及多方主体建立共生伙伴关系为重点的共生型社区社会组织培育发展之路。这也是民政部下发专项行动方案,要求实施培育发展、能力提升、作用发挥、规范管理四个计划的初衷所在,更是北京市培育发展社区社会组织的努力方向。

换一个角度看,共生型社区社会组织是以健全共建共治共享制度为牵引,以建立共生伙伴关系为重点,围绕提供为民服务、公益慈善、邻里互助、志愿服务、文体娱乐和农村生产技术服务等活动建立的协作性服务组织。共生型社区社会组织是"人人可参与"的组织,接下来,应该怎样创造更好的制度环境,怎样让"人人愿参与""人人能参与",这正是我们要继续努力的方向。如何走出一条具有首都特色的共生型社区社会组织培育发展新路子,主要有三个方面的思考。

第一,把共生型社区社会组织培育发展融入首都治理体系和治理能力现代化建设大局中加以谋划和思考。近年来,北京社区社会组织工作基于党建引领的发展方向、基于共建共治的培育导向、基于主体资格的枢纽支撑、基于项目运作的工作机制、基于作用发挥的资金支持、基于能力提升的专业扶持、基于规范发展的指导评价,初步形成了具有首都特色的社区社会组织培育发展模式。这个模式的特色,"特"就"特"在这七个"基于"。从另一角度看,这个模式在共生型社区社会组织培育发展的创新实践中,才刚刚开始。还需要继续往深里想,往实处干。最根本的一点,就是要把共生型社区社会组织的培育发展更加积极主动地融入首都治理体系和治理能力现代化建设的大局中加以谋划和思考。

北京是全国的政治中心、文化中心、国际交往中心和科技创新中心，也是做好"四个服务"（为中央党、政、军领导机关的工作服务，为国家的国际交往服务，为科技和教育发展服务，为改善人民群众生活服务）的主战场，共生型社区社会组织的培育发展与"四个服务"关系密切，或者说，发挥好共生型社区社会组织的作用是做好"四个服务"的重要基础。要推动共生型社区社会组织培育发展，特别是要在党建引领下与居委会下属委员会建设、门楼院社自治体系建设、社区服务体系建设相结合；推动共生型社区社会组织与夯实党的基层执政力量、提升基层治理能力、做好新时期民政工作深度融合；推动共生型社区社会组织融入首都基层治理、融入中国式现代化大局；推动在全国率先建成社区社会组织创新中心、示范中心，真正为助力治理体系和治理能力现代化建设立标杆、做示范，真正为建设人人有责、人人尽责、人人享有的社会治理共同体贡献北京智慧。

第二，建立健全共生型社区社会组织在引导参与治理、整合社会资源、有效发挥作用方面的长效机制。共生型社区社会组织是推动社区社会组织从社区被动推进转为居民主动发起、从上级要求导向转为居民需求导向、从单项培育措施转为营造培育发展生态、从不可持续发展转为可持续发展的创新实践。

要形成共生型社区社会组织的培育发展模式，还要解决多方主体协作不够、资源整合能力不强、作用发挥不足的问题。这为我们提出了新的课题：一方面，要着力激发全社会参与共生型社区社会组织培育发展的积极性；另一方面，更要帮助社区社会组织搭建资源对接平台、人才培育平台、宣传动员平台。从这一点看，两个方面的问题都需要党委、政府和社区在培育发展、能力提升、作用发挥、资源整合等各个环节打通共生型社区社会组织培育发展的"痛点"、难点和"堵点"，要在深层次上推动社区社会组织创新发展。从实践情况来看，除了党委、政府在前瞻性的政策创制和对于社区治理相关经费的统筹使用方面加大力度外，还需要充分发挥枢纽型社区社会组织和社区基金会的支撑作用，使社区社会组织真正成为有明确的发展目标、稳定的支撑团队、完善的运行机制、成熟的服务项目、畅通的资金渠道的社区治理重要主体，真正建立多方协作的共生关系和服务网络，真正形成基于共生伙伴关系的可持续发展模式。

第三,让培育发展共生型社区社会组织成为新时代首都居民参与建设美好社区、体验美好生活的新平台新路径。从长期的社区治理实践来看,社区社会组织有着灵活性强、扎根社区和服务及时便捷的突出优势,在化解社区矛盾、增强邻里关系、激发社区活力、扩大居民参与、推动社区自治、引领社区志愿服务、弘扬社区文化、开展新时代文明实践等方面都发挥着积极的作用,在满足居民服务需求、营造社区人文氛围、优化人居环境等方面,具有得天独厚的优势。比如,三里屯街道"东三里义务理发队"、安贞街道"金手指爱心坊"以低龄老人助力社区高龄老人和特殊老人服务等,这些社区社会组织在服务居民方面发挥着不可或缺的作用。

在这方面,一要把以居民需求为导向作为培育发展共生型社区社会组织的基本前提,让社区社会组织在服务中彰显价值,让居民在参与中提升归属感、价值感和成就感。二要探索建立社区社会组织顾问团和专业支持队伍,引导社区社会组织深度挖掘社区文化、社区特色、社区资源,协助做好项目策划和服务设计,让居民愿意参与、喜欢参与。三要依托街道(乡镇)社区社会组织联合会,通过挖掘社区能人、搭建组织架构、规范组织制度和提升组织能力等手段,提高社区社会组织运行服务品质。四要创新服务形式,丰富服务供给,开展诸如邻里美食节、青少年公益慰问演出、非遗传承、科技体验营、小小童子军安全训练营、小小规划师等居民喜闻乐见的服务项目,让社区社会组织在建设美好社区中体现价值,让居民在服务中体验美好生活。五要建立可持续的、多元化的资金渠道,在继续做好政府购买服务资金保障的基础上,探索社区基金会、企业公益项目认领、企业基金会设立社区社会组织发展专项基金等路径,确保社区社会组织有钱干事。六要进一步加大社区社会组织的宣传力度,让社区社会组织被看见、被认可,进而吸引更多的居民和各类主体参与社区社会组织建设。

第二节　大力发展北京专业社会工作的思考与建议

目前,北京开设社会工作专业教育的高校达20余所,形成了具有北京特色的社会工作教育资源库,为北京专业社会工作的发展提供了智力支持和人才保障。另外,社会工作机构培育和项目购买等政策为北京专业社会工作的发展提供了有利条件。然而,北京社会工作从诞生到成熟的发展历程中,充满了各种挑战。

一、内省北京专业社会工作发展

发展空间。在目前体制环境下,发展空间的大小,取决于以下三个问题的解决程度。一是体制机制问题。当前绝大部分社会工作已经采取行政化的方式沉淀到社区、工、青、妇等各类组织,或者直接由相关政府部门完成。如果要发展专业社会工作,就需进一步进行社会管理体制改革,将部分行政化的社会工作职能让渡出来,由专业社会工作机构完成。这就涉及事业单位改革、职能剥离、社会管理体制改革等体制机制问题。二是定位问题。专业社会工作在社会建设中到底扮演什么样的角色? 它能够解决哪些社会问题? 它的专业性体现在哪里? 它能够创造什么样的社会效益? 是我们在社会工作发展过程中必须要解决的问题。三是分工问题。在当前社会发展环境下,社会工作的发展必然要带来行政化、半专业性社会工作的转型。那么,如何对这些行政化、半专业性社会工作进行重新划分,如何让它实现平稳、顺畅转型,这些都是专业社会工作要面临的问题。

人才培养。北京聚集了大量的社会工作人才,但是,相对于社会工作的专业化、职业化、本土化发展,形势仍然严峻。一是本土化的理论研究缺乏。到目前为止,还主要是学习、消化西方社会工作知识理论,不适合我国实际的专业价值、知识和技巧尚需进行深入的分析研究。二是师资队伍较为紧缺。北京虽已有20多所高校设立社会工作专业,有一大批社会工作教师,但其中受过高层次社会工作专业训练的教师还是比较紧缺。三是教材内容尚未本土化、教学活动的若干重要环节规范性程度尚待提升、社会工作者后续教育的教材及管理制度仍需优化完善。四是实务能力偏弱。从目前北京各个社会工作事务所的社会工作者的职业经历看,大多从业时间不长、实务能力较为欠缺。

机构发展。北京的社会工作机构运作初步实现了自主化。但不可否认,仍处于起步阶段。一是社会工作者的专业水平有待提升。在社会问题复杂化、社会需求多样化的环境中,一名成熟的社会工作者应该是发现社会问题、综合系统资源、解决实际问题的复合型的全能好手,是专家和杂家。

二是社会工作行政问题突出。主要表现在很多机构的行政人员不懂社会工作，无法保证机构服务与管理质量。三是社会工作人才队伍不稳定。由于待遇、发展前景、机构运营管理、业务发展、归属感等问题，造成社会工作人才流失。四是机构发展能力较弱。一个具有发展潜力的机构，必须要有明确的发展方向、完整的业务体系、健全的工作网络、通畅的资金渠道以及稳定的工作团队。由于诸多发展过程中的问题和原因，目前北京社会工作机构中能够达到这样发展状态的机构非常之少。五是项目管理人才缺乏。一个优秀的项目管理人才应该具有五种能力，即战略谋划能力、项目运作能力、资源整合能力、运营管理能力、识人用人能力。要在当下的社会工作发展环境中培养出这样的人才，尚需时日。

政策执行。由于对政策的理解、对社会工作的认识以及政策执行方式的不同，社会工作发展中呈现出不同发展模式。一是社工派遣模式。即采取"与机构签约、向街道派遣"的方式，保证街道有专业社工。但对于社工机构来说，在某种意义上实则成了人才派遣的中介机构。这对于专业社会工作的开展和人才队伍的培养不利，易使派遣到街道的社会工作者被边缘化、行政化。二是"岗位＋项目"双扶持、双推动模式。以朝阳区为例，具体做法是"人才向机构集中、项目向街道覆盖"，即由政府购买社会工作岗位提供给社工机构，由社工机构集中使用人才。这样既方便管理，也符合社会工作"小组驻点、团队作业、督导支持、机构统筹"的行业特点。同时，采取购买项目的方式，保证每个街道均有社会工作服务项目，以此实现"一街一社会工作者"的目标。三是社区内生模式。将政府购买的社会工作者岗位直接安排到社区，并以此为契机，以街道为单位成立社会工作事务所，将部分本街道的社区工作者吸纳到社会工作事务所，为社区居民提供社会工作服务。这一模式的最大特点在于，将购买岗位与转化社区工作者有机结合起来，不改变社区工作者身份，但改变其工作性质、工作内容和工作方法。不过，在实际运行过程中，存在专业社会工作与社区行政性工作的分工与融合问题。

二、北京发展专业社会工作的应对之策

如何建立与首都建设相适应的社会工作发展模式？建立什么样的专业社会工作服务体系，才能避免社会分化？如何在消化、吸收西方社会工作理

论的基础上实现社会工作理论和实务的本土化？针对这些问题,结合北京发展的实际,北京社会工作发展的目标应是建立具有时代特征、中国特色、北京特点的社会工作发展模式,并应有"四条路径、四大战略、五个重点"的全面发力。

(一)北京专业社会工作的发展路径

对于北京来说,要推动社会工作专业化、职业化进程,需要建立与各专项社会工作主管部门联合推进社会工作发展的机制,以社会化、专业化的社会工作机构为抓手,以项目化引领、社会化运作为手段,按照"投""奖"结合、"育""管"并重的原则,分层服务、分类管理,全面推进北京专业社会工作的发展。

联合推进,重点突破。发挥各级社工委、民政局作为社会工作主管部门对社会工作的推动作用和对社会工作机构运行的引导作用,与相关部门联合,建立大社会工作格局。即联合各社会服务主管部门,选择 1～2 个突破口,在经过试点取得经验的基础上,再逐步拓宽合作领域,共同推进社会工作的全面发展。如与团委合作,开展青少年社会工作;与妇联合作,开展家庭社会工作;与卫健委合作,开展医务社会工作;与司法局合作,开展司法矫正社会工作;与民政局(老龄委)合作,开展社会救助工作,开展老年社会工作;与残联合作,开展残疾人社会工作;与国资委合作,开展企业社会工作;与退役军人事务局(双拥办)合作,开展军队社会工作;与教委合作,开展学校社会工作;等等。

项目引领,"投""奖"结合。创新社会服务治理体制机制,关键在于要变"养人办事"为"请人办事",变"全(差)额拨款"为"项目拨款",变"上下级关系"为"合作伙伴关系"。因此,在推进社会工作发展的过程中,要坚持项目化引领、社会化运作的原则,引入竞争机制,采取项目合作的方式,引导社会工作良性、健康、持续发展。一方面,要以项目合作的方式,投入专项经费,由社会工作机构提供高质量的社会工作服务;另一方面,每年对项目定位好、投资金额少、社会影响大、带动效应强的社会工作机构,除了项目经费以外,还要给予一定的奖励。

完善制度,"育""管"并重。进一步完善社会工作发展的制度,坚持培育发展与监督管理并重的原则,推进社会工作机构的发展。一方面,要制定发展政策,培育、扶持和发展社会工作机构,给予资金、场地、人才等各方面的支持,使社会工作机构具备承接政府剥离职能的基本条件;另一方面,要制定科学的评估监督制度,采取项目需求评估、机构评估、项目效果评估等形式,实现社会工作机构的全过程监督,确保社会工作机构依法、合规、按约运行。真正培育一批信得过、靠得住、懂规矩、有能力的社会工作机构。

分层服务,分类管理。社会工作的职能分散在各委办局及工、青、妇等群团组织中,因此,要按照区、乡镇(街道)、社区(村)不同的行政层级提供分层服务。在区级层面,要实现全域统筹;在乡镇(街道)层面,要实现区域统筹、条块结合;在社区(村)层面,要结合服务转介,实现"一口受理、全程服务"式的综合性服务。同时,还要根据不同类型的需求,培育综合性的或不同类型的社会工作机构,满足居民多样化、个性化的需求。

（二）北京专业社会工作的发展战略

社区联动战略。社区是社会工作发展的主阵地,推动社会工作在社区扎根,为居民提供多层次、多元化、个性化的专业社会工作服务,是社会工作发展的根本战略。一是解决社会工作在社区的发展空间问题。要把行政性、半专业化的社区服务功能剥离出来,将老年人、青少年、残疾人等需要专业社会工作者介入的服务交由社工机构来完成,回归社区居委会自治组织的本质,明确社区服务站作为街道"一站式"服务大厅的延伸提供政务服务的定位。二是解决社会工作在社区发展的人才问题。要采取"培养一批、引进一批、转化一批"的原则,尽快建立一支熟悉社区情况、懂得专业知识、擅长项目运作的社会工作管理和服务人才队伍。三是建立社区与社工机构的联动机制。明确社区居委会反映诉求、政府部门购买项目、社工机构提供服务的联动机制,确保"所供为所需",让社区居民能够享受到专业的社会工作服务,并不断提高对社会工作者的认同感。

跨界协作战略。一是建立与民政、卫生、司法、老龄、工会、共青团、妇联等政府部门及群团组织的协作关系,不断拓展社会工作的发展空间,推动在相关领域开展专业社会工作。二是推动社会工作服务界与工商界及其他界别的跨界合作,调动社会力量参与社会服务的积极性,激发社会活力,实现社会工作服务主体多元化、运行项目化、管理精细化。三是采取引入公益基金、建立转介服务机制等多种形式,促进不同类型的社会组织之间协同作战,构建社会工作服务生态循环圈;引入会计师事务所、审计师事务所、律师事务所等中介组织介入社会工作服务的运行与监督,提高社会工作服务的运行质量。

政策推动战略。一是进一步完善社会工作者教育、认证、就业及职业晋升等相互衔接、运行有效的社会工作发展政策体系,提高社会工作专业发展的引导能力。二是进一步加大社会工作机构发展的扶持力度,总结推广"岗位＋项目"双扶持、双推动等有效做法,将社会工作事业纳入财政预算;积极推动社会工作机构减、免税及募捐等政策的建立,通过政策引导推动具有时代特征、中国特色、北京特点的社会工作服务体系的形成与发展。三是充分发挥行业协会的行业自律和专业支持作用,建立完善的社会工作者伦理守则和各领域的社会工作服务标准,规范行业教育,开展行业指导,维护行业声誉,不断提高行业影响力和公信力。

能力提升战略。一是机构运营能力。重点围绕社工机构的项目承接、运行管理和自身建设等能力,加大培育和监管力度,以项目实践推动机构综合能力的提升。二是专业服务能力。以理论水平和实务操作能力为重点,全面提升社会工作者的专业素养和服务水平。三是资源整合能力。在社会福利政策有待进一步完善的社会转型期,社会资源的整合能力显得尤其重要。这就需要加大对社会工作者的教育培训力度,引导社会工作者学会运用公益营销、跨界合作、资源共享等手段整合社会资源,为有需要的个人、组织、社区提供其所需要的服务。四是行业引导能力。要综合运用经济、政策、法律等手段,加强行业发展的引导能力建设,确保社会工作行业的发展方向。

(三)北京专业社会工作的发展重点

建设高端社会工作人才聚集的平台。制定引进高端社会工作人才的相关扶持政策,把高端社会工作人才纳入北京海外学人中心服务范畴,要着眼吸纳社会工作先行国家和地区的优秀社会工作人才,建立高端社会工作人才资源库和相关联谊会。北京要建设世界城市,就必须有相应的高端社会工作人才参与社会工作服务体系建设,为建设世界城市做好配套支撑,促进经济和社会协调发展。

建设高端社会工作教育资源聚集的平台。在充分发挥北京社会工作教育资源现有优势的基础上,与社会工作行业发展较为完善的国家和地区的高校、行业组织和相关专业机构开展广泛、深入、持续合作,共同推动北京社会工作教育的发展。

建设社会工作事业发展的平台。把社会工作事业发展与服务型政府建设结合起来、与事业单位转制结合起来、与构建社会工作服务体系结合起来,进一步营造良好的社会工作事业发展环境,不断提高社会工作的认可度,不断提高社会工作专业化、职业化发展水平。

建设社会工作研究推广的平台。发动国内外社会工作理论界、教育界共同合作,努力探索研究具有中国本土化特色的社会工作理论体系和教育培训体系,建立符合社会发展需要的社会工作教材和实务训练体系。

建设社会工作合作交流的平台。促进与社会工作行业相关界别的合作与交流,搭建区域之间和境内外的合作交流平台,推动行业自律和行业发展,不断提高行业发展水平。

当今我们之所以要大力发展专业社会工作,是因为专业社会工作是社会主义建设现代化的重要力量,可以以专业的、科学的、规范的技术和方法预防和化解社会发展过程中的问题,以保证社会安全和平稳运行,这是靠传统的行政性、半专业化的社会工作方法解决不了的。因此,需要充分发挥这几个平台的作用,以建成强大的专业化、职业化的北京社会工作服务体系。

第三节 关于发挥专业协同作用
助力基层民主协商高质量发展的建议

基层民主协商作为社会治理体系的重要组成部分,是社区治理现代化的关键要素。北京惠民社会治理研究院作为新型社会智库,始终坚持"资政惠民、大道立仁、脚步为亲、守正出新"的理念,始终把实务型研究和研究型实务作为基本要求,围绕党和政府的中心工作和重点任务提供高质量的专业服务。

针对基层民主协商工作,我们从研究和实务两个方面提供支持性服务:一方面,提供研究服务,围绕"集、议、办、督、评"五个方面,协助研发《居民议事操作手册》,对居民议事协商的每个环节的基本要求和操作规范予以明确,让民主协商变得可以操作;另一方面,提供实务服务,重点参与了朝阳区社区创享计划(居民提案大赛)、社区成长伙伴计划,通过陪伴式服务为社区治理提供助力。在社区创享计划(居民提案大赛)实施过程中,通过项目运作的形式,参与挖掘居民骨干,帮助提案人学会发现问题、组织团队、提出提案、参与解决问题,引导居民以组织化形式参与社区事务,将自下而上的项目形成机制和自上而下的资源配置机制落到实处,推动实现政府治理和社会调节、居民自治有序衔接和良性互动。在社区成长伙伴计划中,充分发挥智库机构的专业优势,通过伙伴式协商帮助社区进行难题诊断,发现社区治理存在的短板,指导社区制订改进计划,帮助社区学会用专业手法开展工作,为社区成长赋能增效。

经过近几年的创新实践,朝阳区在基层民主协商上逐步完善,已经从区级、街乡级、社区级正在向小区(楼院)、楼门延伸,为深入推进社会治理体系和治理能力现代化建设发挥了重要作用,成为新时代做好群众工作的有力抓手,特别是在推动"接诉即办""未诉先办、主动治理"中,达到了事半功倍的效果。但是,按照"人人有责、人人尽责、人人享有"的要求,还需要进一步深化。

一是向破解重点难点问题深化。特别是物业管理方面,从目前"12345"市民热线反映的诉求看,物业服务管理问题比较突出。部分社区在协调解决这些问题上,不会协商、协商效果不好的问题仍然存在,需要结合落实《北京市物业管理条例》《北京市接诉即办工作条例》等进行培训,社会组织应发挥专业优势,配合街乡指导社区学会解决物业管理矛盾,特别是帮助他们学会组织居民进行协商,解决物业服务标准低、管理不到位以及物业费增长难等问题。

二是向加强楼门治理深化。不论是城市精细化治理,还是社区精准化服务,楼门协商都是最基础、最重要的环节。目前,朝阳区按照民政部、北京市的要求,正在大力开展楼门协商,作为专业社会组织就是要依托项目,陪伴指导社区开展楼门协商,从解决楼道公私兼容的空间管理难题入手,通过帮助社区培养楼门骨干,不断壮大楼门协商队伍,提升楼门协商及管理能力,为社区治理重心下移提供有力保障。

三是向专业赋能深化。通过社区成长伙伴计划、社区创享计划等载体,帮助社区诊断难题,针对问题短板向社区工作者赋能,提升他们以更加专业的方式方法组织居民开展协商的能力,为推进社区治理体系和治理能力现代化打牢坚实的人才基础。

第五篇 基层治理
新型智库的创新发展

专业化发展　平台化发展　品牌化发展

第一章　专业化发展

① 聚焦专业领域　② 践行知识管理　③ 探索循证治理

第一节 聚焦专业领域

大疫不过三年,刚刚走出灾疫阴霾的中国,正在全力推进基层治理体系和治理能力现代化,着力补齐疫情期间出现的短板弱项。

站在新的转折点,各级党委、政府对基层治理的要求越来越高。一方面,基层治理进入爬坡过坎儿的关键时期,容易解决的问题解决得差不多了,还没有解决的大多是难啃的"硬骨头"。可以说,当前的基层治理正处于"滚石上山、不进则退"最吃劲的阶段。另一方面,新技术、新做法、新经验层出不穷,各基层党委、政府都希望有本单位独特的新做法、新经验,能够在同级党委、政府中做示范、当标兵。尤其是现在基层很多年轻干部,学历层次高,敬业精神强,有想法有闯劲,要求标准高,有干事创业的强烈愿望。这就对基层治理新型智库的参与研究指导提出了更多更高的要求。

在新的形势下,如何准确把握基层治理的"痛点",迎接新的挑战?面对经费减少、事情增多、难度加大的现实,新型社会智库如何提升效能?面对出思想、出成果、出人才的发展要求,如何解决人才匮乏和专业能力提升的问题?这是摆在新型社会智库面前的重大命题。

面对基层治理现代化建设要求,根据笔者和北京惠民社会治理研究院的探索实践,要赢得基层党委、政府和城乡社区认可的关键,就是要聚焦专业领域,不断提升专业能力,能够为基层提供陪伴式、督导式和伙伴式的全程服务。要根据基层治理实际需要,探索构建服务链、机制链和创新链,为基层治理持续赋能。而要做到这些,重点是要扎根基层、聚焦治理,做好四个研究。

一、专注于现实问题研究

智库被誉为"思想库""智囊团""参谋部",以研究问题为生,以解决问题见长。

要研究问题、解决问题,首先是要发现问题、提出问题。对于新型社会智库来说,有时候发现问题比解决问题本身更有价值。

发现问题、提出问题,一定是真问题。只有提出真问题,才能研究真问题、解决真问题。

社会智库拼的就是专业能力、敬业精神和服务水平。如果不能识别问题,把伪问题当作真问题研究,不仅浪费时间,更重要的是影响智库的声誉。

研究基层治理的现实问题,第一步就是要善于发现问题。要分清什么是真问题。在与基层党委、政府打交道的过程中,如果有邀请智库参与基层治理议事的领导,一般会带着问题来。但在实践中,经常碰到一些问题需要甄别。

要为基层党委、政府做好咨询服务,核心是要研究真问题、真研究问题、真解决问题。

要做到"三真",关键是要分清哪些是表象问题,哪些是本质问题;哪些是战术问题,哪些是战略问题;哪些是短期问题,哪些是长期问题;哪些是前瞻性问题,哪些是基础性问题;哪些是体制机制问题,哪些是能力态度问题。找到真问题,是智库服务成功与否的关键一步。

研究真问题、真研究问题、真解决问题,是聚焦专业领域的关键要素。

研究基层治理领域的现实问题,是基层所需,更是基层治理新型社会智库的使命所在、责任所系。

研究要为解决问题服务。研究、解决现实问题,是智库存在的根本价值。

二、专注于探索实践研究

但凡要在某个领域有所作为,必须在这个领域坚持长期跟踪研究和持续深化研究。其中的关键,就是要专注于探索实践的研究。

实践出真知。长期跟踪研究和持续深化研究的目的,一方面,就在于将基层探索实践中遇到的问题拿出来,用研究的办法帮助基层透过现象看本质,找到问题症结,找到破解思路,找到方法路径;另一方面,对基层探索实践出的好做法、好经验进行研究,将做法、经验放到长期以来形成的方法论中去提纯、提炼,形成能够解决普遍问题或反映价值内涵的理论或者品牌,发挥示范带动作用。

基层治理是一项对研究能力与实践能力要求非常高的工作。那么,对于从事基层治理研究的智库来说,一方面,要有较强的研究能力,对基层治理遇到的重点难点问题要有独到的见解,能够基于实践需要提出破解的思路;另一方面,还需要基于解决思路和办法,指导基层将方案落地。

通常来说,基层需要的是全链条服务。即体检诊断发现问题—综合研判诊断问题—基于问题设计方案—陪伴指导解决问题—绩效评估验证成效。这样,就形成了社会智库参与基层治理的服务闭环。

一直以来,北京惠民社会治理研究院就致力于打造"两型"智库。具体来说,就是推动实现研究型实务与实务型研究融合发展。所谓研究型实务,就是带着研究的办法和解决方案去指导基层实践、破解实践难题;所谓实务型研究,就是立足基层治理难题开展应用性研究、实践性研究。

"两型"智库需要的是理论与实践相互转化的能力。具体来说,就是能够把问题转化为方案,把方案转化为经验,把经验转化为品牌,甚至能够把品牌转化为标准。

三、专注于未来发展研究

思考未来,研究未来,创造未来,是智库机构的基本功能,也是体现智库前瞻性、预见性的重要方面。

未来应该怎么走?朝哪个方向走?为什么要朝这个方向走?无论是组织还是个人,在没有参照物的时候,往往会陷入迷茫,甚至恐惧。人最大的恐惧是对未知的恐惧。思考未来,是要解决到哪里去的问题。

在基层治理领域,对基层治理来说,思考未来的意义在于增强对基层治理的前瞻性、预见性和主动性。思考未来就是要思考未来社会将会怎样发展。这样的社会需要什么样的基层治理?在人工智能背景下,乡镇(街道)、城乡社区应该建立什么样的体制机制?应该采取什么样的治理方式,才能实现基层治理现代化。面对新的发展阶段和发展形势,应该从哪些方面健全完善基层治理体系,提升基层治理能力? 或者说,面对新的社会发展逻辑,我们应该提高哪些能力? 为什么要提高这些能力? 这些能力要解决什么问题,或者能解决什么问题?

对基层治理来说,研究未来就是要研究基层治理的发展脉络和内在逻辑。未来的基层治理会有哪些挑战? 有哪些内在规律可循? 我们应该推动基层治理朝哪个方向发展? 或者说,我们希望有什么样的基层治理? 面向未来,当前的基层治理有哪些需要调整和改进的地方? 是体制机制问题,还是方法路径问题? 研究未来,就是要研究到达彼岸的方法路径。研究未来,就是要避免在解决问题的同时制造问题,形成解决问题—制造问题—再解决问题—再制造问题的恶性循环。

创造未来,就是以我们所期待的未来为方向,以行动去创造。创造未来的前提是知道未来要实现的目标、努力的方向。通过思考未来、研究未来,确定未来基层治理的目标。在此基础上,以实际行动去创造未来。比如,在房改房小区物业管理的问题上,我们确立了同一小区要实现物业统一管理的目标,推动计划经济时代的物业管理体制向市场化的物业管理体制转型。那么,我们就要坚持以人民为中心,坚持党建统筹引领,在依法依规的基础上,按照市场化的物业服务运行逻辑推动小区各个物业主体采取合并、转让等多种形式,将物业服务管理体制理顺,推动房改房小区物业服务管理的提质增效。

决策失误是最大的失误,决策浪费是最大的浪费。

造成决策失误和决策浪费的一个重要原因就在于缺乏对未来的思考和研究。

智库参与的价值就在于长期扎根在某一专业领域,以持续跟踪和系统地研究,为党委、政府提出客观、有效的决策建议,让决策更科学,让治理更有效。

四、专注于最新理论研究

理论指导实践,实践验证理论。理论来源于实践,实践不断拓展和丰富理论。理论与实践相互促进、相辅相成。

基层治理是一项实务性、操作性很强的工作。这一特点往往就决定了理论支撑的相对缺乏。在实际工作中,我们通常遇到的是理论性强的操作性弱,操作性强的理论性弱。而基层治理需要的是理论性强和操作性强相互促进。

社会智库要在基层治理领域有所作为,就必须在研究现实问题、实践问题的基础上,持续跟踪基层治理领域的最新理论成果。基层治理之所以需要理论,其根本原因在于基层治理需要发现内在的逻辑规律,需要用理论来解释基层治理问题。

基层治理需要解释,而解释就需要理论。最新的理论研究成果是基于基层治理面临的发展形势、问题挑战、理论思考和实践经验等,按照知识生产的方式进行加工、提炼,最终形成理论。这些理论,对于我们认识基层治理、理解基层治理、解码基层治理具有重要作用。

费孝通先生提出"乡土社会"是"熟人社会","城市社会"是"陌生人社会",这两个概念对于我们分析城市和乡村具有重要的观念工具价值和理论工具价值。通过这样的分析,让我们能够迅速地认识到这两种社会的差异,进而采取不同的方法策略进行治理和服务。

特里·克拉克和丹尼尔·西尔为首的新芝加哥学派提出了场景理论,作为国际上首个分析城市的文化风格和美学特征对城市发展作用的理论工具,对于基层治理来说,也是一个极其重要的理论工具。不同的场景塑造不同的社会生活,相应地,应该采取不同的方式去治理。

基层治理领域的最新理论成果,是我们认识基层治理的观念工具和理论工具。人与人的最大差别就在于认知。同样,能否持续跟踪基层治理领域的最新理论成果,往往就决定了一个智库机构发展的空间和时间。

生产方式从工业时代向信息化时代转变,经济发展从线性增长转向指数级增长,社会形态从生产型社会转向消费型社会,不同的时代、不同的经济社会发展方式,需要运用不同的观念工具和理论工具去认知。一个地区的基层治理水平,往往取决于广大干部群众对基层治理的认知水平。

专注于现实问题研究、探索实践研究、未来发展研究、最新理论研究,是社会智库聚焦专业领域的基本方法,也是智库能否取得长效发展的"压舱石"。

第二节　践行知识管理

知识管理是对知识、知识的创造过程和知识的应用进行规划和管理的活动。

对个人或组织来说，知识管理就是把数据、信息动态转化为知识、智慧的过程，帮助我们更好地认知、决策和解决问题，以获得持续的成长和发展。

对智库机构来说，以知识管理为基础输出服务产品，是智库机构的重要生产方式和发展方式。因此，聚焦专业领域深耕知识管理，形成智库的核心竞争力，至关重要。

对基层治理领域来说，加强知识管理，既是提升基层治理能力的需要，也是推进基层治理现代化建设的需要。

对基层治理来说，城乡社区工作是一项实务性、操作性非常强的工作，对社区工作者的综合能力要求较高，需要持续学习、持续赋能。而知识管理是实现持续学习、持续赋能的重要办法。

可以说，搭建全国性的社区工作知识服务管理平台，势在必行。依托现代信息技术、社区、专家等优势资源，让全国各地社区的资讯与知识，通过搜集、整合、加工、创造、分享、记录、存取、更新、创新等方法实现组织化积累与系统化扩散，建立起秩序化、规范化、系统化的社区知识网络，在社区建设、服务和治理中成为社区工作与应用的智慧资本，为推进社区治理现代化提供支撑。

具体来说，就是要紧扣社区治理现代化的实际需要，按照专业赋能、技术减负的思路，全面搜集、整理、共享相关专业知识与信息，搭建社区工作知识管理系统,形成教育培训网络、知识共享网络、专家支持网络、行业服务网络、品牌宣传网络、智慧办公网络、全国协作网络,为各社区高水平开展服务与治理提供支撑,使之成为共享知识的平台、交流展示的舞台、破解难题的窗口、创新引领的基地、促进发展的引擎。

从某种意义上说,如果能够搭建全国社区工作知识管理平台,形成"整合全国、服务全国"的知识生产与服务格局,那么,这个平台就相当于社区工作领域的"ChatGPT"。

社区工作知识管理是一项系统工程,涉及内容多,覆盖地域广,行业影响大,是社区治理现代化建设征程中里程碑式的基础工程。要搭建这样的平台,需要党委、政府以及智库、社区、行业组织等多方参与。从智库角度来说,至少可以从知识信息搜集、加工和服务三个层面深度参与知识管理工作。

一、知识信息搜集

社区工作有哪些要求? 有哪些成熟或者具有规律性的工作方法和经验? 在服务治理中有哪些难题? 这些难题如何破解? 对社区工作者来说,这些问题很难在教科书上找到答案。

习近平总书记强调,社区工作是一门学问,要积极探索创新,通过多种形式延伸管理链条,提高服务水平,让千家万户切身感受到党和政府的温暖。

社区工作是一门实践性非常强的学问,需要在干中学、在学中干。在实际工作中,经常碰到这样的问题:社区工作者要在哪里学? 怎么学? 学什么?

其实,全国各地的社区工作者在工作实践中,探索出了很多非常好的经验做法。但由于交流、宣传推广不足,没有达成行业共识,也没有发挥应有的作用。作为智库机构,有责任去搜集、挖掘这些具有普遍借鉴意义的经验做法。

知识信息的搜集是知识管理的第一步,也是进行知识管理的前提和基础。

经过疫情大考之后,居民对社区党组织、居委会的期待越来越高,社区工作面临的挑战越来越大,需要解决的难题越来越多。而且,很多难题是原来没碰到过的,或者是超出认知范围的。因此,各社区迫切需要在面对新问题的时候,能够迅速找到破解难题的"金钥匙"。

高手在民间。

有很多优秀的社区党组织书记、居委会主任有着丰富的实践经验,无论遇到什么难题,能快速找到有效解决问题的办法。这些解决问题的办法就像一把"金钥匙",对碰到类似问题的社区具有非常好的参考借鉴价值。

那么,如何把全国各地社区中已经探索出的解决问题的"金钥匙"迅速找到? 这就需要发挥智库机构的作用,通过组建专门的工作团队,一方面,可以借助中国社会工作联合会、各省(自治区、直辖市)、市、县等不同层级的行业性组织,或者相关专业组织的全国性网络,建立起社区工作知识信息的搜集机制,第一时间把最鲜活的做法、最先进的经验做法搜集起来;另一方面,可以借助网络平台或相关可以快速搜集社区工作知识信息的渠道,全面搜集全国各地具有理论价值、实践价值的社区工作知识信息,为做好知识管理奠定基础。

二、知识信息加工

搜集社区工作知识信息只是知识管理的第一步。社区知识信息搜集之后,一项关键的工作就是知识信息加工,把社区探索出的经验做法上升为理论,对其背后的理念、方法、机制等进行加工、挖掘,使之具有普遍性、借鉴性。这是让某一个点上的经验做法或某一个方面工作发挥辐射带动效应的关键一招,也是智库机构在挖掘价值、转化价值、放大价值、创造价值方面发挥作用的一个重要方面。

组织社区工作者外出参观交流,是很多地方对社区工作者开展教育培训采取的一种方式。但是,在参观交流过程中,我们经常听到很多社区工作者在感慨,这个做法很好,但是我们学不了。为什么? 因为我们没经费,没有这样的居民骨干,没有这么好的场地,等等。

这里面反映出一个问题,很多经验做法或者先进的理念,如果不经过提炼加工,形成普适性的知识,那么,就很难内化为社区工作者的知识,并转化为相应的工作能力。

通常来说,要让社区工作者透过现象看本质,或者说从具体经验做法中看到理念、机制、方法等规律性内涵,需要把搜集到的知识信息进行加工,使之简单明了,一看就懂,甚至拿来就用。

从智库提供知识服务的角度来说,要围绕社区治理与社会工作专业化发展目标,收集整理理论知识、实践知识、流程知识等,构建知识管理体系。具体到知识信息的加工,重点是要做好三个方面的工作。当然,这三个方面对于乡镇(街道)推动社区工作来说,也是可以参考的。

一是认知理解。改变认知,是学习好具体知识的重要基础,也是推进知识管理的重要方法。通过知识信息的加工,引导社区工作者从思想认识改变对社区工作的认知,或者对某项社区工作的认知,让大家清楚"是什么""为什么"。通过知识信息的加工,让社区工作者了解具体经验做法背后的思想,这样才能让他们学深学透具体的社区工作知识。

二是系统总结。各个社区基于破解难题探索的经验做法,或者建立的机制,需要进行系统梳理总结,从不同的维度呈现具体经验做法或者某个知识点的学习价值。比如,朝阳区的居民提案大赛,不仅要总结它的具体做法,还需要把居民提案大赛的基本内涵、操作流程、工作工具、工作机制等进行系统梳理,既让社区工作者"知其然,知其所以然",还知道应该怎么操作。

三是抽象提升。站在社区工作的全局,着眼于普遍性和可操作性,将搜集到的社区知识信息,通过抽象提升,剔除个性化、特殊性因素,去伪存真,去粗取精,提炼出规律性、普适性的知识,让学习变得更简单,让探索实践内化为知识,让知识转化为工作技能。总体来说,要让搜集到的知识信息具有普遍意义,一定要跳出就事论事的局限,要升华或者深化为一种理念、一种机制、一种方法,而不能让人看到的只是基础条件好,别人学不了。

三、知识信息服务

搜集知识信息,加工知识信息,并形成知识服务产品,是未来智库机构发展的一个重要方向。

工欲善其事,必先利其器。对于乡镇(街道)党员、干部和广大社区工作者来说,如果有知识管理系统或知识工具辅助开展基层治理工作,那么,就如同有"外脑"陪伴指导,势必将极大提高工作效能。

那么,什么样的知识信息服务是基层所需要的?

从内容上说,与基层治理相关的党的建设、议事协商、组织培育、社会工作、社会动员、项目管理、居民自治、群众工作等内容,都可作为知识信息服务的基础内容。

从形式上说,既可以是工具手册,比如《居民议事协商操作手册》《全要素小区建设导则》等;也可以是线上工作工具,如数字化的居民自治知识库、典型案例库、项目管理知识库等。

基层治理实践性较强,通常需要"干货"和可操作、可落地的知识信息服务。

在提供理论性的知识信息服务的时候,更加侧重于对实践工作具有指导、参考借鉴意义的知识信息。这些理论可以用于解决基层治理的难题,而不是就理论讲理论。比如,为基层提供全国各地最新的基层治理案例,以案例的形式呈现理念、做法、机制及成效,而且用通俗易懂的语言进行描述,生动鲜活,深入浅出。

在提供实践性的知识信息服务过程中,更侧重于流程图、操作指南及相关工作说明书,相关知识信息服务产品按照基层开展工作的实际,抽丝剥茧,渐次推进,一步步展开,让基层一线工作人员一看就知道怎么做。通过知识信息服务,既能减少或避免走弯路,又能提高工作效率。

基层治理尽管各地有一定的差异性,但是,基层治理也是有规律可循的,而且很多业务也是有相应要求的。在知识信息服务过程中,除了一般性的知识信息的搜集、加工之外,还应该有深度的研究。比如,对议事协商进行研究,对开展议事协商的流程、规则等进行规范化梳理,对居民提案申请表、议事代表推选表、居民议事会会议纪要、议事项目执行情况监督表等工作工具进行系统化梳理,形成议事协商的操作手册和工具包,推动议事协商的规范化。

从基层治理实践来看,基层所需要的是应用型的知识信息服务,不能是从理念到理念、从理论到理论。基层所需要的是有用的知识信息。

第三节　探索循证治理

循证治理借鉴了循证医学的概念。有人把循证医学理解为实证医学或遵循证据的医学,也就是说医生给病人治理,一定是建立在有科学的证据基础之上的。

那么,在基层治理领域借鉴这一概念,主要强调的是基于证据的治理。

也就是说,基层治理的决策,应该基于对基层治理问题的研究结果来进行。具体到工作实践中,就是要从治理问题找证据,从群众感知找证据,从数据分析找证据,从调查研究中找证据,从公共价值找证据。

笔者认为,采取循证治理的方法推进基层治理现代化,是基层治理的一个重要发展方向。

作为新型社会智库,应该如何以循证治理的方法参与基层治理现代化的伟大征程,这是智库机构需要思考的重大问题。

循证治理,证据从何而来?基层治理的证据应该从研究中来。正是基于这样的认识,北京惠民社会治理研究院通过探索构建体检诊断、方案设计、陪伴成长、绩效评价的循证治理模式,初步形成了定性、定量、定位、定策"四定"循证治理的基本方法。

一、定性研究

定性研究是循证治理的前提和基础。

定性研究是发现问题、研究问题、定义问题、处理问题的途径和方法。通过定性研究,发现基层治理问题,了解问题发生的原因,分析问题的症结所在,为提出科学解决问题的对策提供支撑。

定性研究是调查研究中常见的研究方法。中共中央办公厅印发的《关于在全党大兴调查研究的工作方案》提出,必须坚持问题导向,增强问题意识,敢于正视问题、善于发现问题,以解决问题为根本目的,真正把情况摸清、把问题找准、把对策提实,不断提出真正解决问题的新思路、新办法。这里面提到的发现问题、摸清情况等,就是定性研究。基本要求是通过对问题的研究,透过现象看本质,找到其背后的原因,推动问题的有效解决。

实地调研、现场观察、集中座谈、个别访谈等,是定性研究常用的方法。

以社区定性研究为例,其重点是从社区基础、社区环境、社区资源、社区需求、社区实践、社区挑战等方面,全面掌握社区现实情况。

通过实地调研,走到基层治理现场,看到真实情况,掌握一手资料,了解基层治理现状、存在的问题以及经验做法。

通过现场观察,察看社区环境卫生、停车秩序、物业服务管理情况、楼门治理情况等,以及社区在推进治理过程中的工作痕迹。

通过集中座谈,分别听取党员、居民骨干、社区社会组织、驻社区单位等不同主体对社区的意见建议,了解社区工作特色、面临问题、社区需求等。

通过个别访谈,针对关键问题找到关键人进行深度访谈。比如,针对物业服务管理问题,对物业服务企业负责人进行访谈,对业委会(物业管理委员会)负责人进行访谈。

在循证治理过程中开展定性研究,不局限于上述方法。可以根据实际需要采取实地研究、个案研究、行动研究等不同的方法,无论采取什么方法,重要的是全面、系统掌握真实情况,找出问题,找准问题。

二、定量研究

定量研究是与定性研究相对应的调研方法。通过统计分析的方法,来研究分析问题。

随着大数据技术和计算社会科学的兴起,定量分析越来越广泛地应用到基层治理领域,这也为循证治理带来新的发展机遇。

自 2019 年开始,北京市推进政务服务便民热线归并,将 64 条热线并入"12345"热线统一管理,形成市民诉求的"总客服"。通过分析市民诉求大数据,对基层治理问题进行定量分析,为精准解决群众的急难愁盼奠定基础。

通过深度挖掘市民诉求大数据,可以分析区域性问题、季节性问题、周期性问题以及高频次、共性问题,针对这些问题开展重点领域、重点时段的区域治理。

在对某小区 2022 年度的诉求数据进行分析后,我们发现小区存在的诉求问题较多,亟待进行综合治理。

因××家园小区存在工程验收不完整、正式物业合同未签署用前置物业合同替代、小区无法推选业委会、物业公司处于无监管状态等问题,引发小区大量业主投诉,一度被市、区政府列为重点安全隐患小区,并被多家新闻媒体报道。2022 年××家园小区总诉求量为 1937 件,占乡总诉求量的 10%,且考核失分比例超 20%,已成为某乡投诉最为集中、最难解决的问题点位。

某乡××家园小区 2022 年市民反映问题类别

二级问题分类	诉求量	二级问题分类	诉求量
噪声污染	131	绿地	37
物业服务不规范	123	低频噪声	36
小区配套	93	区属道路	33
非法出租房屋	92	住房保障	33
房屋修缮	84	规划设计	31
供水	81	交通设施	30
停车管理	78	集中供热	29
消防安全	73	路灯照明	26
公共区域环境秩序	62	户外广告	26
供电	59	垃圾处理	19
住房安全	56	房屋交易	16
小区停车秩序管理	54	垃圾投放收集	16
施工管理	52	违法运营	14
中水	48	物业收费问题	12
违法建设	46	标语标牌	12

续表

二级问题分类	诉求量	二级问题分类	诉求量
垃圾桶站设置	44	管线	11
垃圾清运	41	房产中介	10
大气污染	39	拆迁腾退	9
小区规划	38	环卫设施	6
房屋权属	37	光污染	5
公共设施	37	老楼改造	3
商品房	37	室内污染	3
树木	37	卫生安全	2
小区安保问题	37	线杆	1
园区管理	37	员工服务	1

除了用诉求数据进行定量分析外,通过问卷调查的方式进行数据分析,也是定量研究的重要方法。作为智库机构,在面对大数据时代的来临,要充分利用各类数据对基层治理问题进行分析,以数据分析推动实现精准治理、敏捷治理。同时,通过定量的方法评价治理成效。这也是探索和推动循证治理的一项重要内容。

三、定位研究

通过定性研究和定量研究,寻找问题、寻找差距、寻找症结、寻找根源,在此基础上,要对发现的问题进行定位。

社会生活纷繁复杂,基层治理问题多元多样,不同的问题要采取不同的策略予以解决。在循证治理的模式下,定位研究要解决的是轻重缓急的次序问题,或者说,把发现的问题放在合适的位置进行解决。

抓住主要矛盾和矛盾的主要方面,是循证治理中开展定位研究的一个重要原则。

在基层治理中,各地面临的问题有很多,不可能一下子全部解决。因此,需要排排序,把重要且紧急的事往前排一排,把重要但不紧急的事往后排一排。这就是定位研究的意义。

从基层治理实践看,通常要解决的问题分为硬件类和软件类。硬件类,既包括硬件基础设施,比如,医疗、教育、养老等基础设施,也包括停车位、体育活动设施等,还包括硬骨头难题,对百姓生产生活影响较大、难以解决但又迫切需要解决的问题,比如,低频噪声扰民、光污染、水质问题等。

软件类问题更多的是政策、制度问题,以及管理问题。比如,在基层治理中出现的官僚主义、形式主义问题,以及相关的工作作风问题。

无论是智库机构还是基层政府机构,在研究基层治理问题上,应着眼于短期抓硬件、中期抓软件、长期抓党建。

抓硬件,让百姓看得见、摸得着、感受得到,当然,最好能够参与其中。在抓好硬件的基础上,再进一步完善工作机制,严格管理。从长期来说,要把党建贯穿于基层治理的全过程。

定性研究、定量研究的根本目的在于解决问题,而定位研究的关键在于先解决哪些问题、后解决哪些问题。而决定解决问题的先后次序,是建立在充分调查研究的基础上。这也是循证治理的重要基础。

四、定策研究

定策是循证治理的关键环节。从某种意义上说,定策决定着治理的成功与否。

所谓定策,就是确定方法策略,确定政策方案、行动计划,明确工作机制。说到底,定策就是要做决策,确定解决问题的方案。

定策研究是建立在定性、定量和定位研究的基础之上的。在开展定策研究的过程中,要建立系统观念,全面把握全局和局部、当前和长远、宏观和微观、主要矛盾和次要矛盾、特殊和一般的关系,前瞻性思考、全局性谋划、整体性推进。

定策研究,要坚持问题导向、需求导向、价值导向和目标导向,从多个维度全面、系统地提出对策方案。

坚持问题导向,就是要敢于正视问题、善于发现问题,以解决问题为根本目的,真正查出"病"因,认真探寻"病"理,采取有效措施去"病"根。针对问题对症下药,因"病"施治,是定策的基本原则。

坚持需求导向,就是要从群众中来、到群众中去,真诚倾听群众呼声、真实反映群众愿望、真情关心群众疾苦,切实通过定性研究、定量研究和定位研究,摸清群众需求以及对解决问题的迫切程度,综合施治,把人民群众对美好生活的需要落到实处。

坚持目标导向,就是要以解决问题、满足群众需求为目标,敢于攻坚克难,勇于涉险滩、破难题,知难而进、迎难而上,把调查研究成果转化为推进基层治理的实际成效。

坚持价值导向,就是要以维护公平正义为核心,围绕权利公平、机会公平、过程公平和结果公平,依法维护人民群众的合法权益,特别是要做好特殊困难群体的兜底民生保障,让广大人民群众共享改革开放成果。

让决策更科学,让治理更科学,是探索循证治理的根本价值。在推进中国式现代化的伟大征程中,用科学的方法推动基层治理现代化,是未来治理的必然选择。

第二章　平台化发展

① 创新人才培育　② 强化品牌培育　③ 加强专业协作

第一节 创新人才培育

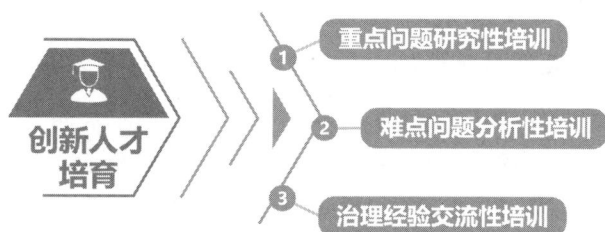

人才的现代化是基层治理现代化的根本。抓住了人才，就抓住了基层治理现代化的关键要素。

育才是智库机构的一项重要职能。积极参与基层治理人才培育，既是职责所系，也是发展所需。

当前，各级党委、政府在基层治理人才培育方面有很多渠道。一方面通过高校培养与基层治理、公共管理相关的专业人才；另一方面，各级组织部门、党校采取不同形式培养基层治理人才。对现有在岗的乡镇（街道）干部、社区工作者，通常采取教育培训的方式进行培养。应该说，在各级的共同努力下，基层治理人才培养取得了显著成效。培育人才的方式很多，这里仅就常见的教育培训进行交流。

从基层治理"最后一公里"的需求来看，除了普及性、常识性的大规模教育培训之外，基层还需要个性化、督导式、陪伴式的持续性教育培训。

这些个性化、督导式、陪伴式的培训恰恰就是智库能够深度参与基层治理人才培育的重要切入点。

除了创新培训形式之外，更重要的是培训内容。在与基层党员、干部和社区工作者的交流中发现，现在基层不缺少培训，而是缺少全面系统、务实管用、形式新颖、鲜活生动的培训。

基层治理直接面对群众，需要以实务工作为导向的教育培训，在干中学、在学中干，切实能够学以致用。

一、重点问题研究性培训

每个乡镇(街道)、社区都有自己的难点。有效解决基层治理中的难题,既是基层治理能力的重要体现,也是提高基层治理水平的基本要求。这时候,就需要把难题变课题、把难点变亮点。

在中央提出大兴调查研究的大形势下,采取难点问题的研究性培训,势在必行。

朝阳区麦子店街道为不断创新教育培训方式方法,向基层党员干部提供锻炼展示、交流进步的广阔平台,锻造忠诚干净担当的高素质专业化基层干部队伍。该街道围绕"提升调查研究能力,增强干事创业本领"这一主题,把工作调研作为开展"麦穗大讲堂"活动(以下简称大讲堂)的主要抓手,引导基层干部在研究中提升能力。

调查研究是做好工作的基本功,是解决现实问题的"传家宝""金钥匙"。通过举办大讲堂活动,以开展专题调研、撰写调研报告并展示汇报的方式,有效提升基层党员干部分析解决问题及总结提炼表达等能力水平,重点培养锻炼基层干部调研能力,帮助广大干部养成调查研究的良好习惯和思维模式,在工作中不断发现问题、破解难题、再创佳绩,更好肩负起新时代的职责和使命。

整个教育培训分四步进行。第一步,组织开展调查研究专题培训,并以支部为单位确定课题负责人。第二步,由各支部提交调研选题和调研提纲,按照"深、实、细、准、效"的原则,通过深入实地走访、发放问卷等多种方式方法,就选定课题开展全面深入调研,并根据调研取得的数据、材料、情况等,对课题进行深入研究分析,最后提交调研报告。其中,开题、中期及结题时均安排专题培训辅导。第三步,根据调研选题及内容,评选出优秀调研报告。同时,对应的课题负责人需以 PPT 的形式展示汇报调研成果。第四步,对整体活动进行回顾和总结,并对优秀课题负责人进行表彰,进一步激励基层干部加强学习,增长才干,练好调查研究基本功,解决好基层治理新课题。

二、难点问题分析性培训

基层治理中的重点问题往往是直接影响居民群众生产生活的问题,它不仅给老百姓带来不便,也给基层干部带来了巨大的工作压力。

因此,针对基层治理中的重点问题开展分析性培训,既是解决百姓关切的需要,也是有效解决问题、缓解基层干部压力的需要。

北京惠民社会治理研究院在参与"12345"市民服务热线大数据分析过程中,发现未交付道路问题比较突出,所以,和相关单位合作,针对未交付道路问题开展了分析性培训。

从未交付道路问题引发的市民诉求数据看,该问题是影响朝阳区"接诉即办"成绩的重要问题。

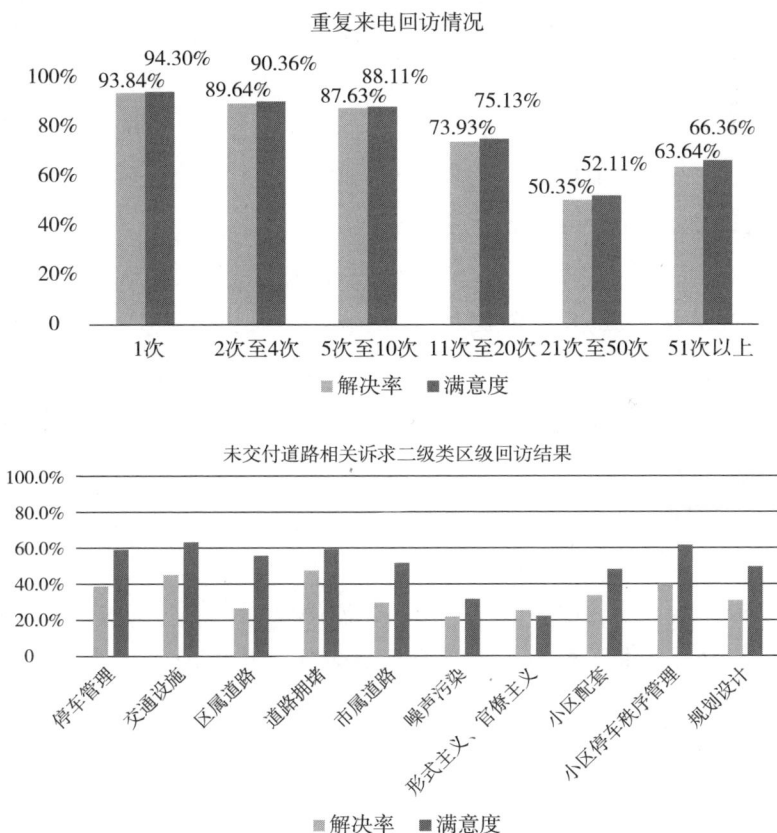

重复来电回访情况

未交付道路相关诉求二级类区级回访结果

未交付道路是停车管理难的重要原因之一。2022 年未交付道路引发的诉求共计 5032 件,其中停车管理类诉求 3380 件,占未交付道路诉求的 67.17%,占全区停车管理诉求的 22.52%。

未交付道路还对公共区域的环境管理带来压力,道路拥堵、街头游商、噪声污染,也是这类区域的多发问题。

未交付道路因责任不清,不好解决,往往形成长期拖延,解决不彻底,反复诉求,进而引发情绪诉求,造成形式主义、官僚主义突出的投诉较多。

如何解决这些问题,通过组织开展重点问题分析性培训,大家达成以下共识。

第一,加大联合整治力度。针对道路已移交、管养未移交的特殊时期,要求各街乡主动作为,开展联合整治。一是联合交警部门解决未交付道路的问题,尤其是小区门口路段违停车辆,安装隔离护栏,有效缓解困扰车辆的堵车问题,方便小区居民进出。二是针对堆放建筑材料的工地(有临时占用道路手续)发放整改通知书,要求其做好借用路段的保洁和建筑垃圾的及时清运。三是做好沿街店铺电动自行车摆放的提醒,并协调物业安装集中充电设备,以满足沿街店铺电动自行车充电问题。四是针对居民反映强烈的拥堵时间段,安排专员进行交通疏导。

第二,加快推进道路移交。针对未交付道路问题要加快推进道路交付工作。一是高度重视,高位调度,全面统筹,将未交付道路工作纳入"集中解难题"台账,由区交通委牵头,各相关单位配合,共同研究解决措施,定期调度工作进展。二是梳理区级道路台账,对符合交付条件的道路加快验收进度,尽快实现停车位施划及交通管理执法。三是对暂时不符合交付条件的,要加强与建设单位的沟通协调,加大督促力度,推动建设单位按照交付要求做好相关工作,尽快达到交付条件,力争早日交付。

第三,探索过渡管理办法。一是强化属地管理责任。现阶段,在道路未交付完成之前,要求各街乡积极探索做好未交付道路的停车和公共区域管理工作的过渡办法,加大巡查监督力度,做好引导疏导工作。不要过度强调处罚职能的有无,管理不等于处罚,不能用处罚代替管理。交付是一劳永逸的解决办法,但在未交付的情况下,对于因未交付道路引发的矛盾,重在宣传、引导和管理。二是推动交管部门创新管理方式。针对未交付的道路开展试点工作,从全区选取比较有代表性的未交付道路,和相关建设部门达成一致,由建设部门委托交管部门进行管理,由交管部门先行纳管。同时,结合小区物业、居委会,做好宣传工作,安排民警、辅警在周边道路上不间断地贴提示单,告知车主规范停车,遵守交通法规。三是加强对接。在通行的道路中,针对是否存在违停或影响交通的现象,主动和每一个建设单位对接,把每一条道路未交付的原因厘清。对于路面存在的问题,也不要简单依靠传统的日常管理方式,而是引导各单位创新管理方式,通过提示、宣传、不间断巡逻巡查管理,提高未交付道路管理水平。

第四,强化关键环节管理。对未交付道路相关诉求的处理,要做好以下几个关键环节的工作。一是做好说服解释工作,说明成因,不强调因果或客观,更不强调问题归属。二是制订交付计划,承诺或彻底解决问题的计划安排。三是明确短期行动计划,重点包括清除—劝阻劝离,对眼前诉求的短期快速处理方法;引导疏导,对眼前诉求的短期优化处理方法。四是开展长期行动计划,采取宣传—巡查—管理等办法,对长期未彻底解决的诉求、行动计划及时跟进。如张贴通知、增设标识、加装监控、增加主动巡查频次等。五是推动完成交付,彻底解决问题。

总的来说,解决未交付道路问题是一项系统工程,要全面统筹、系统谋划,需要各相关单位通力协作。冰冻三尺非一日之寒,冰化三尺非一日之暖。要有效解决未交付道路问题,需要明确时间表、路线图和任务书,一条路一条路去盯,一个单位一个单位去督,一个环节一个环节去抠,切实从源头实现未交付道路的降量提率。

三、治理经验交流性培训

开展治理经验交流,对基层治理工作人员来说是最形象、最直观的一种教育培训方式,备受欢迎。

基层治理既有地域性的问题,也有规律性、普遍性问题。对于规律性、普遍性问题,就非常适合采取经验交流性培训。这种培训的优势在于,大家遇到的问题类似,或有可参考借鉴之处,迫切需要先行地区探索的经验予以启发。

做好新时代的网上群众工作,是新形势下各个乡镇(街道)、城乡社区面临的普遍问题。

朝阳区小关街道惠新东街社区高度重视群众工作,除了对"12345"市民服务热线诉求案件进行逐个走访、上门核实之外,更是做到全方位关注舆情,运用网络手段前置工作关口,把矛盾化解在最基层,切实做到"未诉先办"。在日常工作中,逐步探索出了一系列行之有效的工作方法,并形成常态机制。

一是工作关口前移。社会工作者深入小区,每日走访所包楼院,查看堆物、私拉电线,对垃圾分类和疫苗接种工作重点宣传,不定期了解空巢独居老人情况;多方采集信息,充分利用居民小区工作群、上门入户走访、与居民微信电话联系以及和卡口人员沟通、公众号留言收集等方式获取民意,并换位思考,力争通过多种渠道发现问题,实现居民问题"早发现、早报告、早解决",做到"未诉先办"。社区公众号紧密联系辖区居民日常生活,起到正面宣传引导作用,同时总结社区活动,弘扬正能量。居民楼上出现漏水问题,居民首先会想到联系社区寻求帮助,社区在联系物业的同时,积极协助寻找楼上住户,告知情况,必要时在后期协助搭建平台召开协调会,协调解决漏水引发的纠纷。

二是积极推广社区公众号。以社区公众号为依托,畅通居民与社区之间的沟通渠道。一方面,提高社区公众号知晓度、居民关注度、公众号覆盖率;另一方面,通过社区公众号为居民办事提供办事指南,为居民建言献策和议事提供场所,为居民预约办事提供便利,也为正常业务开展提供支持。同时,社区利用公众号宣传党的方针政策、社区重点工作和社区发展成果,每年平均发表文章 200 余篇,涉及民生、通知、活动、宣传、温馨提示等多领域、多角度、多方面,在加大工作宣传力度、营造良好氛围方面发挥了重要作用。

三是发挥微信群作用。社区通过疫情防控、疫苗宣传、垃圾分类宣传、人口普查入户等方式多次入户,与居民逐渐熟识,并建立楼宇微信群 32 个,居民入群率均达到 80%,租户变更不频繁的微信群入群率达到 95%,社区同时建立了 8 个支部群以及各楼院和党员群、物业群、在职党员报到群等多类微信群,便于更好传达政策,开展各项工作。在疫情防控常态化期间,由每名社会工作者落实包楼主责,群内 24 小时响应。社会工作者用疫情派单信息,完善微信群,动态更新居民底册。更重要的是,社区利用微信群收集居民诉求,及时解决反馈,使居民诉求能在第一时间回应解决,在充满暖意的氛围中树立了正能量。如居民在微信群反映清晨汽车鸣笛问题,包楼社会工作者及时回应,积极着手解决,在拿到"禁止鸣笛"提示第一时间予以张贴在显著位置,回复张贴提示的同时,提醒微信群内开车居民休息时间避免鸣笛,有事联系社会工作者协调解决,得到居民认可。

四是像家人一样对待居民。待居民如家人,积极热情真心为民服务。每次沟通结束或解决好问题后,社区党委柴清华书记都主动和居民说一句:"有事您吩咐。""有事您随时联系我。"从态度与言语中,体现出社区真心为民的服务意识、诚恳的服务态度及热情的服务温度,小小的举措让居民感受到社区的真情与坦诚,促进了沟通和共识的达成,促进了居民满意度提升。

除了重点问题研究性培训、难点问题分析性培训、治理经验交流性培训外,还有实践路径探讨性培训、专业赋能支持性培训、有效服务策划性培训、效率提升管理性培训、创新突破发展性培训等不同形式。基层治理领域的新型智库,需要充分发挥在调查研究、政策研究、人才培养、宣传教育、建言献策等多方面的优势,为基层党委、政府培育治理人才提供专业支撑。

第二节 强化品牌培育

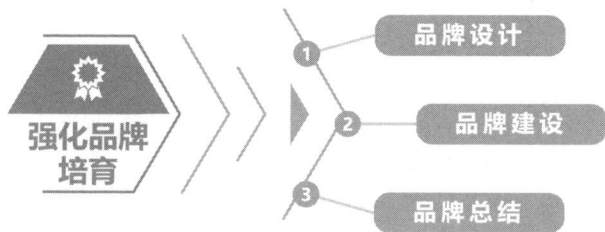

在破解难题中培育品牌,在传承创新中擦亮品牌,在深耕服务中做强品牌,在精细治理中提升品牌,是基层治理领域新型智库的重要任务,也是各级党委和政府破解基层治理难题、推动基层治理创新的重要抓手。

培育品牌不是标新立异,更不是哗众取宠,而是在破解难题、创新服务、精细治理中去培育。品牌之所以成为品牌,关键在于大家都说好。这个好就是好的理念、好的机制、好的做法、好的成效,可学、可看、可持续。

培育品牌,一定要有正确的政绩观。培育品牌的最终目的是更好地造福群众,让群众因为品牌的培育而受益,让群众在看得见、摸得着、能参与、有收获中感知和认可品牌。评价一个品牌质量好坏的关键在于是否让群众受益,或者说,群众满意是评价基层治理品牌的根本标准。

北京惠民社会治理研究院在品牌培育实践中,一直致力于实现这样的目标:为干部定心,为百姓办事,为组织育才,打造党政干部个人理政和区域发展的超级标签,有效积累个人成长发展和区域发展的品牌资产。我们强调,把个人的小目标放到组织的大目标中去实现,放到为人民服务的宗旨中去实现。不能为了培育品牌而培育品牌,更不能为了培育品牌而劳民伤财。

一个高质量的品牌,应该具有的突出特点是:快速回应变化,有效解决问题,引领发展趋势。

由此可见,培育品牌是一项系统工程,需要整体谋划,系统实施,认真总结。

智库机构要发挥在品牌设计中的参谋作用,在品牌建设中的指导作用,在品牌总结中的支撑作用。

一、品牌设计

品牌设计应该是一门融合社会学、心理学、设计学以及管理学的跨学科理论,需要用完整系统的方法论去支撑。

品牌设计应坚持问题导向、需求导向、价值导向和目标导向。坚持问题导向,就是要在解决问题中培育品牌;坚持需求导向,就是要紧紧围绕如何满足群众需求来培育品牌;坚持价值导向,就是要以公平正义为落脚点去培育品牌;坚持目标导向,就是要始终围绕全心全意为人民服务的宗旨,推动实现基层治理现代化的目标去培育品牌。

培育一个好的品牌难度较大。也正是因为难,所以难能可贵、物以稀为贵。这个难,难就难在理念要先进,方法要科学,要有内生动力,发展能持续。一句话,高品质的品牌应该是理念先进、方法科学、内生动力、发展持续的品牌。

因此,在品牌设计中要牢记用系统思维去谋划品牌培育工作。

引入品牌设计的理念来设计基层治理品牌,主要目的就是提升治理水平和质量。

习近平总书记深刻指出："人民群众对美好生活的向往，就是我们的奋斗目标。"

各级党委、政府及城乡社区在开展品牌设计时，一定要强调以群众为中心，围绕群众的需求设计品牌，以品牌推动服务和治理效能的提升、服务体验的提升，更好地服务群众。

因此，在品牌设计中要牢记把品牌作为践行党的宗旨的重要抓手。

品牌设计强调共同创造、共同创新，把品牌培育过程中涉及的实施单位、社区党委及居委会、社区工作者、居民、社会组织、业务支持部门等所有的利益相关方组织起来，共同参与品牌设计，形成品牌设计生态体系，持续提升品牌品质。

一切为了群众、一切依靠群众，从群众中来、到群众中去的群众路线，是中国共产党不断取得胜利的重要法宝，也是我们党始终保持生机与活力的重要源泉。

在品牌设计中，要因地制宜，因势利导，始终坚持党的群众路线，坚持从群众中来、到群众中去，广泛吸收群众智慧，站在群众立场设计品牌。这也是保持品牌生命活力的重要基础。

因此，在品牌设计中要牢记把品牌作为践行党的群众路线的重要载体。

二、品牌建设

品牌建设是品牌培育的关键环节。一千个品牌设计不如一个品牌行动，再好的品牌理念，如果不落地、不解决问题，那么，都不可能真正赢得各方认可。

品牌建设应该是对社情民意的有效回应。在做品牌建设的决策时，不能拍脑袋、想当然，要充分考虑群众的接受度和社会影响。推动品牌建设，从根本上说是推动问题的解决和服务的提升，以及机制的优化。因此，在推动品牌建设时，必须考虑本地的实际需要、发展趋势和资源条件，要广泛听取干部群众的意见建议。智库机构作为"参谋部"和"智囊团"，在参与基层治理品牌决策时，一定要给予客观的意见建议，确保品牌建设是围绕务实管用的目标去的，而不是搞一阵风，做永远长不大的"盆景"。

在具体建设过程中，要把品牌建设过程作为推动基层治理体系和治理能力现代化建设的过程,作为推广先进理念、干事创业、为民服务的契机和抓手。品牌建设要从实际出发,尽力而为、量力而行,合理规划、有序推进,不能搞成昙花一现的政绩工程、形象工程,更不能把培育品牌做成形式主义、官僚主义的代表作。一定要避免出现留"痕"不留"绩"、留"迹"不留"心"等问题的出现。

品牌建设要有定力,做到水滴石穿、步步为营、稳扎稳打。要有一张蓝图干到底的决心和信心,一茬接着一茬干。不能因为前任干过了,后任就不提了。品牌建设不能不讲传承,"狗熊掰棒子",为创新而创新。要创新,一定是基于新问题、新挑战,因时而变、因事而变、因势而变。既不能一味抱有固有观念,躺在原有品牌上"吃老本",也不能盲目创新,把创新搞成造概念、编新词,搞"谐音梗""顺口溜",让品牌低俗化、媚俗化、庸俗化。

品牌建设要发扬钉钉子精神,做到坚持不懈、持续用力、久久为功。要正确处理"小我"和"大我"的关系,正确处理长远利益、整体利益和短期利益、局部利益的关系。牢固树立正确的品牌观、创业观和政绩观,既要做让老百姓看得见、摸得着、得实惠的实事,也要做为后人打基础、作铺垫、利长远的好事;既要做显功,也要做潜功,不计较个人名利得失,为本地区事业发展负责,对人民群众负责。

品牌建设要迎难而上、知难而进。品牌之所以成为品牌,就是解决了原来没有解决的问题,办好了老百姓期盼已久的实事。品牌在困难中生,在实事中长。只有面对难题主动出击,面对困难有新招、实招、高招,品牌才能落地生根,用群众的口碑塑造高质量的品牌。

品牌建设要与时俱进,持续创新。品牌建设既要挂图作战、集中攻坚,又要持续迭代、不断破题,善于在危机中育先机,于变局中开新局。只有咬定青山不放松,认准目标,紧跟形势发展,变方法不变目标,革故鼎新、推陈出新、常做常新,才能让品牌持续发挥影响力。如同"枫桥经验"一样,不同时期运用不同思路,让品牌深入人心。

"道阻且长,行则将至,行而不辍,未来可期。"品牌只有孕育于难题实事当中,我们的品牌才有生命力、影响力和传播力。品牌培育虽难,但未来可期。

三、品牌总结
品牌是干出来的,不是总结出来的。

品牌既不是玩新概念、生搬硬套地攒词、编词,更不是像写小说一样"创作",闭门造车。

品牌总结是基于破解难题的理念、做法、机制的系统梳理、深度剖析和全面呈现,建立在切实解决群众操心事、烦心事、揪心事的基础之上。

品牌总结在于寻找群众口语化的表达,用群众听得懂的语言去描述、总结、概括和提炼。是透过现象看本质的提纯,让人一看就明白、就理解。

品牌总结应是基于治理实践,立足综合性、专项性、典型性等治理实践特点,重点剖析治理实践机制与机理,研究难点问题回应策略,全面分析与梳理主要做法,科学描述实践经验与教训,认真反思未来治理实践逻辑与路径,形成以基本情况、主要做法、工作成效、实践启示等为主要内容的品牌成果。

一个好的品牌既要体现又红又潮、又专又新的发展理念,还要具有生命力、影响力和传播力。

生命力要回答建立了什么样的机制、破解了什么难题、为群众办了什么实事,让老百姓发自内心地认同、拥护,让老百姓听你的、信你的、跟你走。

影响力要回答品牌在多大程度、多大范围解决了难题,给老百姓和同行留下的深刻的印象、美好的印象。

传播力要回答品牌能够产生多大的辐射带动效应,让兄弟单位想看、想学,而且能学,也学得会。

说一千道一万,品牌总结基于干。

基层治理品牌的生命力,关键在于方向性、先进性、实用性、持续性和推广性。

一是要具有方向性。它引领潮流,代表基层治理的发展趋势,揭示了基层治理发展的本质规律,成为解决主要矛盾的重要抓手。

二是要具有先进性。好的品牌是先进的生产力,能够以品牌带动全局工作向前发展,为基层治理增添动力。

三是要具有实用性。基层治理品牌的实用性体现在有效解决问题上,能够为群众、为企业解决实实在在的问题,具有满足需求、回应诉求、解决问题、操作方便的特点。

四是要具有持续性。持续性源于对发展趋势和内在规律的把握,建立了常态长效的工作机制,具有良性发展、后劲充足的基础。

五是要具有推广性。推广性是基层品牌价值的必备条件,也是方向性、先进性、实用性和持续性的集中体现,确实可学可看、易于推广。

第三节 加强专业协作

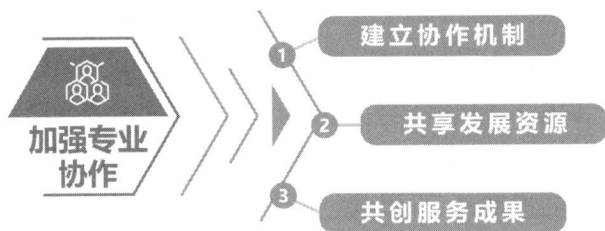

智库要平台化发展,必须加强横向专业协作。

搭建合作共赢的平台,让各类智库机构发挥所长,在同一个平台上相互补充、共同促进,以协作交流思想、共享资源,以协作形成共同成果,以协作开展展示交流,以协作开展系统研究,以协作建立互助网络。

专业协作,无论是对新型智库还是对其他社会组织来说,都是大势所趋。

智库机构的平台化发展,本质上是协作联动,把智力资源通过一定的机制组织起来为国家服务。

具体来说,就是要紧盯经济社会发展难题,围绕资政建言、启民育才、社会服务、理论研究等主题,联合各方智库力量,共同参与,共创成果。

除中国社会科学院、中国工程院以及各级社科院等体制内的智库外,现在很多高校、媒体,甚至企业也都在做智库,这些智库通常都有固定的经费来源渠道和相应的经费保障。而新型社会智库则需要以项目运作的方式获取经费。

没有制度化的经费保障,主要靠项目化运作来维持机构的运行,这就意味着很多社会智库机构面临着巨大的生存压力;也意味着,智库要出成果,更多的是依托项目来出成果。项目委托方决定着研究方向,导致智库机构自主性研究成果受到一定影响。同时,也决定着智库机构不可能"养"那么多人,需要用最精干的力量来做项目,以维持机构运转。

新型社会智库的性质、特点决定了涉及的专业领域相对"专",不养那么多人,同时,又要满足研究和运行的需要,那么,加强专业协作成为必然选择。

一、建立协作机制

智库与智库、智库与其他社会组织的协作,要形成常态化的协作关系,就需要协作机制的建立。社会智库具有民间性、自主性、灵活性等特点,同时,也面临着人才招募难、经费需自筹、团队力量弱等问题。因此,需要通过建立协作机制,以资源共享、成果共创为纽带,相互支撑,共同发展。

建立联席会议机制。智库与智库之间、智库与其他社会组织之间,可以基于某个课题、某个项目或者形成某项成果建立项目化的合作机制,同时,重点发展一种以协作机制为纽带的常态合作。一旦形成常态合作关系,那么,就可以建立常态化的联席会议机制,定期或不定期共同会商项目难题,共同推进项目实施。

建立联合研究机制。针对特定问题开展联合研究,充分发挥各自优势,共同研究重点难点问题。比如,某乡是保障性住房集中区域,辖区面临公共服务资源短缺问题,公共配套、停车秩序、物业管理、居民融合、公共维修等问题比较突出,乡政府有两个方面的需求:一方面,需要通过数据全面分析辖区面临的问题;另一方面,需要针对辖区问题以系统化思维制订整体性的综合解决方案。那么,具有数据资源整合和分析能力的机构就可以整合相关数据资源进行深度分析,具有制订综合治理方案能力的机构可以以数据为基础,制订整体解决方案,实现智库与公司或智库与智库间的合作。

建立交流研讨机制。开展交流研讨是智库开展工作的重要方式。因此,智库之间就当前热点焦点问题展开交流研讨,既是做好研究服务的需要,也是研究人员提高自身能力的需要。在百年未有之大变局的历史背景下,经济社会发展环境发生了深刻的变化,无论是疫情等公共卫生事件的影响,还是中美关系面临"脱钩断链"的形势、人工智能的发展,直接影响各领域的建设和发展,也直接影响各层级的决策。智库之间开展交流研讨,有助于对形势的研判,特别是对前瞻性、创新性研究有重要的帮助。

建立联合会诊机制。在新的发展阶段,"抱团打天下",智库之间实现优势互补,开展联合攻关、联合会诊,是未来的重要发展趋势。各智库都有自己的优势领域和优秀研究人员,针对特定问题有独到的见解,在研究相关问题时,可以横向协作,邀请智库机构和相关研究人员共同会诊。针对难点问题,组织双方或多方优势力量,联合会诊,共同破解难题。比如,北京市社会发展研究中心组织专家就西城家园平台如何优化升级出谋划策,笔者作为受邀专家,对西城家园平台优化升级提出三点建议:一是进一步强化用户思维,突出需求驱动。西城家园平台建设要突出需求驱动,能够真正解决居民的"痛点"问题,居民才会愿意用,自己花钱做宣传基本上不是需求驱动。目前我们给居民提供的很多不是居民想要的,导致我们的资源错配造成浪费。二是进一步加强资源整合,优化运营生态。要用生态的视角看待西城家园平台,它应该构建一个服务应用生态,如果单就平台来谈,这个平台就很难持续。三是进一步完善工作机制,实现多方共赢。在社区治理中,居民的参与率普遍较低,动员是难题,但是我们真正要让大家参与,核心就是要让居民看得见、摸得着,可参与、有收获。

除了这些机制外,智库机构之间还可根据实际需要建立相应协作机制。主要目的就是发挥彼此优势,更好地服务国家建设和发展。

二、共享发展资源

不同智库有自己不同的优势资源,尤其是专家资源、网络资源、数据资源和媒体资源。如何发挥自身优势,开展专业协作,实现共促共赢,是新时代新型智库思考的重要问题。这既是生存问题,也是发展问题。

智库凭一己之力,做不了所有的事情,也不可能熟悉每个领域,构建智库合作共赢的发展生态,是未来智库发展的必然选择。

共享专家资源,推动协作生产。与学术研究不同的是,智库研究更多强调的是服务决策;学术研究更多强调的是个人在知识创造和理论研究方面的作用,而智库强调的是联合输出,将理论知识转化为决策报告、发展规划、操作方案等。因此,通过智库机构举办各类学术活动或交流研讨,推动智力资源协作,共同生产思想产品,形成开放、多元、合作的生产模式,对智库来说至关重要。特别是构建资源共建共享的信息化平台,实现智库间对重大战略项目共同研究、共享专家资源。根据研究项目,分别聚集相关领域的智库及相应的专家资源,有组织、有目的地开展战略性、前瞻性、引领性研究,最大化地实现智库研究价值。

共享网络资源,形成发展合力。智库根据自身研究特点,通过发挥驻在地的区域优势,建立研究联系点、观测点或研究基地,形成了研究资源网络,为充分发挥资政建言、理论创新、舆论引导、社会服务、公共外交等功能奠定基础。这些联系点、观测点或研究基地等资源网络,可以成为智库间合作的重要支撑,为合作智库开展相关研究提供支撑。也可以在某个区域共同成立智库合作联盟,围绕组建区域研究资源库、举办高端智库发展论坛或区域发展论坛、研究重大研究项目、创建智库咨询品牌、打造权威智库研究成果等不同主题,以共享网络资源促进共同发展。

共享数据资源,提高研究效能。随着计算社会学的迅速发展,用数据支撑智库研究,成为重要的发展趋势。可以说,数据已经成为智库研究的重要生产要素,是宝贵的发展资源。但是,对同样的数据,不同专业领域的智库有不同的使用方法和研究角度。智库间可以基于战略或项目合作,加强数据信息和业务交流,促进数据资源共享,减少重复性数据采集和重复性研究。同时,根据联合研究和智库产品生产需要,共同采集、清洗、整合、分析数据,并将数据成果作为智库合作的重要基础,为智库高质量发展提供支撑。

共享媒体资源,扩大智库影响。做好政策解读,引导社会舆论,是智库的重要功能。打通传统媒体和新媒体渠道,构建立体化的传播网络,是有效发挥智库宣传和舆论引导功能的重要基础。为提升影响力,智库都在积累各自的媒体资源,基本形成了相应的资源网络。因此,智库间可以以共享媒体资源为切入点,开展媒体宣传的战略协同。在国内,智库需要以服务国家战略为目标,加大热点焦点问题的研究,提出专业思考、专业洞见,以先进理念引导社会舆论,特别是要通过宣传增强公众对公共政策的社会共识度。作为国家软实力的一部分,提高智库在国际上的话语权,是新时代的重要任务。因此,重点要围绕讲好中国故事,实现媒体资源共享,共同推动智库的国际传播,进一步提升和拓展中国智库的国际传播影响力、品牌力,为发出中国声音、提升中国影响提供支撑。

三、共创服务成果

智库的影响力最终要靠成果说话。可以说,持续输出高质量的服务成果、智力产品,是智库的生存之本、发展之要。高质量的研究成果是决定智库影响力的关键因素,也是判断智库发展水平的重要指标。

因此,智库要高度重视高质量服务成果的输出。

专业有不同,发展有分工。智库间以合作形式开展服务成果共创,发挥彼此优势,形成"1 + 1 > 2"的效应,是新时代政府决策的需要,也是智库发展的需要。

《关于加强中国特色新型智库建设的意见》明确指出,鼓励智库与实际部门开展合作研究,提高研究工作的针对性和实效性。

新形势下,如何满足政府部门对智库服务的需要? 在长期观察实践中,我们认为,只有不断丰富理论成果、实践成果、品牌成果、工具成果等产品形式,打造调查研究、信息分析、对策提供、持续跟踪、总结提升等服务闭环,才能满足政府高质量决策的需要。

对于智库来说,要围绕理论成果、实践成果、品牌成果、工具成果等重点,开展合作共创,为各级党委、政府提供高质量的智库服务。

共创理论成果。聚焦国家发展战略,立足区域、部门或领域实际,智库间可结合经济社会发展阶段性重点任务和区域、领域发展特点,共同开展基础性、前瞻性的创新研究;也可就全局性、综合性、战略性、长期性问题开展合作研究,为区域、领域决策和中长期规划提出意见和建议,形成共同研究的理论成果。同时,可以根据党委、政府的需要,收集、整理、研究和提供国内外相关领域有参考和借鉴价值的信息,形成相应的信息产品,为区域、领域发展和治理提供理论支撑、路径支撑、政策支撑和经验支撑。

共创实践成果。把理论成果转化为实践成果,对智库来说是挑战也是机遇。说是挑战,因为很多智库更擅长理论研究,要把理论成果转化为实践成果,有比较大的难度。这个难度体现在,一方面,既要熟悉区域、领域行政部门的运行体制机制和政策要求以及相关特点,又要熟悉上下级间、部门间协作规则以及关系协调;另一方面,还需要掌握相关业务的具体执行要求。在这种情况下,智库间开展合作非常有必要。有的智库以落地创新实践见长，具有较强的沟通协调能力和丰富的实践经验，这样就可以实现理论研究与实践有机结合，形成共创的实践成果。

共创品牌成果。智库可以在两个方面共创成果：一方面，智库间合作打造自身咨询服务品牌，聚焦区域、领域发展重大战略问题和现实发展问题，开展专项合作，成立联合课题组，跟踪研究，持续研究，共同提出区域、领域的综合性解决方案，或者发布相关领域的蓝皮书，逐渐形成一定的品牌影响力；另一方面，智库间或者智库与其他社会组织合作，根据某地区、某部门的实际需要，结合区域特点、工作特色、项目优势等，协助党委、政府或者社区打造工作品牌、项目品牌、组织品牌或个人品牌，以品牌凝聚人心，振奋精神，鼓舞士气。同时，以品牌影响动员更多的人参与区域建设发展。

共创工具成果。工欲善其事，必先利其器。为相关行业或领域研发工作工具，对于提高专业化水平和工作效能具有重要意义。尤其是基层治理领域，对于乡镇（街道）、城乡社区具体工作人员来说，提供丰富的工作工具（包括软件工具），形成基层治理工具箱，是推进治理现代化的基础工程。因此，基层治理类的新型社会智库，要根据基层治理的实际需要，将专业赋能与工具研发结合起来，共同开发治理有用、基层爱用、务实管用的工作工具。比如，为城乡社区研发议事协商相关的工作工具，包括但不限于议事规则、议事流程、议题征集表单、议事决议公示等制度、标准以及工作模板等。也可以为城乡社区提供方便高效的软件工具，比如多表合一的采集及应用工具等。

第三章　品牌化发展

实施
伙伴计划
1

深耕
丈量计划
2

锻造
"两型"
能力
3

第一节 实施伙伴计划

伙伴计划起源于朝阳区的社区成长伙伴计划。作为新型社会智库实施伙伴计划,主要目的有两个:一是希望与各级党委、政府成为合作伙伴;二是希望与各地智库及专业社会组织成为合作伙伴。

伙伴非常准确地描述了治理的本质要求,就是在党委领导、政府主导下,社区、社会组织、社会公众等各类治理主体以伙伴式的关系共同参与基层治理。智库作为社会协同力量,也是推进治理体系和治理能力现代化建设的重要力量。有的地方,正在探索把智库参与作为政策制定和公共决策的一个重要环节。

社会智库作为中国特色新型智库体系的组成部分,要实现品牌化发展,必须要与相关合作单位形成伙伴式的合作关系,扎根专业领域,坚持有用、能用、好用、管用的原则,为各级党委、政府提供高质量的智库服务。

北京惠民社会治理研究院作为北京市朝阳区社区成长伙伴计划的承接单位,全面参与了伙伴计划的方案设计、计划发布、陪伴实施、总结提炼等全过程的各个关键环节,最终形成《北京市朝阳区:实施"社区成长伙伴计划"探索超大城市社区治理创新路径》经验,被民政部确认为 2021 年度全国基层治理创新典型案例。

基于决策咨询、规划编制、指标研究、数据分析、评估评价、方案设计、实务指导、品牌培育等专业优势,根据基层治理体系和治理能力现代化建设的实际需要,实施智库服务伙伴计划,是智库品牌化发展的重要方向。

一、作为战略咨询伙伴

做战略咨询是智库的看家本领。战略咨询能力，也是作为智库从业人员最重要的能力。

战略咨询能力是透过现象看本质的能力，是跨行跨界多维整合以及分析能力。

通过战略咨询，解码问题，探究规律，看透本质，打通梗阻，创造性地解决问题。

说到底，战略咨询就是要解决做正确的事和用正确的方法做事的问题。

在推进基层治理现代化建设过程中，针对各地区域特点、人口结构、政治生态、群众基础、经济社会发展现状等影响基层治理的核心要素，跳出治理看治理，发现问题、分析问题，进而提出创造性解决问题的综合方案，为各地党委、政府提供基层治理战略咨询，是基层治理领域智库的重要使命。

做战略咨询的伙伴，就是要与合作单位一起做透一件事。即看清楚，想明白，做到位，讲精彩。

看清楚，就是要看清楚发展大势和未来趋势，看清楚中央要求和上级要求，看清楚主要矛盾和矛盾的主要方面，看清楚发展中出现的问题以及问题的本质，看清楚合作单位面临的主要问题和想要解决的真问题。

想明白，就是要想明白问题的成因，想明白问题背后的问题，想明白问题发生、发展以及演化的内在逻辑和本质规律，想明白为什么要解决这个问题和如何解决这个问题，想明白解决问题的关键点和核心要素是什么，想明白如何用系统思维、综合策略、源头方法去解决问题。

做到位，就是该做的事一件都不能少，不该做的事一件都不能做；做到位的核心就是要穿越现象直面问题，奔着症结去，治病祛根；做到位就是要健全完善机制，采取综合举措，全力以赴解决真问题、真解决问题。做到位就是要努力到无能为力，拼搏到感动自己。做到位，就是不仅能解决重点难点问题，还能在解决问题的过程中积累精神财富，激励自己和团队昂扬的斗志和必胜的信念。

讲精彩，就是能够把谋划问题、解决问题的过程形成故事并讲述出来，通过生动鲜活的讲述，引人入胜，让人备受启发、深受感动，让受众有带入感,发自内心地钦佩,并愿意也像讲授者一样去创造性地解决问题。成功的人把事情做成故事,失败的人把事情做成事故。讲精彩,就是讲故事。

战略咨询,说到底就是发现价值、挖掘价值、放大价值、创造价值,以跨界思维打通做透,把所有的事情归集成一件事,并发挥示范引领作用。

二、作为规划编制伙伴

习近平总书记强调,编制和实施国民经济和社会发展五年规划,是我党治国理政的重要方式。

致力于为各级党委、政府建言献策,参与规划编制研究,提供规划解决方案,是智库的重要功能。

因此,是否参与五年规划的研究与编制,是判断智库,尤其是新型社会智库综合支撑能力的一项重要指标。

无论是国民经济和社会发展规划,还是专项规划,都涉及经济和社会发展的方方面面,与人民群众生产生活息息相关。在规划前期研究及规划编制过程中,既要将上位规划及上级要求精神全面、准确、完整地体现在前期研究及规划中,又要将社会预期、群众智慧、专家意见、经验做法以及先进的理念、思路等全面融合到研究及规划之中。

新型社会智库在参与基层治理规划研究及编制工作中,要始终坚持践行"一张蓝图绘到底"的服务理念,根据需求,深入开展市、县(区)、乡镇(街道)等各级基层治理领域总体性规划、专项性规划研究;要具备支持编制任务清单、实施方案、行动计划、工作方案、评价考核等配套文件支撑能力,能够支持委托方整体构建发展蓝图、行动路线图、工作作战图。

三、作为教育培训伙伴

教育培训是培养基层治理人才的重要措施。

面对新形势新要求,如何提供有效的教育培训服务,是各级党委、政府和智库要认真思考的重要问题。

一直以来,各地高度重视基层治理人才的教育培养工作,仅从教育培训来说,各级党委、政府每年都会采取集中授课、实地参观、经验交流等不同形式的教育培训。

从基层调研情况来看,在课程内容上,要尽量减少随机性的拼课,大家更期待根据本地实际情况构建系统化、梯次化的课程体系。在教育培训形式上,除了采取集中的理论授课形式进行教育培训之外,广大基层干部及社区工作者更期待参与式、沉浸式培训。

做好教育培训工作,在内容设计上,一定要进行专门的研究,逐步形成科学的、丰富的教育培训内容。

作为智库机构,应该积极聚焦新时代基层治理,融合治理发展政策要求、治理实际工作需求,从教材编制、课程设置、师资教授、效果评价、成果集成等方面提供全流程服务,不断推动理论教学与实践教学、集中性教学与个性化教学、团体督导与个别督导等方式方法的有机融合,为基层党员、干部,尤其是社区工作者人才提供系统化、梯度化的教育培训支持。如针对新入职社区工作者、全岗社区工作者、新晋职社区工作者、副职社区工作者、正职社区工作者和重点培养社区工作者等不同岗位、不同资历的社区工作者提供梯度化的教育培训服务。

四、作为工具研发伙伴

工欲善其事,必先利其器。

要做好治理,先进的工具是必不可少的。在基层治理中,将先进的理念、科学的方式、高效的方法融入工作工具,让基层治理一线党员、干部拿来就用,对于提高基层治理效能至关重要。

这里的工作工具,既可以是一套完善的项目管理手册、社区社会组织培育手册,也可以是以推动数字化转型为目标的软件工具,如居民议题收集、议题公示、线上议事、决议公示等线上议事小程序或其他形式的软件工具。

工作工具的特点是遵循基层治理基本规律,以规范化、标准化、数字化为重点,将可以规范化、标准化的业务形成相对固定的工作模块、操作手册、软件等,方便基层开展工作。

在具体工作实践中,需要按照专业赋能、技术减负的思路,为乡镇(街道)、城乡社区研发相应工作工具,提高基层治理工作的专业化、科学化水平。比如,研制乡镇(街道)党建工作协调委员会工作指引、研制社区新任书记主任工作指南、社区工作者入户工作操作指南、社区"接诉即办"工作指南、社区协商议事工作指南、居民自治体系建设操作手册、新建社区工作导则、社区会议工作指南等工作工具,为社区减负增效提供支撑。

五、作为数据分析伙伴

在智能移动终端高度发展、政府数字化转型以及计算社会学快速发展的当下,用数据分析的方法观察社会行为、提出问题、研究问题、分析社会现象,并用相关数据分析结果支撑决策,成为开展研究、推动工作的必然选择。

在推进基层治理现代化建设过程中,引进数据分析人才,挖掘基层治理数据富矿,用数据分析基层治理问题,尤其是通过数据分析区域性、周期性、规律性问题及高频、共性问题,对推动精准治理、"靶向"治理至关重要。

通过市民服务热线电话收集市民诉求,形成收集—派发—处置—反馈的闭环流程,并将工作过程的各环节形成相应的电子文本和数据,是各地通行的做法。那么,挖掘基于市民服务热线形成的民生数据富矿,就成为评价基层治理水平、提高基层治理效能的重要抓手。

近年来,北京惠民社会治理研究院为相关部门提供市民服务热线大数据诊断分析服务,并积累了一定的经验。

具体来说,就是根据现代社会发展和市民服务热线大数据特点,坚持用数据驱动决策、用数据驱动创新,采取基础数据分析研究和应用数据分析研究、定期分析和阶段分析、专项分析与综合分析相结合的办法开展大数据分析,为科学开展基层治理提供决策支持。在基础数据分析研究方面,对市民服务热线反映的诉求事件数据进行清洗、比对、归纳及系统分析,锁定治理方向,提出治理建议;在专项数据分析研究方面,针对"涉否"问题及关注的重点难点问题进行分析研究,并提出治理的意见建议;在综合分析研究方面,针对区域性问题、周期性问题、共性问题进行分析研究,提出科学施策建议。

六、作为品牌培育伙伴

品牌培育是智库实现服务目标的一项重要评价指标,也是反映智库创造性解决问题能力的一项重要指标。

从某种意义上说,智库是否有影响力,关键要看是否参与了具有一定影响的问题的解决。

品牌培育其实也是战略咨询中的一项重要内容。这就要求把战略咨询通过战略整合、战略转化,实现战略落地,并取得实实在在的成效。这个成效,既包括上级党委、政府或相应主管部门的认可,也包括工作团队的认可,更应获得群众的认可。

我们通常说品牌是干出来的,不是说出来的。其根本原因在于,品牌是要在解决难题中培育、在传承创新中培育、在精准服务中培育、在精细治理中培育。

因此,在品牌策研及培育过程中,要立足区域资源优势、实践基础,统筹策划党建品牌、基层治理创新品牌等,整体支持构建顶层方案、实施指引、实践督导、成效评价、成果展示等工作体系,打造国家、省(自治区、直辖市)、市、区(县)等各层级实践品牌,推动治理创新。在基层品牌培育方面,围绕党建引领、接诉即办(市民服务热线)、居民自治、社会动员、物业管理、垃圾分类、邻里融合、乡村振兴、区域发展等相关领域,协助乡镇(街道)研究制定品牌培育措施,指导目标单位培育相应品牌,并将品牌培育实践梳理成案例成果,持续推动品牌引领治理实践。同时,以基层治理创新及社区典型经验做法为重点,根据融媒体传播的特点和规律,协助形成形式多样的宣传成果,进一步扩大品牌探索实践的影响力。

七、作为创新实验伙伴

创新无止境,实践无止境。

社会需求多元易变,治理难题层出不穷。满足多元需求,破解治理难题,需要创新的思路和创新的办法。可以说,创新的原动力来自实践需要。

创新是发展的需要,也是成长进步的需要。要推动基层治理螺旋式上升和递进式发展,就离不开创新。

要创新,就需要有创新意识和创新精神,需要有善于发现问题、敢于提出问题、深入分析问题,并以此为基础提出创新的破题思路和创新的方式方法。大胆设想,小心求证,在实践中稳步探索。

在创新实验方面,智库可以作为党委、政府的参谋助手,全面参与创新实验问题的提出、创新实验路线设计、创新实验实施落地、创新实验深度总结等全过程,让创新具有推动发展进步的价值。

创新的本质是要造福群众,注重人文关怀、科技赋能和示范带动。

在实践中,智库可以通过共建创新实验室等办法,搭建创新的理论研究平台、决策支持平台、成果转化平台及合作交流平台,以研究区域经济和社会发展重大问题为主攻方向,以课题研究、决策咨询、创新实验、人才培养、评估体检、专项诊断、资源整合、成果转化等为主要内容,为党委、政府提供持续的智力支持。同时,针对区域重点难点问题开展创新实验。

八、作为评估评价伙伴

评估评价是客观反映工作成效的重要方法,也是发现问题、研究问题、解决问题的重要基础。

在政府层面,各地采取千分制考核、百分制考核等方式评价政府所属单位的工作成效。

在社会层面,政府通过购买服务的方式,引入各类组织参与基层治理和区域经济社会发展项目。通常采取立项评估、中期评估、结项评估等方式,以确定是否立项、是否按进度推进、是否达到目标等。

在基层治理领域,对社区工作成效的评估评价是一个难点。一方面,社区工作弹性比较大,很多工作难以采取量化指标予以评价;另一方面,社区工作标准化、数字化尚在探索阶段,很多工作没有实现数字化转型,数据采集的难度较大。

社区是基层基础,社区工作质量直接关系基层治理水平。因此,在推进基层治理现代化进程中,对社区工作进行科学、客观、全面的评估评价,是绕不开的一个现实问题。

当前,需要积极探索社区评估评价的方法路径。具体来说,就是要按照"实施以群众满意度为主要衡量标准的社区工作评价机制"要求,建立以居民满意度为主要衡量标准的社区评价指标,基于居民诉求、居民调查及科室评价等数据,对辖区所有社区进行评价,并形成社区工作评价报告。同时,通过引入智库力量并发挥其在评估评价中的"体检诊断"作用、在难题破解中的"顾问咨询"作用、在服务治理中的"陪伴指导"作用、在经验总结中的

"提升推广"作用,形成"评估评价+陪伴成长"双轮驱动服务模式,逐步实现以评促建、以评促改、以评促优,持续推动基层治理效能提升,扎实推进基层治理体系和治理能力现代化建设。

第二节　深耕丈量计划

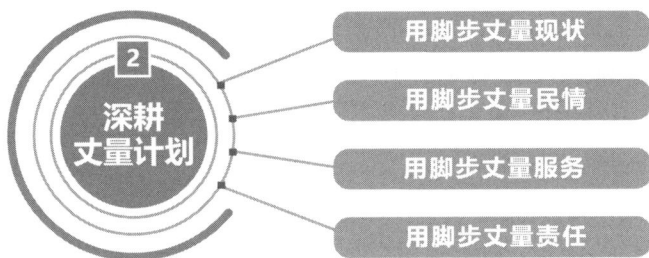

2022年4月25日,习近平总书记在中国人民大学考察调研时指出,"希望广大青年用脚步丈量祖国大地,用眼睛发现中国精神,用耳朵倾听人民呼声,用内心感应时代脉搏",勉励广大青年学生走进社会、深入基层,了解国情民情,淬炼意志品质,增强实干本领,在青春的赛道上奋力奔跑,争取跑出当代青年的最好成绩。

对于智库来说,用脚步丈量大美河山,用脚步丈量祖国大地,用脚步丈量城市乡村,用脚步丈量田间地头,把研究成果书写在祖国大地和实践热土上,是智库人应有的求索精神和责任担当。

智库作为经济社会发展的思考者,需要在脚步丈量中发现问题、思考问题、提出问题、研究问题,用脚步走到群众中去,听民声、知民意,用群众视角看待问题,用服务群众思维思考问题,站在群众立场提出解决方案。

无论是做战略咨询、规划编制,还是品牌培育、教育培训、评估评价、舆论引导以及服务社会等,都需要基于用脚步丈量获得的一手信息、一手资料去支撑。

用脚步去丈量,用心灵去感知,用行动去践行,是智库的基本工作方法。

可以说,丈量是一种意志品质,一种求真务实精神,一种群众工作方法。

在大兴调查研究之风的背景下,深耕丈量计划,既是转变作风、提高效能的需要,也是推进基层治理现代化的需要。

通过与各级党委、政府合作,智库在行走丈量中陪伴干部成长,在行走丈量中发现问题、解决问题,在行走丈量中推动创新突破,不断增强党员干部的战斗力,推动实现综合素养和治理能力双提升。

一、用脚步丈量现状

摸清现状,是开展各项工作的基本前提。在基层治理领域更是如此。

用脚步丈量现状,就是要走进调研现场,摸清人口结构、公共服务配套的基本情况。

具体到基层治理,就是要全面摸清公共服务设施配置情况,掌握教育、医疗、养老、文化、体育、卫生、绿地、交通等公共服务设施的具体数量、分布情况、数量缺口等情况,为补齐公共服务设施短板奠定基础。

强调人口与公共服务配套,主要原因在于公共服务配套是影响基层治理的重要因素。如何提供更加优质便捷的服务供给、更加多元创新的供给模式、更加均衡的资源配置,是基层治理中重要的基础性问题。

随着经济社会的发展以及生活水平的提高,老城区由于规划设计、人口结构等影响,局部区域出现了阶段性供需矛盾,而且有的矛盾还比较突出。新城区发展较快,相应的人口流入的速度也在加快,高品质的公共服务和阶段性的高频供给依然面临挑战。

用脚步丈量现状,摸清人口结构和公共服务配套情况,对源头治理具有重要意义。

小区虽小,却连着千家万户。

在老旧小区,我们经常看到的问题包括但不限于以下问题:管网破旧,上下水、电网、燃气、光纤等设施缺失,或者老化非常严重;停车位配置不足,安防监控措施不到位,无障碍设施、电梯等配套设施缺乏;建造时间较早,养老、抚幼、物业等很多公共服务缺失。社区中的老旧小区,尤其是部分待拆迁小区配套设施缺乏或破损,居民居住环境差。老旧小区水管老化爆裂、停电等问题的出现,是老旧小区设备设施老化的一个缩影。

其实,对老百姓来说,诸如铁路、机场等一些重大基础设施是否建设,他们并不关心。他们更关心的是身边的小事,比如门前的路灯是否更换,停车是不是方便,上学、就医、养老是不是方便。

而这些,都需要用脚步去丈量,用心灵去感知。

二、用脚步丈量民情

纸上得来终觉浅,绝知此事要躬行。

智库作为党委、政府决策的"参谋部",了解民情、掌握实情,根据民情提出务实、管用的意见建议,是智库的本分,也是智库为决策服务的基本功。

同时,衡量一个智库的工作质量和发展水平,很重要的一个标准也是要看智库的工作成果是否进入领导决策视线,或者说,在多大程度上为领导决策提供支撑。具体而言,就是要看服务领导决策工作做得怎么样,看进入决策的工作成果多不多。

智库成果能否为决策服务,关键就看调研做得扎不扎实,是不是了解了真正的民情民意。

当前,智库处于创新发展的重要阶段,在参与党委、政府决策过程中,在推动基层治理现代化过程中,必须要做足民情调查这项基本功。在调研时,要广泛听取各方意见,必须进行实地考察,真正到现场去看实情,到意见多的地方了解真情,而不能走马观花。

与党委、政府的调研不同,智库作为第三方机构,在调研时调研对象更加没有顾虑,敢于讲真话、说实情。只有经过充分的调查研究,才能提出有针对性的决策建议。

毛泽东同志在战争年代做了大量调查,并亲自撰写调研报告,提出"没有调查研究,就没有发言权"的著名论断,把调查研究作为"决定政策的基础"。对以服务决策为生的智库来说,尤其如此。

用脚步丈量民情,本质上就是要走到群众中,走到群众心中,既要找到群众的操心事、烦心事和揪心事,还要研究背后产生的原因。

用脚步丈量民情,就是要躬身入局,深入群众,向人民学习,听群众意见,拜群众为师,以学习的态度听民意、访民情、知民愿。

用脚步丈量民情,就是要甘当小学生,不懂就问,不了解就问,不清楚就问。智库工作的价值往往在于广泛吸收各方智慧之后,提出有创见的解决对策。作为智库研究人员不是什么都懂的"百科全书",而是掌握了一定方法论的调研者、学习者和思考者。

用脚步丈量民情，就是要和群众交心，让群众把你当成自己人，把他知道的、感受到的、想到的告诉你。要和调研对象面对面、心贴心，以心交心。特别是要做好典型访谈、关键人访谈。在基层治理调研过程中，物业服务企业、业委会、社区社会组织、居民骨干等，都需要深入地进行交流。

用脚步丈量民情，就是要实事求是，一是一、二是二，研究真问题、真研究问题。不作主观判断，不预设前提，一定要看真实的情况，基于真实的情况才能作出客观的研判。实事求是，是产出高质量调研成果的根本前提。

用脚步丈量民情，就必须做好调研总结，客观全面梳理在调研中发现的社情民意。深入群众，深入一线，听真话、察真情，用科学的方法分析"民情"，从感性认识上升到理性认识，透过现象看到"民情"背后的本质。最终，形成具有说服力的调研成果，形成可以进入决策的工作成果。

用脚步丈量的过程，就是知行合一的过程，无论是智库人还是领导干部，都需要具备这样实事求是的优秀品格和用脚步丈量的精神。

三、用脚步丈量服务

服务是源头治理的重要方法。基层治理水平高不高，很大程度上就看基层服务好不好。

用脚步丈量服务，其目的有二：一是基层党委、政府要通过实实在在的行动为群众提供服务，让群众看得见、摸得着、体会得到；二是智库机构要到服务实地了解服务的真实情况，看看为群众提供的服务是不是真的落实到位，群众对服务是不是真的满意。

用脚步丈量服务的意义在于，要从群众生活的视角，全面、系统思考研究推进基层治理现代化的关键点和突破口。依靠群众、组织群众、发动群众，这一制胜法宝和群众组织力的核心就是要服务群众，而且还要服务好。没有服务，就谈不上治理。

对于智库来说，用脚步丈量服务，就是要看服务的优势、服务的不足、服务改进的方向和主要内容。用脚步行走，深入服务现场、服务一线，以群众的身份感知服务的温度，进而作出独立、客观、科学的判断。

用脚步丈量服务，就是要深入了解公共服务的质量。公共服务配套设施是否达标,是否能够满足群众对美好生活的需要;政务服务是否方便,能不能做到"一口受理、全程办理";教育、医疗、体育、文化等公共服务是否方便,能不能满足便捷生活的需要。特别是注重看特殊困难群体的公共服务状况。特殊困难群体的服务保障水平,在一定程度上反映了社会发展及文明进步的水平。做好特殊困难群体的兜底保障工作,是中国式现代化的应有之义。

用脚步丈量服务,就是要深入了解自治服务的能力。基层治理是国家治理的基础,社区治理是基层治理的基础。居(村)民自治能力和水平,是基层治理现代化建设的重要内容。在行走丈量中,了解城乡居(村)民的自我管理、自我服务、自我教育、自我监督情况,尤其是居(村)委会组织居(村)民力量开展自治服务的情况。比如,无物业管理的老旧小区,通过居民自治力量开展日常清扫、堆物堆料清理、废旧自行车清理等自治服务。

用脚步丈量服务,就是要深入了解公益服务的水平。公益服务在一定程度上反映基层的社会资本情况,也反映文明建设水平情况。从基层治理角度来说,了解公益服务很大程度上要看本地化公益组织的培育情况以及公益服务资源的整合能力,这里面反映的是乡镇(街道)、城乡社区的组织培育能力和资源整合能力。基层治理的重点任务之一,就是要培育公益组织,整合公益资源,开展公益服务,涵养社会资本,提升服务治理水平。对于城市社区来说,高品质公益服务不仅是满足被服务对象的服务需求,同时也是满足高收入人群参与公益、回馈社会、提升价值的重要载体。

用脚步丈量服务,就是要深入了解便民服务的现状。便民服务是反映城乡社区生活宜居水平的重要指标,也是推动社区治理向生活治理转变的重要抓手。用脚步丈量便民服务,就是要深入社区,站在居民生活的视角,看以市场为主体提供的便民生活服务业态的可及性和满足度。2021年7月20日,商务部办公厅等11部门印发的《城市一刻钟便民生活圈建设指南》明确指出,城市"一刻钟便民生活圈"是以社区居民为服务对象,服务半径为步行15分钟左右的范围内,以满足居民日常生活基本消费和品质消费为目标,以多业态集聚形成的社区商圈。立足区域人口结构,围绕养老托幼、购物休闲、美发美容、家政维修、社区生鲜、洗涤护理等居民生活服务需求,构建业态丰富、智慧便捷的便民服务体系,是基层服务治理的一项重要内容。

用脚步丈量服务,就是要深入了解特色服务情况。所谓特色服务,就是根据区域人口特点,以满足特定人群公共服务需求且具有独特服务魅力的服务。这种服务与其他地区开展的服务具有明显的差异性,突出特定人群的服务特色,具有人无我有、人有我优、人优我特的特点。看特色服务的主要目的,就是要看乡镇(街道)、城乡社区服务本地居(村)民的主动性和创新性。通过特色服务,了解相关单位是否能够创造性地解决问题,以及解决问题背后的开拓进取精神和务实的工作作风。

四、用脚步丈量责任

深耕丈量计划,就是要用脚步丈量责任。

所谓丈量责任,就是通过行走调查研究的方式,全面了解乡镇(街道)、城乡社区履行主体责任的情况。

用脚步丈量责任,就是要看基层治理体系建设及作用发挥情况。组织起来才有力量,凝聚起来才有方向。看基层治理体系,除了看治理体系是否健全完善之外,关键是要看党组织体系的组织力,是否将党的领导贯穿基层治理全过程、各方面,是否将基层治理重要事项、重大问题都由党组织研究讨论后按程序决定;村(社区)党组织书记是否通过法定程序担任村(居)民委员会主任,实现村(社区)"两委"班子成员交叉任职;等等。

用脚步丈量责任,就是要看乡镇(街道)、城乡社区履职情况。在乡镇(街道)行政执行能力方面,是否能够用好综合管理权、统筹协调权和应急处置权,以及涉及本区域重大决策、重大规划、重大项目的参与权和建议权。通过这些权力的行使,解决了什么问题,取得了什么成效。在为民服务能力方面,聚焦政务服务、公共服务、公共安全等工作开展服务。一方面,要看乡镇是否围绕全面推进乡村振兴、巩固拓展脱贫攻坚成果等任务持续深入开展系列服务,切实做好农业产业发展、人居环境建设及留守儿童、留守妇女、留守老人关爱服务等服务工作;另一方面,要看街道是否切实做好做优市政市容管理、物业管理、流动人口服务管理、社会组织培育引导等服务工作。除此之外,还要看乡镇(街道)、城乡社区的议事协商能力、应急管理能力、平安建设能力,以及提高基层治理效能的其他关键能力。

用脚步丈量责任,就是要看基层治理机制建设及运行情况。治理机制是否科学直接关系到基层治理现代化。从实践情况看,乡镇(街道)立足本地实际,健全完善党建引领机制、村(居)民自治机制、购买服务机制、组织动员机制等,对于激发治理活力、增强治理合力、提高治理效能起着决定性作用。

第三节　锻造"两型"能力

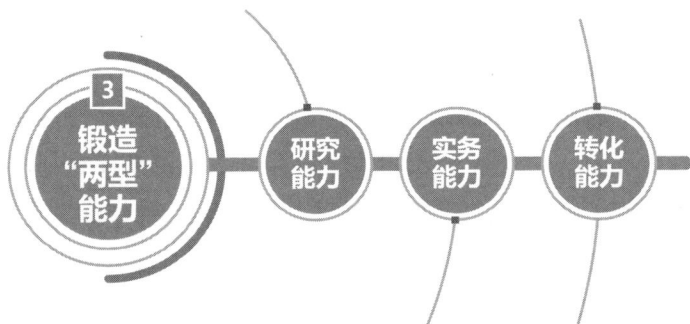

"两型"能力,是指实务型研究与研究型实务有机融合的能力或相互转化的能力。所谓实务型研究,就是围绕基层治理的实际问题开展研究,并形成综合解决方案;所谓研究型实务,就是在综合解决方案落地过程中开展研究,并提供陪伴式服务。说到底,实务型研究,就是立足实践开展研究;研究型实务,就是立足研究开展实践。

基层治理需要"两型"智库。即具有实务型研究与研究型实务相互转化能力的智库。也就是既要围绕基层治理的实际需要开展研究,又能将研究成果直接服务于基层治理实践。或者说,既能把问题转化为方案,又能协助将方案进行落地实施。同时,还能将实践成果进行总结提升。简言之,就是把问题转化为方案,把方案转化为实践,把实践转化为经验,把经验转化为品牌。"两型"智库具有基层性和基础性的鲜明特点,既强调"坐而论道",更强调"起而行之"。

建设"两型"智库,关键是要锻造研究能力、实务能力和转化能力。

一、研究能力

研究能力是智库的基本能力,也是看家本领。

研究真问题、真研究问题、真解决问题,是全面、客观、科学反映智库研究能力的三个核心指标。

研究真问题。马克思指出:"问题是时代的格言,是表现时代自己内心状态的最实际的呼声。"推动基层治理现代化建设的基本前提,就是要解决影响现代化建设的主要矛盾和矛盾的主要方面。这个矛盾的本质就是必须找到真问题。发现问题、找准问题、提出问题、分析问题、研究问题、提出解决方案,是智库发挥价值功能的基本方法。研究真问题,首先就是要坚持问题导向、目标导向和价值导向,围绕发展大局、中心工作、重点任务和基层实际,在调查研究过程中找准"真问题"。辨别"真问题"与"假问题",需要智库透过现象看本质。我们常说"看清楚、想明白、做到位、讲精彩",这个"看清楚",一方面要看大的发展趋势,另一方面就是要看清楚是不是真问题。这是有效发挥智库价值的根本前提。而要做到这一点,关键是科学认识问题、客观分析问题,进而把握问题发生、发现、发展的规律。同时,也要求智库研究人员要脚踏实地、求真务实,"不畏浮云遮望眼"。

真研究问题。智库研究是一项严肃、严谨、科学的工作,要真研究问题必须严格遵循研究的基本规律,按照研究的操作规程,做好研究的前期准备,以及研究主题、研究任务、研究程序、研究安排、研究方式方法等内容设计。以此为基础,采取集中座谈、现场察看、问卷调查、数据分析等多种方式,多维度、多层面、多渠道收集与调研相关的信息资料,再由表及里、由此及彼、综合分析提炼真信息、真问题。同时,通过多方调研、交流,在抽丝剥茧、条分缕析中提炼真信息、找准真问题,为提出科学的决策建议奠定基础。在调查研究过程中,要到矛盾复杂的地方去,要到矛盾尖锐的地方去,要到工作推不开、发展有瓶颈的地方去,在深入一线中发现问题的重点、难点和突破点,并按照小切口、大纵深的思路,为决策谋划、解决问题奠定基础。

真解决问题。研究问题的根本目的在于科学客观地认识问题,务实有效地解决问题。可以说,判断智库工作成果的根本标准就在于所提出的决策建议、解决方案是不是务实管用,能不能真的解决问题。智库研究与理论研究的主要区别就在于解决问题。如果说,理论研究主要解决的是"是什么""为什么"的问题,那么,智库研究主要解决的是"怎么办"的问题。因此,智库研究一定要用事实说话、用数据说话、用对策说话,要把顶层设计与基层执行有机结合起来,既要"好看",还要"好干"。对于基层治理来说,智库要真解决问题,既要有"高大上"的顶层设计方案,更要能够有效地落实执行。不能就理念谈理念,就方法谈方法,而是要根植于实践,切实能够推动问题的解决。智库的生命力就在于在推动问题解决中实现价值。也只有这样,实务型研究与研究型实务才有支撑、才立得住。

二、实务能力

在基层治理中,实务能力就是解决实际问题的能力。对于智库来说,不仅要提出决策建议或综合解决方案成果,还要协助推动决策建议或综合解决方案落地。

对于基层党委、政府和城乡社区来说,需要的是体检诊断—方案设计—陪伴成长—绩效评估的全流程服务。而要提供全流程的服务,实务能力是其中的重要支撑。

从北京惠民社会治理研究院与通州杨庄街道共建党建引领社区治理创新实验室的实践来看,实务能力主要体现在人才培养、规范治理和难题破解方面。

在人才培养方面,以专业能力应用为导向,大力支持和引导理论专家、实践专家组团督导社区治理,引导社区工作者在干中学、在学中干。一是制定3份清单,设计社区工作者成长需求调查问卷,3份清单分别为共性需求清单、个性需求清单和项目管理需求清单。二是构建1个专家团队、6个成长小组、N名社区工作者的"1+6+N"人才培养模式,采取"每月一专题"培训,持续开展社区工作者能力建设。三是开展团体督导,结合共性需求清单,组织专家"组团"上门,常态深入各个社区开展"靶向指导",精准回应工作需求,最大限度解决社区工作者职业困惑、业务困惑、个人困惑。四是开展个别督导。结合项目管理需求清单、个性需求清单,按照"个性化需求"分类,引入专业力量进行督导,精准回应社区工作者需求。

在规范治理方面,研发《杨庄街道社区公共服务设施分析工具》《杨庄街道社区居民满意度调查工具》等,推动社区成长评价规范化、标准化。围绕社区管理体制改革,编制形成杨庄街道社区工作者"全岗通"题库,助推社区政务服务能力提升。围绕落实《首都社区治理20条具体举措》,特别是党建引领物业参与社区治理这一难题,系统构建物业服务管理评价指标体系,探索"月度"点评会机制,联动地区物业,评选产生优秀物业,持续强化品质物业、法治物业建设,引导物业企业提高标准化服务水平。

在协同破解难题方面,围绕锦园小区东小门(63 号院西小门)问题、京贸国际公寓热水集中供应热源问题等历史遗留问题或重难点问题,提供"蹲点式"陪伴指导,重点指导新北苑、新华联家园南区等五个社区开展专项治理,有效推动问题解决"向前一步"。同时,围绕区域问题清单、类问题清单、历史遗留问题清单,分别指导四个社区"组团"集成项目、集合力量、集产品牌,增强治理效能。

在基层治理实践中,实务能力对智库来说是一个比较大的挑战。智库通常是以研究见长,但基层治理直接面对群众,需要比较强的实务操作能力。这一特点,也就要求基层治理领域智库要切实解决"重理论性研究、轻实践性研究""重工具性研究、轻操作性研究""重专业性研究、轻系统性研究"等问题。

三、转化能力

转化能力是智库的一项重要能力。

对基层治理智库来说,转化能力主要体现在将治理问题转化为解决方案,将解决方案转化为工作实践,将工作实践转化为工作经验,将工作经验转化为工作品牌。

成果转化主要有两个面向:一是面向决策层,通过调查研究形成决策建议或报告,为科学决策提供支撑;二是面向社会公众,通过新闻报道和公开发布研究报告等形式,凝聚社会共识,增强治理合力。

转化能力建立在丰富的工作经验和深厚的专业技能基础之上,是专业知识与实践经验的融会贯通。

将治理问题转化为解决方案。不同地区有不同的治理问题,同一地区不同发展阶段面临的治理问题也不尽相同。针对不同阶段的不同问题,如何提出具有前瞻性、创新性的解决方案,是基层治理智库发挥自身作用要解决的首要问题。将治理问题转化为解决方案的前提,就是要开展深入的调查研究,从群众中来、到群众中去,全面掌握问题的缘起、形成因素、主要矛盾点等。将治理问题转化为解决方案，要充分考虑方案的指导思想、基本原则、方法路径、重点问题和主要任务，以及相应的保障机制或措施。同时，解决方案要符合基层党委、政府的"三定方案"及相关政策要求。

将解决方案转化为工作实践。将解决方案转化为工作实践，必须充分考虑所在地区的治理基础、治理体系、治理能力、治理机制及相关工作团队的运行情况。从方案到实践，主要看基层党委、政府和城乡社区的执行能力，也要看智库机构的专业支撑能力。将解决方案转化为工作实践，具有很多不可控因素，在方案落地过程中，要与相关部门建立紧密的协作关系，坚持问题导向，全过程参与工作实践的策划、推进，及时解决在实施过程中遇到的重点难点问题。另外，将工作实践中遇到的问题作为创新的逻辑起点，客观认识、分析问题的本质，遵循基层治理规律，提出解决现实问题的方法路径。这是循证治理的基本要求，也是推进基层治理螺旋式上升的根本方法。

将工作实践转化为工作经验。从工作实践中萃取经验，是体现智库转化能力的一项重要指标。要从工作实践中萃取经验，其本质是通过工作实践的现象，抽离出实践背后的规律性、机制性做法，这种做法揭示了解决问题的本质规律。如何把工作实践转化为工作经验，重点是要把握四个关键环节。一是抓住主要矛盾。在工作实践中，有效解决大家普遍关注的主要矛盾和问题，这是形成工作经验的基本要素。经验之所以称为经验，关键在于解决了大家没有解决的难点问题。二是梳理运行机制。好的经验做法，需要有机制保障。因此，在将工作实践转化为工作经验的过程中，要特别注重在实践中建立或健全完善的运行机制。三是明确方法路径。从哪里切入？怎么切入？好的经验，应该有明确的方法路径，让大家面对同样或类似的问题，按照这样的方法路径可以解决相应的问题。四是突出工作成效。不看广告看疗效。在基层治理实践中，一个工作实践能不能成为经验，关键是要看工作成效。所形成的经验要切实有用、管用，群众说好、上级支持、同行认可。

将工作经验转化为工作品牌。从多次实践中获得的知识或技能称之为经验，而基层治理中的品牌则是大家对某项工作的认知程度。基层治理品牌是党委、政府或党员干部在解决问题过程中积累的无形资产。如何把工作经验转化为工作品牌,并有效积累个人发展或区域发展的品牌资产?这是各级党委、政府及党员干部需要认真思考的重要问题。将工作经验转化为工作品牌,重点是要把握三个关键要素:一是养成创造性地解决问题的意识。品牌之所以成为品牌,是因为能够创造性地解决问题,并且取得了非常好的成效,赢得了群众的口碑,同时,兄弟单位想看想学。二是善于把握难点转变为亮点的机会。要把解决难点问题的过程,当作打造品牌的过程。把经验转化为品牌,就是要把基层治理过程中形成的知识或某种技能,转化为工作工具或难题破解的举措,以此为基础升华为品牌。比如,在基层治理实践中为了激发居民参与活力,对于居民提出的问题给予支持,经过探索取得了良好成效,后续将这一经验做法上升为居民提案大赛,把居民提案大赛培育成为品牌。三是注重系统思考并解决问题。把经验转化为品牌,要注重系统性、科学性,使之成为逻辑自洽的品牌体系。

后 记

《解码基层治理》是我 20 多年来工作的一次梳理,也是阶段性的工作总结,或者说是个人成长发展的阶段性回顾。

这本书里的一些典型案例,在一定程度上反映了北京市基层治理的生动实践和水平,有的还被评为全国基层治理创新典型案例。在推进基层治理体系和治理能力现代化的伟大征程中,我带领北京惠民社会治理研究院能参与其中,何其有幸!

这本书既有我对基层治理的观察和思考,也有我近些年服务基层治理的研究与探索。同时,还有关于智库参与基层治理的一些思考,以及未来智库应该如何服务基层治理以及智库可能的发展方向。

这是一本写给首都基层治理的书。北京惠民社会治理研究院诞生于首都、扎根于首都、成长于首都、服务于首都、发展于首都,书中的案例基本源于首都。这本书虽不是首都基层治理的全部,但从多个侧面反映了首都基层治理的特色、特点和特征。正是首都的包容、创新以及各级党委、政府和广大社区工作者的信任和支持,才有了我参与其中的机会。因此,一直以来,我倍加珍惜参与首都基层治理的机会。每一次的参与,都是我不断学习成长的过程,也是北京惠民社会治理研究院建设发展的过程。

这是一本写给身处基层治理一线党员干部和社区工作者的书。基层治理直接面对群众,面对复杂多变的经济社会发展形势,在持续深化改革中,众多难题都需要身处基层治理一线的党员干部和广大社区工作者去解决。基层治理的智慧在基层,基层治理的创新在基层,基层治理难题的破解也在基层,希望这本书能够引起大家的共鸣,也希望从这本书出发,广大基层党员干部和社区工作者能够探索出更多鲜活的经验做法,切实透过现象看本质,遵循基层治理发展规律,形成具有中国特色的现代化基层治理模式。当然,也希望广大基层党员干部和社区工作者能够共同参与基层治理知识库的建设,参与循证治理的探索实践,为基层治理积累经验,为基层治理的现代化贡献力量。

这是一本写给专家学者和同行的书。20多年,一路走来,我得到了很多专家学者和同行的大力支持和无私帮助。全国政协委员、北京国际城市发展研究院创始人连玉明院长作为领路人,在每个重要发展阶段都给了我无私的指导和帮助,尤其是当我对一些战略性、前瞻性、创新性问题有困惑时,他都能及时指明方向,给予鼓励和支持。特别要感谢各位专家学者的不吝赐教,在本书撰写过程中,北京市社会建设促进会副会长赵孟营教授、北京市社会科学院李晓壮研究员、北京市社会科学院袁振龙研究员、北京工业大学陈锋教授、中国社会科学院朱涛研究员、国家发展改革委宏观经济研究院社会发展研究所赵玉峰副研究员等专家学者给予了我许多宝贵意见,让本书有了更完整的呈现。在本书的框架结构设计上,北京国际城市发展研究院执行院长朱颖慧给予了我大力指导和帮助,让本书内容更加丰富。作为一家新型社会智库,在基层治理体系和治理能力现代化探索的过程中,北京惠民社会治理研究院做了一些研究和探索,有一些思考和感悟,也希望能够给同行带来一些思考,期待有更多的智库投身基层治理能力现代化建设实践。

这是一本写给亲朋好友的书。亲人的期盼与陪伴、朋友的鼓励与支持,是我持续学习研究的不竭动力。与基层治理相关的一些所思所想、所感所悟,很多时候是在家人陪伴的过程中形成的。基层治理的着眼点在"人",发力点在"家"。这也让我认识到,推进基层治理体系和治理能力现代化建设,要从"人"的需求出发,从家庭和谐、社区宜居出发。可以说,当很多人说起"治理"的时候,往往更多强调的是对生活的治理。我想,这也是我一直秉持自己的认知、坚持研究和参与基层治理的最大动力。

这是一本感恩的书。感恩家人朋友一直以来的支持,感恩各级领导的关心、关怀和关爱,感恩各位专家学者的不吝赐教。特别要感谢北京市朝阳区委社会工委区民政局历任领导对我的厚爱和栽培,感谢北京市委社会工委市民政局、海淀区委社会工委区民政局、朝阳区城市管理指挥中心、通州区委社会工委区民政局、昌平区委社会工委区民政局、怀柔区委社会工委区民政局、丰台区委社会工委区民政局等单位的信任,感谢朝阳区麦子店街道、八里庄街道、酒仙桥街道、双井街道、小关街道、朝外街道、左家庄街道、三里屯街道、豆各庄乡、常营乡、管庄乡、东坝乡以及通州区杨庄街道、丰台区五里店街道等各合作单位的大力支持，衷心感谢中国社会工作联合会领导对我的无私帮助，没有他们一如既往的关心、支持和帮助，我不可能取得今天这样的成绩与成果。各位领导、各个合作单位的支持难以用语言表达谢意，我所能做的就是用自己的行动，高质量为大家提供更好的治理智慧、治理方案和治理服务。

必须说明的是，这本书是集体智慧的结晶。很多案例及研究成果，是在北京惠民社会治理研究院全体同事的共同努力下以及相关专家学者的共同帮助下完成的。在工作过程中，我受邀参与各类座谈会、研讨会、报告会，发表了一些意见建议或观点。我和团队成员将这些观点、意见建议做了进一步梳理和提升，直至形成理论成果。有的形成了决策建议，有的形成了理论文章，有的形成了品牌案例，所有的这些都是在团队成员一起努力下完成的，倾注了他们的智慧、心血和汗水。特别是贾旭东、徐丽丽、王强、高健、王彦璇、李飞、张自冬、杨茜、李七妹等同事，以不同的形式参与研究及相关支持工作。柯东邻、叶照梅设计了本书的插图，丰富了内容的呈现形式。北京市朝阳区党的建设研究会特约研究员李金清对本书给予了无私的帮助，北京市朝阳区玖诚社会工作服务中心黄锂、北京市朝阳区惠心社会工作事务所督导王强还分别参与了本书第四章、第七章和第五章、第六章的撰写。在此一并致谢！

研究无止境，实践出真知。在研究中实践，在实践中研究，探索研究型实务与实务型研究的融合发展之路，是我和北京惠民社会治理研究院的重要使命。我们的探索和研究才刚刚开始，呈现给大家的文字也是初步的、粗浅的和不成熟的，但我们有信心做得更好，期待大家批评指正。

李文兵

2023 年 2 月 16 日